음악치료 전공자를 위한
임상 훈련 가이드

Barbara L. Wheeler · Carol L. Shultis · Donna W. Polen 공저
김영신 · 김은주 공역

학지사

역/자/서/문

음악치료가 국내에 소개된 지도 거의 20여 년이 되어 가고, 이제 한국의 음악치료는 태동기를 벗어나 발전기로 도약하고 있다. 이에 발맞추어 음악치료 분야에서는 임상에서 일하고 있는 전문 음악치료사뿐 아니라 음악치료를 전공하는 학생을 위한 다양한 이론서와 기술 서적을 출판해 왔다. 이 문헌들은 다양한 주제를 다루고 있지만, 아쉽게도 임상 실습 중에 있는 학생 음악치료사를 위한 정보는 거의 없다. 이런 측면에서 이 책은 실제 음악치료 실습을 하는 데 필요한 유용한 정보와 지식을 학생 및 슈퍼바이저에게 제공한다는 점에서 가치가 있다.

음악치료 교육과 훈련 과정에서 실습은 중요한 의미를 지닌다. 음악치료는 임상 현장에서 다양한 필요를 지니는 클라이언트를 대면하고 그들의 변화를 돕는 직무이기 때문에 학생은 임상 실습 없이 음악치료사로서의 전문성을 갖추기 어렵다. 그렇기 때문에 음악치료 학위 과정 프로그램은 임상 실습을 필수 교과목으로 선정하고 있다. 그런 점에서 이 책은 학생 음악치료사가 음악치료 임상 실습 과정 동안 학습하고 경험해야 할 지침을 구체적이고 체계적으로 다루고 있다는 데에 그 의의를 지닌다. 또한 이런 지침을 단순히 이론적으로만 소개하는 것이 아니라 실제 임상 현장에 초점을 맞추어 설명함으로써 학생이 자신의 경험 안에서 그것을 이해할 수 있도록 돕는다. 가령, 이 책은 진단, 치료, 평가에 걸친 음악치료의 과정을 장애아동, 노인, 의료 환자 등 다양한 대상의 특성에 맞추어 설명함으로써 학기별로 다른 대상과 실습하는 음악치료 전공 학생에게 유용한 학습 정보를 제공한다. 더불어 저자가 서문에서도 언급하였듯이 음악치료 전공 학생은 성장하고 전문성을 성취해 나감에 따라 필요와 학습 내용 역시 변화하는데, 이 책은 이러한 점을 고려하여 각 장 마지막에 3단계 과제를 제시함으로써 학생이 자신의 수준에 맞는 과제를 수행할 수 있도록 한다. 따라서 이러한 구성을 통해 입문 단계의 음악치료 전공 학생뿐만 아니라 임상 경험이 쌓인 음악치료사 역시 이 책을 유용하게 사용할 수 있을 것이다.

우리는 이 책을 번역하여 국내에 소개할 수 있다는 것에 큰 보람을 느끼며, 출판에 도움을 주신 학지사 김진환 사장님을 비롯한 관계자 여러분께 진심으로 감사드린다. 부디 이 역서가 임상 실습 현장에서 고군분투하는 학생 음악치료사와 그들을 지도하는 슈퍼바이저에게 조금이나마 도움이 될 수 있기를 바란다.

2015년 3월
김영신, 김은주

 저/자/서/문

우리는 여러분이 『음악치료 학생을 위한 임상 훈련 가이드(*Clinical Training Guide for the Student Music Therapist*)』의 독자가 되어 준 것에 큰 기쁨을 느낀다. 더불어 여러분이 이 책을 통해 음악치료사가 되어 가는 여정에 자극을 받고, 이를 통해 즐거움과 보람을 얻었으면 한다.

이 책은 훈련 중에 있는 각계각층의 음악치료 전공자가 활용할 수 있도록 고안되었다. 학생들은 교육과 임상 경험을 통해 발전하면서 임상 훈련 동안 각 단계에 맞춘 차별화된 필요를 지닌다. 하지만 몇몇 쟁점은 각 단계마다 동일하게 다루어야 한다. 이러한 필요를 달성하기 위해서 우리는 참여를 ① 관찰하기, 참여하기, 보조하기, ② 세션 계획하기, 함께 인도하기, ③ 인도하기의 세 단계로 나누었다. 부디 학생들이 이 책을 단계에 따라 다른 방식으로 사용할 수 있었으면 한다. 더불어 이를 촉진할 수 있도록 각 장에 진행 과제와 함께 읽으면 좋은 도서의 목록도 포함하였다.

이 세 단계는 학생들이 첫 임상 관찰에서부터 인턴십까지 음악치료 훈련을 받으며 점차 늘어나는 참여 및 책임의 수준을 반영할 수 있게 하였다. 하지만 각 단계에서 소요되는 시간은 강사와 학생에 따라 다르게 적용할 수 있다. 임상 경험을 막 시작한 학생이라면 일반적으로 관찰하기, 참여하기, 보조하기의 첫 번째 참여 단계에 입문할 것이다. 이 기간 동안 그들은 음악치료 전문가가 세션에서 실행하는 것을 배울 수 있다. 그들은 세션을 관찰하거나 세션에 참여하고, 혹은 세션을 보조하는 등의 다양한 방식으로 참여할 수 있다. 여기서 보조하기는 세션에서 클라이언트의 배치를 돕기, 노래책에서 해당 노래 찾아주기 혹은 그 밖의 방법으로 클라이언트의 참여를 촉진하기 등을 포함한다. 두 번째 참여 단계인 세션 계획하기 및 함께 인도하기에 들어가면, 그들은 계획 기술을 습득하고 음악치료 슈퍼바이저 또는 다른 학생 음악치료사와 함께 인도할 수 있다. 이때 학생들은 음악치료 세션을 인도하는 데 필요한 기술을 습득하지만, 여전히 자신의 협동 음악치료사나 동료 학생에게서 상당한 도움을 받는다. 마지막으로, 세 번째 단계에서 학생들은 음악치료 세션을 인도한다. 이 시점에서 그들은 인도하기와 관련된 결정을 내리는 데 필요한 기술을 습득하지만, 여전히 자신의 슈퍼바이저와 교수 그리고 동료 학생의 지원도 많이 받는다.

이 세 단계 내에서 얼마나 빨리 이동할 것인지는 강사나 학생 각자에게 달려 있다. 이를 결정하기 위해 대학의 프로그램, 학생의 강점과 자신감, 음악치료사가 임상 현장에서 슈퍼바이저의 역할을 하는지의 여부, 그리고 교수가 슈퍼비전을 제공하는지의 여부 및 그 제공의 정도를 고려해야 한다. 이러한 요인과 각 학생의 개별성을 고려해 볼 때 학생들이 이 단계를 통과하는 속도를 확정하여 제시하는 것은 불가능하다.

각 참여 단계에서는 학생 및 치료사와 관련된 많은 쟁점을 동일하게 다루고 있으므로 단계마다 초점을 다르게 맞추면서 여러 번 정독할 것을 권장한다. 이러한 과정을 돕기 위해 앞서 언급한 세 단계에 따른 과제를 각 장의 마지막에 분류해 놓았다. 이에 따라 학생들은 자신의 참여 수준에 맞는 과제를 수행하면 된다.

교수 역시 이 책과 이 책의 각 장을 어떻게 활용할 것인지 정확하게 결정해야 할 것이다. 또한 학생들은 임상 훈련 과정을 거칠 때 각 시기의 차이를 강조하면서 이 책을 여러 번 읽고 토의해 주길 바란다.

　이 책은 미국 내 음악치료 전공자들의 필요를 충족시키기 위해 고안되었고, 물론 미국의 음악치료 훈련과 유사한 철학을 지닌 다른 국가에서도 이 책을 사용할 수 있다. 미국의 음악치료 프로그램 졸업생은 AMTA 전문가 역량(professional competencies; American Music Therapy Association, 2003)에 부응해야 한다. 이 책에서 제시하는 자료들은 학생들이 이러한 역량을 만족시킬 수 있게 도울 것이다.

　학생 음악치료사는 어떠한 대상을 위해서라도 일할 수 있는 준비를 갖춰야 하므로, 이 책 역시 다양한 클라이언트 집단을 대상으로 사용할 수 있게 구성하였다. 더불어 특정 클라이언트 집단을 위한 예시도 제공하였다. 그 외에는 학생과 임상 슈퍼바이저 그리고 강사가 자신의 상황에 맞게 연결시켜야 할 것이다. 몇몇 용어와 관례는 세팅에 따라 다르게 사용하였다. 이 점을 염두에 두면서 이러한 차이점을 몇 군데에서 부각하고자 하였지만, 그것을 어떻게 적용할 것인지는 독자의 몫이다. 우리는 대체로 음악치료사가 일하는 대상을 가리킬 때 클라이언트 또는 클라이언트들이라는 용어를 사용했다. 하지만 특정 세팅에서 다른 방식으로 서비스를 받는 사람(예를 들어, 의료 세팅에서의 환자)을 가리킬 때는 예외를 두었다.

　이 책이 음악치료사가 되어 가는 당신의 신나는 여정에서 동반자가 되도록, 또한 그 여정이 생산적이고 긍정적인 여정이 되도록 당신에게 필요한 기술을 제공할 수 있기를 소망한다.

2005년

Barbara L. Wheeler, Carol L. Shultis, Donna W. Polen

차/례

chapter 01

음악치료하기 : 탐색

Clinical Training Guide for the Student Music Therapist

당신은 유능한 음악치료사가 되기 위한 과정 중에 있다. 이 얼마나 흥분되는 여정인가! 기분을 고양하고 치유를 돕는 음악의 잠재력은 당신이 훈련에 몰두하도록 동기를 부여해 왔고, 또한 당신이 이 책을 읽고 있는 이유이기도 하다.

유능한 음악치료사가 되는 과정은 시간을 필요로 한다. 학교에서 훈련하고 현장에서 임상을 통해 배우고 성장하면서 당신은 많은 절정의 순간과 좌절의 순간을 경험할 것이다. 하지만 염려하지 말라. 이것은 모두 음악치료의 의미, 음악치료를 실행하는 것의 의미, 또한 음악치료사가 되는 것의 의미를 배우는 학습의 일부분일 뿐이다.

학생 치료사로서 임상을 시작하기 전에, 임상 작업의 풍성한 맥락을 이해하는 것이 필요하다. 이것은 ① 어떤 형태로든 치료를 실행한다는 의미, ② 음악치료를 실행한다는 의미, 그리고 ③ 치료 과정과 관련된 사항을 고려한다는 의미다. 이 장은 이러한 세 가지 사항을 고려하여 구성하였고, 이 책의 후반부에서는 이와 관련한 후속 논의를 제시하였다.

치료를 실행한다는 것의 의미를 이해하는 첫 번째 단계는 건강과 웰니스(wellness)의 개념을 발전시키는 것과 관련이 있다. 자신이 지닌 지식에 기초해 이것을 명확히 이해할 수 있다면 당신은 치료사가 건강과 웰니스의 촉진을 도울 수 있는 방법인 두 번째 단계를 고려해 볼 수 있다. 그리고 세 번째 단계는 아직도 진행 중인 음악치료의 정의를 발전시키고 그것에 내재한 이론들을 이해하는 것이다. 치료 과정은 장애나 진단과 관련된 잠재력 및 난제에 대한 지식, 진단 기술, 치료 계획 기술, 임상적 음악성을 포함한 실행 기술, 기록(documentation) 기술, 클라이언트 및 그들의 지인, 스태프, 공동체와 작업하기 위한 대인관계 기술과 관련된다. 그것은 또한 우리의 윤리적 사고, 자기 감찰 능력, 개인적인 지속적 성숙을 원하는 우리의 자발적 의도를 포함한다.

이러한 모든 정보는 음악치료의 정의와 방법을 학습하는 데 도움을 준다. 음악치료를 하는 것은 또한 자기(self)를 치료적으로 사용하는 것과 관련한 확장된 이해를 요구한다.

음악을 사용하여, 혹은 사용하지 않고 치료를 하는 것은 복잡한 과정이다. 많은 요인이 음악치료의 제공 방식에 영향을 미친다. 음악치료가 특정 클라이언트에게 무엇을 제공할 수 있는지에 대해 치료 팀이 이해하는 방식은 음악치료사인 당신이 그 클라이언트의 어떤 부분을 치료해 줄 수 있는지에 영향을 미칠 것이다. 당신의 세션에서 발생하고 있는 것과 그것이 클라이언트에게 유익을 주는 방법, 또한 음악치료가 다른 클라이언트를 도울 수 있는 방법에 대해 치료 팀을 교육시키는 것도 당신의 직무에 포함되는 사항이다.

치료사로서 우리는 옳고 그름의 여부와 상관없이 치료의 중요성에 대한 각자의 관념을 가지고 치료에 임한다. 모든 치료사는 클라이언트를 치료에 참여시키고 그것을 성취할 수 있는 방법에 관한 아이디어를 지니고 있다. 우리 모두는 이 과정 안에서 치료사의 역할과 가족, 친구, 의사, 행정가, 다른 영역의 직원의 역할에 대해 생각한다. 전문가로서 음악치료사는 음악치료 작업과 접근을 지속적으로 감찰할 뿐 아니라 음악치료사로서 음악적 성장을 포함한 자기성숙의 과정을 지속할 책임이 있다. 18장 '음악치료사를 위한 자기평가'에서는 음악치료에서 당신 자신의 성숙 여정을 지속할 수 있도록 도와주는 자료를 제공할 것이다.

만약 이것이 당신의 첫 음악치료 경험이라면, 당신은 아직 이러한 사항을 모두 파악하지 못할 수도 있다. 중요한 것은 클라이언트와 상호작용하는 것, 클라이언트와의 치료 과정에서 치료사 자신의 개인적 반응을 알아차리는 것, 또한 직원과 가족 구성원의 음악치료에 대한 지각 방식을 관찰하는 것의 의미를 첫 임상 경험에서 이해하기 시작하는 것이다. 초기 임상 경험에서 당신은 치료사가 무엇을 하고 클라이언트가 그것에 어떻게 반응하는지 관찰하여 이에 대해 진정으로 집중할 수 있는 기회를 가져야 한다. 발달장애 아동과 정신과 문제를 지닌 성인, 혹은 상실을 경험한 노인에게 의미를 지니는 것이 무엇인지와 관련한 이해를 넓힐 수 있도록 대상 및 진단명을 숙지하는 것이 필요하다. 하지만 가장 중요한 것은 치료가 무엇인지, 그것이 어떻게 행해졌고 왜 행해졌는지, 치료사는 누구인지, 그리고 당신이 되고 싶은 치료사는 어떤 치료사인지를 깨닫기 시작하는 것에 있다.

치료를 이해하기

이제 모든 치료는 변화와 성장에 관한 것임을 깨달으면서 치료가 무엇인지에 대한 논의를 시작해 보자. 치료는 클라이언트의 잠재력 안에서 좀 더 완전하게 기능하도록 그를 돕는 것이다. 치료는 또한 치료사가 촉진하는 과정으로, 치료가 효과적일 때 클라이언트의 건강과 웰빙을 위한 긍정적인 결과를 초래할 수 있다.

심리학적 관점에서 치료는 클라이언트가 ① 자기와 상황을 탐구하고, ② 그것에 대한 보다 깊은 이해에 다다르며, ③ 실행에 옮길 수 있도록 클라이언트를 돕는 과정으로 설명할 수 있다(Egan, 1975). 나아가 Dobson (1989)은 치료를 다음과 같이 묘사하고 있다.

> 치료는 집단 안에서 사람들을 가르치는 것이고, 발달에 어려움을 주는 것을 다룸으로써 효율적인 삶으로 이끄는 방법이다. 그 발달이 특정한 염려로 방해받을 때 '치료사'는 이런 문제들을 감소시킬 수 있게 돕는다. …… 그들은 클라이언트가 예방을 위한 지식과 기술을 습득하고, 미래에 유사한 문제를 극복할 수 있게 도울 뿐 아니라 클라이언트의 일반적인 심리적 효과가 증진될 수 있도록 지원한다(p. 210).

Ivey와 Simek-Downing(1980)은 타인에게 융통성 있고 창조적으로 반응하기 위해서 우리는 몇 가지의 심리학 이론과 하나 이상의 세계관을 이해해야 한다고 제안하였다. 이는 당신이 음악치료사로서의 발전을 위해 가능한 한 많은 새로운 관점을 읽고 고려하며 포용함으로써 당신 자신의 세계관을 지속적으로 발전시켜 나가는 것이 스스로에게 많은 도움이 될 것이고, 더불어 당신이 좀 더 융통적인 사람이 될 수 있음을 의미한다.

또한 음악치료사로서 발달하는 과정에서 개별치료를 경험하는 것은 당신에게 유익이 될 것이다. 성장 이론에 대해 논의하면서 Maslow(1999)는 "오직 건강을 존중하는 사람만이 치료를 할 수 있다."(p. 61)라고 언급하였다. 그는 능동적 경험하기의 개념을 소개하였는데, 이는 신체적 · 정서적 · 지적 자기참여(self-involvement)와 자신의 능력에 대한 인식 및 지속적인 탐구, 자신의 속도(pace)를 찾고 한꺼번에 지나치게 많이 취하지 않은 상태에서 그 속도를 수용하는 것, 다양한 과제로 전이될 수 있는 지식을 습득하고 향상시키는 것, 그리고 적극적인 참여를 통해 새로운 흥미와 잠재력을 발견할 수 있는 기회로 특징지어진다.

치료사로서 우리는 당연히 클라이언트가 이러한 것들을 경험하길 원한다. 하지만 그들 또한 치료사로서 당신에 대해 평가한다. 미국 음악치료사협회(American Music Therapy Association)의 『음악치료 전문가 역량 매뉴얼(The AMTA Professional Competencies)』을 보면 다음과 같은 역량을 매우 중요하게 간주하고 있음을 알 수 있다.

- 클라이언트와의 치료 과정에 대한 자신의 감정, 태도, 행동의 영향력을 인지하기
- 치료에 도움이 되도록 클라이언트와의 대인관계를 확립하고 유지하기
- 개별치료와 그룹치료에서 적절한 자기노출, 신뢰성, 공감 등 바람직

한 행동 변화를 이끌어 낼 수 있도록 치료사의 역할 안에서 자신을 효
과적으로 활용하기
- 비판과 피드백을 거리낌 없이 수용하고 생산적인 방식으로 수행하기
- 긍정적이고 건설적으로 갈등을 해결하기
- 지속해서 건설적인 방식으로 개인의 생각과 감정을 표현하기
- 강점과 약점에 대한 비판적 자기자각을 보여 주기

분명한 것은 자기 자신, 자신이 가진 능력 및 잠재력을 아는 것, 그리고
지속적으로 성장하고자 하는 것이 치료사로서의 당신의 발달에 결정적이
라는 것이다.

음악치료 이해하기

여기서 우리는 먼저 음악치료의 정의를 알아보면서 시작하고자 한다.
이어 음악치료와 그것이 효과적인 이유에 대한 이해를 확장할 수 있는 몇
가지 이론을 살펴볼 것이다.

정의

아마도 당신은 Bruscia(1988a)의 정의를 통해 음악치료 현장에 대한 생
각을 고찰할 수 있을 것이다. 당신은 또한 이를 통해 작동 정의(working
definition)의 유익과 한계를 이해함으로써 자신이 경험하고 배우는 것에
맞추어 이러한 정의를 수정할 수도 있다. Bruscia에 따르면 음악치료는
"치료사가 클라이언트를 도와 변화의 역동적인 힘을 발달시키는 음악 경
험 및 관계를 사용함으로써 클라이언트의 건강을 증진시키는 체계적인 중

재 과정"(p. 20)이다. 이 정의는 다음을 고려한다.

- 음악치료는 체계적이다: 그것은 우연히 이루어지는 것이 아니다.
- 그것은 과정이다: 그것은 시간에 걸쳐 발생한다.
- 그것은 중재다: 그것은 무언가가 행해지는 것을 의미한다.
- 치료사는 클라이언트를 돕는다: 그것은 도움이 발생하는 방향을 명확히 한다.
- 목적은 건강을 촉진하는 것이다: 건강이 다양한 정의를 지니긴 하지만, 치료는 점점 더 나아지려는 목적을 지닌다.
- 관계는 음악 경험에서 발생한다: 그것은 치료사와 클라이언트, 클라이언트와 음악, 그리고/또는 치료사와 음악 사이의 관계다.
- 과정은 역동적이다: 무언가가 움직인다.
- 변화의 힘이 작동하고 있다: 움직임은 변화를 향한다.

이것은 시작점으로 유용한 정의이고, 여기서부터 음악치료에 대한 당신의 이해가 점차 증진되고 발전할 수 있다.

이론

일부 저자는 심미(aesthetic)라는 용어를 사용하여 음악치료를 설명하는 반면, 다른 사람들은 의미에 중점을 두고, 또 다른 사람들은 그것을 과학적 관점에서 바라본다. Aigen(1995)과 Kenny(1989)는 음악치료 작업에서 심미의 중요성을 강조하였다. 심미와 아름다움은 이 저자들에게 있어 치료 과정의 결과에 중요한 역할을 한다.

Aigen(1995)은 치료 과정을 음악이 가진 심미적 특질의 변화로 측정할 수 있다고 제안하며 음악의 리듬적 움직임 안에서 클라이언트의 정서적 저항이 분출되도록 하는 심미적 표현의 중요성을 설명한다(p. 250). 그는 이것이 표현적이고 의사소통적인 발달을 위한 전조로 작용하고, 또한 음악적 표현 속으로 정서적 저항을 표출시킴으로써 효과적인 음악치료를 가능케 한다고 믿는다.

Kenny(1989)는 치료사와 클라이언트 자체가 심미적이고, 또한 세상을 향한 이러한 심미적 표현과 의사소통은 전체성을 향한 움직임이기 때문에 음악치료는 치료사와 클라이언트 간의 음악적 공간에 의해 창조되는 전체성을 향한 견인력이라고 주장한다. Kenny에게 있어서 음악은 변화, 성장, 회복을 위한 안전한 공간을 제공한다. 치료사의 역할은 서로를 알아가도록 음악적 공간 안에서 클라이언트와 작업하는 것이다. 새로운 장(field)이 등장하는 순간을 찾고, 그 탐색은 반복적 형식 혹은 '특정한 조성이나 음량'이라는 특색을 띠며, "그들은 서로를 알고 그곳에는 연주와 실험을 주도하기에 충분한 안전함과 자신감이 있다. 어떤 시점에서 이러한 실험은 개방된 공간인 연주의 장(field of play) 속으로 분출된다"(p. 82). 치료사는 이 공간 안에서 클라이언트가 익숙한 것들에 대한 안전함을 넘어서도록 실험, 모방, 모델링을 사용하여 그들과 음악적으로 작업한다.

다른 이론가들은 음악치료에 내재된 의미를 찾는다. 이러한 의미는 음악을 창조하는 것과 관련이 있다. 음악을 창조하는 것은 우리의 문화적 유산 및 정체성과 깊은 관련이 있다. 즉흥음악 연주 경험의 대화적 본성 또한 의미의 근원이다. Ruud(1998)는 의미가 음악을 만드는 사람들 간의 상호작용 및 문화의 영향력에 대해 그들이 지각한 결과라고 주장했다. 음악치료는 그 자체로 이 세계 속 삶에 대해 클라이언트에게 더 많은 가능성을 부여함으로써 클라이언트의 자기개념을 변화시킨다.

Stige(2002)에게 음악치료의 의미는 상호 구성적이다. 다시 말해, 그것은 클라이언트와 치료사가 지금 일어나고 있는 것을 어떻게 이해하고 구성 (constructions)하는지에 근거한다. Stige는 또한 문화적 기반에서 의미를 바라보았는데, 일상적으로 배제되는 사람들의 정상화를 이끌도록 기획된 프로그램을 구체화하여 음악치료의 실행을 공동체 음악치료로까지 확장한다. Stige는 음악치료를 의식(ritual)과 같은 문화적으로 권위가 있는 형식 혹은 인생에서 문제를 가진 사람들을 돕기 위해 개발된 반복적인 실행으로 설명한다(p. 219). 이러한 의식은 개인의 경험을 위한 안전한 용기로 작용하고, 대중 및 사회적 기능과 관련하여 이해될 수 있다.

Thaut(2000)는 과학으로서 음악치료와 연구에 기반을 둔 음악치료의 필요성에 초점을 맞추고 치료 목표 달성을 위한 모델을 설명한다. Thaut가 효과적이라고 생각한 음악치료는 과학적 증거에 근거하고 성공이 입증되었던 중재들로만 제한한다. 이러한 성공은 때때로 관련 분야의 연구를 통해 먼저 나타나고 음악 경험은 이후 앞선 관련 연구와 유사한 방식으로 연구된다. 여기서 음악치료사의 임무는 바람직한 결과를 성취하기 위해 연구를 통해 나타난 비음악적 경험을 유사한 음악 경험으로 전환하고, 제시된 목표를 충족하는 데 있어서 음악에 근거한 성공을 이끄는 것이다(p. 12).

여기서 소개한 이론들은 다양하고, 음악이 그 자체로 효과적인 이유에 대한 폭넓은 사고를 제안한다. 이와 더불어 이론들은 음악치료의 실행을 이해하기 위한 확고한 기반을 제공하는 데 도움을 준다.

치료 과정 이해하기

치료 과정의 기본 구조는 필요 정의, 중재 계획, 결과 측정과 관련된다. 우리는 흔히 이를 진단, 치료 계획, 평가라고 말한다. 비록 단기간에 이루어지는 치료에서는 이런 과정이 거의 동시다발적으로 발생하긴 하지만, 어떤 세팅에서는 개별적 단계를 거친다. 우리는 이 책을 통해 이러한 과정을 토의하고 확장할 것이다. 우선, 4장에서는 진단 과정을 설명할 것이다. 치료 계획은 목적과 목표를 세우고 중재를 기획하거나, 음악치료 사례에서 인식된 목적을 향해 나아가는 데 있어 클라이언트를 돕는 음악 경험과 관련이 있다. 5장, 6장, 7장은 이러한 영역에 대한 정보를 제공한다. 그리고 후속 장들은 음악치료 세션 동안 발생할 수 있는 다양한 측면을 다룬다. 이후 17장에서 다루는 결과에 대한 평가는 다양한 간격으로 이루어질 수 있으며 다양한 세팅에서 다양한 방식으로 측정이 가능하다.

무엇을 할 것인지 알기

특정한 클라이언트나 그룹을 위한 음악치료 세션을 계획할 때 음악치료사는 다음 사항을 유념해야만 한다. 즉, ① 클라이언트의 필요, ② 치료사의 역할, ③ 음악을 사용하는 방법이다. 이러한 주제들은 음악치료 교과과정에서 일반적으로 다루는 것들이다. 만약 당신이 첫 실습을 시작하려 한다면, 아직 이런 정보를 미처 잘 알지 못할 수도 있고 질문과 독서 그리고 면밀한 관찰을 필요로 할 수도 있다. 또한 만약 당신이 보다 숙련된 학생이라면, 치료 접근법에 대한 지식에 당신 자신이 아는 것을 통합하여 자신만의 개인적 치료 스타일을 발전시키는 과정 속에 있을 것이다. 그리고 만약 당신이 인턴 과정 초기라면, 아마도 다양한 체제 속에서 이러한 영역들을 탐색하고 있을 것이며, 이러한 정보가 당신의 치료 스타일에 통합되어 구체화되도록 도전받고 있을 것이다. 만약 당신이 클라이언트의 필요와 목적이 달성되도록 클라이언트를 돕는 방법, 클라이언트의 움직임을 촉진하도록 음악을 사용하는 방법에 대해 명확히 알고 있다면, 당신은 세션 중에 무엇을 할 것인지 알게 될 것이다.

클라이언트의 필요 정의하기

어떠한 클라이언트나 그룹이라도 그들과 효과적으로 작업하기 위해서는 치료사가 클라이언트나 그룹의 필요에 대해 기본적으로 이해해야만 한다. 필요는 일반적(특정 집단 혹은 진단 그룹의 특성으로 정의되는)이면서 개별적(주어진 개인의 독특한 삶의 경험으로 정의되는)이다. 클라이언트 집단(population)의 표준적 특성은 치료사에게 진단 과정에서 다룰 질문에 대한 대략적인 감을 제공할 것이다. 클라이언트가 속한 집단의 보편적인 이슈나 문제를 앎으로써 치료사는 진단 경험을 정의하고 구체적인 반응과 정보를 관찰하며 클라이언트와 상호작용하기 위한 암시를 얻을 수 있다. 예를 들어, 노화와 관련된 상실과 이와 연관된 스트레스 반응을 이해하고 있는 치료사는 개인의 진단명과 상관없이 노인과 작업할 때는 마음속에 이런 틀(framework)을 유지할 것이다. 뇌졸중을 막 경험하였고, 동반하는 신체적 변화 때문에 신체 재활을 받고 있는 노인 또한 많은 상실과 스트레스를 경험할 것이다. 만약 이 클라이언트의 팔과 손의 소근육 기술을 발전시키는 데 도움을 줄 수 있는 음악 경험과 더불어 상실과 스트레스의 영향력이 계획 과정에 고려된다면, 치료사는 중재 방법과 이 클라이언트의 전반적인 회복에 기여하는 방법에 대해 더욱 효과적으로 이해할 수 있을 것이다.

클라이언트의 필요를 이해하기 위해서는 그 개인에 대한 면밀한 진단평가가 필요하다. 진단평가 중에 당신은 강점, 필요나 약점, 진단이나 증상과 같은 배경 정보, 이 문제에 대한 현재와 과거의 치료, 교육적 · 사회적 · 문화적 배경, 기분, 음악치료 중재에 영향을 미칠 수 있는 경계 사항과 같은 다양한 요인을 고려해야 할 것이다.

치료사 역할 이해하기

모든 클라이언트의 인생에서 치료사로서 당신의 역할은 여러 요소에 따라 결정된다. 그것은 치료가 제공되는 세팅, 치료에 참여하는 다른 팀 구성원, 그리고 제공되는 중재의 수준(예: 음악치료가 일차적 치료인지, 아니면 보조 서비스 역할을 수행하는지 여부)이다. 치료사로서의 당신의 역할과 치료 관계에서 개인적 특성을 이해하는 당신의 방식 등이 당신의 수행에 영향을 미친다.

이런 요소를 고려하면서 당신은 음악치료가 제공되는 세팅을 살펴보기 시작할 것이다. 비록 외래나 입원 혹은 주거 서비스 간의 차이를 일반화할지라도, 각 세팅이 서비스가 제공될 수 있는 방식을 독특하게 정의한다는 것을 고려해야 한다. 예를 들어, 음악치료사와의 주 1회 외래 세션은 클라이언트의 한 주에 있어서는 주요 사건이 될 수 있지만, 그들의 인생에서는 작은 부분일 것이다. 그러므로 치료사는 다음 세션까지 클라이언트에게 영향을 미칠 수 있는 중재를 고안하길 원할 것이다. 이런 사실에도 불구하고, 음악치료 세션은 클라이언트에게 매우 중요할 수 있다. Barbara Reuer라는 음악치료사는 일회성 방문이 얼마나 중요할 수 있는지와 관련하여 병원 음악치료에 관해 다음과 같이 언급하였다.

당신이 병동 침상에서 일할 때, 대부분 그것은 환자에게 평생에 단 한 번뿐인 경험이 된다. 치료사가 환자와 교류하는 방식이 핵심이다. 당신이 의료/호스피스 세팅에서 환자와 가족을 치료할 때, 그들에게 매 순간은 인생을 변화시킬 만한 것이면서 동시에 영원히 기억할 만한 것일 수 있다. 개인이 경험하는 강렬함으로 인해 그들의 삶의 모든 것이 확장된다. 누구도 일회성 방문의 중요성을 간과해서는 안 된다(개인 면담, 2005. 3. 13.).

치료사는 치료 과정을 연장하기 위해 가정용 자료나 연습 혹은 숙제를 제공하길 원할 수도 있다. 발달장애 아동이나 성인 혹은 장애인의 부모나 양육자는 음악치료 중재의 효과를 세션 밖으로까지 확장시키는 기술을 배울 수 있다. 음악치료가 클리닉이나 학교 세팅 혹은 클라이언트의 가정 (예: 호스피스 치료의 경우) 중 어느 곳에서 제공되든지 간에, 그 세팅은 치료 시기와 치료사에게 주어진 가능한 선택에 영향을 미칠 것이다. 예를 들어, 가정에서 치료받는 호스피스 클라이언트의 가족은 치료사가 그 집에 머물 수 있는 시간을 제한함으로써 클라이언트를 매우 보호하려 할 수도 있다. 이 경우, 치료사는 주어진 시간에 맞추어 음악 경험을 선택해야 한다. 또한 가족의 생활을 고려하여 세션 시간을 정해야 하기에 시간 선택에 제한이 있을 수 있다.

입원 세팅에서 치료할 때는 클라이언트의 입원 기간을 고려하는 것이 중요하다. 첫 번째 치료 중재가 오직 단 한 번의 중재일 가능성이 있는 클라이언트를 만날 경우, 학생 음악치료사는 클라이언트에게 주의와 존중을 기울여야만 한다. 라포(rapport)와 신뢰를 구축하는 것뿐 아니라 한 세션에서 할 수 있는 양을 설정하는 것도 중요하다. 한 번의 만남 후에 클라이언트를 힘들게 하지 않기 위해 당신은 무엇을 해야 하며 무엇을 피해야만 하는가? 이것은 클라이언트와의 관계를 점진적으로 구축하는 것과는 상당히 다르며, 여기서는 보다 장기적인 목적을 향해 조심스럽게 움직이기 위해서 클라이언트가 음악에 참여하고, 치료가 마지막으로 치달을 때 종결을 위한 시간을 허용한다.

주거 시설에서 치료할 경우에는 우선 클라이언트의 거주 기간을 알아야 한다. 또한 클라이언트가 당신과 비슷한 연령대인지 여부는 학생 음악치료사로서의 당신과 대상 집단의 관계에 영향을 미칠 것이다. 당신은 또한 치료 관계의 적절한 경계에 대해 이해하도록 주의를 기울여야만 한다. 클라이언트와의 바람직한 관계는 치료적 거리를 확실히 수립하면서 동시에 신뢰 관계를 구축하는 것에 달려 있다. 물론 이것은 모든 세팅에 해당하지만 특별히 장기적인(long-term) 상황과 관련된다.

이런 모든 이슈는 음악치료 과정에서 자기를 치료적으로 사용하는 것에 영향을 미친다. 당신이 클라이언트와 관계 맺는 방식 및 그 관계가 당신의 음악치료 중재에 대한 클라이언트의 반응에 미치는 영향을 숙고하라. 이는 윤리적이고 효과적인 실행의 경계 내에 머물면서 동시에 당신만의 독특한 치료 스타일을 개발할 수 있게 도울 것이다.

음악치료사 되기의 또 다른 중요한 측면은 치료 팀과의 관계다. 치료 팀의 조직 방식을 이해하는 것이 당신의 역할을 이해하는 데 필수적이다. 당신 외에 누가 클라이언트를 치료하는지 알아야 하고, 또한 이 클라이언트의 주 치료 목적을 찾아야 한다. 목적을 수립한 사람이 의사인지 팀 리더인지, 아니면 모든 구성원이 합의한 팀인지를 확인하는 것도 유용하다. 음악치료사가 특정한 치료 팀의 맥락 안에서 특정 목적을 달성하도록 클라이언트를 돕는 데 있어 어떤 역할을 수행할지를 아는 것 또한 필수적이다. 어떤 세팅에서는 모든 팀원이 팀 목적을 세우지만, 다른 세팅에서는 팀이 일반적인 목적을 세우고 각 치료사는 각 영역별로 목적을 기술한다. 학생 치료사로서 당신이 세운 목적은 무엇이며 그것들은 어떻게 정의되는가? 아마도 당신의 슈퍼바이저가 특정 목적을 당신에게 제시할 수도 있고, 당신이 직접 특정 클라이언트나 그룹을 진단평가할 수도 있다. 혹은 일반적으로 음악치료사로 성장함에 따라 좀 더 구체적인 목적을 선택하도록 배우기 때문에, 이 단계에서 당신은 일반적인 목적을 세울 수도 있다.

특정한 클라이언트나 그룹에게 적절한 치료 목적을 수립하기 위해서 치료사는 클라이언트의 필요뿐 아니라 목적을 향한 치료의 의미를 이해해야만 한다. 이런 목적이 클라이언트의 전반적인 삶의 질에 어떤 기여를 할 것인가? 이제 학생 치료사가 세운 '사회성 기술'이라는 일반적 목적을 살펴보자. 사회성의 변화는 이 사람에게 어떤 영향을 미칠 수 있는가? 사회적 접촉의 증가가 지니는 궁극적 가치는 클라이언트의 고립과 퇴보가 감소하고 우울 증상이 경감되는 것에서 찾을 수 있다. 아마도 음악치료 그룹에서 구축된 관계로 인해 클라이언트는 기관 내 다른 프로그램에의 참여에 대한 동기가 증가하여 삶에 더욱 적극적이 될 것이다. 이 클라이언트를 위한 또 다른 잠재적 유익은 비슷한 치료를 받는 다른 사람들과 경험을 공유하기 때문에 치료 과정 자체에 대해 보다 긍정적인 태도를 발전시킬 수 있다는 것에 있다. 이러한 연관된 요인들을 유념할 때 비로소 당신은 클라이언트에게 가장 필요한 목적을 세울 수 있을 것이다. 또한 이런 가능한 결과를 고려한 후에야 치료사는 '병동에서 관찰할 수 있는 것과 같이 그룹 세팅 밖에서 동료와 상호작용하기' 같은 보다 정교하게 기술된 목적을 세울 수 있을 것이다. 이런 요인을 고려하면서 제기될 수 있는 또 다른 목적으로 '치료에 대한 순응력을 증가시킴으로써 비슷한 치료를 받고 있는 사람들과 상호작용하기'가 있다. 이런 경우, 사회성 기술은 '현재 치료에 대한 생각이나 감정을 공유하기'로 보다 명확히 정의되며, 이는 좀 더 명확하고 측정 가능한 결과를 유발한다.

　치료사는 또한 수립한 목적 안에서 클라이언트의 역할을 고려해야만 한다. 클라이언트의 역할은 치료 관계로부터 많은 영향을 받는다. 치료사는 자신이 독자적으로 만드는 목적보다는 클라이언트에게 좀 더 의미가 있는 목적을 클라이언트(혹은 가족이나 보호자)로부터 끌어내야 한다. 클라이언트나 보호자와의 상호작용 및 관계는 서비스 실행뿐 아니라 목적을 세우는 과정에도 영향을 미칠 수 있음을 치료사가 이해하는 것이 중요하다.

　마지막으로, 자기 자신 및 치료의 정의에 대한 치료사의 이해는 그의 치료에 영향을 미친다. 사실 치료사의 신념 체계는 클라이언트와의 라포 및 효율성에 방해가 될 수도 있다. 치료사 자신의 이슈는 그가 클라이언트와 클라이언트의 필요를 바라보는 방식에 영향을 미칠 수 있으며, 또 미칠 것이다.

　치료 관계에서 클라이언트, 세팅, 과정, 음악 그리고 치료 팀에 대해 유발되는 우리의 개인적 반응을 분리할 수 있는 능력은 유능한 음악치료사가 되는 데 필수적이다. 또한 치료와 치료 관계의 향상을 위해 자기 자신에 대한 지식을 활용할 수 있는 치료사의 능력 역시 중요하다.

음악으로 작업하기

음악은 치료 세션에서 거의 무한한 가능성의 조합을 제공한다. 음악은 불리고, 연주되며, 작곡될 수 있다. 음악은 동작을 위한 촉매가 될 수 있으며, 또한 경청을 위한 초점이 될 수도 있다.

우리가 무슨 노래를 하는지, 누가 노래하는지, 그리고 우리가 그 노래를 어떻게 반주하는지는 우리가 음악치료에서 음악을 가지고 하는 것에 영향을 미치는 몇 가지 요인이 된다. 클라이언트는, 혹은 클라이언트와 함께 많은 노래를 하는 학생 치료사는 이런 상호작용 안에서 발생하는 것을 모두 다 인지하지 못할 수도 있다. 클라이언트가 선택한 노래를 하는 것은 클라이언트에게 치료와 환경의 일부분에 대한 통제력을 부여하는 것일 수도 있다. 또한 그것은 그들을 깊은 의미 수준으로 연결하도록 도울 수 있고, 기분을 바꿀 수 있으며, 회상에 이르고, 근심을 토로하고, 상황에 대한 새로운 관점을 갖게 할 수 있다. 더불어 노래 만들기 경험을 위한 기초가 될 수도 있다. 노래하기는 세션에서 다음과 같이 다양하게 사용될 수 있다.

- 라포 형성
- 이완 반응 유도
- 기억 자극
- 감정 표출
- 심호흡 증가

우리가 음악을 연주할 때는 즉흥연주를 하고, 작곡된 음악을 연주하며, 또한 앙상블 경험을 반주하기 위한 오스티나토(ostinato) 같은 패턴을 연주하기도 한다. 또한 우리가 연주하는 것, 우리와 같이 연주하는 사람, 연주되는 악기, 치료사 혹은 클라이언트가 선택한 악기는 모두 우리의 치료에 영향을 미친다. 자신에 대한 무언가를 그룹과 공유하기 위해 익숙한 악기를 솔로로 연주하는 것은 비선율 타악기로 이루어진 그룹 즉흥연주에서 연주하는 것과는 무척 다른 경험이다. 이런 경험을 세심하게 구조화하면서 치료사는 다양한 목적을 세울 수 있다. 세션에서 무엇을 하는가에 대한 선택은 그 음악 경험이 얼마나 클라이언트의 필요를 잘 만족시킬 수 있을 것인지에 기반을 두어야만 한다.

음악치료 세션에서 작곡은 대부분 가사를 만들 때 발생한다. 치료는 클라이언트가 노래를 위한 선율이나 화성을 창조하도록 격려받을 때 더욱 효과적일 수 있다. 클라이언트는 또한 이미 선정한 주제를 표현하는 음악 작품을 함께 만들 수도 있다. 혹은 그룹이 다양한 방식으로 즉흥연주를 하는 중에 선율이 발생하도록 좀 더 자유롭게 작업할 수도 있다. 보다 구조화된 접근에서는 각 그룹 구성원에게 네 박으로 이루어진 리듬 패턴을 만들도록 한 후 그룹 전체가 작품에 사용할 리듬들을 조합하게 하기도 한다. 패턴은 가능한 한 수차례 반복될 수도 있고 원할 때 변형될 수도 있다. 각 그룹 구성원은 음정의 방향과 폭을 결정하고 나서 선율을 만든다. 이런 아이디어를 연주가 가능하고 노래하기 적당한 선율로 연결되도록 그룹 구성원을 돕는 것은 음악이 그룹의 실험으로부터 발생할 수 있다는 인내와 신뢰를 필요로 한다.

음악은, 예를 들어 '호키 포키(Hokey Pokey)' 율동과 같은 구조를 통한 동작을 위한 촉매로 사용될 수 있다. 혹은 그것은 클라이언트가 시각적으로 또한 운동감각적으로 모방하기 위해 스카프 같은 소품을 사용할 때처럼 자유롭게 시도될 수도 있다. 동작은 행진과 같이 리듬적일 수도 있고 발레와 같이 흐를 수도 있다. 음악에 맞춘 어떤 동작이라도 클라이언트를 위한 목적과 목표를 염두에 두고 계획될 수 있다. 어떤 대상자에게 있어서 동작을 사용하는 것은 신체적 주의 사항을 요구하는데, 학생 치료사는 사전에 이 점을 고려해야만 한다.

당신은 다양한 방식으로 감상 경험을 사용할 수 있다. 클라이언트는 노래 가사를 분석하거나 음악 경험을 그림으로 표현하고, 패턴을 확인하며, 자신이 들은 다양한 소리를 열거할 수 있다. 감상은 이완 훈련이나 심상 경험의 일부가 될 수도 있으며 그룹 회상의 기반이 될 수도 있다. 타 그룹 구성원이 포함된 타인이 만든 음악을 감상하는 것은 클라이언트가 감정의 표현에 동일시하거나 유사한 정신(spirit)을 발견하고, 동료에 대해 좀 더 알아가며, 또한 서로에 대한 공감을 발전시키도록 한다. 감상 방법과 감상의 사용 시점 또한 클라이언트나 그룹을 위해 세워진 목적 및 목표의 영향을 받는다. 훈련 기간에 당신은 감상을 위한 아이디어 목록(repertoire)을 만들어 갈 것이다. 당신 주위에 있는 음악, 가사, 리듬, 지배적 표현, 음악의 미묘한 질을 경청하기를 학습하라. 그러면 당신은 어떤 종류의 음악에서도 미묘함과 풍부함을 찾을 수 있을 것이다.

Bruscia(1998a)는 사용 가능한 음악을 즉흥연주, 연주 혹은 재창조, 작곡, 감상 경험의 네 범주로 분류하였다. 이 범주는 치료에서 음악 사용에 대한 사고를 시작하게 하는 유용한 방식을 제공하는데, 그것들은 이 책 후반부에서 다룰 것이다. 그것은 또한 치료에서 음악 경험을 사용하는 방식에 대한 당신 자신의 아이디어를 조직화하는 데도 도움이 될 수 있다. 당신과 동료들의 아이디어를 노트나 컴퓨터 파일 혹은 색인 카드에 기록하라. 그것은 당신이 클라이언트와 일하면서 사용할 수 있는 음악 경험에 대한 목록을 만드는 데 도움을 줄 것이다. 이런 경험은 다른 대상군에게도 대체로 적용이 가능할 뿐 아니라 당신이 그룹이나 개별 대상자와 일하기 위한 아이디어를 필요로 할 때 창조성의 펌프를 자극하도록 도울 것이다.

"비록 음악치료가 모든 수준의 음악 경험과 관련이 있긴 하지만, 클라이언트의 경험이 순수하게 음악적 수준에 더 가까울수록 그것이 진정한 음악치료인지를 더욱 확신할 수 있다."(p. 112)라고 언급한 Bruscia(1998a)의 글을 염두에 두자. 이제 당신이 치료할 때 당신과 클라이언트에게 유용할 음악 경험을 축적하기 시작해야 한다.

♬ 함께 읽으면 좋은 도서

Benjamin, A. (1987). *The Helping Interview* (3rd ed.). Boston, MA: Houghton-Mifflin.

Bruscia, K. (2000). The nature of meaning in music therapy: Kenneth Bruscia interviewed by Brynjulf Stige. *Nordic Journal of Music Therapy, 9*(2), 84-96.

Cameron, J., & Bryan, M. (1992). *The Artist's Way: A Spiritual Path to Higher Creativity*. New York: G. P. Putnam's Sons.

Camilleri, V. A. (2001). Therapist self-awareness: An essential tool in music therapy. *The Arts in Psychotherapy, 28*, 79-85.

Chase, K. M. (2003). *The Multicultural Music Therapy Handbook*. Columbus, MS: SouthernPen Publishing.

Crowe, B. J. (2004). *Music and Soul Making: Toward a New Theory of Music Therapy*. Lanham, MD: Scarecrow Press.

Dass, R., & Gorman, P. (1985). *How Can I Help? Stories and Reflections on Service*. New York: Alfred A. Knopf.

Frank, J. D. (1974). *Persuasion and Healing* (Rev. ed.). New York: Schocken Books.

Pavlicevic, M. (1997). *Music Therapy in Context*. London, UK: Jessica Kingsley Publishers.

▶ 과제: 음악치료하기

1단계: 관찰하기, 참여하기, 보조하기

1. 치료하기와 음악치료하기의 의미에 대해 스스로 어떻게 이해하고 있는지 다음의 질문에 대한 대답을 포함하여 서술하라.

   • 도움이 필요한 사람에 대한 자신의 견해
   • 개인의 문화적 배경의 중요성에 대한 자신의 견해
   • 음악이 사람들을 위해 할 수 있는 것이 무엇인지에 대한 자신의 견해
   • 치료에 대한 자신의 견해
   • 음악치료 과정에서 스스로의 역할을 바라보는 자신의 방식

2. 당신을 음악치료로 이끌었던 인생 경험 목록을 작성하라. 그중 한 경험을 선택하여 그것이 음악치료를 직업으로 선택하도록 어떻게 당신의 흥미를 일깨웠는지와 그 이유에 대해 간략히 서술하라.

3. 당신이 실습에서 사용할 수 있는 음악 경험을 즉흥연주, 연주 혹은 재창조(노래, 연주, 동작), 작곡, 감상의 영역에서 각각 서술하라.

4. 당신에게 음악치료가 무엇인지, 그 의미를 이해하도록 도왔던 당신의 현재 실습 세팅에서의 경험을 서술하라. 당신은 무엇을 관찰하였고 이에 대해 어떻게 반응하였는지와 관련하여 객관적 관찰 및 주관적 반응을 모두 서술하라.

2단계: 계획하기, 함께 인도하기

1. 1단계의 질문 1에서 언급한 주제를 고려하여 치료와 음악치료에 대한 당신의 이해를 다시 서술하라. 당신의 음악치료 과정에 대한 이해가 어떻게 변화하였는지 기록하라.

2. 음악치료를 하면서 치료 관계의 중요성을 당신이 좀 더 잘 이해하도록 도왔던 실습 경험에 대해 서술하라.

3. 음악치료 중재의 결과로 삶에서 더욱 효율적으로 기능하도록 타인을 돕는 것이 어떤 의미인지와 관련해 당신의 이해를 향상시켰던 실습 경험을 서술하라.

3단계: 인도하기

1. 1단계 질문 1에서 언급한 요인을 포함해 치료와 음악치료에 대한 현재 당신의 이해 및 당신의 입장을 조명하는 견해를 서술하라. 이 세 단계에 걸친 이 과정에 대한 당신의 이해의 변화를 기록하라.

2. 당신의 임상 작업에서 치료 팀이나 클라이언트를 치료하는 다른 영역의 구성원과 접촉하였던 시간을 기억해 보라. 당신이 그것을 다루었던 방식을 생각해 보라. 타인과 정보를 공유함으로써 클라이언트에 대한 당신과 그 사람의 이해가 심화되었는가? 당신은 음악치료에 대한 그 사람의 이해를 확장시키기 위해 정보를 제공하였는가? 그 만남에 대한 당신의 느낌을 생각해 보라. 당신은 자신의 역할과 음악치료의 역할을 확실히 느꼈는가? 당신은 어떤 불안정 혹은 방어의 감정을 느꼈는가? 당신의 느낌을 공유하고 탐색하라.

3. 당신이 음악치료에서 자기 자신을 치료적으로 사용하는 방식을 간략하게 서술하라.

4. 당신이 세션 전체 혹은 일부분을 인도했을 때 스스로에게 "그래, 바로 이거야. 난 음악치료를 했어."라고 말했던 실습 경험을 서술하라. 당신에게 그것이 음악치료였다고 말하게 한 경험은 과연 무엇이었는가? 스스로 음악치료 순간에 막 관여했다는 것을 자각했을 때 당신은 내적으로 어떻게 반응하였는가?

chapter 02

참여 수준 높이기

Clinical Training Guide for the Student Music Therapist

서론에서 언급했듯이 이 책은 다양한 단계에 놓여 있는 미래의 치료사들의 훈련을 위해 고안되었다. 이 장은 이런 과정 안에서 단계별로 학생들이 겪을 수 있는 경험을 고찰한다. 그 경험은 음악치료 세션 관찰하기, 학생 치료사로서 참여하고 보조하기, 계획하고 함께 인도하기, 세션 인도하기 등을 포함한다. 단계별 과제와 도전이 다르기 때문에 이 장은 당신이 이러한 차이를 이해하고 이용할 수 있도록 돕는 데 목적이 있다.

세션 관찰하기

당신이 입문 단계 학생으로서 임상 세계에 들어섰든지 혹은 교육과 훈련에서 더 발전한 단계에 들어섰든지, 당신은 의심할 여지없이 새로운 광경, 소리, 감정, 경험과 만나게 될 것이다. 당신은 이러한 새로운 자극을 경험하고 자신의 반응을 관찰하도록 할 때 가장 잘 배울 수 있을 것이다. 당신이 처음으로 관찰할 때(혹은 새로운 기관에 처음으로 방문할 때), 자신의 경험에 영향을 줄 수 있는 다음의 요소들을 고려해야 한다.

- 기관의 전반적인 물리적 환경(위치, 규모, 연혁 등)
- 클라이언트
- 직원
- 음악치료사 및 음악치료 환경(다양한 악기와 장비, 방의 배치 등)
- 음악치료 세션 구조(시작과 끝, 사용된 악기와 음악 유형, 실행된 기술 혹은 중재 등)
- 음악치료 세션에 대한 당신 자신의 반응

또한 사회정서적 환경을 클라이언트의 관점에서 이해하고 직원들의 경험도 고려하라. 더불어 당신, 직원 그리고 치료 과정에 대한 클라이언트의 반응을 고려하라. 특히 다음의 것들을 유념해야 한다.

- 신체 언어
- 목소리의 톤
- 치료 공간의 배치
- 치료 세션의 사전 · 동안 · 사후 사건의 연속
- 세션의 종결 방식
- 세션 종결 후 클라이언트가 돌아가는 장소

관찰 경험을 마치면, 당신이 경험한 것에 대해 저널이나 로그북을 쓸 것을 강력히 추천한다. 당신은 앞서 언급한 요소들을 사용하여 쓰거나 강사 혹은 임상 슈퍼바이저가 제공한 형식에 맞출 수도 있다.

관찰은 음악치료에서 매우 중요한 부분이다. 만약 입문 단계의 학생이라면, 당신은 한 학기의 대부분 혹은 전 시기에 걸쳐 관찰할 수 있을 것이다. 정교한 관찰 기술의 발전은 당신의 훈련 과정 동안, 그리고 당신의 전문가 경력 전반에서 당신에게 보탬이 될 것이다.

참여하기와 보조하기

당신이 일단 세팅에 익숙해지거나 치료 세팅의 능동적인 구성원이 될 만큼 충분한 경험을 갖게 되면, 당신은 클라이언트와 함께하는 치료 경험에 참여하도록 초대받을 수 있다. 각 치료사는 당신을 세션 속으로 통합시키는 방법에 대해 다양한 아이디어가 있지만, 몇 가지 다음과 같은 일반적인 지침이 도움이 될 수 있다.

- 당신이 치료에 참여하고 있다는 것을 기억하라. 이 세션은 당신의 필요를 표출하기 위해 기획된 것이 아니고, 이 과정이 당신에게 실재하는 이슈를 끄집어냈다 할지라도 당신은 치료의 초점이 클라이언트에게 계속 머물도록 자신의 반응을 해야만 한다.
- 당신의 참여를 스스로 감독하고 자신의 반응을 단순하게 유지하여 클라이언트의 반응을 가리지 않도록 하라.
- 치료사는 세션의 리더이자 촉진자다. 클라이언트나 치료사에게 도움이 되고자 하는 당신 자신의 성향을 추적하라. 참여는 클라이언트와 함께 음악 경험에 참여하는 것이고 당신의 반응을 지각하는 것일 뿐이다. 클라이언트의 반응을 정확히 지각하는 것은 치료사로서 당신의 미래 역할을 연습하는 것이 된다.

다른 치료사의 세션에 참여하는 것은 당신 자신의 세션에서 나중에 사용할 수 있는 음악치료 중재를 얻는 기회가 되며, 배울 수 있는 독특한 기회를 제공한다. 당신은 또한 음악치료에서 사용하는 다양한 중재에 대한 당신 자신의 반응을 관찰할 기회를 갖는다. 당신이 세션 리더가 되면, 이를 대신해 줄 사람은 없게 되고 당신이 클라이언트에게 개인적 경험을 수행하도록 요구해야만 할 것이다. 절제할 수 있는 흥분을 지니고 참여하라. 적절하다면(담당 치료사가 당신을 지도할 경우) 클라이언트를 격려하라. 음악 중재에 대해 당신이 할 수 있는 모든 것을 배우라. 그리고 음악 경험에 대한 당신의 개인적인 반응을 감찰하고 기록하라. 강사가 제시한 구체적인 질문에 대답하는 로그북을 사용해도 좋다.

세션에서 보조자로 일할 시기가 되면, 당신은 많은 선택권을 갖게 된다. 슈퍼바이저 치료사는 당신에게 구체적인 것을 요청할 수 있다. 악기를 잡거나 연주하도록 클라이언트를 보조하는 것, 혹은 성공적인 그룹 참여를 위해 아동의 손을 잡고 순서를 지키도록 돕는 것이 그 예가 될 수 있다. 한 편으로는 당신의 수행에 대한 치료사의 기대가 좀 더 열려 있고 당신의 판 단에 달려 있을 때도 있다. 이 경우, 당신은 자신이 도움은 되면서도 과하지 않다는 것을 확신하기 위해 자신과 클라이언트의 행동 및 반응 모두를 감독할 필요가 있다. 두 경우 모두에서 조력자로서의 당신의 역할은 그 세 션에서 클라이언트가 필요로 하는 것을 얻도록 돕는 데 있다.

계획하기와 함께 인도하기

당신은 이제 클라이언트를 관찰하고, 이 세팅의 음악치료 경험 안에서 공유하며, 가능한 한 보조하고, 또한 이 클라이언트 혹은 클라이언트의 그 룹을 위한 치료 목적을 이해하는 기회를 갖게 된다. 세션을 계획하는 것은 이 책의 후반부에서 자세하게 다룰 것이다. 이 시기에 당신은 계획하기의 중요성과 그것이 함께 인도하는 세션의 결과에 얼마나 영향을 미칠 수 있 는지에 관심을 기울여야 한다.

치료에서 계획하기는 클라이언트 치료를 위한 전제조건이다. 어떤 곳 을 가기 위한 약도나 경로를 계획하기 위해서는 목적이나 표적이 있어야 한다. 일단 목적이나 표적이 정해지면, 당신은 고속도로 혹은 경치가 좋은 국도를 이용할 수 있는 것처럼 몇 가지 경로를 고려할 것이다. 어떤 경로 를 택해야 할지를 결정하는 것은 중재에 대한 클라이언트의 반응과 당신 의 현재 기술 및 지식 수준에 달려 있다. 심지어 가장 철저한 계획에서 당 신이 하나의 경로로 여정을 시작했더라도, 클라이언트의 반응은 당신이 다른 길을 선택하도록 이끌 수 있다는 것을 발견할 수 있다.

당신이 다른 학생이나 임상지의 음악치료사와 함께 치료할 때조차 당신이 세션을 함께 인도하는 것을 계획하는 것은 의도하는 종착지, 여행을 위한 경로 선택에 대한 논의, 그리고 이 여정에서의 역할 지정에 관한 명확한 의사소통을 필요로 한다. 이 과정에서 각 치료사는 심지어 당신이 전문가와 함께 작업한다 할지라도 세션 중에 발생할 것을 명확히 하기 위해 서로 질문을 준비해야만 한다. 이런 논의는 장차 발생할 수 있는 예기치 못한 일을 융통성 있게 다루기 위한 기반이 된다. 예를 들어, 계획하기 과정에서는 치료사 A가 노래 A의 사용을 고려했지만 최종 계획이 노래 B를 포함하는 것으로 결정되었을 때, 노래 A는 클라이언트가 이를 필요로 할 경우를 대비한 선택 활동으로 남겨진다. 그리고 나면 치료사 B는 그것이 세션 가운데 클라이언트의 필요에 적합할 때 치료사 A에게 노래 A를 삽입하라고 요청할 수 있다. 이런 협조가 이 두 치료사 모두가 제공하고자 하는 최상의 것을 클라이언트에게 줄 수 있다.

세션 인도하기

당신은 음악치료 세션에서 관찰하고, 참여하고, 보조하고, 계획하며 세션을 함께 인도하는 기회를 가졌다. 이제 당신은 독자적으로 세션의 리더십을 지닐 준비가 되었다. 처음으로 세션을 인도하기 위해 계획하면서 당신은 수많은 느낌을 경험할 것이다. 어떤 사람은 배운 것을 행동으로 옮기는 것에 대한 흥분과 열망을 경험할 것이며, 또 다른 사람은 클라이언트나 클라이언트 그룹을 책임지는 것에 대한 기대가 불안을 유발한다는 것을 발견할 수도 있다. 이런 두 가지 감정, 그리고 또 다른 다양한 감정을 느끼는 것은 정상적이다. 세션을 독자적으로 인도하기에 앞서 느낀 감정은 당신 자신의 감정에 반응하는 방식에 비하면 그다지 중요하지 않다. 만약 당신이 이 과제에 대한 자신의 정서적 반응을 인지하고 자신이 감당할 것에 대한 실체를 잘 다룰 준비가 되어 있다면 치료가 보다 잘 이루어질 것이다. 세션을 성공적으로 인도할 확률을 높이려면 다음의 것들을 시도하는 것이 좋다.

- 클라이언트에 대한 정보를 수집하고 준비하라. 이것은 당신 스스로 수집한, 혹은 임상지의 치료사나 직원이 당신에게 제공한 정보에 기초한 진단평가다.
- 클라이언트가 적절한 목적을 성취할 수 있도록 세션을 계획하라. 처음에는 당신이 익숙하고 편안하게 느끼는 음악과 장비를 사용하라.
- 피드백, 도움 혹은 지원을 위해 교수나 임상 슈퍼바이저에게 질문하는 것을 두려워 말라.
- 당신은 자신이 클라이언트에게 가치 있게 제공할 만한 것을 가지고 있음을 기억하고, 당신의 독자적인 첫 세션을 자신감을 가지고 수행하라. 초점을 당신 자신의 연주에 맞추지 말고 클라이언트의 필요에 맞추라. 이것이 치료사로 일하는 동안 연주 불안이라는 함정에 빠지지 않도록 당신을 도울 것이다.

♬ 함께 읽으면 좋은 도서

Farnan, L. A. (2001). Competency-based approach to intern supervision. In M. Forinash (Ed.), *Music Therapy Supervision* (pp. 117-134). Gilsum, NH: Barcelona Publishers.

Hanser, S. B. (1987). Observation and feedback techniques for student practica. In C. D. Maranto & K. Bruscia (Eds.), *Perspectives on Music Therapy Education and Training* (pp. 149-157). Philadelphia, PA: Esther Boyer College of Music, Temple University.

Standley, J. (1991). *Music Techniques in Therapy, Counseling and Special*

Education. St. Louis, MO: MMB Music.

Wheeler, B. L. (2000). Music therapy practicum practices: A survey of music therapy educators. *Journal of Music Therapy, 37,* 286–311.

Wheeler, B. L. (2002). Experiences and concerns of students during music therapy practica. *Journal of Music Therapy, 39,* 274–304.

Wright, L. M. (1992). A levels system approach to structuring and sequencing pre-practica musical and clinical competencies in a university music therapy clinic. *Music Therapy Perspectives, 10,* 36–44.

▶ 과제: 참여 수준 높이기

1단계: 관찰하기, 참여하기, 보조하기

1. 신참 음악치료 학생으로서 당신은 자극의 바다를 경험하고 있을 것이다. 저널이나 로그북을 사용해 당신의 마음속에서 두드러지는 하나의 관찰 반응을 선택한 후 그것에 대해 기술하라. 이 반응은 긍정적이거나 부정적일 수 있다. 그것을 가능한 한 풍부하게 묘사하고 그것이 당신 자신의 인생 경험과 어떻게 연결되는지 탐색하라. 당신 인생의 무엇이 클라이언트, 치료, 환경에 반응했던 당신의 방식에 영향을 미쳤는가? 혹은 긍정적, 부정적, 중립적이라는 제목을 가진 표를 만들고 이 제목에 따라 그 경험에 대한 당신 자신의 반응을 범주화하라. 무엇이 당신의 마음속에서 일어나는가? 당신은 어떤 기회를 바라보고 있는가?

2. 세션에서 클라이언트와 함께 참여한 것을 기술한 로그북을 다시 읽어 보라. 당신은 클라이언트 혹은 치료사를 보다 많이 동일시했는가? 당신의 에너지는 클라이언트가 음악 중재에 반응하고 있는 방식, 치료사가 하고 있는 것, 혹은 음악 중재에 대한 당신 자신의 반응 중 어떤 것에 좀 더 초점을 맞추었는가? 당신의 관심을 가장 많이 끈 것에 대해 회고하면서 배운 것은 무엇인가? 음악

이 발생했을 때 클라이언트로부터 당신 자신의 이슈를 분리할 수 있도록 한 당신의 능력은 무엇인가? 당신은 앞으로 당신 자신의 이슈와 클라이언트의 것을 분리하도록 돕기 위해 무엇을 할 것인가?

3. 세션에서 치료사와 함께 작업하기 위한 당신의 기술과 능력에 대해 생각해 보라. 당신의 현재 기술과 능력을 고려하면서 당신이 클라이언트에게 제공할 수 있는 것과 자신의 기술을 개발하기 위한 몇 개의 단기 목표를 결정하라. 한 분야를 정해 당신 자신을 위한 목적과 그 기술 훈련을 시작하기 위한 행동 계획을 기술하라.

2단계: 계획하기, 함께 인도하기

1. 현 실습지에서 관찰해 온 것 중 당신을 정서적으로 충전시켰던 것을 선정하라. 10분 동안 펜을 놓지 말고 그것에 관해 기술하라. (만약 컴퓨터를 이용하여 로그북을 쓴다면 10분 동안 멈추지 않고 타자를 치라.) 그 일을 다 끝내면 당신이 기술한 것을 읽고 그 관찰을 통해 자신의 반응에 대해 무엇을 배웠는지 살펴보라. 당신의 관심을 끌었던 것과 당신 자신이 관찰한 내용을 지각하는 방식에 주의를 기울이라. 배운 것을 한 문장이나 짧은 문단으로 요약하라. 음악치료사로서의 반응이 치료에 어떻게 영향을 미칠 수 있는지 숙고하고 그것에 대한 또 하나의 문장이나 짧은 문단을 기술하라.

2. 당신은 임상지에서 치료사와 함께 세션을 인도하기 위한 계획을 세우고 있다. 클라이언트들은 다양한 필요를 가졌지만 가장 보편적인 것은 외로움과 우울을 극복하여 사회적 연결을 갖고 일상생활에서의 구조를 확립하는 것이다. 치료사는 주로 노래하기와 노래 만들기를 사용한 프로그램을 오랜 기간 사용해 왔다. 당신은 그 그룹과 다른 것을 시도해 보고자 한다. 당신이 그 그룹에 새로운 경험을 어떻게 소개할 수 있는지 한 문단으로 묘사해 보라. 당신이 이에 대해 치료사와 토의할 수 있을 만큼 그것이 클라이언트에게 유용하다고 생각하는 이유를 명확히 하라.

3. 당신은 다른 한 명의 학생과 함께 세션을 인도하려고 한다. 양로원에 있는 노인 그룹을 위한 세션을 계획하라. 이 그룹의 목적은 고양된 가치감을 통한 삶의 질 향상이다. 이 그룹에 대해 생각하기 시작했을 때 당신에게 떠오른 음악치료 전략은 무엇인가? 이 세션을 함께 실행하기 위한 계획을 세울 때 당신의 협동치료사에게 어떤 질문을 할 것인가? (무엇을 할 것인지, 누가 그것을 할 것인지에 관한 구체적인 계획을 생각해 보라.)

3단계: 세션 인도하기

1. 저널이나 로그북을 참고하여 당신이 실습지에서 관찰한 것과 세션을 인도했을 때의 경험에 관한 자신의 반응을 회고하라. 당신은 클라이언트, 치료사, 혹은 그 자리에 있었던 다른 직원들과 당신 자신을 동일시했는가? 그것이 당신에게 자신에 관한 무엇을 이야기해 주는가? 이러한 동일시가 음악치료사로서의 치료에 어떠한 영향을 끼치는가? 이러한 질문에 대한 당신의 답변을 기술하고 이를 당신의 강사와 공유하라.

2. 세션을 인도하면서 당신의 마음속에 두드러졌던 경험을 선정하라. 그 시기에 당신이 경험한 것을 가능한 한 풍부하게 묘사하고, 글을 써 가면서 당신이 반응한 방식, 그리고 이 경험이 당신에게 의미가 있는 이유에 관해 기술하라. 한 인간으로서, 또한 치료사로서 당신 자신의 발달에 관해 배우기 위해 당신의 인생 경험을 통틀어 그 의미의 근원을 추적하라. 이 활동에서 드러난 당신의 인생 경험이 당신 자신의 치료 스타일에 미치는 영향력의 방식을 요약하여 지도교수에게 제출하라.

3. 자세히 기억하도록 돕는 저널이나 로그북을 활용해 최근에 자신을 인도했던 하나의 세션을 떠올려 보라. 당신의 리더십에서 성공적이었던 것은 무엇이었는가? 무엇이 수정되어야만 했는가? 이 역할에서 당신은 어떻게 느꼈는가? 그 세션에 대해 기술하면서 당신은 아마 다른 생각과 느낌을 가질 수도 있을 것이다. 그런 모든 것에 관해 기술하고 회고하라.

4. 예전 실습지의 과제였던 저널이나 로그북을 살펴보라. 세션을 진행할 당시에는 생각할 수 없었지만 지금에 와서야 당신이 알아야 했고 행해야 했다고 생각하는 하나의 세션을 선택하라. 당신이 배워야 할 필요가 있는 것 혹은 당신이 발전시켜야 하는 기술을 묘사하라. (이미 했다면) 이러한 필요를 당신 자신 안에서 어떻게 다루었는지 혹은 지금 그것을 어떻게 다룰지 설명하라. 자신을 위한 목적과 행동 계획을 서술하고 목표를 달성할 마감 시한을 스스로 정하라. 현재 실습지에서 사용하는 저널이나 로그북에 당신이 이 목적을 향해 진보하는 과정을 수록하라.

chapter 03

음악치료 계획 과정

Clinical Training Guide for the Student Music Therapist

이 장은 당신이 음악치료를 조직하고 제공하는 방식의 기초를 형성하는, 특정 이슈를 고려하도록 하는 데 그 목적이 있다. 여기서의 주안점은 당신의 개인적 신념과 지각에 있다. 왜냐하면 그것들은 당신이 치료사로서 믿고 실행하는 것에 적용되기 때문이다. 따라서 이 장은 이런 자각을 발전시키는 몇 가지 질문과 훈련으로 구성될 것이다. 이는 결국 당신의 신념과 성격에 부합하는 방식으로 당신이 일할 수 있게 도울 것이다. 계획에 관한 심화 내용을 다루는 12장 후반부에서는 이와 같은 영역을 발전시키는 데 있어 다른 사람들은 어떤 방식을 취하는지 살펴볼 것이다.

세션의 내용과 순서를 계획할 때 고려해야 할 것은 많다. 물론 이 모든 것은 클라이언트에게 가장 유익한 세션을 발전시키는 것에 초점을 맞춘다. 따라서 클라이언트의 필요를 충족하기에 적절한 목적을 가진 세션이 결과로 도출되어야 하며, 절차는 클라이언트를 위한 목적에 적절하면서 당신의 가치, 기술, 지식에 부합해야 한다.

개인적 신념과 가치 탐색에 앞서 클라이언트의 이해를 위해 맥락을 고려하는 것이 중요하다. 모든 치료의 기저에 있는 것은 클라이언트가 누구인지, 그가 치료적 관계에 왜 들어왔는지, 또한 치료의 결과가 의도하는 것은 무엇인지에 관한 감각이다.

클라이언트 관점

무엇이 클라이언트에게 중요한가

무엇보다도 클라이언트가 인간임을 기억하는 것이 매우 중요하다. 아무리 많은 어려움과 진단명, 제한된 기능을 가진다 하더라도 그들은 독특하고 복잡하며 진화하는 인간 존재다. 우리가 클라이언트를 한 인간으로 대하도록 우리를 돕는 몇 가지 질문 사항은 다음과 같다.

- 클라이언트는 무엇을 좋아하는가? 그가 행하기를 즐기는 것, 잘하는 것, 이와 같은 것을 함께 즐기고 싶은 사람, 이와 같은 것이 행해진 장소 등을 고려하라.
- 클라이언트는 무엇을 좋아하지 않는가? 그가 하길 원치 않는 것, 거부하는 것, 혹은 지루해하거나 좌절감을 느끼거나 원하지 않는 것을 고려하라.
- 클라이언트는 무엇을 변화시키려고 하는가? 그가 자신에 대해 싫어하는 점, 자신의 개인적 행동에 관해 비생산적이라고 생각하는 점, 인생에서 가장 큰 장애물이 되었던 경험, 변화시키고자 하는 것을 고려하라.
- 그가 그리는 미래의 삶은 무엇인가? 그가 인생에서 원하는 것, 그가 미래를 위해 꿈꾸는 것, 그의 인생을 위한 희망 및 소망을 고려하라.
- 그런 일들이 일어나기 위해 우리는 어떻게 도울 수 있는가? 그가 가진 도움, 그가 필요로 하는 도움, 만약 가능하다면 음악치료가 제공할 수 있는 도움, 그것을 제공하기 위해 사용할 수 있는 방법, 그의 안전, 참여, 성공에 위협적이어서 피해야만 하는 것을 고려하라.

이 질문에 답하면서 당신을 이런 질문으로 인도한, 당신이 보고, 듣고, 관찰하고, 느끼고, 이해한 것을 고려하라.

클라이언트는 음악치료를 통해 무엇을 얻을 수 있는가

앞서 다룬 질문은 중요하며 클라이언트를 한 인간으로 바라보도록 우리를 돕는다. 한편, 우리는 또한 그 사람이 더 잘, 그리고 더 건강하게 기능하기 위해 필요로 하는 것을 깨달아야 한다. 즉, 그가 음악치료에 의뢰된 이유 말이다. 이런 많은 이슈와 관련해서는 4장에서 클라이언트 진단에 대해 다루긴 하지만, 이 시점에서도 이러한 질문을 고려하는 것은 유용하다. 당신은 클라이언트가 당신과 같이 이야기를 나누고 음악을 연주하면서 의사소통하는 것, 혹은 더 완전하거나 건강하게 기능하기 위해 필요로 하는 것을 관찰하여 직관적 수준에서 알아차림으로써 많은 것을 배울 수 있다.

음악치료를 위해 클라이언트를 진단평가하는 과정은 단순히 이런 고려 사항에 반응하는 것보다 더 복잡하다. 또한 음악치료가 모든 문제에 도움이 될 수는 없음을 기억하는 것도 중요하다. 하지만 초기 관찰을 통해 당신은 클라이언트를 도울 수 있는 방법에 대한 직관을 얻을 수 있을 것이다.

음악치료사 관점

나는 클라이언트에 대해 어떻게 느끼는가

음악치료 직무를 시작하면서 우리가 자신의 감정을 지각하는 것은 중요하다. 우리의 감정은 우리 자신이 클라이언트와 관계 맺는 방식의 기반을 형성하고, 우리가 사람들과 관계 맺는 능력을 향상시키기 위해 필요로 하는 부분을 보여 준다. 음악치료사로서 우리는 다양한 유형의 삶, 건강 상태, 장애를 가진 사람들과 일하는데, 이러한 상황에 놓여 있는 사람들을 향한 우리의 감정을 지각하는 것이 이에 도움이 된다. 이런 반응(reaction)은 건강하고 정상적이라는 용어에 대해 우리의 기저에 깔린 태도와 신념이 무엇인지 우리 자신에게 알려 준다.

장애인을 만났을 때 자신이 느끼는 방식을 점검하는 것이 도움이 된다. 예를 들어, 우리는 불편한 감정을 가질 수도 있다. 우리는 그 사람을 돕기 위해 다가가길 원할 수도 있고, 아니면 부끄러워 멀리할 수도 있으며, 자신이 올바르게 말하거나 행동하지 못할 것이라는 두려움에 빠질 수도 있다. 우리는 특정한 장애를 가진 사람에게서 등을 돌리거나 그들과의 눈 맞춤을 피할 수도 있다. 어떤 사람들은 신체장애가 있는 사람이 길을 건너려고 애쓰는 모습을 볼 때 불편함을 느끼기도 한다. 그러한 상황에서 도움을 주었지만 사실 그 사람[1]은 도움이 필요하지 않았다는 말을 들은 경험이 있다면, 이때 당신이 어떻게 느꼈는지 생각해 보라.

평범하지 않은 외모를 가진 누군가를 볼 때 당신이 그 사람을 다른 방식으로 보았음을, 혹은 그 사람이 보지 않을 때 자신이 그렇게 바라본다는 것을 깨달을 수 있다. 어떤 경우든 그런 일이 일어났을 때 자신이 느낀 점을 깨닫는 것은 도움이 될 수 있다. 당신은 한마디도 하지 않으려고 입을 닫은 사람의 말을 들으려 할 때 당신이 그가 말을 하도록 돕기를 시도해야만 하는지 아니면 그냥 기다려야만 하는지 알지 못했을 수도 있다. 이 당시에 당신이 어떻게 느꼈는지 생각해 보라. 당신이 지역사회 안에서 정신건강에 문제를 보이는 사람과 마주쳤을 때, 이에 대해 반응하고 느낀 점을 기억해 보라.

당신은 학교에서 학생이 개인적인 어려움을 보일 때, 혹은 그 가족 구성원이 학습 및 다른 학업과 관련한 어려움을 보일 때 이에 대처하도록 도왔을 수도 있다. 이러한 경험은 학교에서 문제를 보이는 아동에 대한 필요와 감정에 대해 당신을 좀 더 민감하게 만들 수 있다.

만약 당신이 종말기 질병을 겪고 있는 사람과 관련이 있다면, 이런 과정 중에 일어나는 자신의 감정을 생각해 보는 것이 유용할 것이다. 아마도 당

---

1 우리는 이 부분에서 당신이 이런 감정을 경험한 구체적인 순간을 생각해 내도록 하기 위해 '그'나 '그녀' 대신 사람이라고 기술하였다.

신은 죽음의 과정에 대해 불편함을 느끼거나 그것에 대한 더 나은 이해와 수용에 도달했다고 느낄 수도 있다. 어떤 경우든 죽음과 죽어 가는 것에 관한 자신의 감정을 지각하는 것은 그것을 다루는 데 도움이 될 뿐 아니라 그것에 대한 이해와 수용 안에서 당신을 성숙하도록 도울 것이다.

당신이 알고 있는 사람이 어려움에 부딪히게 될 때 당신이 어떻게 느끼는지 생각해 보는 것도 도움이 될 것이다. 친구가 삶을 위협하는 질병과 싸워야만 할 수도 있고, 가족이 집을 잃어 피난 장소로 가야만 할 수도 있다. 이런 상황에 대한 당신의 반응 방식을 생각해 보라. 고통스러운 인생 사건에 관한 영화를 텔레비전에서 볼 때 당신이 자신을 고생하는 사람과 동일시했든지 그 사람을 돕는 사람과 동일시했든지 간에 그때 어떻게 느꼈는지에 관해 생각해 보라. 이것은 당신이 왜 돕는 것을 전문적으로 하는 일에 매력을 느끼는지에 대해 당신에게 이야기하는 것일 수도 있다.

장애나 어려움을 가진 사람을 다룰 때 우리는 다양한 반응을 할 수 있다. 우리의 반응이 옳은지 아니면 그른지, 정상적인지 아니면 비정상적인지를 말하는 것은 불가능하다. 하지만 우리는 자신과 타인, 아니면 어려운 상황에 처한 사람에 대한 우리의 감정을 이해하고 깨달음으로써 성숙해진다.

도와주기에 관한 나의 개인적 이론은 무엇인가

음악치료사라는 직업에 있어서 '도와주기에 관한 개인적 이론'은 중요한 영향을 미친다. 이런 이론의 발전은 치료사를 다양한 방식으로 도울 것이다. 당신은 여러 측면의 도와주기 과정에 관한 신념에 기초하여 당신 자신의 이론을 발전시킬 것이다. 그것은 궁극적으로 당신이 누구인지, 세상을 어떻게 바라보는지, 그리고 그 세상 안에서 치료의 위치는 어떠한지 숙고하도록 한다. 이 이론은 치료 과정의 일부로서 의사 결정을 할 때 지침으로 작용한다. 이것은 시간이 지나 당신이 성숙해지고 당신의 견해가 바

꿰면서 수정될 것이다.

당신이 도와주기에 관한 자신만의 개인적 이론을 발전시킬 때 특정한 질문을 제기하는 것은 유용할 것이다. Brammer와 MacDonald(1999)는 도와주기에 관한 이론에서 치료사는 다음의 질문에 답변함으로써 스스로 도울 수 있다고 언급하였다.

- 도와주기의 목적은 무엇인가? 돕는 자로서 나는 무엇을 하려 하는가?
- 나는 도와주기 과정에서 어떤 단계를 따르려 하는가?
- 도움을 받는 사람의 목적을 성취하기 위한 가장 좋은 방법은 무엇인가?
- 도와주기 과정에서 도움을 받는 사람은 어떤 도움을 받을 수 있는가?
- 도움을 받는 사람은 자신의 미래 문제에 대해 이러한 돕는 기술을 적용하도록 어떻게 배울 수 있는가?
- 나는 도와주기 과정이 진실로 도움이 되었는지를 어떻게 아는가? 나는 돕는 사람으로서 내가 성공했는지 여부를 어떻게 아는가?(p. 168)

Brammer와 MacDonald(1999)는 사람들이 도와주기에 관한 이론을 발전시키면서 그들의 가치와 목적, 그들이 바라보는 인류애의 본질, 행동 변화에 대한 그들의 사고방식을 시험한다는 사실을 고찰한다.

도와주기에 관한 당신의 이론은 하나 혹은 그 이상의 심리치료 틀 속에서 구현되는 철학을 포함할 수도 있으며, 혹은 음악치료 이론의 기반이 되는 틀의 일부가 될 수도 있다. 이러한 점들은 이 책의 다른 부분에서 논의할 것이며 12장 '계획 시 추가 고려 사항'에서 더욱 자세하게 다룰 것이다.

음악이 유용하다는 것을 어떻게 아는가

우리가 음악치료에서 사용하는 도구가 음악이기 때문에 음악과 우리 자신의 관계를 탐색해 보는 것 또한 도움이 된다. 당신이 자신의 인생에서 음악을 어떻게 사용하는지 생각해 보라. 아마도 당신은 집에 도착했을 때 녹음 음악을 켜거나 생음악을 연주할 수도 있다. 이런 행위의 목적에 대해 숙고해 보라. 아마도 그것은 당신을 이완시키거나 당신의 스트레스를 감소시킬 수 있다. 아니면 그것은 당신에게 에너지를 부여할 수도 있다. 다양한 때와 상황에서 감상을 위해 혹은 연주를 위해 당신이 선곡한 음악 유형과 당신이 자신의 필요를 채우기 위해 음악을 사용하는 방법을 생각해 보라.

물론 음악을 사용할 수 있는 방식은 다양하다. 그것을 우리 삶 속에서 탐색하는 것이 우리에게 도움이 될 것이다. 불편한 감정을 가지고 음악을 감상했던 때를 기억해 보고 무엇이 이런 불편함을 초래했는지 생각해 볼 수도 있다.

당신의 인생에서 음악이 차지하는 위치를 탐구해 봄으로써 클라이언트가 그들 자신의 인생에서 음악을 사용하도록 돕는 방법에 대한 통찰을 얻을 수 있을 것이다. 이런 개념을 보다 확장하여 생각해 볼 수 있는 기회는 14장 '음악의 역할'에서 제시할 것이다.

윤리적 고려

우리 각자는 개인적 삶 속에서 따르는 윤리적 기준을 가지고 있다. 물론 그것은 사람마다 다를 수 있다. 비록 영역 간에 약간의 차이가 있을 수도 있지만 우리 사회를 지배하는 윤리적 기준과 법적 기준은 분명 존재한다.

12장 '계획 시 추가 고려 사항'에서 우리는 음악치료사라는 전문 직업을 위한 윤리적 고려에 대해 이야기할 것이다. 지금 시점에서는 우리 개인의 윤리적 기준을 탐색하는 것이 유용할 것이다.

당신이 하고 있는 일이 옳은지 여부를 결정하는 방식에 대해 스스로에게 질문을 던지는 것으로 시작해 보자. 당신은 성경(혹은 이와 유사한 코란 등의 경전)과 같은 외적인 출처를 따르는가, 아니면 부모님이 당신을 가르쳤던 방식을 따르는가? 그것이 성경이든 아니면 부모님이 가르친 것에 기초한 것이든, 당신은 아마도 당신이 배워 왔던 많은 것을 내사해 왔기에 그 출처를 의식적으로 생각해 보기보다는 무비판적으로 행했을 것이다. 무언가가 옳은지 그른지 생각해 볼 때 수반하는 과정을 생각해 보라. 무언가를 행한 후 그것이 옳지 않았고, 돌아가 그것을 고치거나 변화시켜야 한다고 느꼈던 순간과 이런 결심을 하게 만들었던 과정을 생각해 보라. 당신이 타인이 행하는 일이 옳은지 여부를 판단하는지, 또한 만약 당신이 판단한다면 그들의 가치나 윤리적 기준이 당신의 것과 다를 수도 있지만 반드시 틀린 것은 아닐 수 있다는 생각을 가지고 있는지 고려해 보라. 그들이 옳은지 그른지에 대한 당신의 판단이 얼마나 확실하며, 심지어 이런 판단이 정말 필요한 것인지 생각해 보라.

모든 치료사는 개인적이고 직업적인 경계를 시험하는 윤리적 상황에 직면하게 되고, 두 개 이상의 어려운 행동의 경로 사이에서 선택하도록 요구받으며, 주어진 상황에서 클라이언트에게 가장 해가 덜 되는 행동을 선택하길 강요받는다. 이런 결단을 위해 우리가 사용하는 과정은 우리가 양육되어 온 방식, 우리의 인생 경험 그리고 윤리적 딜레마에 대응하는 우리의 방식을 숙고하는 데 들인 시간의 양에 따른 결과라고 할 수 있다.

♪ 함께 읽으면 좋은 도서

Carkhuff, R. R. (2000). *The Art of Helping in the 21st Century* (8th ed.). Amherst, MA: Human Resource Development Press.

Corey, G., Corey, M. S., & Callanan, P. (1988). *Issues and Ethics in the Helping Professions* (3rd ed.). Pacific Grove, CA: Brooks/Cole Publishing Co.

Corey, M. S., & Corey, G. (1998). *Becoming a Helper* (3rd ed.). Pacific Grove, CA: Brooks/Cole.

Dileo, C. (2000). *Ethical Thinking in Music Therapy*. Cherry Hill, NJ: Jeffrey Books.

Katsh, S., & Merle-Fishman, C. (1998). *The Music within You* (2nd ed.). Gilsum, NH: Barcelona Publishers.

Wheeler, B. L. (2002). Experiences and concerns of students during music therapy practica. *Journal of Music Therapy, 39*, 274–304.

▶ 과제: 음악치료 계획 과정

1단계: 관찰하기, 참여하기, 보조하기

1. '무엇이 클라이언트에게 중요한가?' 라는 주제로 몇 가지 질문과 이슈가 제기되었다. 당신이 관여하는 세션에 있는 한 사람을 생각해 보고 이 사람과 관련하여 앞서의 질문과 이슈를 생각해 보라. 이 장에서 언급했듯이 각 질문에 답해 가면서 당신을 이런 질문으로 이끌었던, 당신이 보고, 듣고, 관찰하고, 느끼고, 이해한 것에 대해 생각하고 있는지 스스로에게 질문해 보라.

2. '나는 클라이언트에 대해 어떻게 느끼는가?' 라는 주제에 대해 논의했을 때의 자신의 반응을 생각해 보라. 논의한 문제와 이슈에 대한 자신의 느낌을 생각해 보고 그것에 대해 기술하라.

3. '도와주기에 관한 나의 개인적 이론은 무엇인가?' 라는 주제로 제기되었던 질문들을 숙고해 보라. 그것들에 답하면서 당신이 누구인지, 그리고 당신의 인생 경험이 이 시점까지 당신을 어떻게 이끌어 왔는지 생각해 보라. 당신의 생각을 요약해서 기술하라.

4. '음악이 유용하다는 것을 어떻게 아는가?' 라는 주제로 제기되었던 음악에 대한 당신 자신의 반응에 대해 토의하라.

5. 무엇이 옳고 그른지 결정해야 했던 시기를 떠올리라. 당신이 결심하도록 유도한 것은 무엇이었는가? 이런 도움이 외부에서 왔는지, 처음에는 외부에 있었지만 내면화된 것인지, 아니면 또 다른 방식에서 그것을 발견할 수 있는지 숙고해 보라.

2단계: 계획하기, 함께 인도하기

1. 1단계에서 했듯이 당신이 현재 세션에서 만나고 있는 한 사람 혹은 그 이상의 사람들을 생각해 보라. 이 사람이나 사람들과 관련하여 '무엇이 클라이언트에게 중요한가?' 라는 주제로 제기된 질문과 이슈를 숙고해 보라. 이와 마찬가지로 당신을 이런 질문으로 이끌었던, 당신이 보고, 듣고, 관찰하고, 느끼고, 이해한 것에 대해 생각하고 있는지 스스로에게 질문해 보라.

2. 도와주기에 관한 당신의 개인적 이론을 발전시키기 시작하라. 당신은 '도와주기에 관한 나의 개인적 이론은 무엇인가?' 라는 주제로 제기되었던 질문들에 대한 당신의 이전 답변에 부분적으로 기반을 둘 것이다. 하지만 당신 자신만의 도와주기 이론을 발전시켜 감에 따라 당신은 그것들이 자신에게 영향을 주는 방식을 이해할 것이고, 이런 깨달음을 사용하기 위해서는 그것들을 뛰어넘어 생각하길 원할 것이다. 먼저 당신이 이전에 기록했던 것을 생각해 보고 검토한 후 쓰기 시작하라. 개인적인 도와주기 이론을 발전시키는 것은 쉬운 과정이 아니지만, 쓰고 숙고하며 수정하다 보면 점차 모양을 갖추게 될 것이다.

3. 당신이 최근에 음악을 사용했던 때를 생각해 보라. '음악이 유용하다는 것을 어떻게 아는가?' 라는 주제로 펼쳤던 논의를 고려하면서 당신이 왜 그리고 어떻게 그것을 사용했는지 숙고해 보라.

4. 당신이 부딪혔던 윤리적 이슈를 생각해 보고 결정하는 데 있어 지침을 발견했던 곳을 숙고해 보라.

3단계: 인도하기

1. 전 단계에서 제기되었던 질문에 대한 당신의 답변을 검토하라. 당신의 관점이 어떻게 변화되어 왔는지, 그리고 어떤 경험, 통찰, 성숙이 이런 변화를 초래해 왔는지 숙고해 보라. 이런 유형의 사고를 위한 당신 자신만의 과정을 발전시킬 때 특정한 틀을 따를 필요는 없다.

2. 계속해서 돕기에 관한 당신의 개인적 이론을 발전시키라. 음악치료사로서 지속적으로 발전시켜 가며 그것을 돌아보고, 당신이 그러하듯이 그것이 변화하고 성숙해질 것을 기대하라.

chapter 04

클라이언트 진단평가[*]

* Anthony Meadows가 이 장의 주 저자다. 저자들은 그의 도움과 이 분야에서의 전문성을 공유하고자 한 그의 의지에 감사를 전한다. 또한 저자들은 이 분야에서의 그의 업적과 진단평가에 관한 그의 많은 미출판 자료를 너그럽게 공유해 준 Kenneth Bruscia에게도 감사를 표하고자 한다.

Clinical Training Guide for the Student Music Therapist

　음악치료 세션에서 발생한 것을 관찰하는 데 초점을 맞춘 2장과 음악치료를 위한 계획을 배우도록 돕는 3장에서 제시한 아이디어들은 아주 넓은 의미에서 진단평가(assessment)의 측면을 반영한다. 이 두 장은 모두 당신이 음악치료 세션에서 클라이언트가 수행한 것에 초점을 맞추고, 그들의 음악적이고 비음악적인 행동을 해석하며, 관찰에 근거한 치료 계획을 수립하도록 요구했다. 관찰하기, 해석하기, 계획하기라는 이 세 가지 측면은 이 장의 초점인 진단평가의 과정에 있어 필수적이다. 음악치료 진단평가를 다른 종류의 진단평가(예: 교육적 또는 심리적 진단평가)와 구분하는 요소는 진단평가가 전형적으로 클라이언트가 즉흥연주, 연주 혹은 재창조와 같은 음악 경험에 참여할 때 발생한다는 점에서 찾을 수 있다. 그것들은 8장에서 11장까지에 걸쳐 자세히 다룰 것이다.

　특정한 종류의 음악치료 진단평가라도 치료사가 클라이언트의 능력과 필요를 진단할 수 있도록 하는 구체적인 음악적 상황에서는 클라이언트가 음악을 만들거나 감상하는 것을 관찰하는 것과 관련이 있다. 그렇게 함으로써 치료사는 클라이언트의 음악치료에 영향을 미치는, 클라이언트에 대한 특정한 결론을 이끌어 낼 수 있다. 때때로 클라이언트를 진단평가하는 목적은 치료를 처방하기 위함이다(Bruscia, 1993). 여기서 치료사는 어떤 특정한 음악치료 경험(음악 활동 참여, 즉흥연주, 노래 토론 등)이 클라이언트의 필요를 가장 잘 만족시킬 수 있을지 결정한다. 다른 경우, 진단평가의 목적은 클라이언트를 진단하는 것인데, 이때 치료사는 클라이언트가 자폐나 학습장애 같은 특정한 장애를 지니고 있는지 알아보기 위해 다양한 음악 경험에 클라이언트가 참여하도록 유도한다. 진단평가의 목적은 꽤 다양하다. 진단 및 처방의 목적 외에도 진단평가는 해석, 묘사, 평가에 초점을 맞출 수 있다(Bruscia, 1993). 이들의 차이점은 후반부에서 좀 더 다룰 것이다.

진단평가의 또 다른 요소는 클라이언트에 관한 음악적·비음악적 정보를 다양한 방식으로 수집할 수 있다는 것이다. 때때로 치료사는 클라이언트를 짧게 인터뷰하고, 그 인터뷰에 기초하여 음악치료 세션이 전개될 방식을 보통 같은 세션 안에서 결정한다. 의료 세팅에서 이런 경우가 발생할 수 있으며, 여기서 치료사는 환자를 단지 한 번만 만나기도 하는데 이 경우 치료의 목적은 환자의 증상을 돌보는 것이다. 다른 유형의 진단평가에서 치료사는 클라이언트가 아주 구체적인 연속적 음악 활동에 참여하도록 하고, 제시되는 그 과제들을 완수하는 클라이언트의 능력을 기록한다. 교육 세팅에서 이런 경우가 자주 발생하는데, 여기서 음악치료사는 음악치료 계획을 수립하기 위해 클라이언트의 능력을 진단평가하는 데 관심을 갖는다. 결과적으로 음악치료 진단평가에 있어 조직과 형식의 정도는 아주 다양하다. 특정한 상황에서 진단평가 시기는 클라이언트의 즉각적인 문제나 염려의 본질을 결정하기 위한 짧은 인터뷰에 국한된다. 또 다른 상황에서 클라이언트에 대한 진단평가는 진단평가를 수행하기 위해 클라이언트와 치료사가 정해진 시간에 만나는 것과 같이 형식화된다. 이 경우 오직 진단평가가 끝나고, 해석되고, 문서 형식으로 완성된 후에야, 그리고 진단평가의 결과가 제시한 대로만 클라이언트는 치료 단계로 넘어갈 수 있다.

진단평가를 할 때 고려해야 하는 마지막 요소는 진단평가가 기록되고 타인에게 제시되는 방법에 관한 것이다. 어떤 상황에서는 치료사가 진단평가를 시행하는 단 한 사람일 수 있다. 예를 들어, 의료 세팅에서 진단평가와 치료는 같은 세션 내에서 행해질 수 있는데, 여기서 치료사는 다른 직원들과 환자에 대해 폭넓게 토론하지 않고 그 환자의 차트에 치료의 목적과 결과를 간략하게 문서화할 수 있다. 다른 경우, 클라이언트의 진단평가는 다른 사람들과 공유하고 논의되도록 자세한 보고서를 유도하기도 한다. 그것은 클라이언트 자신, 클라이언트의 가족 혹은 임상 팀을 포함할 수도 있다. 음악치료 진단평가가 타인과 의사소통될 수 있는 다양한 방식이 존재하는데, 이것은 대체로 음악치료사가 근무하는 세팅과 치료 팀에서의 그의 역할에 좌우된다.

진단평가에 관한 기준은 『미국음악치료협회 임상 실습 기준(*AMTA Standards of Clinical Practice*)』(American Music Therapy Association, 2002)에 수록되어 진단평가의 지침을 제공한다. 그것은 진단평가해야 하는 일반적인 기능 범주, 사용하는 방법의 적절성, 그리고 클라이언트를 진단평가하는 데 있어 고려해야 하는 다른 요인들을 포함한다. 구체적으로, 진단평가 절차와 결과가 클라이언트의 파일에 포함되고 거기에는 "결과, 결론, 음악치료 진단평가의 함의가 클라이언트의 음악치료 프로그램의 기초가 되며, 클라이언트를 위한 서비스 제공과 관련이 있는 타인들이 이것에 대해 의사소통할 것이다. 그리고 적절한 시기에 결과는 클라이언트에게 전해질 것이다."라고 기술되어 있다. 이런 진단평가 기준이 계획하기, 실행하기, 음악치료 진단평가 보고하기를 위한 지침을 제공하기 때문에 진단평가를 배우고 실행하면서 이것들을 살펴보는 것이 좋다.

진단평가 과정 복습하기

틀이나 세팅과 관련 없이, 보통 음악치료 진단평가는 다음과 관련이 있다.

- 클라이언트의 능력과 필요를 진단하기 위한 구체적인 음악적 상황에서 클라이언트가 음악을 만들거나 감상하는 모습을 치료사가 관찰하는 것
- 진단(diagnosis), 처방, 해석, 묘사, 평가(Bruscia, 1993, 2003) 중 한 가지

혹은 그 이상의 목적
- 다양한 수준의 복잡성(특정 상황에서 그것은 간단한 인터뷰로 국한되기도 하고 다른 경우 오랜 기간의 참여와 관찰을 포함하기도 한다.)
- 진단평가가 기록되고 타인과 의사소통하는 다양한 방식

다음 절에서 우리는 진단평가 과정의 다양한 단계와 측면을 좀 더 자세히 다룰 것이다. 이것은 다음의 것을 포함한다.

1. 의뢰받기
2. 클라이언트에 관한 배경 정보 수집하기
3. 필요한 진단평가의 목적과 유형 결정하기
4. 진단평가 실행하기
5. 데이터 해석하기
6. 보고서 작성 및 결과 보고하기

이 장의 후반부에서 우리는 당신에게 다양한 임상군을 위한 진단평가를 소개하고, 그것을 이 장의 초반부에서 제시한 측면에 따라 논의할 것이다.

왜 음악치료 진단평가인가

진단평가 과정을 자세히 살펴보기 전에, 먼저 음악치료 진단평가가 필요한 이유를 생각해 보자. 우리는 타 영역의 진단평가에 의존할 수 없는가?

예를 들어, 학습 및 심리적 발달을 위한 기존의 진단평가가 도움이 될 수는 있지만, 음악치료 클라이언트의 장점과 필요를 우리가 알 수 있는 방법은 오직 음악치료 진단평가를 통해서다. 그것은 두 가지 장점을 지닌다.

첫째, 그것은 클라이언트가 자신에게 주어진 음악적 매개물을 활용하는 다양한 방식을 음악치료사가 관찰하고 해석할 수 있도록 하여 결과적으로 음악적 매개물 그 자체에서 치료 목적을 발견할 수 있도록 한다. 둘째, 그것은 치료사가 클라이언트에게 가장 도움이 될 수 있는 실제적인 음악치료 경험에 관해 결정하도록 한다. 치료 목적을 달성하기 위해 클라이언트는 즉흥연주, 연주 혹은 재창조, 작곡, 아니면 감상을 해야만 하는가? 세션은 클라이언트가 세션 초기에 보였던 바에 따라 구조화 또는 반구조화되어야 하는가? 아니면 자발적으로 창조되어야만 하는가? 이런 질문들은 진단평가 과정의 결과에 따라 탐구되고 답해질 수 있다. 따라서 음악치료 진단평가에서 진단평가의 결과는 단지 치료 목적을 결정하는 것만이 아니라 이런 목적을 가장 잘 촉진하는 음악 양식(예: 즉흥연주, 노래 만들기, 음악 활동에 참여하기)을 결정하는 것이기도 하다. 덧붙여 음악치료 진단평가는 계속해서 일어나는 세션의 구조 및 순서(세션 순서의 예측이 가능하고 바람직할 경우)에 맞추어 치료사에게 지침을 제공할 수 있다.

클라이언트가 경험하는 음악치료 진단평가의 또 다른 장점들이 있다. 클라이언트는 다른 양식보다 음악 양식에서 다르게 수행할 수 있다(Bruscia, 1988; Coleman & Brunk, 2003). 예를 들어, 자폐나 레트 증후군을 가진 아동은 언어가 기반이 되는 활동에서와는 다른 방식으로 음악 활동에 반응하거나 참여하기도 한다. 이것은 결국 이전에는 나타나지 않았던 그 아동의 기술과 강점에 대한 통찰을 제공하게 된다. 또한 일련의 서비스 제공자는 음악치료 제공을 정당화하거나 비용·상환(reimbursement)의 목적으로 음악치료 진단평가 및 치료를 요구할 수도 있다(Scalenghe & Murphy, 2000). 마지막으로, 임상가는 클라이언트의 필요와 그것을 만족시키기 위해 실시할 수 있는 적절한 중재의 종류를 진단하지 않고서는 클라이언트에게 윤리적으로 서비스를 제공할 수 없다.

진단평가 과정

의뢰받기

클라이언트를 진단평가하는 과정은 종종 의뢰받는 것에서 시작한다. 의뢰(referral)란 어떤 경우에는 클라이언트가 직접 찾아오는 것이기도 하지만 보통은 직원이나 기관의 요청으로 클라이언트가 음악치료에 오는 것을 말한다. 의뢰는 음악치료사가 다룰 수 있는 증상(예: 수술 전 불안)을 클라이언트가 경험하기 때문에, 또는 치료의 전반적인 목적(예: 약물 재활 프로그램)을 음악치료에서 다룰 수 있기 때문에 이루어진다. 클라이언트를 진단평가하는 목적은 그가 음악치료에 적절한지 결정하는 데 있다.

배경 정보 수집하기

거의 모든 진단평가는 클라이언트의 배경 정보를 수집하는 것과 관련된다. 그것은 다양한 형식을 취할 수 있는데, 다음의 것을 적어도 한 가지 이상 포함한다.

1. 클라이언트의 차트 혹은 파일 읽기
2. 클라이언트 인터뷰하기
3. 가족 인터뷰하기
4. 직원들과 클라이언트에 관해 토의하기

전형적으로 이러한 배경 정보 수집의 목적은 ① 개인에 대한 이해, ② 개인의 인생에 있어 중요한 사건들에 관한 지식 및 그것의 영향력, ③ 건강

상태 및 복용 약물, ④ 개인이 받고 있는 여러 종류의 프로그램(교육적·치료적 등)에 대한 이해, ⑤ 이전의 음악 경험 등 음악과 클라이언트의 관계에 관한 이해, ⑥ 개인의 영적 혹은 종교적 가치관 및 신념, ⑦ 현재의 필요와 목적을 알아보는 것이다. 그리고 세팅에 따라 클라이언트에게 행해진 치료 방법에 관해 아는 것이 필요할 수도 있다. 예를 들어, 어떤 세팅에서는 행동주의적 중재, 보상 시스템 혹은 결과에 대한 구체적 형식(예: 타임아웃)이 클라이언트에게 사용될 수 있고, 그런 중재를 음악치료사가 이해하고 세션에서 활용하는 것이 필요할 수도 있다. 그것은 대체로 그 세팅의 철학과 음악치료사 개인의 철학에 좌우될 것이다.

클라이언트에 관한 정보의 깊이와 넓이는 진단평가 과정의 단계에 따라 상당히 다르다. 오랜 기간 클라이언트를 치료할 것으로 예상되는 세팅 또는 집중적 치료(Bonny method; 심상 유도와 음악을 사용한 사례의 경우) 세팅 같은 상황에서 당신은 클라이언트의 개인력, 필요, 목적에 대해 전반적인 이해를 쌓아 나가야 할 것이다. 클라이언트를 오직 일회적으로 만나게 되는 상황이라면 당신은 클라이언트의 즉각적인 필요를 다루는 데 필요한 정보만 수집할 것이다. 그러나 당신이 수집한 배경 정보의 정도와 상관없이, 당신은 음악치료 진단평가 및 치료 목적을 맥락화하도록 돕는 클라이언트에 관해 이해해야 한다.

진단평가 목적 및 유형 결정하기

진단평가 과정의 다음 단계인 진단평가 목적 및 유형 결정하기는 음악치료 진단평가를 선택하고 완수하는 데 있어 고려해야 할 것이 아주 많기 때문에 이해하기가 가장 복잡하고 어렵다.

고려해야 할 첫 번째 요소는 진단평가의 전반적인 목적이다. 앞에서도 언급했듯이, 음악치료에서 클라이언트를 진단평가하는 데는 Bruscia

(1993, 2003)가 정의한 중요한 다섯 개의 목적이 있는데, 진단, 해석, 묘사, 처방, 평가가 그것이다. 그것들은 이후 자세하게 설명할 것이다.

고려해야 할 두 번째 요소는 진단평가 영역(Bruscia, 2003)인데, Bruscia는 그것을 "음악치료사가 이해하려고 시도하는 인간에 대한 여러 측면 혹은 일면"이라고 정의한다(개인 면담, 2005. 4. 12.). 예를 들어, 당신은 뇌성마비 클라이언트가 북을 칠 때 얼마만큼 팔을 움직일 수 있을지 이해하길 원하는가? 또는 당신은 말기 암 환자의 음악 감상 선호도를 이해하길 원하는가? 첫 번째 질문은 클라이언트의 신체적 기술이나 능력을 진단하는 것과 관련되는 반면, 두 번째 질문은 클라이언트의 음악 선호를 진단하는 것과 관련된다. Bruscia(1993, 2003)는 음악치료 진단평가와 관련하여 다양한 영역 분야를 인지하였다. 전기적(biographical)·신체적·행동적·기술적·성격 혹은 자기감(sense of self)·정서적·상호작용적 영역이라는 일곱 영역이 뒤에 오는 '진단평가 영역' 절에서 논의될 것이다.

고려해야 할 세 번째 요소는 음악적 정보의 출처다(Bruscia, 1993). 앞에서 언급했듯이, 당신은 어떤 종류의 음악 경험에서 진단평가 데이터를 수집할 수 있겠는가? 클라이언트는 즉흥연주, 연주 혹은 재창조, 작곡, 아니면 음악 감상 중 무엇을 해야 하는가? 음악을 창조하고 경험하는 이러한 방식들은 각각 클라이언트에 대한 차별화된 정보를 수집하도록 한다.

요약하면, 당신은 진단평가를 시행할 때 다음의 것을 고려해야 한다.

- 진단평가의 전반적 목적: 진단, 해석, 묘사, 처방, 평가
- 진단평가 영역: 전기적·신체적·행동적·기술적·성격 혹은 자기감·정서적·상호작용적 영역
- 음악적 정보의 출처: 즉흥연주, 연주 혹은 재창조, 작곡, 감상

진단평가의 전반적 목적

앞에서 언급했듯이, 진단평가의 목적은 진단, 해석, 묘사, 처방, 평가다. 진단평가에서 목적이 하나 이상인 것은 보편적이다. 따라서 진단평가는 가령 묘사적이면서 평가적일 수 있고, 혹은 해석적이면서 처방적일 수 있다.

진단적 진단평가

진단평가의 첫 번째 일반적인 초점은 '진단적(diagnostic)'이다.[1] 이 단어가 의미하듯이, 진단적 진단평가는 "클라이언트의 병의 원인, 증후, 정도, 예후에 일차적으로 초점을 맞추면서 그의 병을 알아채고, 정의하며, 설명하고 분류하는" 노력과 관련이 있다(Bruscia, 1993, p. 5). 음악치료 진단평가가 본질상 진단적일 때 클라이언트가 가진 조건, 클라이언트가 가진 조건의 유형, 또는 클라이언트가 그 조건을 경험하거나 지각하는 방식을 결정하기 위해 음악적 기준이 사용된다.

Wigram의 자폐스펙트럼장애 및 의사소통장애 아동의 진단을 위한 음악치료 진단평가(Music Therapy Assessment for the Diagnosis of Autism and Communication Disorders in Children, 2000a, 2000b)는 이러한 진단적 진단평가의 예다. Wigram의 진단평가는 자폐스펙트럼의 특징을 보이지만 진

---

1 음악치료사가 실행하는 진단적 진단평가나 음악치료사가 수집하는 진단적인 정보의 목적은 타 분야의 전문가가 행하는 진단적 작업과 구별하는 것이 중요하다. 음악치료사는 법적으로 진단을 내릴 수 없다. 진단은 실행의 훈련과 영역에 진단을 포함하는 타 분야의 권한이다. 따라서 음악치료사는 진단에서 사용될 수 있는, 클라이언트에 관해 발견한 정보는 클라이언트를 이해하는 데 사용할 수 있고, 그것을 통해 공식적 진단을 내리는 사람들을 도울 수 있다. 이러한 범위 안에서 음악치료사가 진단적 진단평가를 사용하여 제공할 수 있는 정보는 음악치료를 통해서 독특하게 발견될 수 있고 클라이언트를 이해하는 데도 중요한 기능을 할 수 있다.

단을 확실하게 내릴 수는 없는 아동을 위해 고안되었는데, 이는 이 아동
들이 자폐스펙트럼의 모든 증상을 다 보이지는 않거나 다른 장애의 증
상을 함께 보이기 때문이었다. Wigram의 초점은 "음악적 사건을 심리
적·병리적·정서적 행동을 설명하는 출발점으로" 사용했다는 점에 있
었다(2000b, p. 77). Wigram은 Bruscia(1987)의 즉흥연주 진단평가 프로파
일(Improvisation Assessment Profiles) 중 자율 및 변형 척도(Autonomy and
Variability Profiles)를 수정하여 자폐 아동을 전반적 발달장애나 의사소통장
애 아동과 구별하도록 도움을 주었다. 이 두 척도를 사용하여 수집한 자료
는 앞서 언급한 장애들의 특성을 조명하게 한다. Wigram(2000b)은 음악적
행동의 숫자나 음량 수준과 같이 즉흥연주 동안 발생한 음악적 사건의 빈
도 및 지속 시간은 측정될 수 있다고 언급하였다. 그는 또한 음악 만들기
와 음악적 상호작용의 질도 음악치료 안에서 진단평가할 수 있다고 주장
하였다.

해석적 진단평가

진단평가의 두 번째 초점은 '해석적(interpretive)'이다. 해석적 진단평가
란 "클라이언트의 문제를 특정 이론, 구성 요소, 혹은 지식의 집합체를 사
용해 설명하는 노력"을 의미한다(Bruscia, 1988, p. 5). 해석적 진단평가를
수행하는 첫 단계는 클라이언트의 음악 만들기나 음악에 대한 반응 표본
을 수집하는 것이고, 두 번째 단계는 선택된 구성 요소나 이론에 따라 그
반응을 추론하는 것이다. 이 진단평가는 특정 이론을 따라서 기획하거나
클라이언트의 반응과 가장 관련이 있는 이론에 따라서 해석하도록 하는
일반적인 목록이 될 수도 있다.

해석적 진단평가의 예로, 아동들이 과제의 난이도와 연관된 복잡한 인
지 기능 수준을 요구하는 음악 과제를 수행할 수 있는지 알아보기 위한

Rider(1981)의 진단평가를 들 수 있다. 그의 작업의 틀은 Piaget의 발달 이론이었고, 음악 과제는 Piaget가 사용한 비음악적 과제를 모델로 하였다. Rider의 진단평가가 Piaget의 이론에 따라 아동을 설명하고자 했기에 이 진단평가는 해석적 진단평가에 해당한다.

해석적 진단평가의 또 다른 예로 Pristley(1975, 1994)의 분석심리적 음악 치료(Analytic Music Therapy)를 들 수 있다. Pristley의 치료는 Freud, Klein 그리고 Jung의 정신분석적 구성 요소에 기반을 두고 있는데, 여기서 그녀는 방어기제, 자아, 원자아, 초자아, 욕동과 같은 관련 구성 요소에 따라 클라이언트의 즉흥연주를 해석하고자 하였다.

묘사적 진단평가

진단평가의 세 번째 초점은 '묘사적(descriptive)'이다. 묘사적 진단평가란 클라이언트와 클라이언트의 세계를 오직 그 자신과 관련하여 이해하려는 노력을 의미한다(Bruscia, 1993). 묘사적 음악치료 진단평가에서 클라이언트의 음악 경험은 그 자신 안에서, 그리고 클라이언트의 인생의 다른 측면들과 관련하여 의미가 있다.

Scalenghe과 Murphy(2000)는 묘사적 음악치료 진단평가의 예를 제공했다(pp. 28-29). 이 진단평가 도구는 현 질병력, 행동 관찰, 운동 기술, 의사소통 기술, 인지 기술, 청각 지각 기술, 사회 기술, 구체적 음악 행동, 요약 및 추천의 아홉 가지 영역으로 구분할 수 있다. 각 진단평가 영역 안에서 클라이언트는 그가 보여 준 기술 수준에 따라 묘사된다. 예를 들어, 클라이언트의 의사소통 기술(수용 언어의 하위 범주 안에서)을 논의할 때 저자들은 클라이언트가 "마라카스 집기, 북채 내려놓기, 음악에 맞춰 박수치기와 같이 언어적으로 제시된 한 단계 명령을 따를 수 있는 능력"을 보인다고 묘사한다(p. 28). 묘사적 진단평가에서는 보편적으로 클라이언트의 능력과 필요를 자세히 묘사하며 치료 목적을 세우는 데 도움이 되는 요약 및 추천을 첨가한다.

처방적 진단평가

네 번째 진단평가의 초점은 '처방적(prescriptive)'이다. 처방적 진단평가는 적절한 프로그램에 클라이언트를 배정하고, 가장 효과적인 치료 방법을 확인하면서 클라이언트의 치료적 필요를 결정한 후, 목적을 확립하기위한 데이터베이스를 제공하는 데 목적을 둔다(Bruscia, 1993, p. 5). 처방적진단평가는 다음과 같은 다양한 목적을 지닌다.

- 음악치료가 필요한지, 그리고 클라이언트가 음악치료를 원하는지에 대한 판단
- 음악치료에 참여하는 데 모순이 있는지에 대한 판단
- 가장 적절한 음악치료 방법(예: 즉흥연주, 감상, 창작)의 판단
- 클라이언트의 연령, 성숙도, 흥미에 적합한 자료 유형의 판단
- 현재 진행 중인 음악치료 프로그램 참여에 적합한 클라이언트의 선수 기술 보유 여부 판단

앞서의 질문들은 모든 경우에 클라이언트가 필요로 하고 원하는 것과음악치료가 제공할 수 있는 것을 비교하도록 요구한다.

특수교육 음악치료 진단평가 과정(Special Education Music Therapy Assessment Process: SEMTAP; Brunk & Coleman, 2000; Coleman & Brunk, 2003)은 처방적 진단평가의 한 예다. 이 진단평가 도구는 개별화교육계획(Individual Education Plan: IEP) 목적 및 목표 혹은 아동의 교육을 위해 확립된 목적의 부분인 음악적이고 비음악적인 과제에 대한 아동의 수행을 비

교한다. 이 장의 후반부에서 논의할 이 진단평가는 그것이 ① 음악치료가 해당 아동을 위해 필요한지 판단하려 하고, ② 아동의 IEP 목적을 가장 잘 만족시킬 수 있는 음악 활동을 제시하려 하기 때문에 처방적 진단평가의 범주에 속한다.

평가적 진단평가

다섯 번째 진단평가의 초점은 '평가적(evaluative)'이다. 평가적 진단평가의 목적은 진보를 판단하는 기준을 확립하는 데 있다. 이런 유형의 진단평가는 음악치료를 시작하기 전 클라이언트에 관한 정보를 수집한 후, 이 정보를 치료의 효과를 판단하기 위한 기초선으로 사용한다.

평가적 진단평가의 예로 Liberatore와 Layman(1999)이 개발한 클리블랜드 음악치료 진단평가(Cleveland Music Therapy Assessment)를 들 수 있다. 이 도구는 의학적 조건 때문에 발달지체를 경험하는 영아 및 유아를 사정한다. Chase(2002)에 따르면, 이 도구의 한 가지 목적은 음악치료로 인한 아동의 능력 변화를 측정하기 위한 기초선으로서 최초의 진단평가 결과를 사용하여 "음악치료의 긍정적인 영향력을 기록하는 데" 있다(p. 25).

진단평가 영역

진단평가의 일반적인 목적이 클라이언트에 대한 당신의 관심을 어디에(즉, 진단, 해석 등) 두어야 하는지에 관한 지침을 제공하는 데 있긴 하지만, 이제 당신은 진단평가의 구체적인 목적도 고려해야 한다. 여기서 당신은 음악치료 진단평가의 다양한 영역(domain)을 접하게 될 것이다(Bruscia, 2003). 각 영역은 구체적인 특징과 초점을 지닌다. 또한 음악치료 진단평가의 다양한 유형에 익숙해짐에 따라 당신은 어떤 진단평가는 오직 한 영역(예: Bonny, 1980, Music Experience Questionnaire)에만 초점을 맞추는 반면, 다른 도구들은 다양한 영역(예: Coleman & Brunk, 2003, SEMTAP)의 요소를 포함하기도 한다는 것을 알게 될 것이다.

전기적 영역

이 영역은 이 장의 초반부에서 언급한 것과 같이 클라이언트의 배경 정보를 수집하는 것과 관련된다. 그것은 교육, 흥미, 주요 인생 경험, 음악과의 관계, 약물, 임상 진단명, 이전 치료 경험 등 다양한 출처로부터 클라이언트에 관한 폭넓은 정보를 제공한다. 비록 이러한 전기적(biographical) 정보가 종종 음악치료 진단평가를 수행하기 전에 수집되긴 하지만, 가끔은 진단평가 그 자체 안에서 수행되기도 한다. 이런 경우, 정보 수집을 위한 공식 지침이 제시될 수 있으며(예: Coleman & Brunk, 2003), 개방형 인터뷰(예: Priestley, 1994)를 통해 정보가 수집될 수도 있다.

전기적 정보 수집의 목적은 상당히 다양하고, 클라이언트가 음악치료에 오는 이유에 좌우된다. 예를 들어, 클라이언트가 암 관련 통증을 경험하고 있다면, 전기적 진단평가는 클라이언트의 질병, 약물, 통증 경험을 완화시키기 위한 사전 시도와 같은 부분에 좀 더 초점을 맞출 것이다. 한편, 클라이언트가 친밀한 관계에 대한 어려움을 가지고 이런 관계의 문제를 극복하기 위해 치료를 받으러 온다면, 치료사는 부모, 형제자매 등을 포함한 클라이언트의 중요 인물과의 관계 이력과 관련한 정보를 좀 더 수집하려 할 것이다. 따라서 전기적 진단평가는 정보 수집의 폭넓은 영역과 관련이 있으면서 보통 클라이언트가 경험하고 있는 구체적인 문제 또는 타 치료 방법(예: 심리치료)에서 그 클라이언트를 위해 이미 확립한 목적에 따라 초점이 맞추어진다.

신체적 영역

이 영역은 음악에 대한 클라이언트의 생리적이고 정신생리학적인 반응과 관련한 정보 수집과 연관성을 지닌다(Bruscia, 2003). 그것은 심박수, 호흡, 혈압, EEG, EMG[2] 측정과 같이 음악 만들기 및 감상에 대한 신체적 반응을 포함한다. 또한 그것은 다양한 측정 범위 중에서 통증 지각, 의식, 긴장, 피로, 불안과 같은 음악 만들기 및 감상에 대한 정신생리학적 반응도 포함한다(Bruscia, 2003).

이 영역이 제시한 것과 같이, 여기서의 진단평가는 음악치료에만 독특하게 해당하는 것은 아니다. 예를 들어, Sandrock과 James(1989)는 음악에 대한 다양한 정신생리학적 반응을 측정하기 위해 사용된 진단평가 도구들을 검토하고, 10개의 뚜렷한 검사, 척도, 체크리스트를 확인하였는데 그중 어떤 것도 음악치료사가 개발한 것은 없었다. 이러한 척도에 상태-특성 불안 척도(State-Trait Anxiety Inventory; Spielberger, 1983), Beck 우울증 척도(Beck Depression Inventory; Beck, Ward, Mendelson, Mock, & Erbaugh, 1961), 그리고 불쾌 사건 스케줄(Unpleasant Events Schedule; Lewinsohn & Talkington, 1979)이 포함된다. 이 측정 도구들은 일반적으로 음악치료 중재에 반응하여 변화를 측정하기 위한 평가적 진단평가에서 사용해 왔다.

신체적 정보를 수집할 때, 음악치료사는 종종 개인의 생리학 및 정신생리학의 한 가지 혹은 그 이상의 측면에 미치는 음악 경험(일반적으로 감상 혹은 연주)의 효과에 관심을 갖는다. 예를 들어, Wigram(1997)은 다양한 기계(예: 혈압 모니터) 및 자기보고 측정 도구(UWIST Mood Adjective Check List; Matthews, Jones, & Chamberlain, 1990)를 사용하여 사전, 치료 동안, 사후의 각성 수준, 쾌락 정도, 혈압, 맥박, 기분에 미치는 진동음향 치

---

2 EEG는 electroencephalogram의 약어로 뇌파 측정 도구이고, EMG는 electromyograph의 약어로 근육 기능 측정 도구다.

료(vibroacoustic therapy; Skille, 1997)의 효과를 사정하였다. 그 밖에 또 다른 예로 Bradt(2002)와 Scartelli(1989)가 있다.

행동적 영역

이 영역은 클라이언트의 관찰 가능한 행동을 다룬다. Bruscia(1993)는 이에 대해 다음과 같이 설명한다.

> 행동적 진단평가는 클라이언트가 수행한 것 혹은 클라이언트가 수행한 방식을 관찰하고 분석하는 과정이다. 그것은 치료사가 보고 듣거나 그도 아니면 기록한 외적으로 드러난 행위, 자극에 대한 반응, 혹은 환경과의 상호작용을 포함한다. 행동은 그 자극이나 강화 조건에 따라 분리하여 사정될 수 있고, 또는 그들의 대인관계와 환경적 맥락의 핵심적인 부분으로서 사정될 수도 있다(p. 43).

Bruscia(1993)는 다음과 같은 행동적 진단평가의 네 가지 주요 접근법이 음악치료에서 수행되어 왔다고 제시하였다. ① 명확하게 정의된 분리된 행동(예: 눈 맞춤)을 측정하기, ② 클라이언트 간의 행동적 상호작용을 차트로 기록하기(예: 한 클라이언트가 다른 사람을 부적절하게 만지는 횟수), ③ 구체적으로 기획된 척도(예: 세션에서 클라이언트가 치료사의 지시를 따르는 횟수)에서 행동이나 행동 범주를 드러내려는 경향에 따라 클라이언트를 평가하기, ④ 행동의 전체적 연쇄를 기록하고 내용, 연쇄, 구조에 따라 그것을 분석하기(예: 클라이언트가 집단 기악 작품을 연주할 때)가 그것이다.

일부 음악치료사는 클라이언트의 행동에 초점을 맞춘 진단평가를 개발해 왔다. 이러한 예 중 아동을 위한 것으로는 Bitcon(2000), Boxill(1985), Boone(1980), Merle-Fishman과 Marcus(1982)를 들 수 있고, 일반적인 사

용을 목적으로 한 Hanser(1999)의 척도도 그 예가 될 수 있다. 지적장애를
지닌 클라이언트를 위해 음악치료사가 사용하는 진단평가를 검토하면서,
Cassity(1985)는 지시 따르기(90%), 리듬, 선율, 동작 모방하기(67%), 소근
육 및 대근육 동작(75~76%), 집중력(67%), 이름 및 신체 부분 인지(62%),
소리 내기(57%)가 가장 보편적으로 발견되는 적응적인 음악적 행동임을
확인하였다.

〈표 4-1〉에 제시되어 있는 Bruscia(1993)가 개발한 일반적 행동 체크리
스트(General Behavior Checklist)는 ① 동기, ② 비언어적 상호작용, ③ 의사
소통 기술, ④ 관계, ⑤ 적응적 행동, ⑥ 공격성, ⑦ 에너지, ⑧ 신체 능력,
⑨ 현실 인식, ⑩ 운동근육 이상(deviance) 영역에서의 클라이언트의 행동
및 반응의 광범위한 범위를 고려한다. 이 척도는 "클라이언트가 목록에 기
록된 각 행동을 수행하는지 여부를 관찰하고 기록하기 위한 지침으로서"
작용한다(p. 54).

행동적 진단평가(Bruscia, 1993)의 또 다른 방법은 다음의 것을 포함한
다. ① 특정 행동이 발생할 당시의 전후 맥락을 사정하면서 그 행동을 자
세하게 조사하는 표적 행동 측정하기, ② 한 사람의 행동이 다른 사람의
행동에 영향을 미치는 방식 혹은 다른 사람의 행동으로부터 영향을 받는
방식인 상호적 행동을 조사하여 측정하기, ③ 특정 시간(예: 세션의 첫 5분)
내에 연쇄적인 행동의 넓은 범위를 적는 행동 흐름 기록하기다.

〈표 4-1〉 일반적 행동 체크리스트

동기	공격성
세션 참석하기	소리 지르기/발작
참여하기	치료사를 언어적으로 공격하기
목적에 따라 작업하기	다른 클라이언트를 언어적으로 공격하기
	치료사를 신체적으로 공격하기
비언어적 상호작용	다른 클라이언트를 신체적으로 공격하기
눈 맞춤	기물 파손하기

신체적 접촉
음악적 접촉

의사소통 기술
언어 이해
말하기
신호/몸짓
읽고 쓰기

관계
치료사와 상호작용하기
치료사와 긍정적 관계 맺기
다른 클라이언트와 상호작용하기
다른 클라이언트와 긍정적 관계 맺기
그룹에서 리더 역할 하기
그룹에서 따르는 역할 하기
그룹의 목적에 따라 작업하기

적응적 행동
방에 머무르기
착석하기
참가하기
적절하게 행동하기
규칙 준수하기
타인이 바라는 것에 찬성하기
순서 기다리기
책임감을 갖고 물건 다루기
타인과 물건 공유하기
안전하게 행동하기

에너지
과잉행동/저활동성
충동적/반영적
빠른 움직임/느린 움직임
지친/힘찬

신체 능력
독립적으로 작업하기
팔과 손 사용하기
떨림이나 뻣뻣함
시각 손상
청각 손상
발작
스스로 용변 보기

현실인식
시간감
공간감
정체성
단기 기억
장기 기억
환상/망상
행동의 적절성

운동근육 이상
흔들기
두드리기
반복 동작
손가락/손 상동 행동 움직임
머리 상동 행동 움직임
팔 상동 행동 움직임
빙빙 돌리기
틱
얼굴 찡그림

출처: Bruscia (1993). 저자의 허락을 받고 사용함.

기술적 영역

이 영역은 클라이언트가 보여 주는 음악적·비음악적 기술(skill)을 포괄적으로 포함한다(Bruscia, 2003). 그것은 ① 음악 만들기 및 감상과 관련된 감각운동 기술(대근육, 소근육, 시각 근육, 반사, 협응, 자세 등), ② 음악 만들기 및 감상과 관련된 지각적 운동 기술(전경-배경 및 부분-전체 관계, 시각적 및 청각적 구별 능력 등), ③ 음악 만들기 및 감상과 관련된 인지 기술(집중력, 단기 및 장기 기억, 결단, 색깔, 숫자, 읽기, 쓰기, 이야기하기, 부피 구별, 공간적 관계, 연쇄, 문제 해결, 인과, 반응 및 학습 유형 등)을 포함하고, 또한 이러한 기술 영역은 창조적 능력(클라이언트의 음악 창조 및 음악에 대한 반응 능력)과 음악 기술(기술적 음악 만들기, 독보하고 음정을 맞추며 리듬을 모방하는 능력 등)을 포함한다.

Liberatore와 Layman(1999)은 위기에 놓여 있는 영아 및 유아의 능력을 사정하기 위해 클리블랜드 영유아를 위한 음악치료 진단평가(Cleveland Music Therapy Asssessment of Infants and Toddlers)를 개발했다. 그들의 진단평가 도구는 뚜렷한 발달 시기(0~3개월, 3~5개월 등)로 구분되고, 각 시기 내에서 ① 인지 기술, ② 대근육 기술, ③ 소근육 기술의 범주에 따라 구체적 기술을 확인한다. 이 진단평가 절차는 이러한 기술들이 관찰되고 사정될 수 있는 활동을 음악치료사가 기획하도록 요구한다.

그 밖에도 Nordoff와 Robbins(1971)의 음악적 반응의 13개 범주, 그리고 Boone(1980)의 음악과 관련된 표현 및 행동에 관한 진단적 진단평가(Diagnostic Assessment of Music Related Expression and Behavior: DAMREB)와 같은 수많은 기술 사정 도구가 개발되어 왔다.

음악치료 전략 계획하기를 다룬 6장의 과제 분석 부분은 임의적이거나 분리되었던 기술과 행동을 연결시키는 데 필요한 절차적 사고의 유형을 제시한다. 그리고 그런 기술과 행동이 클라이언트의 기술을 개발하기 위한 의미 있고 유익한 경험 속으로 연결되도록 당신을 도울 것이다.

성격 혹은 자기감

이 분야는 개인이 지닌 자기(self)의 심리적 본질에 관한 정보를 수집하는 것과 관련이 있으며, ① 자기지각, ② 자존감, ③ 정체성 형성, ④ 성격의 무의식적 측면을 포함한다(Bruscia, 1993). 성격 검사 또한 이 범주에 속한다(예: Cattel & Anderson, 1953).

음악치료 진단평가의 가장 방대한 주류는 개인의 자기감에 초점을 맞추며, 이는 본질상 투사적이다. 이러한 진단평가의 대부분은 그들의 근원을 음악치료 밖에 둔다. 투사적 진단평가는 클라이언트가 그 자신의 의식적이고 무의식적인 측면을 음악적 자료 위에 혹은 안에 투사할 수 있다는 전제에 기반을 둔다. 이것은 소리나 음악에 대한 해석하기, 감상하면서 음악 발췌 점수 매기기, 가족 구성원 혹은 감정을 연주하기와 같은 다양한 조건(given)에 대한 즉흥연주를 포함할 수 있다.

몇 가지 투사적 진단평가 도구가 개발되었는데, 이들 모두는 청자의 반응을 유발하기 위한 녹음 음악이나 소리를 사용한다(Ball & Bernardoni, 1953; Braverman & Chevigny, 1964; Bruscia & Maranto, 1985; Husni-Palacios & Palacios, 1964; Shakow & Rosenzweig, 1940; Van Den Dale, 1967; Wilmer & Husni, 1953). 어떤 경우에는 음악 발췌가 사용되고(예: Van Den Dale, 1967), 다른 경우에는 왜곡된 소리 혹은 비음악적 소리(예: 기차 소리)가 사용된다(예: Wilmer & Husni, 1953). 이들 중 몇몇 진단평가 도구에서 청자나 클라이언트는 소리를 감상한 후 마음속에 떠오르는 것은 무엇이든 적도록 요청받는다. 다른 도구들에서 클라이언트는 음악을 연주하는 동안 이야기를 구술하도록 요구받기도 한다. 내용 분석, 구조 분석, 특정 이론이나 구조에 따른 클라이언트의 반응 해석(예: Freud의 심리성적 발달 이론이나 Piaget

의 인지발달 이론) 같은 다양한 분석 형식이 개발되어 왔다.

다른 접근 방식을 들자면, Cattell과 Anderson(1953)은 음악 선호에 기초한 성격의 체계적 진단평가를 처음으로 개발한 연구자들 중 하나였다. 그들에 따르면, "음악 자극과 정서 경험의 즉각적 관련성과 힘, 그리고 이런 매개를 통해 무의식적 필요가 만족을 얻는다는 많은 징후는 성격의 심오한 측면으로 가는 효과적인 경로로 음악적 선호를 측정해야 한다고 오랫동안 강조해 왔다"(p. 446). 이러한 목적 달성을 위해 그들은 다양한 장르와 유형의 음악을 발췌하여 100곡으로 구성된 IPAT 음악선호 검사를 개발했다. 클라이언트는 각각의 발췌된 음악을 듣고 그들이 이것들을 좋아하는지 싫어하는지, 아니면 선호 여부를 결정하지 못했는지에 따라 평가하도록 요구받았다. Cattell과 Anderson은 다양한 진단 그룹(예: 정신분열증이나 우울증 환자)의 선호에 차이가 있고, 또한 진단적 목적을 위해 이러한 악기가 사용될 수 있음을 제안하였다. Bruscia(1987)는 성인 및 아동과의 임상 경험에 기초해 즉흥연주 진단평가 프로파일(IAPs)을 개발하였다. IAPs는 "클라이언트의 즉흥연주 분석 및 해석을 통해 클라이언트를 진단평가하기 위한 전반적인 방법을 제공하고자 기획되었다"(Bruscia, 1993, p. 84). IAPs는 세 개의 상호 관련이 있는 절차적 단계와 연관을 지니는데, 그것은 보통 ① 다양한 음악적이고 상호관계적인 상황에 따른 클라이언트의 즉흥연주에 대한 임상적 관찰, ② 즉흥연주의 음악적 분석, ③ 데이터 해석을 완수하기 위한 수차례의 세션을 필요로 한다. Bruscia(1993)가 IAPs의 주요한 사정 영역을 정서적이고 대인관계적인 것으로 설명한 반면, 여기서 이 진단평가 방법은 성격 혹은 자기감 영역에 포함되었는데, 이는 이 진단평가 과정의 전반적인 개인 내적 및 대인관계적 본질과 IAPs의 해석적 수준이 개인의 의식적이고 무의식적인 측면 모두, 그리고 치료 목적 및 치료를 위한 함의를 고찰하는 것과 관련된다는 사실 때문이다.

정서적 영역

이 영역은 음악을 감상하거나 음악을 만들며 자신을 정서적으로 표현하면서 클라이언트가 정서적으로 반응하는 방식에 관한 정보를 수집하는 것과 관련이 있다. 이것은 또한 클라이언트의 음악 감상 선호와도 관계된다.

분석적 음악치료에서 즉흥연주에 대한 클라이언트의 정서 반응을 상세히 나타내기 위해, Priestley(1994)는 정지(freeze) 공포, 도주(flight) 공포, 방어적 공포, 분노, 죄책감, 슬픔, 사랑, 기쁨, 평화라는 주요 감정으로 구성된 정서 스펙트럼을 고안했다. Priestley는 각각의 감정에 대해 클라이언트에게 즉흥연주를 하도록 요청한 후 녹음된 클라이언트의 즉흥연주를 재생하고, 그들의 반응에 대해 질문하였다. 이와 같은 방식으로 음악을 만들면서 클라이언트의 정서 표현과 그들의 감정에 연계된 것들에 대한 풍성한 정보가 수집되었다.

Nordoff와 Robbins(1971)의 13개의 음악 반응 범주는 아동의 음악 기술을 살펴보는 동시에, 아동이 음악 안에서 기분 혹은 기분의 변화에 반응하는 방식을 고려한다. 그러므로 이 진단평가 과정은 음악 용어와 정서 용어를 사용하여 아동을 이해하려고 한다.

그 외에 음악을 감상하거나 연주하면서 개인이 정서적으로 반응하는 방식을 이해하려는 진단평가 도구들이 있다(Hoffren, 1964; Robazza, Macaluso, & D'Urso, 1994; Steinberg & Raith, 1985). 예를 들어, Asmus(1985)는 음악을 감상하는 동안 일어나는 정서 반응을 측정하는 9개의 요소로 구성된 평가 척도를 개발하였다. 이 척도는 평가자의 75% 이상이 그 작품을 평가할 때 '사악한, 감각적, 유력한, 익살스러운, 평화로운, 갈구하는, 우울, 진정적인, 그리고 활기'와 같은 정서적 측면을 사용하였음을 발견하였다.

상호작용적 영역

한 명의 치료사와 한 명의 클라이언트가 함께 음악을 만드는 것이라 하더라도 궁극적으로 치료에서 음악 만들기는 공유 경험이다. 상호작용적 영역은 일차적으로 다음의 네 가지 상호작용 분야와 관계를 지닌다. 즉, ① 의사소통성(클라이언트가 타인과 의사소통하는 정도), ② 클라이언트-치료사 관계, ③ 또래 관계 및 음악치료에서의 그룹 기술, ④ 가족 관계다.

상호작용 진단평가는 다양한 방식으로 접근되어 왔다(Goodman, 1989; Hough, 1982; Pavlicevic & Trevarthen, 1989). Broucek(1987)는 Harry Stack Sullivan의 이론에 기초해 상호작용 진단평가 도구를 개발하였다. 그녀는 음악적 상호작용과 지정된 대인관계적 행동 사이의 유사점을 찾아 불안 행동이 음악적 상호작용 속에서 나타날 수 있음을 지적하였다. 이러한 상호작용을 평가함으로써 치료사는 클라이언트의 문제와 이런 것들이 음악적으로 해결될 수 있는 방식에 대해 이해할 수 있다. Trevarthen(1989)은 정신분열증 및 우울증 클라이언트들의 합동 즉흥연주를 평가하기 위해 유사한 접근 방식을 채택하였다. 그들은 우선 서로 다른 정신과적 질병을 가진 성인의 음악적 접촉의 수준에 있어 어떤 차이점이 존재하는지를 판단하기 위해 클라이언트의 즉흥연주 분석의 진단적 가능성에 흥미를 가졌다. 이런 목적을 성취하기 위해, 그들은 음악 경험 인덱스 및 음악 즉흥연주 평가척도(Index of Music Experience and the Music Improvisation Rating Scale)를 개발했다.

음악 자료 출처

이미 알려진 것과 같이, 음악치료 처치에서 사용되는 즉흥연주, 연주 혹은 재창조, 작곡, 감상이라는 동일한 음악 경험은 음악치료를 위한 클라이언트를 진단평가하기 위해 사용된다(Bruscia, 1993). 이러한 경험은 이 책의 후반부에서 음악치료 세션을 조직하기 위한 틀로서 사용될 것이며, 여기서 그것들은 진단평가의 수단으로서 논의될 것이다. 각 음악 경험의 유형은 클라이언트에 대한 정보 수집의 다양한 방식을 제공한다. 예를 들어, 감상 진단평가는 일차적으로 클라이언트가 소리를 듣고, 수용하며, 혹은 반응하는 방식에 대한 정보 수집과 우선적으로 관련이 있다(Bruscia). 반면에 즉흥연주 진단평가는 "클라이언트가 즉석에서 음악을 만들거나 노래하거나 연주하면서 표현적 소리를 창조하는" 방식과 우선적으로 관련이 있다(Bruscia, p. 16). 전자가 음악 '수용하기'와 관련된다면, 후자는 '창조하고 수용하기'와 관련됨을 기억하라. 이것은 결국 당신이 클라이언트에 대해 수집하길 원하는 진단평가 정보의 유형을 함축한다. 당신은 클라이언트가 지각하는 것이나 그의 내부에서 무언가를 받아들이는 방식 또는 그가 무언가를 창조하는 방식을 이해하길 원하는가? 그렇다면 음악적 매개체는 각 경험 안에 내포된 과제와 도전의 본질로 인해 그 자체로서 중요하다.

즉흥연주 진단평가

즉흥연주를 진단평가의 도구로 사용하는 경우, 치료사는 클라이언트가 연주하거나 노래할 때 음악을 창조하는 방식을 고려한다. 즉흥연주 진단평가는 관련적 또는 비관련적으로 독주, 이중주, 합주, 또한 가사의 유무와 관계가 있다. 그리고 즉흥연주는 "개인이 지금-여기에서 주어진 음악적이고 대인관계적인 요구를 만족시키기 위해 자신의 음악을 즉석에서 창조하고 제공하는" 방식이 "그가 자기 및 타인과 의식적이고 무의식적인 수준에서 관계되는 방식의 발현"이기 때문에 투사적 진단평가에 해당한다

(Bruscia, 1993, p. 16).

즉흥연주 진단평가는 정체성과 자기자각 이슈를 가진 자, 대인관계와 의사소통 문제를 가진 자, 그리고 자발성이 결여된 자와 같이 언어로 자신을 표현하는 데 어려움을 지니는 사람들에게 특히 적절하다(Bruscia, 1993).

연주 혹은 재창조 진단평가

연주 혹은 재창조 진단평가는 "클라이언트가 목소리로 혹은 악기로 음악을 배우거나 연주하는, 혹은 모델로 제시된 특정한 유형의 소리 형식이나 음악적 패턴을 재창조하는" 방식에 대한 평가와 관련된다(Bruscia, 1993, p. 13). Bruscia에 따르면 여기에는 세 가지의 일차적 매개체가 있는데, 그것이 바로 성악, 기악, 동작이다. 성악 경험에서 클라이언트는 자신의 목소리를 사용하고, 소리와 선율을 모방하고, 노래를 배우고, 악보를 보며 노래하고, 합창으로 노래하는 등의 방식에 초점을 맞춘 다양한 과제에 참여한다. 또한 기악 경험에서 클라이언트는 악기를 다루고, 소리, 리듬, 선율을 악기로 모방하며, 이미 작곡된 곡을 배우고, 합주하고, 독보하는 등의 방식과 관련된 수행을 한다. 마지막으로, 동작 경험은 클라이언트가 자신의 신체를 사용하고 리듬적 신체 과제, 동작의 연쇄, 동작의 극화 등을 수행하는 방식과 관련된다.

재창조 진단평가는 각각의 재창조 경험에 내포된 기술들의 범위(예: 성악 혹은 기악에 필요한 근육 기술, 리듬 기술, 음조 기술)를 관찰할 수 있는 기회를 치료사에게 제공하기 때문에 기술 영역 평가에 특히 적합하다. 그 자체로서 Bruscia(1993)는 기술 진단평가에 있어 다음의 두 가지 주요한 목적을 확인하였다. 즉, ① 발달장애 확인하기, ② 기질적 손상이나 질병, 지체 또는 장애로 인한 기능의 손실 확인하기다. 기술 진단평가의 세 번째 목적은 치료에서 평가적 측정 도구로 사용할 수 있는 지식과 기술의 기초선을 확인하는 것에 있다.

작곡 진단평가

작곡(혹은 창조적) 진단평가는 일반적으로 클라이언트가 치료사의 도움을 받아 노래나 기악곡을 작곡하는 방식을 고찰하는 것과 관련된다. 이 점에서 치료사는 클라이언트가 작품을 창조하고 조직하는 방식(기술 영역)에 흥미를 가질 것이다. 이 진단평가는 과제에 집중하고 결정하며, 책임감을 가지거나 아이디어들을 조직하고 연결시키는 데 어려움을 가진 사람과 내적 감정 및 성취를 기록할 필요가 있는 사람에게 유용하다(Bruscia, 1993). 또한 작곡은 언어적 상호작용을 사용하는 데 어려움을 지니지만 노래나 기악 음악 형식 속에서 생각과 느낌을 공유할 수 있는 클라이언트를 위해 효과적인 진단평가가 될 수 있다.

감상 진단평가

감상 혹은 수용적 경험은 클라이언트가 음악일 수도 있고 하나의 구성 요소일 수도 있는 특정한 청각 자극에 대해 어떤 식으로든지 듣고, 수용하고, 반응하는 경험이다. 이 음악은 생음악일 수도 있고 녹음된 음악일 수도 있다. 클라이언트는 언어로 혹은 비언어적으로 반응하도록 요청받을 수 있다. 감상 진단평가는 다양한 범위의 영역을 다룬다. 예를 들어, 투사적 감상 진단평가(Cattell & McMichael, 1960; Mazzagati, 1975; Van den Dale, 1967)에서 클라이언트는 자신의 성격의 의식적이고 무의식적인 측면을 이해하기 위한 목적으로 음악과 소리에 정서적으로 반응한다. 감상 진단평가는 또한 신체 영역을 위해 사용되는데, 여기서 치료사는 음악에 대한 생리적이고 정신생리적인 반응을 관찰한다. 기술 영역에서 감상 진단평가는 클라이언트의 수용적 기술(예: 소리를 이해하거나 소리를 구별하는 능력)을 고려한다.

Bruscia(2003)에 따르면, 감상 진단평가는 ① 신체적 혹은 정서적 활성이나 안정, ② 감상 학습, ③ 자신의 느낌과 생각의 고찰, ④ 회상, ⑤ 영적 경험이 필요한 클라이언트에게 적절하다.

진단평가 실행하기

일단 진단평가를 위한 전반적 목표, 분야, 음악 자료의 출처를 확립하고 나면 다음과 같은 몇 가지 절차적 단계가 자연스럽게 따라온다. 즉, ① 정보 수집, ② 결과 요약 그리고/또는 해석, ③ 결과 보고다.

각각의 진단평가를 준비하면서 진단평가 실행 시의 실용성을 고려하는 것이 중요하다. 이때는 공간과 시간이라는 두 가지 주요한 요소를 고려해야만 한다. 이상적으로는 외부로부터의 소음이 가장 적은, 그리고 사적 자유가 보장되는 물리적 공간을 찾으라. 덧붙여 이 방이 적당한 크기인지와 당신이 진단평가를 완수하는 데 필요한 모든 음악적 재료를 가지고 있는지를 확인하라. 어떤 경우에는 이것들이 미리 갖추어져 있기도 하지만, 다른 경우에 당신은 각각의 과제에 필요한 악기만을 클라이언트에게 제시해야 할 수도 있을 것이다.

어디든지 가능한 곳에서 클라이언트가 주어진 진단평가 과제에 최선을 다해 반응할 수 있는 기회가 허락되는 시간을 선택하라(Liberatore & Layman, 1999). 어떤 경우에는 클라이언트가 한 세팅에서 진단평가 전체를 할 수 없기 때문에 좀 더 작은 시간의 단위로 나누어 진단평가를 실행할 수도 있다.

정보 수집

당신은 클라이언트에 관한 정보를 수집하는 데 다양한 방식이 존재한다는 것을 알기 시작했을 것이다. 정보 수집이란 당신이 클라이언트에 관한 정보를 모으는 실제적인 방식을 뜻하는데, 이것은 당신이 음악 경험의 유형을 가지고 클라이언트를 관찰하는 음악 자료의 출처와는 차별화된다. Bruscia(2003)는 정보 수집 방법을 다음과 같이 밝혔다.

1. 조사 기록: 파일 및 차트와 같은 기록된 출처에서 정보 수집하기
2. 과제 및 활동: 클라이언트가 다양한 과제와 활동을 완수하는 방식을 관찰함으로써 정보 수집하기
3. 언어를 사용한 조사: 인터뷰, 치료에서의 대화, 질문지
4. 관찰: 클라이언트가 음악치료 안에서, 또는 가끔은 밖에서 행동하는 방식을 관찰하기
5. 검사: 객관적 및 투사적 검사
6. 생리적 측정: 기계로 측정되는 심박, 혈압 등
7. 자료 분석: 즉흥연주와 같은 음악 자료 분석하기, 특정 이론이나 구성요소에 따라 이것을 해석하기
8. 간접적 방법: 가족, 직원 등을 인터뷰하기

각각 다른 진단평가에는 각각 다른 정보 수집 방법이 필요함을 유념하라. 예를 들어, 만약 어떤 음악치료사가 혈압, 심박 그리고 스트레스 지수에 대한 음악 감상의 효과를 진단평가하는 데 관심이 있다면, 그는 아마도 생리적 측정 및 검사를 사용할 것이다. 하지만 만약 음악치료사가 클라이언트와 치료사 간의 상호작용 수준에 관심을 둔다면, 그는 아마도 세션의 음악 자료를 분석할 것이다.

결과 요약하기 그리고/또는 해석하기

일단 정보를 수집하면, 당신은 그 결과를 요약 그리고/또는 해석할 필
요가 있다. 진단평가에서 그것은 점수나 평가를 맞추어 보고 요약하는 것
일 수도 있고, 특정한 기술이나 행동의 유무를 지적하는 것일 수도 있다.
Bruscia(1993)의 일반적 행동 체크리스트(General Behavior Checklist, 〈표
4-1〉 참조)와 Liberatore와 Layman(1999)의 클리블랜드 음악치료 진단평
가(Cleveland Music Therapy Assessment)는 모두 치료사가 특정 행동이나 기
술의 유무를 파악하도록 요구한다.

다른 접근의 예를 들자면, Priestley(1994)는 분석적 음악치료에서 사용
할 수 있는 환자 질문지(Patient Questionnaire)를 개발하였다. 이 진단평가
는 치료 초기에 클라이언트에 관한 묘사적 정보를 수집하기 위해 사용된
다. Priestley는 가족력, 음악적 약력, 현재의 심리 상태, 목적, 영적 생활과
같은 다양한 전기적 영역에 관련된 질문 범주를 개발하였다. 치료사는 이
런 영역들에 대한 답을 글로 기록하고, 이 정보는 그 후 클라이언트의 전
반적인 심리적 그림을 얻기 위해 정서 스펙트럼 및 클라이언트의 즉흥연
주 해석과 같은 다른 정보와 연계될 수 있다.

또 다른 접근을 살펴보면, Shultis(1995)는 의료 세팅의 클라이언트
를 사정하기 위해 음악치료 진단평가 및 초기 치료 계획(Music Therapy
Assessment and Initial Treatment Plan, 〈표 4-2〉 참조)을 개발했다. 그녀의 진
단평가는 전기적(진단명, 병력, 음악적 약력, 현재 치료)이고 행동적(겉으로 보
이는 감정 상태)인 영역을 포함한 몇 가지를 다루고, 이어 음악치료 중재의
목적 및 유형을 지시하는 부분을 제공한다. 그녀의 진단평가에서 음악치
료사는 정보를 기록하고, 진단평 중에 관찰한 정서적 측면을 점검할 의
무가 있음을 기억하자.

〈표 4-2〉 음악치료 진단평가 및 초기 치료 계획

환자 정보: 진단명, 의뢰 당시 재원 기간, 의뢰 이유, 의뢰 출처, 입원 경력/치료, 현실 감각 수준
지원 시스템: 가족/친구/주거 환경
현재 문제: 통증 관리, 수면 부족, 영양 결핍, 호흡 곤란, 불안, 우울, 분노, 발작, 동요(agitation), 불순종, 혼란, 완화 치료에 대한 필요, 처치 혹은 치료(통증, 불안, 우울, 정신과적 질병, 수면)
음악적 약력/선호:
진단평가 동안 이루어진 관찰: 예를 들어, 클라이언트는 불안을 보였는가? 그는 말을 많이 하는가? 반응이 없는가? 등
치료 과제: 개별 세션 및 횟수 대 그룹 과제 및 스케줄
치료 목적 영역: 불안, 우울, 통증 관리, 대처 기술과 같은 분야(또한 이 환자를 위한 치료 팀의 목적을 포함한다.)

치료 중재: (정보 수집 시 사용된 모든 것과 클라이언트의 반응을 의미한다.)

___ 노래하기	___ 여가/음악기술 가르치기	___ 작사
___ 음악 게임	___ 작곡	___ 가사 분석
___ 즉흥연주	___ 악기 연주	___ 비언어적 의사소통으로서의 음악
___ 이완을 위한 심상 창조	___ 자기표출을 위한 심상 창조	
___ 환자가 선곡한 음악	___ 그 외 _____	
___ 자기표현을 위한		
___ 독립적 감상을 위한		
___ 이완 훈련/기법		

치료 목표: 중재의 결과로서, 환자는 _____ 불안 증상을 감소시킬 것이다	목표 날짜: _____ 까지	차트 기록을 위한 간단한 형식 (↓ 불안)

진단평가에서 추가적 목적은 동요, 호흡, 인지, 대처 기술, 우울, 비언어적 의사소통, 통증, 퇴원 후 자료 접근성, 이완 기술, 자기표현, 언어적 반응 수준과 관련된 환자의 필요를 다루는 것이다.

출처: Shultis (1995). 저자의 허락을 받고 사용함.

결과 보고하기

마지막 단계는 다른 사람들에게 결과를 보고하는 것과 관련이 있다. 어떤 임상 상황에서는 그 보고가 다른 팀 구성원에게 제공될 수 있는 반면, 다른 상황에서는 팀이나 가족과 인터뷰할 때 해당 보고를 언어적으로 의사소통할 수도 있다. 그리고 또 다른 상황에서는 오직 음악치료사(아니면 음악치료 분과의 구성원들)만이 보고서를 볼 수 있다. 결과를 보고하는 대상자의 선택은 대개 음악치료사가 근무하는 세팅과 진단평가의 구체적 목적에 좌우된다. 예를 들어, 만약 진단평가의 목적이 진단적(Wigram, 2000a, 2000b와 같이)이라면, 결과는 다른 사람들에게 보고될 확률이 크다. 하지만 진단평가의 목적이 묘사적이라면, 음악치료사가 그 결과를 알게 될 유일한 인물일 수 있다. 물론 이것들은 당신이 결과 보고에 대해 생각하도록 돕는 지침에 불과하지만 이는 다양한 방식으로 결과가 보고될 수 있다는 것을 의미한다.

진단평가와 치료 목적 수립 간의 관계는 5장 '목적 및 목표', 그리고 6장 '음악치료 전략 계획하기'에서 자세하게 논의할 것이다.

음악치료가 추천받지 못할 경우

거의 모든 음악치료 진단평가는 치료사에게 다음과 같은 기본적인 질문을 던진다. '음악치료가 클라이언트에게 추천되는가?' 어떤 진단평가 상황에서는 이 질문에 쉽게 답할 수 있다. 클라이언트가 음악치료 프로그램의 참여가 정당화될 만큼 음악에 반응적이지 않고, 음악치료 전략에 참여하거나 흥미를 보이지 않으며, 혹은 다른 비음악적 치료(예: 언어치료)와 충분히 차별화되는 방식으로 반응하지 않을 수 있다.

클라이언트가 음악치료 진단평가 동안 반응적이지 않을 수 있긴 하지만, 그렇다고 이것이 그가 음악치료에 적합하지 않다는 의미는 아니다. 어떤 임상 상황에서 무반응은 클라이언트가 제기하는 치료 이슈일 수 있기 때문에 음악치료사는 클라이언트가 반응하지 않는 방식, 이것이 음악적으로 나타나는 방식, 무반응이 소리 내는 방식, 그리고 다양하게 연관된 비음악적 행동을 관찰하고 사정할 수 있다. 클라이언트를 진단평가하는 목적은 그의 무반응에 초점을 맞추면서 클라이언트를 묘사하거나(묘사적 진단평가), 아니면 특정한 이론 및 구성 요소(예: 무반응은 보다 넓은 심리적 방식에서 이해될 수 있는 저항의 한 형태다)에 따라 그 무반응을 해석하는 것(해석적 진단평가)일 수 있다.

이와 유사하게, 저항, 동요, 외면 혹은 심지어 공격성도 음악치료가 추천되지 않는 지표일 수 있지만, 동시에 이것들은 클라이언트가 음악치료에 의뢰되었던 바로 그 이유일 수도 있다. 예를 들어, 알츠하이머를 앓는 클라이언트는 증가된 동요와 타인을 향한 공격성으로 인해 음악치료에 의뢰되었을 수 있다. 진단평가 과정의 목적은 음악치료에서 이 클라이언트의 공격성과 동요를 관찰하고 다양한 음악 중재를 통해 조정·감소시키며, 클라이언트의 행동을 변화시키는 방식을 고찰하는 것일 수 있다.

결국 클라이언트에게 음악치료가 적절한지를 사정하는 것은 맥락에 달린 것이다. 어떤 임상 상황에서 클라이언트의 특정 행동과 반응은 그 클라이언트가 음악치료에 적합하지 않다는 것을 보여 주는 지표일 수 있는 반면, 다른 상황에서는 이와 같은 행동이 클라이언트의 치료 이슈의 발현이기에 다양한 음악 경험 유형(음악 정보의 출처) 안에서 관찰되고 사정될 수 있다.

진단평가 과정 복습하기

잠시 시간을 내서 우리가 이 장에서 지금까지 다루어 온 자료를 복습하도록 하자. 음악치료 진단평가는 다음의 것과 관련된 과정이다.

- 치료사가 클라이언트의 능력과 필요를 사정할 수 있도록 특정 음악적 상황에서 클라이언트가 음악을 만들거나 감상하는 것을 관찰하는 것

- 한 개 혹은 그 이상의 목적: 진단, 처방, 해석, 묘사, 평가(Bruscia, 1993, 2003)
- 한 개 혹은 그 이상의 영역에 초점을 맞춤: 전기적, 신체적, 행동적, 기술, 성격 혹은 자기감, 정서적 그리고 상호작용적 영역(Bruscia, 1993)
- 한 개 혹은 그 이상의 음악적 출처에 관한 정보 수집: 즉흥연주, 연주 혹은 재창조, 작곡, 감상

진단평가 과정은 보통 다음의 절차적 단계를 거친다.

1. 의뢰받기
2. 배경 정보 수집하기
3. 목적 및 진단평가 유형 결정하기
4. 진단평가 실행하기
5. 정보 해석하기
6. 보고서 작성 및 결과 의사소통하기

음악치료 진단평가에서의 이슈

몇 가지 음악치료 진단평가를 구체적으로 살펴보기 전에, 우선 음악치료 진단평가에서의 현재의 이슈 몇 가지를 간단하게 알아보도록 하자.

양적 혹은 질적 접근법 취하기

고려해야 할 첫 번째 이슈는 당신의 진단평가가 양적 혹은 질적 관점에 얼마만큼 가까운가에 있다(Bruscia, 1993). 이와 같은 취지에서 음악치료사

가 다양한 측면의 클라이언트의 행동이나 상태에 대한 정보를 수집하고 숫자, 목록, 개인의 기술이나 특성 또는 반응을 양적으로 측정하는 방법들을 사용해 사정하려는 시도에 관심을 가질 때 우리는 이를 양적 진단평가라고 생각할 수 있다. 예를 들어, Liberatore와 Layman(1999)의 클리블랜드 음악치료 진단평가는 음악치료사가 특정 기술이나 행동의 존재 유무에 따라 ('예' 또는 '아니요'를 사용하여) 평가하기 때문에 양적 진단평가다. 음악치료사는 계수(tally)에 기초하여 클라이언트의 발달 수준과 그 사람을 위한 음악치료의 필요성 정도를 판단할 수 있다. 반면, 질적 진단평가는 클라이언트가 다양한 음악 경험에 반응하거나 이를 가지고 작업하는 방식을 묘사하는 것과 좀 더 관련이 있다. 그것은 또한 비음악적 이론이나 구성 요소에 따른 클라이언트의 음악 만들기에 대한 해석을 포함한다. 많은 전기적 진단평가가 질적인데, 그 이유는 수집된 정보가 묘사적이며 수적 가치로 제한될 수 없기 때문이다. 질적 진단평가의 예로 Bruscia(1987)의 즉흥연주 진단평가 프로파일(IAPs)을 들 수 있는데, 이것은 몇 가지 서로 연관된 절차적 단계에 따라 클라이언트의 즉흥연주를 해석하는 것에 기반을 둔다.

클라이언트가 얼마나 잘 혹은 얼마만큼 연주하는지, 또는 그가 특정한 유형의 기술, 행동, 특성을 보유하는지를 아는 것이 중요해질 경우, 이것은 양적 진단평가가 필요할 확률이 높다는 의미가 된다. 예를 들어, 음악에 대한 생리적 반응을 측정할 경우, 음악치료사는 클라이언트의 혈압이 얼마나 높은지, 그의 심박수는 어떤지, 그리고 음악 감상 동안 이런 변화가 얼마나 일어났는지를 알고 싶어 할 확률이 높다. 하지만 만약 치료사가 클라이언트가 자신이 연주한 즉흥연주나 자신의 부모 혹은 파트너의 즉흥연주를 감상할 때 어떻게 느끼는지 알고자 한다면, 이때 음악치료사는 좀 더 질적으로 이것을 알고자 할 것이다.

신뢰도 및 타당도 이슈

두 번째 이슈는 음악치료 진단평가의 신뢰도 및 타당도와 관련된다. 이 이슈는 비록 그것이 이전부터 제기되어 왔음에도 음악치료 진단평가에서 적절하게 다루어지지 못했다(Bruscia, 1988). 신뢰도와 타당도는 오직 양적 진단평가와 상관이 있다. 신뢰도는 수집된 데이터가 측정 오류로부터 자유로운 정도를 의미한다(Meadows, 2000). 다시 말하면, 데이터가 관찰된 현상을 정확하게 반영하는가, 아니면 그것들이 왜곡되거나 허위로 대표되거나 불완전하게 기록되는가? 타당도는 그 진단평가 도구가 조사 중인 구성 요소를 측정하는 정도를 의미한다. 즉, 이것은 "임상적이고 연구적인 상황에서의 유용성 및 의미의 징후"다(Meadows, 2000, p. 9). 예를 들어, Meadows는 Bruscia(2000a)가 개발한 유도된 심상과 반응성 척도(Guided Imagery and Music Responsiveness scale: GIMR)의 타당도 연구를 진행하였다. Bruscia는 유도된 심상과 음악에 대한 반응성은 심리적 건강의 표시이며, GIMR 점수는 따라서 다른 건강 측정 도구와 긍정적으로 관련되고 심리적 방어를 측정하는 척도와는 부적으로 관련됨을 주장하였다. GIMR의 타당도를 사정하기 위해 GIMR 점수와 다른 두 개의 심리적 건강을 측정하는 척도들 사이의 관계를 고찰하고자 몇 개의 시리즈 연구를 실시하였다. 하지만 이런 연구들이 음악치료 진단평가 개발에 있어 중요함에도 진단평가 도구들의 신뢰도 및 타당도에 대한 평가 작업은 거의 이루어지지 않고 있다.

음악치료 진단평가에서 논의되는 또 다른 이슈는 진단평가 도구의 규준참조(norm-referenced) 혹은 준거참조(criterion-referenced)의 필요성 정도다(Coleman & Brunk, 1997). 역시 이런 이슈는 오직 양적 진단평가에만 관련이 있다. 규준참조 진단평가는 "몇몇 알려진 그룹과 비교하여 특정 학생의 수행을 설명한다. 예를 들어, 특정 6세 학생을 다른 6세 학생들과 비교할 수 있다"(Coleman & Brunk, 1997). "준거참조 진단평가는 특정 행동이나 기술에 관하여 학생의 수행을 설명한다. 준거참조 진단평가의 목표는 정신 연령이나 IQ를 판정하는 것이 아니라 특정 세팅에서 학생의 특정 기술의 수행 능력을 평가하는 데 있다"(Coleman & Brunk, 1997). Coleman과 Brunk는 음악치료 진단평가의 목적(학교 세팅에서)이 학생으로 하여금 음악치료 전략의 사용 여부에 따른 구체적인 IEP 기술 수행 방식을 보여 주도록 하는 것이기에 여기서 음악치료 진단평가는 준거참조임을 설명하였다.

음악치료 진단평가에서 규준참조는 거의 없다. 앞서 설명한 것과 같이, 규준참조 진단평가는 다른 알려진 그룹과 비교하도록 한다. 즉, 규준참조 진단평가에 필요한 데이터를 얻기 위해서는 많은 사람이 검사에 참여한다. 그 후 그 그룹 내 여러 부분(portions)이 어떤 점수를 받았는지에 대한 정보가 제공된다. 이 정보는 궁극적으로 한 개인이나 그룹의 수행을 이미 조사를 받은 더 큰 그룹의 수행과 비교하기 위해 사용될 수 있다. 특히 음악치료 진단평가에서 규준참조 진단평가의 데이터를 강력하게 필요로 하는 분야로 진단적 목적을 위해 사용되는 진단평가가 있는데, 여기서는 음악치료사가 진단평가하는 클라이언트의 수행 능력을 비슷한 진단이나 특성을 가진 사람들과 비교하게 한다. 많은 심리학 분야의 검사가 규준참조이기에 음악치료사가 규준참조 음악치료 진단평가의 필요성을 고려하는 것이 중요하다.

다양한 대상자를 위한 진단평가

앞에서 음악치료 진단평가의 주요 요소들을 알아보았기에 이제 우리는 다양한 클라이언트 그룹을 위한 음악치료 진단평가 도구의 표본을 소개하고 설명하는 데 초점을 맞출 것이다. 각 진단평가는 우리가 이제까지 논의한 요인들의 특징을 포함한다. 즉, 전반적 목적(진단, 해석, 묘사, 처방, 평가), 영역(전기적, 신체적, 행동적, 기술, 성격 혹은 자기감, 정서적, 상호작용적 영역), 그리고 음악 자료 출처(즉흥연주, 연주 혹은 재창조, 작사, 감상)다. 구체적으로 설명한 진단평가에 덧붙여, 이제 우리는 이런 범주에 따라 고찰할 수 있는 다른 진단평가를 살펴볼 것이다.

장애아동

특수교육 음악치료 진단평가 과정(Special Education Music Therapy Assessment Process: SEMTAP; Brunk & Coleman, 2000; Coleman & Brunk, 2003) 은 학생들의 학업 수준에 따라 유익을 얻으려 할 때 음악치료가 필수적인 지를 결정하기 위해 공립학교 세팅에서 근무하는 음악치료사의 필요에 부응하여 개발되었다. 저자들은 SEMTAP가 표준화된 진단평가 도구라기보다는 표준화된 과정으로, 이런 구분이 각 치료사가 그들이 발견한 결과를 아동의 부모나 서비스를 제공하는 사람들에게 일관된 방식을 통해 효과적으로 의사소통하는 데 있어 중요하다고 주장하였다. SEMTAP에서는 IEP에 명시된 이미 수립된 목적에 구체적으로 연결되는 특정 과제에 대한 학생의 반응을 검사하는 것을 강조한다. SEMTAP 모델에 따른 진단평가 과정의 결과인 진단평가 보고는 〈표 4-3〉에서 보는 것과 같다.

요약하자면, 이 진단평가는 다음의 특징을 지닌다.

- 초점: 처방적
- 영역: 신체적, 행동적, 기술, 정서적, 상호작용적
- 음악 자료 출처: 즉흥연주, 연주 혹은 재창조, 작곡, 감상
- 데이터 수집 및 분석 방법: 묘사적 기술 요약
- 보고 결과물: 보고서(〈표 4-3〉 참조)

〈표 4-3〉 SEMTAP 접근을 사용한 진단평가 보고서[3]

학생 이름: 주디 존스
생년월일: 1998년 3월 22일
학년: 유치원
주소:
학교:
학군:
진단평가 일시: 2004년 8월 10일과 8월 14일
평가자: 바버라 L. 휠러, PhD, MT-BC

진단평가 목적
관련 서비스로서 음악치료가 이 학생이 IEP 기술을 수행하는 데 있어 중요한 도움이나
동기부여를 제공할 수 있는지 판단하기 위함

진단평가 요소
최근 IEP 검토
IEP 팀 구성원 및 지원팀 직원 인터뷰
두 곳의 비음악적 세팅에서 관찰
음악치료 진단평가 세션 준비
음악치료 진단평가 세션 실시
보고서 기록 준비

교실 관찰
주디는 두 세팅에서 관찰되었다. 첫 번째는 8월 10일에 아동들이 '물감으로 색칠'하
는 미술 야외 수업 때였다. 주디는 혼자 작업하였고 그 프로젝트에 꽤 집중하였다.
그녀는 색칠하면서 종종 혼자 노래하였다. 그녀는 다른 아동들과 상호작용하지 않
았고, 또한 그들을 의식하는 것 같지도 않았다. 그녀는 언어적으로 혹은 눈 맞춤으
로라도 교사를 인식하거나 인사에 반응하지 않았다. 다음으로 그녀는 8월 14일 체
육 시간에 관찰되었다. 이것은 야외 운동장에서 진행되었다. 관찰 초기에 교사는 학
급 학생들에게 자신의 지시를 경청하기 위한 장소로 오도록 요청했고, 주디는 그네
를 떠나야 했다. 그녀는 이에 저항적이었으나 그녀의 정규 교실 도우미가 그녀를 돕
자 기꺼이 왔다. 아이들이 운동장에서 여러 활동을 할 수 있도록 허락받자마자 그
녀는 다시 그네로 돌아가 남은 수업 시간 동안 그곳에 머물렀다. 그녀는 그네를 적
절히 사용했고, 그것을 움직이기 위해 여러 차례 새로운 시도(그네줄 꼬기와 같은)
를 하였다. 그녀는 타인, 아동 혹은 직원과 관계를 맺거나 그들을 인식하지 않았다.

---

3 이 보고서는 SEMTAP 접근을 사용한 실제 보고서를 변형한 것이다. 신원을 확인할 만한 모든 특징
  은 비밀을 보장하기 위해 변형하였다.

IEP와 IEP 목적 검토

주디의 IEP는 의사소통 분야에서 그녀가 이따금 말을 하긴 하지만 물건을 요구할 때는 적절한 단어를 사용하지 않음을 지적하였다. 인지적으로 그녀는 모양, 색깔, 글자를 알아보는 것과 같은 기본적인 선수학습 기술에서 어려움을 지닌다. 사회적으로 그녀는 거의 눈 맞춤을 하지 않고 일반적으로 협동적인 행동을 보이지 않으면서 활동에 개인적으로만 참여한다. 신체적이고 행동적인 기술은 잘 진보하는 것처럼 보였기에 음악치료 진단평가에서 우선적으로 다룰 필요는 없는 것으로 판단되었다.

음악치료 진단평가 결과

의사소통 기술

진단된 IEP 목적:

주디는 선호하는 물건을 요청하는 부분에서 효과적인 의사소통 기술을 보일 것이다.

주디는 즉흥연주된 '안녕 노래'에 반응하며 "안녕, 주디."라고 아주 명확하고 적절하게 말했다. 노래의 구조가 그녀의 반응을 지지해 주었는데, 이 노래는 단어들, 그녀가 이 단어들을 반복하도록 하는 요청, 그녀의 대답을 위해 잠시 쉬어 주는 시간으로 구성되었다. 그녀는 요청받았을 때 그 요구들을(악기 혹은 노래로) 일관적으로 말하지 못했을 뿐 아니라 그 단어들을 이해할 수 있도록 물건을 명명하지 못했다.

인지 기술

진단된 IEP 목적:

주디는 모양 영역을 명명하는 데 있어 효과적으로 대상의 이름을 부를 것이다.

주디는 모양, 글자, 색깔을 가리키도록 요청받았다. 기꺼이 가리키기는 했지만 항상 올바르게 선택하여 가리키지는 못했는데, 특히 모양에서 더욱 그러했다. 그러나 노래의 구조(리듬, 선율, 여백)는 그녀의 반응이 올바르지 않을 때도 그녀의 인지적 반응을 구조화하도록 돕는 것 같이 보였다.

사회 기술

진단된 IEP 목적:

주디는 눈 맞춤 영역에서 효과적인 사회 기술을 보일 것이다.

주디는 종종 이야기를 할 때 혹은 들을 때 눈 맞춤을 하지 않는다. 가끔 그녀는 노래하기 혹은 다른 음악적 상호작용의 부분으로 눈 맞춤을 했다.

결과

주디는 음악 자극에 대해 ① 소리 내기, ② 색깔, 모양, 글자 인지하기, ③ 눈 맞춤 기술 영역에서 긍정적 반응을 보인다.

추천

주디는 노래하기, 악기 연주하기, 음악에 맞춘 동작을 포함한 다양한 음악 자극에 잘 반응한다. 그녀는 "안녕, 주디."라고 매우 명확하고 적절하게 노래를 시작하는 동안 소리를 내었다. 노래의 구조는 심지어 그녀의 반응이 틀릴 때조차도 그녀가 인지적 반응(색깔, 모양, 글자 인식)을 구조화하도록 돕는 것 같이 보였다. 눈 맞춤은 노래하기의 일부분으로 다른 음악적 상호작용에서도 나타났다. 그녀는 음악 활동으로 동기부여되고 구조화된 것 같다. 따라서 음악치료는 그녀의 교육적 필요를 위한 실용적 도구로, 주 1회의 음악치료 서비스를 그녀의 IEP에 포함할 것을 추천한다.

제시된 목적 및 목표

목적1: 주디는 선호하는 물건 요구하기 영역에서 효과적인 의사소통 기술을 보일 것이다.

목표1a. 지시를 받을 때, 주디는 음악치료 세션 동안 3회의 잇따른 시도에 악기를 두 번 구두로 요청할 것이다.

목표1b. 주디는 음악치료 세션 동안 3회의 잇따른 시도에 악기를 두 번 독자적으로 구두로 요청할 것이다.

목적2: 주디는 모양 명명하기 영역에서 효과적으로 대상을 명명할 것이다.

목표2a. 원, 사각형, 삼각형, 직사각형, 별, 하트, 마름모 모양이 제시될 때, 주디는 3회의 잇따른 시도에 명명된 모양을 올바르게 선택할 것이다.

목표2b. 특정 모양이 제시될 때, 주디는 한 모양당 3회의 잇따른 시도에 그 모양의 이름을 말할 것이다.

목적3: 주디는 눈 맞춤 영역에서 효과적인 사회 기술을 보일 것이다.

목표3a. "나를 바라봐."라는 지시를 받을 때, 주디는 3회의 잇따른 시도에 3초 혹은 그 이상 눈 맞춤을 유지할 것이다.

목표3b. 특정한 언어적 신호 없이 지시가 시작될 때, 주디는 3회의 잇따른 시도에 3초 혹은 그 이상 눈 맞춤을 유지할 것이다.

진단평가 보고서 제출자: 바버라 L. 휠러, PhD, MT-BC

날짜:

Layman, Hussy와 Laing(2002)은 중증 정서장애 아동을 위한 비치브룩 음악치료 진단평가(Beech Brook Music Therapy Assessment for Severely Emotionally Disturbed Children)를 고안하였다. 이 진단평가는 다음의 네 분야를 측정한다. ① 행동적/사회적 기능(놀이 기술, 과제 집중력, 활동 시도하기, 충동 조절, 구조에의 순응, 눈 맞춤, 개인적 경계[personal boundary] 포함), ② 정서 반응성(표정, 대처 기술, 실수 처리하기, 감정 표현 포함), ③ 언어/의사소통 기술(간단한 지시에 대한 반응, 자기표현, 표현적 언어, 칭찬에 대한 반응, 질문에 대답하기 포함), ④ 음악 기술(음악적 지각, 음악에 대한 반응, 신호에 대한 반응, 모방, 목소리 억양 포함)이다. 저자들은 방어적/퇴보에서 파괴적/강제적까지의 범위를 포함하는 연속선을 따라 반응을 측정하였는데, 그 선의 중간 범위를 표적 행동으로 간주하였다. 이 척도 중 행동적/사회적 분야 및 음악적 분야에 관한 예를 〈표 4-4〉에서 볼 수 있다. 저자들은 그들의 진단평가 도구가 시범 적용에서 높은 신뢰도를 가지며 문제가 없었음을 명시하였다(Layman, Hussey, & Laing, 2002). 그들은 진단평가 과정

〈표 4-4〉 중증 정서장애 아동을 위한 비치브룩 음악치료 진단평가, 진단된 분야 표본

행동/사회

놀이 기술 방어적/퇴보 　　　　　표적 행동 　　　　　파괴적/강제적

2	1	0	1	2
참여하지 않는다. 또는 악기를 연주하지 않는다. 두렵고 피곤해하며 수줍게 보였다.	약간의 상호작용을 보였다 (병행 놀이).	일관성 있게 치료사와 하는 순서를 기다렸다 (협동 놀이).	세션에서 1~2회 정도 자신의 순서/방식을 주장했다. 1~2회 정도 치료사와 하는 순서를 기다리지 않았다.	세션에 걸쳐 빈번하게 자신의 순서/방식을 주장했다(지나친 제압). 순서를 기다리지 않았다.

음악

음악적 지각 방어적/퇴보 　　　　　표적 행동 　　　　　파괴적/강제적

2	1	0	1	2
한 번의 지시 또는 신호를 받았을 때 외부 자극에 맞추기 위해 일관성 없이 빠르기 그리고/또는 음량을 변화시켰다.	한 번의 지시 또는 신호를 받았을 때 외부 자극에 맞추기 위해 빠르기 그리고/또는 음량을 일관성 있게 변화시켰다.	외부 자극에 독립적으로 맞추기 위해 빠르기 그리고/또는 음량을 일관성 있게 변화시켰다.	심지어 지시/신호를 받았을 때도 외부 자극에 맞추기 위해 빠르기 그리고/또는 음량을 변화시키지 않았다.	세션에 걸쳐 지나친 제압, 큰 음량을 드러냈다.

출처: Layman, Hussey, & Laing (2002). 미국음악치료협회(American Music Therapy Association)의 허락을 받고 사용함.

에서 사용되는 언어 및 후속 연구를 진행하기 위해 표준화된 진단평가 접근의 개발 및 사용을 추구하는 것과 더불어 음악치료사 외의 임상가들이 쉽게 이해할 수 있는 결과 기록의 중요성을 강조하였다. 요약하자면, 이 진단평가는 다음과 같은 특징을 지닌다.

- 초점: 묘사적, 처방적
- 영역: 행동적, 기술, 정서적, 상호작용적
- 음악 자료의 출처: 즉흥연주, 연주 혹은 재창조, 감상
- 데이터 수집 및 분석 방식: 평가 척도(rating scale)
- 결과 보고: 요약 기술, 아동의 치료 팀과 결과 의사소통

발달장애 성인

Polen(1985)은 발달장애 성인을 위한 진단평가 도구인 발달장애 성인을 위한 음악치료 진단평가(Music Therapy Assessment for Adults With Developmental Disabilities)를 개발했다. 이 진단평가의 요점이 〈표 4-5〉에 나타나 있다. 이 진단평가에서 치료사는 클라이언트의 음악적 반응을 관찰하고 기록하며, 음악적이고 비음악적인 강점, 필요, 흥미를 판단하기 위해 그것들을 해석한다. 이 정보는 추후 클라이언트의 치료 계획을 위해 사용된다. 이 책에 모든 체크리스트를 포함하지는 않았지만, 감각운동, 인지, 의사소통, 정서 발달이라는 광범위한 영역 아래 검사되는 정보가 서술되었다.

요약하자면, 이 진단평가는 다음과 같은 특징을 지닌다.

- 초점: 묘사적, 처방적
- 영역: 신체적, 행동적, 정서적, 상호작용적

- 음악 자료 출처: 즉흥연주, 연주 혹은 재창조
- 정보 수집 및 분석 방식: 체크리스트
- 결과 보고: 클라이언트 차트에 결과 기록, 치료 계획 회의에서 팀에 구두로 결과 발표

〈표 4-5〉 발달장애 성인을 위한 음악치료 진단평가

감각운동 발달

이 진단평가 부분은 다음과 같은 영역을 포함한다.

- 대근육: 위치 잡기(클라이언트 또는 악기의 위치), 우세 손, 고정 박을 다양한 빠르기에서 유지할 수 있는 기술(양손 따로, 양손 같이, 손 교대로), 신체의 중선(midline)을 교차하는 기술
- 소근육: 기능적 잡기(다양한 지름), 손가락 통제(손가락 분리, 피아노에서의 개별 손가락 및 교대하는 손가락 패턴, 기타 줄 뜯기)
- 횡격막 근육: 입술 다물기, 목소리 또는 호른으로 소리 내기, 목소리 또는 악기로 소리를 유지하는 기술

인지 발달

이 진단평가 부분에서는 기본 개념부터 어려운 학습 지식 분야 및 분류 기술까지 넓은 범위를 다룬다. 이 분야는 클라이언트의 기능 수준에 기초하여 제시되지 않는 경우도 종종 있다.

- 집중력: 과제(기악, 성악, 동작, 언어)에 능동적·지속적으로 참여할 수 있다. 지속적으로 참여하면서 선호를 표시하는 능력을 말한다.
- 인식 기술(recognition skills): 익숙한 사람이나 사물을 인식하고(언어적 또는 비언어적으로), 세션의 시작부터 마침까지, 그리고 세션마다 새로운 악기의 이름이나 기능을 기억한다.
- 기억력: 유사 음색(드럼/드럼) 및 다른 음색(피아노/드럼) 악기에서 간단한 리듬 패턴을 모방할 수 있다. 유사 음색(드럼/드럼) 및 다른 음색(피아노/드럼) 악기에서 복잡한(보다 길거나 당김음인) 리듬 패턴을 모방하고 시작 및 종결 노래의 기능을 기억할 수 있다.
- 의사 선택: 둘 혹은 셋 중에서 선택하거나 개방형 질문에서 자기 주도적으로 선택할 수 있다.
- 기초 학습: 읽기, 쓰기, 색깔, 숫자, 시간적 관계, 공간적 관계 분야에서의 능력

의사소통 발달

이 영역에서 다루는 분야는 수용적 및 표현적 의사소통 기술뿐 아니라 전언어적 및 비언어적 의사소통을 포함한다. 이런 분야에서의 음악치료는 다른 훈련 영역에서 쉽게 접근할 수 없는 클라이언트 정보를 제공할 수 있다.

- 수용적 의사소통: 간단한(한 단계) 그리고 복잡한(다단계) 언어적 혹은 비언어적 지시 따르기 능력이다.
- 표현적 의사소통: 사용된 의사소통 유형(언어, 몸짓, 신호, 의사소통 기구 등), '안녕' '잘 가' 이름 등을 노래하고, 구(phrase)나 문장으로 노래 가사를 만든다.
- 전언어적/비언어적 의사소통: 모방 기술(난센스 음절, 말 리듬[드럼으로 박을 치면서 또는 박자 수를 노래하면서]), 조성 안에서 반응적으로 노래하는 능력, 연속적인 음정을 반응적으로 노래하는 능력, 청각적 종결을 연주하면서 악구에서 노래하는 능력이다.

정서/감정 발달

이 진단평가 영역에서는 클라이언트가 즉흥연주 경험에 참여하면서 자료를 수집한다. 이 영역의 공식 보고서에서 많이 언급되는 부분은 상당 부분 의사소통 영역에도 적절하게 해당할 수 있는데, 그 이유는 이 두 영역이 즉흥연주 경험 안에서 공통의 바탕을 공유하기 때문이다.

- 언어적 감정 표현: 음악 안에서 감정(분노, 슬픔, 기쁨 등)을 인식하고, 자기와 관련한 다양한 감정 및 감정을 불러일으킨 인과관계를 (언어적 또는 음악적으로) 인식한다.
- 음악적 창조성을 통한 비언어적 감정 표현: 고유한 리듬이나 선율 패턴을 주도하고, 빠르기 및 음량이나 박자의 변화를 주도하고, 악기 사용을 탐색하고, 기악적·성악적 혹은 동작으로 즉흥연주하며, 음악적 농담이나 게임을 주도한다.

출처: Polen (1985). 저자의 허락을 받고 사용함.

정신장애 성인

몇몇 음악치료 진단평가는 정신장애를 지닌 성인을 위해 개발되어 왔다. Braswell, Brooks, DeCuir, Humphrey, Jacobs와 Sutton(1983, 1986)은 정신과 클라이언트의 태도 파악을 위해 정신장애 성인을 위한 음악/활동 치료 신규 진단평가(Music/Activity Therapy Intake Assessment for Psychiatric Patients)를 사용하여 그들의 자기감(self-concept), 대인관계 및 애타주의/

낙천주의를 검사하였다. Cohen과 Gericke(1972)는 임상적 관찰을 음악적 능력에 관한 정보와 연계한 진단평가를 고안하여 치료와 관련하여 제언을 하였다.

Cassity와 Cassity(1998)는 임상 전문가들이 음악치료 세션 중에 가장 빈번하게 진단평가하고 치료했던 비음악적 행동 영역에 관한 정보를 조사했다. 이어서 그들은 임상 전문가들에게 각 영역에서 가장 빈번하게 진단평가하고 치료했던 환자의 문제 두 개와 이를 위해 사용했던 음악치료 중재 두 개를 기록하도록 했다. 그들은 이를 하나의 전반적 매뉴얼로 조직하여 『성인, 청소년, 아동을 위한 다중양식 정신과 음악치료: 임상 매뉴얼(*Multimodal Psychiatric Music Therapy for Adults, Adolescents, and Children: A Clinical Manual*)』을 개발했다.

음악 경험과 반응에 초점을 맞춘 진단평가에서, Pavlicevic과 Trevarthen(1989)은 정신분열증 클라이언트와 우울증 클라이언트의 연합 음악 즉흥 연주를 분석했다. 그들은 이렇게 다른 정신과 질환을 가진 성인들의 음악적 접촉에 수준 차이가 있다는 것에 흥미를 가졌다.

노화와 관련된 필요를 가진 노인

Hintz(2000)는 클라이언트의 강점, 필요, 기능 수준을 다루면서 장기 보호 및 재활 세팅 모두에서 활용할 수 있는 음악치료 진단평가 도구를 설명했다. 이 도구는 특별히 기술 분야에서 표현적 음악 기술, 수용적 음악 기술, 행동적/심리사회적 기술, 운동 기술, 인지/기억 기술의 영역에 초점을 맞춘다. 검사 결과는 추후 해석되고 음악치료 서비스 배치 여부 및 구체적인 치료와 프로그램 추천을 판단하는 데 사용된다.

치매 환자를 위한 음악치료 측면을 평가하기 위해 두 개의 진단평가 도구가 개발되었다. 즉, Lipe(1995)는 치매 노인의 인지 기능을 진단평가하기 위해 음악 과제 수행을 사용했고 York(1994)는 알츠하이머 치매가 유력한 사람들의 음악적 행동을 측정하기 위한 잔존 음악기술 검사(Residual Music Skills Test: RMST)를 개발했다. 이 진단평가 도구들의 타당도를 평가하기 위한 검사−개발 절차를 따른 결과 및 두 개의 진단평가 도구는 비음악적 진단평가 혹은 관련 기술과 상관관계를 보였다(York, 1994).

노인학적 필요 및 치료를 위한 음악적 진단평가(Musical Assessment of Gerontologic Needs and Treatment, MAGNET Survey; Adler, 2001)는 장기 보호 기관에서의 치료 계획을 수립하기 위해 사용되는 다분야 진단평가인 미니멈 데이터 세트(Minimum Data Set: MDS)와 상관관계를 갖도록 고안되었다. 여기서는 배경 정보, 음악적 선호 및 관찰 가능한 행동이 조사 초반에 수집된다. 그리고 다음 영역은 세션에서 진단되고 진단평가 형식에 포함된다. 즉, 인지, 정서 상태, 기억, 운동 기술, 음악 참여, 음악 선호, 음악 기술, 관찰 가능한 행동, 현실 인식, 감각 과정(sensory processing), 계획하기, 과제 수행, 노래하기, 사회적 상호작용, 말하기 및 의사소통이다. 이 진단평가는 치료 계획으로 연결되고, 이것은 또한 진단평가 형식에 포함된다. 여기에는 진단평가를 완성하는 데 필요한 정보를 얻기 위한 모델 세션이 포함된다.

의료 환자

의료 세팅에서의 진단평가 접근으로는 전기적 인터뷰(Dileo & Bradt, 1999; Zabin, 2005), 평가 척도(Loewy, 1999; Loewy, MacGregor, Richards, & Rodriguez, 1997), 음악 자료 해석(Dileo & Bradt, 1999; Loewy, 1999), 그리고 표준화된 생리적 및 심리적 측정(Lane, 1991; Sandrock & James, 1989)이 있다.

Scalenghe와 Murphy(2000)의 보호 관리 환경에서 음악치료 진단평가는 클라이언트의 전반적인 묘사적 진단평가를 제공한다. 이것은 아홉 개

의 주요 영역으로 나뉘는데, 그 개요는 이미 이 장에서 소개하였다(현재 질
병력, 행동 관찰, 운동 기술, 의사소통 기술, 인지 기술, 청각적 지각 기술, 사회 기
술, 구체적인 음악적 행동, 요약 및 추천). 이 진단평가의 목적은 ① 이런 영역
에서 클라이언트의 기술을 묘사하는 것, ② 보호 관리 세팅의 진단평가 요
구를 만족시켜서 치료적 환경에서 음악치료를 포함하도록 주창하는 것의
두 가지다.

　Zabin(2005), Dileo와 Bradt(1999), Loewy(1999)는 클라이언트를 진단평
가하는 데 있어서의 질적 반구조화 인터뷰 접근법을 설명하였다. 죽음을
앞둔 완화 환자와의 치료에서 Zabin은 환자의 배경, 음악 흥미도, 현재 상
황을 이해하기 위해 각 진단평가를 자신이 (환자, 환자 가족, 혹은 그 둘 모두
와) 어떻게 간단한 인터뷰로 시작하는지 묘사하였다. 이 인터뷰에 기초하
여 Zabin은 환자와 그의 가족(만약 그들이 거기 있을 경우)을 위한 노래 및
악기 연주를 즉각적으로 시작하고, 추가적인 진단평가 정보는 세션이 전
개되면서 귀납적으로 수집한다. 심한 통증을 경험하는 아동과의 치료에
서 Bradt(Dileo & Bradt, 1999) 역시 전기적 인터뷰를 사용하였다. 하지만
Bradt는 환자가 경험하는 통증, 즉 "고통과 관련된 통증의 증거(무력감, 절
망 등)뿐 아니라 통증의 의미, 통증의 비언어적 특성"을 표현하기 위해 자
신이 음악적 매개를 사용하는 방식을 이해해야 한다고 강조했다(p. 184).
이 정보에 기초하여 Bradt는 아동의 통증 경험을 다루는 음악치료 동조화
(entrainment)를 개발했다.

　Loewy(1999)는 자신의 음악치료 통증 진단평가의 목적이 "환자의 통증
을 이해하고 느끼는 데" 있고, 또한 그것은 그 환자에 의해 정의될 수 있다
고 설명하였다(p. 195). 그녀는 환자에게 자신의 통증을 전반적으로 설명
하도록 요구했다. 또한 그들에게 통증을 즉흥연주하도록 했는데, 그 이유
는 이런 즉흥연주가 "긴장의 신체적 측면을 드러내는 방식에 관한 실마리
를 제공하기" 때문이다(p. 195). 자신의 환자와 함께 연주함으로써 Loewy

는 또한 환자의 통증을 완화시키는 데 필요한 중재 유형을 진단하고 이를 통해 치료사의 역할을 정의할 수 있었다.

Thompson, Arnold와 Murray(1990)는 최근에 뇌혈관 발작(CVA)으로 고통받고 있는 환자의 현재 기능 수준을 판단하기 위해 체계적이고 위계적인 진단평가를 설명했다. 보통 세 번에 걸쳐 30분씩 소요되는 세션을 필요로 하는 이 묘사적 진단평가는 여섯 개의 주요 기능 영역을 다룬다. 그 기능 영역은 ① 지남력(자기인식 및 기억), ② 시각적 영역(기억, 지각, 구별), ③ 청각적 영역(소리 인식, 소리 구별, 노래와 관련된 추상적 사고, 셈하기[counting], 철자법), ④ 운동 영역(신체 부분 인식, 감각 지각, 신체 통합, 신체 사용, 음악적 및 비음악적), ⑤ 의사소통 영역(실어증 및 실인증과 같은 다양한 의사소통장애의 유무, 발음, 호흡, 발성, 목소리 음역), ⑥ 사회적 영역(정서, 사회적 행동의 범위, 자기통제, 자기감)이다.

음악과 관련된 의료적 상황에 대한 진단평가 또한 비록 음악치료사에 따른 것은 아니지만 개발되어 왔다. 그 예로 실음악증(amusia; Berman, 1981), 음악유발성 간질(musicogenic epilepsy; Critchley, 1977) 그리고 음악실독증(music alexia; Horikoshi, Asari, et al., 1997)이 있다.

요약

음악치료 진단평가는 치료사가 클라이언트의 능력을 사정할 수 있도록 구체적인 음악적 상황 아래 클라이언트의 음악 만들기나 감상을 관찰하는 것과 관련이 있는 과정이다. 그것은 진단, 처방, 해석, 묘사 혹은 평가 중 한 가지 이상을 목적으로 한다(Bruscia, 1993, 2003). 또한 그것은 한 가지 이상의 영역에 초점을 맞춘다. 즉, 전기적 영역, 신체적 영역, 행동적 영역, 기술적 영역, 정서적 영역 혹은 상호작용적 영역이다(Bruscia, 1993). 진단평가 정보는 즉흥연주, 연주 혹은 재창조, 작곡, 감상의 네 가지 중 한 가지 이상의 음악적 출처에서 수집된다.

진단평가 과정은 보통 다음의 절차적 단계를 포함한다. 즉, ① 의뢰받기, ② 배경 정보 수집, ③ 진단평가 목적 및 유형 판단, ④ 진단평가 실행, ⑤ 데이터 해석, ⑥ 보고서 작성 및 결과 의사소통의 단계다.

일단 진단평가가 완수되면, 치료사는 클라이언트와 어떻게 치료를 진행할지에 관해 몇 가지 결정을 내릴 수 있다. 이것은 다음의 것을 다룬다.

1. 클라이언트가 음악치료에 적합한가?
2. 클라이언트는 개별치료 혹은 그룹치료를 받아야 하는가?
3. 음악치료 처치의 목적은 무엇인가?
4. 클라이언트는 어떤 종류의 음악 경험을 가져야 하는가(예: 감상, 즉흥연주)?

일반적으로 진단평가를 치료 과정과 구별되는 단계로 생각하기 쉽지만, 실제로 진단평가는 진행되는 치료 과정의 일부분이다. 물론 치료 시작 전 클라이언트 정보를 수집하지만, 당신은 세션에서 지속적으로 클라이언트의 반응을 재사정하며 이런 방식으로 클라이언트에 관해 당신이 처음에 이해했던 것을 확장하고 명확하게 한다.

♫ 함께 읽으면 좋은 도서

Bruscia, K. E. (2002). Client assessment in the Bonny Method of Guided Imagery and Music (BMGIM). In K. E. Bruscia & D. E. Grocke (Eds.), *Guided Imagery and Music: The Bonny Method and Beyond* (pp. 273-295). Gilsum, NH: Barcelona Publishers.

Dalton, T. A., & Krout, R. E. (2005). Development of the Grief Process Scale through music therapy songwriting with bereaved adolescents. *The Arts in Psychotherapy, 32*, 131–143.

Grant, R. (1995). Music therapy assessment for developmentally disabled clients. In T. Wigram, B. Saperston, & R. West (Eds.), *The Art and Science of Music Therapy: A Handbook* (pp. 273–287). Chur, Switzerland: Harwood Academic Publishers.

Gregory, D. (2000). Test instruments used by Journal of Music Therapy authors from 1984–1997. *Journal of Music Therapy, 37*, 79–94.

Isenberg-Grzeda, C. (1988). Music therapy assessment: A reflection of professional identity. *Journal of Music Therapy, 25*, 156–169.

Loewy, J. (2000). Music psychotherapy assessment. *Music Therapy Perspectives, 18*, 47–58.

Oldfield, A. (1993). A study of the way music therapists analyse their work. *Journal of British Music Therapy, 7*(1), 14–22.

Shippen, M. E., Simpson, R. G., & Crites, S. A. (2003). A practical guide to functional behavioral assessment. *Teaching Exceptional Children, 35*(5), 36–45.

Wigram, T. (1995). A model of assessment and differential diagnosis of handicap in children through the medium of music therapy. In T. Wigram, B. Saperston, R. West (Eds.), *The Art & Science of Music Therapy: A Handbook* (pp. 181–193). Chur, Switzerland: Harwood Academic Publishers.

▶ 과제: 클라이언트 진단평가

1단계: 관찰하기, 참여하기, 보조하기

1. a. 당신이 관찰하고 있는 세션에서 한 명의 클라이언트를 선택하라. 그 클라이언트 및 그 클라이언트와 함께 치료를 받는 다른 사람들과 이야기하여 정보(예: 전기적, 신체적, 정서적)를 수집하라. 현재의 치료 목적을 명확히 이해하도록 하라. 이어 그 클라이언트의 정보를 간단하게 요약하고 가장 중요한 요소를 확인하라. 다음으로 당신이 생각하기에 그 클라이언트가 음악치료를 통해 유익을 얻을 수 있는 두 가지 영역을 판단하라.

   b. 동일한 클라이언트의 차트를 읽고 치료를 통해 유익을 얻을 수 있는 두 가지 영역을 선택하라.

   c. 당신이 차트를 보지 않고 정보를 수집했을 때 찾을 수 있었던 것과 차트에서 정보를 얻었을 때 당신이 발견했던 것을 비교하라. 그 비교점을 기록하라.

2. 세션에서 클라이언트들 중 한 명의 행동을 관찰하기 위해 일반적 행동 체크리스트(〈표 4-1〉 참조)를 사용하라. 발견한 것을 적은 후 당신이 발견한 그 클라이언트의 치료 필요를 결정하는 데 유용할 수 있는 것을 요약하라.

3. 당신이 관찰하고 있는 세션에서 클라이언트 한 명을 선택하라. 앞서의 질문에 해당하는 클라이언트일 수도 있다. 정보를 수집하는 것이 유용하다고 느끼는 두 가지 영역(전기적, 신체적, 행동적, 기술, 성격 혹은 자기감, 정서적 혹은 상호작용적)을 선택하라. 원하는 정보를 수집하는 데 유용할 수 있는 음악적 정보의 출처(즉흥연주, 연주 혹은 재창조, 작곡, 감상)를 결정하라. 이어 당신이 원하는 정보를 수집하기 위해 각 음악적 정보의 출처를 사용할 수 있는 방법을 구체화하라. 당신이 하고자 하는 것을 기록하라. 이때 당신은 진단평가를 실제로 수행하지는 않을 것이다.

2단계: 계획하기, 함께 인도하기

1. 당신이 관여하고 있는 임상 세팅에서 클라이언트 한 명을 선택하라. 이어 그 사람에게 적절할 수 있는 현존하는 진단평가를 선택하라. 그것은 이 장에서 설명하거나 언급한 것일 수도 있고, 당신의 임상 현장에서 사용하는 것일 수도 있다. 한두 가지 영역을 선택하고 데이터 수집을 위해 이 클라이언트가 참여할 필요가 있는 음악 정보의 출처를 확인하라. (특정 대상군이 다른 대상군보다 더 수행하기 쉬울 수도 있는데, 이는 어떤 영역은 타 분야에 비해 진단평가가 많을 수도 있고, 사정되는 정보 또한 이를 배우는 학생에게 접근이 더 용이할 수도 있기 때문이다.)

2. 문헌에서 세 개의 음악치료 진단평가 도구를 찾으라. 자세하게 설명된 걸 제외하고 이 장에서 언급한 진단평가를 사용할 수 있다. 그것들의 구성 방식을 고찰하라. 목적, 분야, 음악 정보의 출처를 인식하라. 이어 이러한 현존하는 진단평가 도구들의 적절성을 당신의 클라이언트에게 설명하라.

3. 당신이 치료하고 있는 클라이언트 한 명을 선택하고, 당신이 초점을 맞추고자 하는 진단평가 영역을 선택하라. 당신은 이 과제를 일상적인 음악치료 세션의 일부분으로 수행할 수도 있고, 그 클라이언트를 따로 만날 수도 있다. 당신은 이 진단평가 정보를 윤리적으로 다루고, 클라이언트가 어떤 식으로든 위험에 처하지 않게 하며, 그가 이 진단평가 세션의 목적을 이해했는지 반드시 확인해야 한다. 선택한 영역에서 클라이언트의 능력과 기술을 평가하는 두 가지 방법을 생각해 보고 이런 행동을 관찰·측정하기 위해 당신이 적용하고자 하는 음악 정보 출처 유형을 결정하라. 경우에 따라서 당신의 클라이언트를 치료하는 음악치료사가 사용하는 절차를 따를 수도 있다.

진단평가에 앞서, 당신이 이 세션에 접근하고자 하는 방식을 결정하라. 당신이 선택한 음악 정보의 출처가 주어졌을 때, 이 진단평가 세션을 어떻게 계획하고 어떤 순서로 진행할 것인가? 당신의 진단평가 세션 혹은 세션의 일부분은 아마 정규 음악치료 세션과 매우 유사하게 보일 것이고, 마치 당신이 정규 세션을 담당하는 것처럼 그 진단평가를 위한 세션 계획을 수립하는 것이 도움이 될 것이다. 배움을 위해 특별하게 고안된 세션에서 클라이언트를 진단평가한다면, 그것이 아마도 가장 쉬운 경우가 될 것이다. 하지만 그렇게 할 여건이 안 된다면, 당신은 정규 음악치료 세션의 일부분으로 그것을 할 수 있다. (만약 당신이 그룹을 치료하는 경우라면, 당신의 치료 계획은 모든 사람을 위한 것이겠지만 당신의 구체적인 관찰이나 측정은 당신이 진단평가하고 있는 한 사람을 위한 것일 것이다.)

정보를 기록한 데이터 서류를 작성하거나, 가능하다면 발생하는 것을 포착하기 위해 오디오 녹음 또는 비디오 녹화를 사용하라. 이런 녹음 또는 녹화가 윤리적이고 비밀보장 지침 준수를 보장하는지 당신의 슈퍼바이저와 상담하라. 다른 대안으로 또 다른 학생이나 당신을 감독하는 치료사가 당신이 이런 정보를 받는 것을 도울 수 있다.

당신이 진단평가를 완수할 때는 다음의 것을 기록하라.

① 당신이 진단평가한 영역 안에서의 개인의 기능에 관한 정보
② 개인이 다양한 음악적 전략에 반응하는 방식

이런 정보를 가지고 당신은 자신이 진단평가했던 영역 안에서 적절한 목적을 판단할 수 있을 것이다. 또한 당신은 목적을 위한 치료의 적절한 수단을 계획하고 성공적인 음악치료 세션을 계획하는 중에 있을 것이다.

3단계 : 인도하기

1. 앞의 질문 3에서 당신이 했던 진단평가 과정 및 절차를 반복하되, 그것을 두 명의 클라이언트에게 세 가지 부분에서 수행하라. 즉, 진단평가가 완성되었을 때 ① 당신이 진단평가했던 각 분야에서 그 개인이 기능했던 방식, ② 다양한 음악적 전략에 대한 그 개인의 반응 양식 그리고 ③ 당신이 진단평가했던 각 영역을 위한 목적 한 가지씩을 기술하라.

2. 당신의 임상 세팅에서 처방적 혹은 묘사적 진단평가를 수행하라. 두세 가지

영역에서 한 명의 클라이언트를 진단평가하라. 그 클라이언트의 치료 필요성을 계획하라.

3. 진단평가에 대한 지금까지의 당신의 경험을 회고하라. 필요한 정보를 수집하는 데 있어 당신의 진단평가 개념 및 절차가 성공적이었다고 느낀 영역을 기록하라. 이어 당신의 진단평가가 덜 성공적이었다고 느낀 영역을 기록하라. 이 진단평가 영역을 개념화하고 수행하는 방식에 있어 어떤 문제점이 있었는지 분석하라. 그것들을 보다 성공적으로 만드는 계획을 수립하라. (자가진단평가인 이 과정은 당신의 다른 음악치료 임상 작업에서도 이루어지도록 하는 것이 바람직하다.)

chapter 05

목적 및 목표

Clinical Training Guide for the Student Music Therapist

앞서 언급했듯이, 진단평가는 클라이언트를 위한 적절하고 의미 있는 치료를 계획하려는 능력에 영향을 준다. 이 치료 계획은 목적과 목표 수립을 포함한다. 음악치료사가 구체적인 목적과 목표를 활용하는 특정한 틀 안에서 작업하든지 이미 염두에 둔 명시된 목적이나 목표 없이 클라이언트가 음악적 상호작용을 통해 서서히 변화하도록 돕기 위해 일하든지 간에, 음악치료는 필수적으로 특정한 초점이나 목적을 가져야 한다. 이런 초점은 음악치료를 위한 목적의 기반을 형성한다.

목적 수립

음악치료의 목적은 몇 가지 방식으로 수립할 수 있다. 앞 장에서 기술했듯이, 그중 한 가지는 진단평가 결과에 기반을 두는 것이다. 어떤 세팅의 치료 팀은 클라이언트를 위한 목적을 세운다. 이런 경우, 음악치료사는 공식적인 진단평가를 수행하지는 않지만 치료 팀의 진단평가와 목적, 음악치료사 자신이 클라이언트와의 첫 대면에서 수집한 비공식적 진단평가, 그리고 클라이언트 자료에 기초하여 음악치료 목적을 수립한다.

효율적으로 기록된 목적 진술문은 변화가 추구되는 방향에 관해 어느 정도 수준의 구체성을 포함하긴 하지만, 그렇다고 아주 자세하지는 않다. 이것은 특정한 초점이 수립될 만큼 정확하게 클라이언트가 변화할 수 있다고 간주되는 유형을 명시하고 치료 과정과 관련이 있는 타인과 의사소통할 수 있게 한다. 이 책의 저자들은, 예를 들어 '사회성 향상' 혹은 '의사소통 발전' 같은 광범위한 목적은 수많은 수준의 행동을 담을 수 있기에 이보다는 좀 더 구체적인 것을 선호한다. ('사회성 향상'이라는 목적은 양육자를 중시하는 데에 초점을 맞춘 영아부터 데이트에 적절한 상호 관계에 보다 편안함을 느끼게 되는 젊은 성인에 이르기까지 그 폭이 다양할 수 있다.) 따라서 사회 영역의 '교대하기 학습'이나 '사회적 상황에서의 불안 감소' 및 의사소통 발전 영역의 '눈 맞춤 빈도 증가'나 '주제에 기초한 말하기 증가'와 같은 목적이 좀 더 바람직하다.

광범위한 목적은 치료사가 진단평가해야 할 치료 영역을 이해하도록 돕는 데 유용하다. 그것들은 치료 과정의 전반적인 의도를 정의하는 데 도움을 주는 목적 진술문(purpose statement)으로 간주될 수 있다. 좀 더 구체적인 목적은 추구하는 치료 결과를 정의하는 데 도움을 준다. 이런 목적은 개별 클라이언트를 위한 목적의 진보를 측정하기 위해 사용할 수 있는 목표를 발전시키는 데 있어서 그 초점을 제공한다.

다양한 세팅에서 목적은 약간씩 다르게 진술될 수 있으므로 음악치료사는 해당 세팅에서 적절하게 목적을 기술하는 방식에 적응할 필요가 있다. 어떤 상황에서는 수개월이나 한 학기 동안의 단기 목적과 함께 장기 목적이 일 년 정도 유지될 수 있고, 다른 세팅에서는 이런 단기 목적이 한 주 혹은 한 세션이라는 짧은 기간에 맞춰질 수도 있다. 따라서 이런 목적을 명확하게 기술하는 것이 매우 중요하다. 여기서는 이런 다양한 목적 수준을 자세히 설명하지 않지만, 여기서 논의되는 원리는 사용할 필요가 발생할 때 언급할 것이다. 효과적인 목적 기술 양식을 학습하는 가장 좋은 방법 중 한 가지는 다른 치료사가 목적 진술문을 어떻게 작성했는지, 그리고 특정 치료 세팅에서 그것을 어떻게 사용했는지를 학습하는 것이다.

유용한 목적은 추구하는 변화의 방향(예: 증가, 향상, 감소)을 반영하며, 적정 수준으로 추구되는 구체적 행동을 묘사한다. 목적은 일반적으로 한 세션에서 몇 개월 혹은 그 이상의 시간 범위에 적절하다. 많은 치료 세팅에서 목적은 그 세팅을 위한 치료 계획을 검토하는 패턴에 기초해 구체적인 표적 날짜를 가진다. 예를 들어, 학교 학생들에게는 적어도 매년 검토받는 개별화교육계획(individual education plans: IEPs)이 있는 반면, 장기 보호 시설의 거주자들에게는 연 4회 검토받는 계획서가 있다. 따라서 실습에서 목적은 한 학기 전체에 걸쳐 유지될 수 있거나 해당 치료 세팅의 패턴에 따라 변화될 수 있다.

몇 가지 목적의 예는 다음과 같다.

- 시각 추적 증가시키기
- 한 단어(one-word) 대답 발전시키기
- 두 단계 명령 따르기
- 현실 지남력 증가시키기
- 언어적 상호작용 증가시키기
- 운동 범위 증가시키기
- 창의적 자기표현 증가시키기
- 여가의 독립적 사용 증가시키기
- 적절한 언어적 반응 증가시키기
- 현재의 의료 상태에 관한 생각과 감정의 언어화 증가시키기

목표 수립

일단 목적이 수립되면 음악치료사는 일반적으로 목표를 확인한다. 이런 목표는 세션에서 발생하길 기대하는 결과를 정의하고 그 목적의 성취 여부를 표시할 것이다. 따라서 목표는 작고, 관찰 가능하며, 측정 가능하다. 목표는 당신이 그 세션에서 관찰하길 기대하는 행동이기 때문에 당신이 수행하는 음악적 전략에 따라 특화될 것이며, 절차가 변함에 따라 세션마다 변화할 것이다. 덧붙여 목표는 클라이언트가 각 목표를 성취하고 목적에 거의 이를 시기가 되면 세션마다 변화할 것이다. 목표와 달리 목적은

빨리 변화하지 않는 경향이 있다.

목표 수립을 위한 체제는 ① 조건, ② 행동, ③ 범주의 세 부분으로 구성된다. 다음의 표본에 나타난 것과 같이, 조건이란 행동이 관찰될 수 있는 기회를 제공하는 세션에서 나타나길 기대하는 것을 의미한다. 행동이란 그 시기에 클라이언트에게 표적화된 것이며, 범주는 그 행동이 얼마나 잘 혹은 얼마나 많이 수행되길 기대하는지를 가리킨다.

앞서 제시한 목적에 따른 표본 목표는 다음과 같다.

목적
- 시각 추적 증가시키기

목표
- 악기가 아동의 얼굴 앞에서 수평으로 이동할 때, 아동은 시간의 80% 동안 악기를 눈으로 좇을 것이다.
- 악기가 아동의 앞에서 수직으로 이동할 때, 아동은 3회의 기회 중 2회 눈으로 좇을 것이다.

목적
- 한 단어 대답 발전시키기

목표
- 치료사가 한 단어 대답을 위한 시간 공백을 포함한 노래를 할 때, 아동은 3회의 기회 중 2회에 걸쳐 공백기에 한 단어를 말하거나 노래할 것이다.
- 한 단어 대답을 요구하는 질문을 받게 될 때, 아동은 100% 한 단어로 대답할 것이다.

목적

- 두 단계 명령 따르기

목표

- 두 단계 명령 수행을 요청하는 노래를 부를 때, 아동은 최대 한 번의 실수를 하며 5초 내에 명령을 수행할 것이다.
- 두 단계 명령을 받을 때, 아동은 최대 한 번의 언어적 혹은 신체적 신호로 명령을 수행할 것이다.

목적

- 현실 지남력 증가시키기

목표

- 치료사가 클라이언트에게 요일을 명명하도록 요청할 때, 아동은 4회의 시도 중 3회 정확한 요일을 말할 것이다.
- 연도에 대한 질문을 받을 때, 클라이언트는 10초 내에 정확한 연도를 말할 것이다.

목적

- 언어적 상호작용 증가시키기

목표

- 노래가 계획적으로 잠시 멈추면, 클라이언트는 최대 한 번의 상기만으로 다른 클라이언트를 쳐다보며 노래에서 제시한 질문에 대답할 것이다.
- 치료사가 물어보면 클라이언트는 자신의 느낌을 언어적으로 진술할 것이다.

목적

• 운동 범위 증가시키기

목표

• 음악과 동작 활동 중, 클라이언트는 치료사의 시범에 따라 팔을 위 또는 아래로 움직이되 적어도 두 방향 사이의 간격이 12인치가 될 것이다.

• '호키 포키' 노래가 나오는 동안, 클라이언트는 적어도 절반 이상의 율동을 할 것이다.

목적

• 창의적 자기표현 증가시키기

목표

• 클라이언트의 현재 감정을 묘사하기 위한 소리를 즉흥연주하도록 초대받을 때, 클라이언트는 한 악기를 선택하고 감정을 반영하는 소리를 낼 것이다.

• 그룹의 주제가 봄일 때, 클라이언트는 원곡에서 봄 날씨와 봄에 관한 기억을 묘사하는 악구를 제시할 것이다.

목적

• 여가 시간의 독립적 사용 증가시키기

목표

• 사용 가능한 자원 목록을 제공받을 때, 클라이언트는 여가 시간 동안 한 가지 음악 활동을 선택할 것이다.

• 선호하는 음악 자원을 제공받을 때, 클라이언트는 세션 틈틈이 로그북을 작성하고 그 자원 사용을 기록할 것이다.

목적

- 적절한 언어적 반응 증가시키기

목표

- 노래하는 동안, 클라이언트는 자신만의 가사를 만들기보다는 그룹과 함께 노래하는 능력을 보일 것이다.
- 그룹 구성원과 교류할 때, 클라이언트는 제시된 과제에 초점을 맞추면서 언어적으로 적절하게 그룹 구성원들에게 반응할 것이다.

목적

- 현재의 의료 상태에 관한 생각과 감정의 언어화 증가시키기

목표

- 고유한 노래 만들기를 위한 도구와 구조가 제공될 때, 클라이언트는 입원에 대한 자신의 반응을 묘사할 것이다.
- 음악과 심상에 참여할 때, 클라이언트는 의료 상태에 관한 현재의 반응을 은유적으로 묘사할 것이다.

앞서 언급한 것과 같이, 목표는 시간에 걸쳐 수정될 수 있다. 많은 클라이언트(클라이언트가 아닌 사람들도)는 빨리 변화하지 않으며 그 변화가 느리고 점진적일 수 있음을 유념하라. 클라이언트와 짧은 만남을 갖는 단기 세팅에서는 치료사가 추구하는 목적을 향한 하나의 단계로서 정의될 수 있는 작은 변화를 확인하도록 목표가 구성될 필요가 있다. 어떤 목표들은 일반적으로 시간이 지나면 바뀌는 반면(어떤 목표는 '치료사가 악기를 연주할 때, 아동은 소리가 나는 방향으로 30% 돌아볼 것이다.'에서 '치료사가 악기를 연주할 때, 아동은 그 악기에 30% 다다를 것이다.'로 바뀔 수 있다), 다른 경우에는 오직 추구하는 반응의 백분율이 향상을 반영하기 위해 수정될 것이다(어떤 목표는 '치료사가 악기를 연주할 때, 아동은 소리가 나는 방향으로 30% 돌아볼

것이다.'에서 '치료사가 악기를 연주할 때, 아동은 소리가 나는 방향으로 60% 돌아볼 것이다.'로 바뀔 수 있다). 치매와 같이 점진적인 질병을 앓고 있는 사람들의 경우, 목표는 긍정적 방향으로의 변화를 도출하지 않을 수 있다. 실제로 클라이언트는 여러 영역에서 기반을 상실할 수 있다. 이런 경우에 음악치료의 목적은 가능한 기능의 보존에 있을 수 있다.

목표가 있는 것은 음악치료사로 하여금 클라이언트가 행동을 얼마나 많이 추구하는지 또는 특정 시기에 얼마나 잘 수행하는지와 관련하여 치료사 자신의 기대치에 초점을 맞추도록 도와주기 때문에 가치가 있다. 적절하게 확립된 목표는 시간이 지나면서 성취될 수 있는 것이다. 만약 클라이언트가 수립된 목표를 일관적으로 만족시키지 못하거나 일상적으로 그것을 초과한다면, 그 목표는 아마도 알맞게 수립된 것이 아닐 수 있다. 이런 경우, 치료사는 기대치를 재평가하고 새 목표를 세워야만 한다.

일단 목표가 적절하게 진술되면 그것을 측정하는 것은 어렵지 않다. 그것을 언제 바꿀지, 그리고 목적이 성취되었는지 여부를 우리가 판단하는 것은 목표 측정을 통해서 가능하다. 목적과 목표는 클라이언트 반응의 정당한 근거이기에 이를 정기적으로 검토하고 수정하는 것은 중요하다.

다양한 세팅을 위한 다양한 형식

적절하고 의미 있는 음악치료의 목적과 목표를 수립하고, 목적 실행을 위한 효과적인 방법을 창조하며, 데이터 수집과 기록을 위한 실현 가능한 전략을 고안하려면 치료사의 능력 개발이 매우 중요하다. 일단 이런 능력이 개발되면, 당신은 임상적 중재의 개발, 실행, 그리고 지속적인 문서화 및 평가와 관계된 매우 다양한 요구와 필요를 지닌 세팅들에서 서비스를 제공할 수 있을 것이다.

한 예로, 서비스 제공자가 클라이언트의 욕구와 흥미를 알아내는 데 초점을 둔 세팅에서 근무하는 음악치료사의 수가 최근 들어 증가하고 있다. 그 목적(결과)은 궁극적으로 동일할 수 있지만(예: 언어적 상호작용 증가시키기, 운동 범위 증가시키기), 이 치료사들은 클라이언트가 행할 것에 관심을 둔 한 가지 목적과 여러 개의 목표를 수립하기보다는 클라이언트가 하길 원하는 몇 가지 목표를 포함하는 하나의 계획이나 목적을 세운다.

만약 클라이언트가 자신의 계획을 세우는 데 능동적으로 참여할 수 있는 세팅에서 치료사가 근무한다면, 이것은 관계를 형성하고 클라이언트가 자신의 목적을 성취하도록 돕는 매우 의미 있는 방식을 창조하는 과정이라는 점에서 흥분되고 흥미로울 수 있다. 반면에 만약 클라이언트가 인지적·신체적·의사소통적 그리고/혹은 정서적 어려움으로 인해 이런 과정에 참여할 수 없는 세팅에서 근무하는 치료사라면, 계획을 세우는 실제 과정은 전형적인 목적 및 목표 수립 과정과 유사할 것이고 앞서의 예와는 다른 형식을 따르게 될 것이다.

클라이언트가 주도하는 음악치료의 결과(outcomes) 및 기술(skills)을 중시하는 세팅은 당신이 각양각색의 형식에 익숙해지도록 도움을 줄 것이다. 하지만 다양한 기관 및 규율이 요구하는 문서화 형식에 구애받지 않고 음악치료 서비스를 제공하는 사람으로서 당신은 목적을 수행하고, 클라이언트의 반응 및 당신이 행한 전략의 효율성을 문서화하는 방식에 언제나 초점을 맞춰야 한다.

음악치료 결과

• 클라이언트는 구조화된 이완 훈련, 자존감 향상, 사회적 학습 경험 안에서 더욱 향상된 효과적인 의사소통 기술을 성취하기 위한 기회를 제공하는 음악 경험에 참여하길 원한다.

문서화를 위한 기술 발전 영역

- 클라이언트가 소매트론 웨지(Somatron® Wedge)를 사용하는 동안 고요하게 (신체적으로 그리고 언어적으로) 유지하는 시간을 늘리기
- 치료에서 클라이언트의 효율적인 소매트론 사용뿐 아니라 치료에서의 다른 경험과 관련하여 치료사가 질문할 때 그것들에 대한 클라이언트의 긍정적 자기진술(self-statement) 증가시키기
- 치료를 마치는 즉시 동료들 및 다른 성인들과 함께하는 사회적 학습 경험에 참여할 수 있는 능력 증가시키기

음악치료 결과

- 클라이언트는 수용적 및 표현적 의사소통 기술, 기초적 인지 개념, 그리고 증가된 자기표현의 추가적 발전을 위한 기회를 제공하는 음악 경험에 참여하길 원한다.

문서화를 위한 기술 발전 영역

- 다양한 학습 및 사회 개념을 다루는 질문/응답 학습 노래를 배우고 부르기
- 질문/응답 학습 노래에 대한 답변을 글로 쓸 때 독립성 증가시키기
- 클라이언트가 목소리로 혹은 호른을 통해 한 음을 유지하는 시간을 늘리기
- 기악 즉흥연주 참여 빈도수 늘리기

음악치료 결과

- 클라이언트는 자신을 좀 더 효과적으로 표현하고 자신에 대해 보다 좋게 느끼며, 이완 능력을 향상시킬 수 있는 방식을 배우길 원한다.

문서화를 위한 기술 발전 영역

- 널리 알려져 있고 대중적인 곡 목록에 있는 새 곡을 익히고 호흡과 발음에 집중하면서 부르기
- 이미 알려져 있는 질문/응답 학습 노래를 연습할 뿐 아니라 다양한 학습과 사회 개념을 다루는 새로운 노래를 배우기
- 클라이언트가 적극적으로 양손을 기능적으로 사용하도록 기악 즉흥 연주 시간 늘리기
- 다양한 스타일, 리듬, 다이내믹, 프레이징을 폭넓게 탐구하기

♪ **함께 읽으면 좋은 도서**

Boyle, M. E., & Krout, R. (1987). *Music Therapy Clinical Training Manual*. St. Louis, MO: MMB Music.

Cassity, M. D., & Cassity, J. E. (1998). *Multimodal Psychiatric Music Therapy for Adults, Adolescents, and Children: A Clinical Manual* (3rd ed.). St. Louis, MO: MMB Music.

Hanser, S. B. (1999). *The New Music Therapist's Handbook* (2nd ed.). Boston, MA: Berklee Press.

Krout, R. (1986). *Music Therapy in Special Education*. St. Louis, MO: MMB Music.

Krout, R. (1987). Music therapy with multi-handicapped students: Individualizing treatment within a group setting. *Journal of Music Therapy, 24*, 2-13.

Madsen, C. H., Jr., & Madsen, C. K. (1983). *Teaching/Discipline: A Positive Approach for Educational Development* (3rd ed.). Raleigh, NC: Contemporary Publishing Co.

Standley, J. M., & Hughes, J. E. (1996). Documenting developmentally appropriate objectives and benefits of a music therapy program for early intervention: A behavioral analysis. *Music Therapy Perspectives, 14*, 87-94.

Wheeler, A. H., & Fox, W. L. (1972). *A Teacher's Guide to Writing Instructional Objectives*. Lawrence, KS: H & H Enterprises.

Wolfe, D. E., & O'Connell, A. (1999). Specifying and recording treatment objectives within a group music therapy setting. *Music Therapy Perspectives, 17*, 37-41.

▶ 과제: 목적 및 목표

1단계: 관찰하기, 참여하기, 보조하기

1. 당신이 관찰하거나 보조하고 있는 그룹 혹은 개인을 위해 치료사가 수립했다고 추정하는 목적 세 가지를 목록으로 만들라. 그것을 이 장에서 언급한 방식대로 기술하라. 이어 그 목적이 무엇이었는지를 치료사에게 질문하라. 당신의 목적과 치료사의 목적 간의 불일치에 영향을 미친 것들을 포함하여 이 둘을 비교하라. 이것을 기록하라.

2. 그 세션을 위한 치료사의 목적을 고려하면서 일단 당신의 클라이언트에게 적합한 목적을 정하면, 당신은 목표 수립을 시작할 수 있다. 각 목적에 맞추어 조건, 행동, 범주를 포함한 두 개의 목표를 기술하고 나서 치료사의 피드백을 받으며 그것을 검토하라. 불일치의 타당한 이유를 포함하여 당신이 발견한 것을 역시 기록하라.

3. 만약 기능 수준에 적절하다면, 클라이언트가 주도하는 결과 측면에서 당신의 그룹에 있는 클라이언트 중 한 명을 위한 음악치료 결과를 진술하라. 이어 이 장에서 제시한 형식에 맞추어 문서화를 위한 기술 발전 분야를 진술하라.

2단계: 계획하기, 함께 인도하기

1. 당신이 중도 정신지체를 가진 세 명의 8세 아동 그룹을 치료하는 음악치료사라고 가정해 보자. 그들은 글자 인식과 같은 선수 읽기 기술, 오른손 및 왼손 그리고 신체의 양 측면 인지, 안전에 대한 자각, 정서 인지, 그리고 공유하고 순서 기다리기와 같은 사회 기술을 위해 작업하고 있다. 당신이 이 아동들을 위해 수립할 수 있는 최소 세 개의 목적과 각 목적에 따른 최소 한 개의 목표를 세우라.

2. 초기에 중도 치매 노인 그룹을 위해 이와 비슷한 연습을 하라. 그들을 위한 목적 유형은 당신이 결정할 수 있다. 당신이 이 사람들을 위해 수립할 수 있는 최소 세 개의 목적과 각 목적에 맞춘 한 개의 목표를 확립하라.

3. 만약 당신이 그룹을 치료하고 있다면, 그룹의 목적과 목표뿐만 아니라 개인별 목적과 목표도 진술하라. 이 그룹을 위한 목적은 개인을 위한 목적과 같을 수도 있지만 어떤 경우에 그것들은 다르면서 상호 보완적일 것이다. 당신이 한 세션 내에서 그룹 및 개인별 목적 모두에 맞추어 치료할 수 있는 방법을 알아보기 위해 당신의 슈퍼바이저 혹은 동료들과 함께 이 목적들에 대해 논의하라.

3단계: 인도하기

1. 당신의 진단평가 노트를 포함하여 4장 '클라이언트 진단평가' 의 과제에서 설정한 일반적인 목적들을 살펴보라. 그것을 적용한 대상자를 위한 목적(어떤 목적은 오직 한 명을 위한 것이고 그 밖의 것들은 여러 개일 수 있다)을 목록으로 만들라. 이어 일반에게 인정되는 형태로 이 장에서 제공된 용어를 사용하여 변화의 방향 및 적절한 수준의 구체성을 포함하는 각 목적을 기술하라. 마지막으로, 각 목적에 맞춘 조건, 행동, 범주를 포함하는 두세 개의 목표를 기술하라.

2. 당신의 현 임상 세팅에 있는 클라이언트에게 적용 가능한 모든 목적에 대해 질문 1의 단계를 반복하라.

3. 당신이 그룹을 치료하고 있다면, 그룹의 목적과 목표뿐만 아니라 개인별 목적과 목표(2단계의 질문 3과 같이)를 기술하라. 그것들이 이 그룹을 위한 치료에서 실현 가능해질 때까지, 즉 그것들이 당신의 세션을 안내하도록 목적과 목표 문구를 다듬어 보라.

chapter 06

음악치료 전략 계획하기

Clinical Training Guide for the Student Music Therapist

음악치료를 전공하는 학생이 일반적으로 갖는 첫 번째 의문들 중 한 가지가 바로 이것이다. 내가 세션에서 무엇을 수행할까? 비록 시작하는 학생들은 그것을 깨닫지 못할지라도, 이 질문의 진정한 의미는 '내가 클라이언트의 필요를 채워 주기 위해 요구되는 것을 어떻게 수행할까?'다. 그리고 그 질문은 자연스럽게 다음의 질문을 이끈다. '나는 클라이언트의 필요를 채워 주기 위해 요구된 것을 어떻게 수행하나?' 이것은 또다시 다음의 핵심 질문으로 이끈다. '음악치료를 하는 학생들은 음악치료 교육을 통해 성장함에 따라 어떤 점을 노력하고 진보시켜야 하는가?' 이것이 바로 이 장의 초점이다.

당신이 받을 슈퍼비전은 대부분 이 이슈와 관련된다. 특정한 세션을 계획할 때, 당신은 미리 세워 둔 목적과 목표에 부합하는 세션을 구성하기 위해 여러 음악치료 전략(활동, 경험 혹은 방법이라고도 칭함)을 연합할 것이다. 또한 중요한 점은 세션의 각 부분이 클라이언트에게 적절한 수준이어야 하고, 참여를 격려할 만큼 재미있고 보람이 있어야 하며, 클라이언트가 목적과 목표를 향하여 진보하는 데에 도움이 되어야 한다는 것이다.

이 장에서 논의할 단계는 4장에 제시된 대로 진단평가에서 얻은 정보에 의존한다. 이어 5장에서 논의한 대로 목적과 목표의 중요함을 고려하라. 이 장에서 우리는 이런 목적과 목표를 향해 나아가기 위해 사용할 수 있는 전략이나 활동 계획을 학습한다. 더 나아가 우리는 이러한 전략을 세션에 적용해야 하는데, 이는 7장 '세션 구성하기'와 그 후속 장들에서 다룰 것이다.

음악치료사는 클라이언트가 인식하는 기능 수준에서 클라이언트와 함께 작업하기 위한 적절한 전략을 결정하기 위해 다양한 접근을 사용한다. 이 모든 것은 클라이언트가 목적을 성취하도록 돕는 방법이다. 또한 이 모든 것은 진단평가와 지속적인 관찰을 통해 얻은 정보에 의존한다.

이 장에서 우리는 적절한 전략을 결정하기 위한 방식을 살펴볼 것이다. 클라이언트의 기능 수준을 생각하면 당신은 이 전략을 통해 무엇을 성취해야 하는가? 또한 당신은 그 활동에서 단계들을 어떤 순서로 진행시킬 것인가? 우리는 우리의 결정에 영향을 주는 서로 다르지만 관련된 세 가지 요소인 과제 분석, 기술 분석 그리고 발달 수준을 고려할 것이다. 그리고 이것들을 살펴본 후, 그 전략이 적절한지를 평가하기 위해 사용될 수 있는 범주에 대해 논할 것이다. 두 가지 형식이 당신의 전략 수립에 도움을 줄 것이다. 〈표 6-1〉에 있는 전략/활동 형식(Strategy/Activity Form)은 당신의 계획을 조직하는 데 도움을 주기 위해 사용될 수 있으며, 〈표 6-2〉에 있는 활동 계획을 위한 지침서(Guidelines for Activity Planning)는 다양한 대상군을 위한 계획 수립 시 고려해야 할 방안을 제공할 것이다.

〈표 6-1〉 전략/활동 형식[1]

날짜:

곡목: 노래, 기악곡, 연주 등의 제목(작곡된 것이 아니라면 빈칸으로 남기라.)

출처: 저자, 곡목, 쪽수를 포함한 음악이나 활동을 당신이 발견한 곳

대상자: 이 활동을 할 클라이언트의 진단군

활동 유형 혹은 제목: 안녕 노래, 작별 노래, 성악적 주고받기 노래, 동작 노래, 기악 동작 노래, 챈트, 기악 반주를 수반한 노래, 기악 합주, 기보된 노래 혹은 작품, 구조화된 동작 음악, 댄스 등 구체적으로 활동 유형을 밝히라.

음악적 특성: 노래 혹은 작품의 형식을 기술하라. 그것의 리듬, 선율, 화성 특성, 부분들이 연주자들 간에 나누어진 방식, 악보 및 반주의 정교함, 클라이언트가 부딪히게 될 수도 있는 어려움

기술적 필요: 클라이언트는 이 활동에 참여하기 위해 어떤 기술이 필요할 것인가?

고려 분야: 고려해야 할 각 분야는 특정 생활 분야에서의 능력과 기술을 나타낸다. 가장 일반적인 것은 다음과 같다.

---

1 이 형식을 변형하여 사용할 수 있게 허락해 준 Kenneth Bruscia에게 감사를 표한다.

- 감각운동 발달: 반사적 반응, 감각적 예민함 또는 자각(시각-운동, 청각-운동), 소근육, 대근육
- 지각 발달: 전경-배경, 부분-전체, 같음-다름에 대한 청각적 또는 시각적 지각, 자극 간의 유사함(보존)과 다름(구별)을 인식하기
- 인지 발달: 집중의 폭, 깊이, 기간, 단기 및 장기 기억, 학습 유형, 학습 개념 및 기술, 추론 및 추상화 능력
- 행동: 음악 세팅에서의 적응적 혹은 부적응적 행동, 충동성, 파괴성, 공격성 등
- 정서: 느낌의 범위, 다양성과 적절성, 표현성, 선호, 기분 등
- 의사소통: 말, 언어, 다른 양식에서의 수용적 그리고 표현적 능력
- 대인관계: 타인과 관련한 자각, 민감성, 친밀함, 인내, 대인관계 기술, 그룹 기술(group skills), 역할 행동, 관계 형성 능력
- 자립: 용변 보기, 옷 입기, 먹기, 자기 가꾸기(gromming), 위생
- 공동체 생활: 안전, 교통, 금전 관리, 쇼핑 등과 같은 독립적 생활에 필요한 기술, 여가 선용, 직업 추구, 직무 기술, 직장에서의 사회적 행동 등
- 의료적: 질병, 의료적 처치 혹은 입원과 관련해 필요한 능력이나 기술
- 음악 경험: 선호, 성악적 혹은 기악적 능력, 연습 습관, 연주 목록, 합주 기술, 즉흥연주 기술, 연주, 즉흥연주 혹은 작곡할 때의 음악적 경향
- 창조성: 유동성, 일탈, 고유성, 창작 능력
- 영적: 클라이언트가 관심을 보이는 종교, 신성한 존재 등과 관련된 이슈

치료 목적 및 목표[2]

목적 1:
목표:

목적 2:
목표:

환경: 당신과 클라이언트는 이 활동을 위해 어떤 악기, 보조 도구, 가구, 재료, 악보, 신호, 강화 등을 필요로 할 것인가? 기구, 가구, 개방 공간, 사람과 관련해 치료실은 어떻게 꾸며야 할 것인가? 당신은 어떤 종류의 분위기를 필요로 하는가?

시연의 단계적 방법: 활동을 단계로 나누는 방식, 각 단계 전에 제공될 언어적 지시, 다양한 지시, 신호, 지원을 포함하여 이 활동에서 당신이 클라이언트를 참여하도록 만드는 계획 방식에 관해 자세히 설명하라. 당신이 말할 것과 수행할 것 그리고 각 단계에서 클라이언트가 수행하길 기대하는 것에 대해 매우 구체적이고 완벽하게 준비하라. 다음의 형식을 사용하라.

단계 1:

치료사:

클라이언트:

단계 2:

치료사:

클라이언트:

앞뒤 활동:

전략의 효과에 대한 평가:

출처: Bruscia (1993). 저자의 허락을 받고 사용함.

---

2 비록 목적과 목표는 이 책의 5장에서 논의되었지만, Bruscia가 이 형식에 포함한 정의는 유용하기 에 여기에 옮긴다.

- 목적: 목적은 치료사의 노력의 방향과 그 노력이 지향하는 끝을 묘사하는 진술문이다. 문법적으로 목적은 부정사구, 직접목적어 그리고 필수적 수식어구(예: 자해 행동 감소시키기)로 구성된다. 행 하는 자 혹은 암묵적 대행자는 치료사이지 클라이언트가 아님을 명심하라. 부정사구는 클라이언 트의 현재 기능 수준뿐 아니라 치료사의 노력의 방향을 밝혀 준다. 예를 들어, '확립하기'는 클라이 언트가 무엇을 하는 것이 아니라 치료사가 그것을 유발하기 위해 최초로 작업할 것임을 암시한다. '증가시키기 혹은 감소시키기'는 클라이언트가 이미 무언가를 하고 치료사는 그것의 발생 빈도를 변화시키기 위해 노력할 것임을 암시한다. '향상시키기'는 클라이언트가 이미 무언가를 했지만 아 주 잘 하지는 못해서 치료사가 그것을 좀 더 발전시키려고 시도할 것임을 암시한다. 직접목적어와 수식 어구는 앞서 언급한 고려 분야에 대해 세부적으로 묘사하게 한다.
- 목표: 목표는 치료사의 노력의 결과로, 또한 목적이 성취된 증거로 클라이언트가 수행할 것을 묘사 하는 진술문이다. 문법적으로, 목표는 '클라이언트는 …할 것이다.'라는 구로 시작해 클라이언트의 행동을 묘사하는 서술어와 자극, 강화 조건, 기대 빈도, 정확도, 강도 등에 대해 세부적으로 묘사하 는 수식 어구로 이어지는 완전 문장이다. 예를 들면 다음과 같다. '클라이언트는 한 번의 시연 후 정 확한 음정으로 네 마디 선율을 따라 부를 것이다.' 또는 '클라이언트는 시각적 지시 없이 작품 속의 정확한 지점에서 지정된 악기를 연주할 것이다.' 목적은 한 목표가 성취되기 위해 몇 단계를 필요 로 하거나 클라이언트가 한 상황이나 세팅에서 다른 곳으로 동일한 목표를 일반화할 필요가 있을 경우에 하나 이상의 목표를 가진다.

〈표 6-2〉 활동 계획을 위한 지침서[3]

모든 클라이언트 대상군은 음악치료 참여에 영향을 미치는 각자만의 문제와 필요를 가진다. 다음은 중재를 계획할 때 물어볼 수 있는 기초 질문들이다.

치료적 우선순위: 이 대상을 치료할 때 고려 사항, 목적 및 목표의 가장 중요한 부분을 인식하라.

의료적 필요: 클라이언트는 음악치료에 참여하기에 어떤 형태나 수준에 있어서 금기를 보이는 의료적 상태에 있는가? 클라이언트의 의료적 안전을 보장하기 위해 구체적으로 어떻게 조심해야 하는가? 클라이언트가 발작을 하는가? 클라이언트가 약물을 복용하는가? 그렇다면 그것은 어떤 효과를 기대하게 하는가?

신체적 필요: 클라이언트의 신체적 능력은 어떤가? 그는 기립하고, 걸으며, 똑바로 앉고, 팔, 손, 손가락을 사용할 수 있는가? 클라이언트에게 시각적 혹은 청각적 장애가 있는가? 그는 용변 훈련을 마치고, 용변 욕구를 표시하며, 독자적으로 화장실을 다녀올 수 있는가?

환경적 필요: 치료실을 정돈하거나 치료실 안에 가구와 기구를 배치할 때 어떤 주의를 기울여야 하는가? 클라이언트와 치료사는 공간 속에서 어떻게 위치를 잡아야 하는가? 어떤 종류의 신체적 분위기를 필요로 하는가?

음악적 필요: 어떤 종류의 음악 경험과 활동이 필요하고 선호되는가? 감상, 즉흥연주, 재창조, 아니면 창조적인 것인가? 매개는 성악, 기악 혹은 동작이어야만 하는가? 어떤 유형의 음악이 가장 적절하고 선호되는가? 어떤 종류의 음악적 지시와 지원이 일반적으로 필요한가? 음악은 자극적 혹은 진정적, 융통적 혹은 구조적이어야만 하는가?

의사소통적 필요: 어떤 종류의 가르침, 신호, 의사소통적 지원이 클라이언트에게 필요한가? 언어적 및 비언어적 의사소통 형식은 어떻게 협력하여 사용될 것인가? 어떤 속도로 가르침이 이루어져야 하고, 이는 어떻게 나뉘어야만 하는가? 복습은 필요한가? 그밖의 보조도구는 어떤 것이 필요한가?

세션 필요: 클라이언트는 자유롭게 흘러가는 세션 또는 구조화된 세션을 필요로 하는가? 시작 전에 어떤 종류의 준비 활동 혹은 준비가 필요한가? 종결을 위한 필요는 무엇인가?

정서적 필요: 어떤 종류의 정서적 이슈가 발생할 가능성이 있는가? 클라이언트는 치료사 혹은 타인과 얼마나 잘 관계 맺는가? 어떤 정서적 필요가 채워져야만 하는가?

기본적이면서 지속적인 질문은 다음과 같다.
'나는 치료적 필요를 다루는 동시에 클라이언트의 안전을 어떻게 보장하고 있는가?'

출처: Bruscia (1993). 저자의 허락을 받고 사용함.

---

3 이 형식을 사용할 수 있게 허락해 준 Kenneth Bruscia에게 감사를 표한다.

과제 분석

진단평가 과정은 클라이언트와 그의 기능 수준, 흥미 등에 대한 정보를 수집하도록 당신을 도왔을 것이다. 이런 정보를 복습하기 위해 4장 '클라이언트 진단평가'를 찾아보면 도움이 될 것이다. 이제 당신은 진단평가에서 확인된 필요에 맞는 치료를 수행하기 위해 이런 정보를 적절한 전략으로 바꿀 필요가 있다. 클라이언트가 할 수 있는 것보다는 당신이 클라이언트가 이것을 배우도록 도울 수 있게 이 전략들을 정확한 순서대로 진행시키는 것이 중요하다. 이를 성취하기 위해 당신은 과제 분석을 해야 할 것이다. 과제 분석이란 그 용어가 의미하는 것, 즉 '수행해야 할 과제의 분석 또는 분류(breakdown)' 그대로를 말한다. 그것은 어떤 과제를 수행하는 데 있어 관련된 모든 단계를 성취해야 할 순서대로 목록화하는 것과 관계된다.

과제 분석은 다양한 분야에서 행할 수 있다. Gagné와 Briggs(1974)는 학습된 능력을 지적 능력, 인지 전략, 언어적 정보, 태도, 운동 기술로 분류했다. 이러한 영역은 과제 분석이 태동된 곳인 교육 설계 분야에서 자주 사용된다.

음악치료사는 클라이언트가 희망하는 행동에 다다르도록 돕기 위해 따라야 할 순서와 단계를 결정하도록 과제 분석을 자주 시행한다. 적당한 순서로 과제를 소개하는 것은 모든 클라이언트나 그룹에 중요하지만 낮은 기능 수준의 사람들을 치료할 때 특히 중요하다. 왜냐하면 그들은 구체적으로 배우지 않은 기술을 잘 학습하거나 배우지 못하기 때문이다. 따라서 여기서 우리는 기능이 낮은 클라이언트와의 과제 분석의 예를 제시할 것이다.

초보 음악치료 학생으로서 당신은 자신이 이루고자 하는 목적(반응, 결과)에 너무 집중하여, 원하는 반응으로 이끄는 데에는 실제로 더 작고 많은 단계가 있음을 잊어버릴 수도 있다. 이런 작은 단계들을 살펴보도록 스스로를 훈련시킴으로써 당신은 보다 잘 조직되고 클라이언트에게 더 자극적이고 성공적인 세션을 제공하도록 과제를 소개할 수 있다. 과제 분석을 행하는 것은 이것을 성취하는 직접적인 방법이다.

　과제 분석의 유용한 예로서 양치질과 같은 간단한 일상 활동을 생각해 보자. 효율적인 양치질로 인해 원하는 결과가 좋은 구강 위생 상태라면, 이 결과를 얻기 위해서는 몇 단계가 필요하다. 단계는 다음과 같다.

- 필요한 재료 모으기(칫솔, 치약, 물, 수건)
- 이 재료들을 적절한 방법으로 연결하기(칫솔에 치약 짜기, 이에 칫솔 가져가기)
- 실제로 이를 닦기 위해 필요한 움직임(칫솔 잡기, 칫솔질 동작, 입의 모든 부분까지 칫솔 움직이기) 등

　하나의 단계를 하지 못하면—예를 들어, 칫솔모에 치약을 제대로 짜기보다 이를 세면대에 떨어뜨렸다면—결과적으로 좋은 구강 위생은 성취하지 못하게 된다.

　이와 동일한 기술을 음악치료 상황에 맞춰 옮겨 보자. 당신이 양치질 학습을 목적으로 잡은 클라이언트를 치료하고 있다고 가정해 보자. 아마 그는 이 과정에서 이전 단계들에 필요한 기술을 이미 습득했겠지만 칫솔을 쥐고 칫솔질을 할 수 있을 만큼의 손 협응과 힘을 충분히 발전시킬 필요가 있다. 당신은 음악치료에서 이러한 기술에 대해 작업하도록 요청받고 있다.

　음악치료에서 손 협응 및 힘에 대한 치료를 위해 많은 것을 실행할 수 있기에, 우리는 초점을 맞출 (적어도) 한 가지 전략을 선택할 필요가 있다. 예를 들어, 북 연주를 사용해 보자. 우리의 클라이언트가 양치하기 위해 한 손만을 사용해야 하는 것처럼 양손보다는 한 손으로 북을 연주하는 것

이 일반적으로 더 쉽기 때문에, 우리는 클라이언트의 우세 손으로 북을 연주하도록 하는 데 초점을 맞출 것이다. 북채를 잡고 북을 연주하는 과제에 대한 과제 분석은 다음과 같다.

1. 북채가 손에 닿는 것을 허용하기
2. 북채를 손가락으로 감기
3. 손으로 북채 잡기
4. 손이 북채 위에 있도록 손을 돌리기
5. 손을 들기
6. 북채를 놓치지 않고 북 표면으로 손과 북채를 재빨리 낮추기
7. 북채를 잡은 상태에서 북채를 북에서 재빨리 떼어 내거나 북으로부터 튕기기
8. 5에서 7단계까지를 한 번 이상 반복하기

당신이 치료를 준비한다면 몇 가지의 다른 음악치료 과제 분석의 예들을 살펴보는 것이 유용할 것이다. Hanser(1999)는 아동이 '머리, 어깨, 무릎, 발'(p. 174) 노래에 맞춰 율동을 하기 위해 필요한 단계에 대한 과제 분석을 소개했다. Boyle과 Krout(1987)는 두 개의 과제 분석을 소개했는데, 하나는 동작 활동을 위해 파트너를 정중히 선택하는 것이었고 다른 하나는 하모니카에서 I과 V7을 연주하는 것이었다(pp. 19-25).

기술 분석

과제 분석이 적절하기 위해서 클라이언트는 그 과제 분석의 단계들을 완수할 때 요구되는 기술을 가지고 있어야만 한다. 기술 분석은 과제를 수

행하는 데 필요한 선수 기술을 확인하기 위해 시행된다.

만약 클라이언트가 과제 분석의 단계에서 요구하는 기술을 가지고 있지 않다면, 그 특정 과제 분석은 유용하지 못하며 다른 과제에 초점을 맞추는 편이 더 나을 것이다. 앞의 양치질하기 예에서, 클라이언트는 그 과제 분석이 유용하기 위해서 특정한 것을 수행할 수 있어야만 한다. 만약 클라이언트가 한 손으로 칫솔을 잡고 다른 손으로 칫솔모에다 치약을 짜는 협응을 할 수 없다면, 독립적인 양치질이라는 목적은 클라이언트에게 좌절과 실패를 맛보게 할 것이다. 잡기를 강화하고 양측 손 협응을 향상시키는 것부터 시작하는 것이 더 적절할 수도 있을 것이다. 이 예는 적절한 목적과 목표를 발전시키고 치료에서 과제를 성공적으로 소개함에 있어서의 진단 평가 과정의 가치를 보여 준다.

양치질 학습을 위한 과제 분석에서의 단계를 성취하기 위해서는 클라이언트가 적당한 잡기 기술, 의도성 혹은 목적 지향적 활동, 지시를 이해할 수 있는 수용 언어 기술, 입안에서 칫솔을 움직일 때 필요한 소근육 협응, 지시 따르기에 필요한 집중력, 순서를 기억하는 데 필요한 기억력을 가지고 있는지 판단하는 것이 중요하다. 만약 이런 기술들이 없다면, 당신은 행동의 순서를 가르치는 과제 접근법을 사용하기 전에 선수 기술을 확립해야 한다.

발달 수준

음악치료 세션을 위한 적절한 절차를 판단하는 것과 관련이 있는 세 번째 접근은 클라이언트의 발달 수준이다. 발달 수준에 관한 정보는 12장 '계획 시 추가 고려 사항'에서 제시되긴 하지만, 많은 부분이 이 장에서 제시될 것이다. 그러니까 당분간 음악치료에서 발달적 접근을 활용하는 것은 클라이언트의 기술을 각 단계의 정상 아동이 보여 주는 다양한 음악 과제 혹은 능력과 비교함으로써 클라이언트가 기능하고 있는 발달 수준을 확인하고자 함을 의미한다. 지체 혹은 비정상적 발달을 하는 많은 아동에게 발달 수준은 동일하지 않거나 또는 신체 나이에 비해 정상적인 기술이 뒤떨어질 것이다. 발달 수준은 모든 연령의 클라이언트에게 적용이 가능할 수 있다.

일단 클라이언트의 발달 수준이 확인되면, 계획하는 데 있어 두 가지가 행해질 수 있다. 먼저, 정상적 발달에서 학습될 다음 단계의 기술이 음악치료 세션의 초점이 될 수 있다. 둘째, 그 발달 수준의 아동들이 일반적으로 할 수 있는 음악 과제를 클라이언트에게 사용할 수 있는데, 그 이유는 그것이 필요한 기술을 확립하는 데 매력적이고 유용할 가능성이 있기 때문이다.

음악치료 절차 평가하기

음악치료 세션 후, 치료사는 클라이언트가 제시된 활동을 얼마나 잘 수행할 수 있었는가에 대해 평가할 것이다. 이것은 세션의 목표를 평가하는 것으로써 이루어지며, 17장 '문서화 작성 기술'에서 논의될 것이다.

세션에서 사용된 절차의 효율성 평가도 도움이 될 것이다. 목표 달성에 대한 클라이언트의 성공에 관심을 가지듯, 당신은 치료에서 적절한 전략을 제시함으로써 자신의 성공 또한 이루어지길 원한다. 여기에는 여러 방법이 있다. 자기반영뿐 아니라 세션에 대한 반응 또한 제시된 것에 대한 클라이언트의 반응이 여기에 포함된다.

세션의 각 부분을 검토하면서 당신이 행한 것에 대한 클라이언트의 반응뿐 아니라 당신 자신의 반응을 평가하는 것이 필요하다. 클라이언트의 반응을 평가할 때, 클라이언트가 정서적으로 반응했던 방식과 그가 그 경험을 즐기는 것 같았는지에 대한 여부, 또한 기대대로 그가 얼마나 성공적으로 성취했는지를 고려하라.

♬ 함께 읽으면 좋은 도서

Borczon, R. M. (2004). *Music Therapy: A Fieldwork Primer*. Gilsum, NH: Barcelona Publishers.

Hadsell, N. A. (1993). Levels of external structure in music therapy. *Music Therapy Perspectives, 11*, 61-65.

Standley, J. (1991). Music Techniques in Therapy, Counseling and Special Education. St. Louis, MO: MMB Music.

Watson, D. E,. & Wilson, S. E. (2003). *Task Analysis: An Individual and Population Approach* (2nd ed.). Bethesda, MD: American Occupational Therapy Association.

Wolfe, D. E., & O'Connell, A. (1999). Specifying and recording treatment objectives within a group music therapy setting. *Music Therapy Perspectives, 17*, 37-41.

▶ 과제: 음악치료 전략 계획하기

1단계: 관찰하기, 참여하기, 보조하기

1. 과제 분석을 할 수 있는 간단한 음악 과제를 선택하라. 가능하다면 당신이 치료하고 있는 개인 혹은 그룹에 속한 개인이 사용할 수 있는 것으로 하라. 낱건반에서 울림이 있는 소리 만들기 혹은 카주(Kazoo)에서 소리 내기가 예가 될 수 있겠다. 이것을 행할 수 있도록 하는 단계들에 대한 과제 분석을 기술하라.

2. 앞의 질문에서 당신이 분석했던 과제 수행에 필요한 기술에 대해 기술 분석을 하라.

3. 질문 1에서의 과제 분석을 할 사람에게 필요한 발달적 능력에 대해 기술하라. 그것은 질문 2의 기술 분석과 많은 부분에서 공통점을 가질 것이다.

2단계: 계획하기, 함께 인도하기

1. 인지, 언어 혹은 운동 기술 영역에서 당신이 지정한 개인이나 그룹에 사용될 비음악적 과제를 선택하라. 이것은 당신의 세션에 적절해야 할 뿐 아니라 과제 분석이 적절하게 시행될 수 있는 대상자에게 적용이 가능해야 한다. 이 과제를 위한 과제 분석을 기술하라.

2. 이 과제를 학습하기에 적절한 대상자를 돕기 위한 과제 분석을 사용하라. 그 것이 얼마나 유용한지에 대해 지속적으로 로그북을 작성하고, 과제를 마친 후 유용성 및 향상 가능성에 대해 의견을 기술하라.

3. 세션을 계획함에 있어 보조 도구인 전략/활동 형식(Strategy/Activity Form) 에 내용을 채워 넣으라.

3단계: 인도하기

1. 2단계에서 초점을 맞추었던 영역이 아닌 타 영역(인지, 언어 혹은 운동 기술과 같이)에서 당신의 세션에 적절한 과제를 하나 선택하라. 이 과제에 대해 과제 분석을 기술한 후, 이 과제 학습에 있어 도움이 되는 과제 분석을 사용하라.

2. 세션을 계획함에 있어 보조 도구로 전략/활동 형식을 활용하라.

3. 세션 계획 수립을 돕기 위한 형식인 활동 계획을 위한 지침서(Guideline for Activity Planning)를 활용하라.

chapter 07

세션 구성하기

Clinical Training Guide for the Student Music Therapist

당신이 이제껏 준비한 모든 것이 바로 음악치료 세션 그 자체다. 세션에서 실제로 발생하는 것은 대부분 치료사의 에너지에 초점을 맞춘다.

어떤 세션은 사전에 주의 깊게 계획되고, 그 계획에서 벗어나는 것은 오직 클라이언트의 필요를 만족시키기 위한 순간에만 가능하다. 주의 깊게 계획된 세션에 대해 강조할 것은 계획은 오직 당신이 발생하길 기대하는 것이라는 점이다. 계획에는 반드시 수정할 만한 틈새가 있어야만 한다. 클라이언트는 예측한 것보다 다양한 기분 상태나 사고의 틀을 가지고 세션에 오기도 하고, 혹은 계획 수정을 요구하는 무언가가 세션에서 발생할 수도 있기에 이런 변화가 발생할 가능성이 있다. 따라서 계획 수정을 도모할 수 있는 능력은 필수적이며, 치료사가 능숙하게 이런 변화를 적용할 수 있을 때 좀 더 효과적으로 치료할 수 있을 것이다.

어떤 세션 접근법은 자연발생적이며 구조적으로 느슨하게 인식될 수도 있다. 무엇이 기대되고 수용 가능한지에 관한 특정한 지침과 경계를 지닌 치료사에 의해 세션에서 예상되는 결과가 규정되긴 하지만, 실제 세션의 순서와 구조 그리고 그 속에서의 과제들은 본질적으로 좀 더 유연할 수 있다. 클라이언트는 종종 의사 결정, 선택, 독립, 책임감과 같은 목적을 가진다. 이런 경우, 치료사는 실제로 클라이언트에게 이러한 기회를 보장하기 위해 계획을 보류시킬 수 있다.

구조적인 방식으로 치료하든 자연발생적인 방식으로 치료하든 간에 모든 음악치료사는 클라이언트를 위해 수립한 목적과 목표에 초점을 맞추고 이런 목적을 위해 치료하는 데 있어 클라이언트가 행하는 방식을 지각해야 한다.

음악치료 세션을 조직하는 유일한 방식은 없다. 그럼에도 많은 음악치료사는 기본적으로 세 부분으로 구분되는 순서를 따른다. ① 특정한 유형의 준비 혹은 도입 경험, ② 세션의 주된 부분을 구성하는 한 가지 혹은 그 이상의 경험, ③ 종결 혹은 마무리 경험이다. 이런 구조 따르기는 클라이언트가 편안해하고 의지할 만한 틀을 제공하고, 치료 세션의 의미에 기여하며, 치료사가 지속적인 결과를 성취하도록 도울 수 있다.

시작 경험은 클라이언트 자신이 누구인지와 그의 기분 및 마음 상태에 관한 무언가를 말하도록 하고, 또한 후속 과제와 목적에 초점을 맞추면서 대상자들(치료사를 포함하여)을 맺어 주는 역할을 한다. 음악치료사들은 종종 이를 '안녕 노래(hello song)'라 칭하지만, 사실 이것은 잘못된 표현이다. 시작이 어떤 노래일 필요도 없고 특히 안녕이라고 말할 필요도 없다. 노래가 시작의 부분으로 자주 사용되긴 하지만, 시작은 즉흥연주나 언어적 지시를 포함할 수도 있다. 그것은 대상자가 느끼고 있는 방식을 발견하거나 한 주 동안의 어떤 것을 그들이 나누도록 하는 기회를 포함한다. 시작의 시간은 그것이 적절하다면 음악치료사가 음악치료의 목적에 관한 개요를 제공하게 하는 기회가 될 수도 있다.

세션의 주된 부분은 일차적인 치료가 일어나는 곳이다. 이 부분은 치료사 혹은 클라이언트가 선택하는 것으로 구성된다. 그것은 보통 세션의 가장 긴 부분이며 즉흥연주, 연주 혹은 재창조, 작사 및 감상 경험의 다양한 조합을 포함한다. 이것들은 8장부터 11장까지에 걸쳐 자세하게 설명되어 있다.

종결 혹은 마무리 경험은 종결을 제공한다. 이것은 음악적 종결일 수도 있고 시작 경험과 마찬가지로 매 세션에서 일관적일 수도 있다. 이것은 클라이언트 자신이 세션에서 얻은 것이나 그 당시에 느낀 방식을 나눌 시간을 제공하기 위해 구조화된다. 그것은 언어적 또는 음악적 의사소통을 포함한다. 치료사는 모든 대상자가 자신을 표현하고 자신의 삶에 임할 수 있도록 예정된 세션이 끝나기 전에 충분한 시간을 허용해야 한다.

환경 설비

치료실 설비, 사용될 기구 및 악기, 수중에 가지고 있어야 할 재료와 관련하여 음악치료사가 내려야 하는 여러 가지 결정 사항이 있다. 이런 결정의 결과를 사전에 고려함으로써 세션이 논리적 문제가 아닌 다루어질 필요가 있는 이슈에 초점을 집중하도록 도울 수 있다.

치료실 정돈

치료실 정돈과 관련하여 몇 가지 고려 사항이 있다. 첫째는 의자의 배치다. 원 또는 반원 배치는 상호작용을 조장하여 그룹 구성원들이 서로 바라볼 수 있도록 할 것이다. 이것은 탁자 주위로 앉을 때 잘 어울린다. 이는 탁자 위에 배치될 재료를 놓는다는 점에서 장점이 있지만 그 탁자가 신체적으로나 심리적으로 장벽이 된다는 단점도 있다. 게다가 탁자는 음악치료사나 다른 보조 치료사들이 대상자 사이로 이동하는 것을 어렵게 한다. 줄 배치가 좋을 때도 있는데, 특별히 사람들이 벽에 붙은 차트나 그림과 같은 것을 볼 필요가 있는 경우다. 하지만 줄을 맞춰 앉는 것은 상호작용을 촉진하지 못하기 때문에 이런 배치는 조심스럽게 사용되어야 한다.

좌석 배치는 개별 세션을 준비할 때도 중요하다. 클라이언트와 치료사 사이의 눈 맞춤이 증가되도록 혹은 치료사가 클라이언트에게 신체적인 도움을 쉽게 줄 수 있도록 특별한 자리에 있어야 할 필요가 있다. 클라이언트가 불안할 만큼의 가까운 신체적 거리에 대해 고려하고 있는가? 만약 클라이언트가 이동 가능한 휠체어에 의지한다면, 휠체어가 치료사나 악기와 접촉하는 데 장벽이 되지 않도록 그것을 배치하기 위한 적당한 공간을 보장하라.

일단 치료실 정돈에 관한 결정이 내려지면, 그렇게 정돈되도록 보장하는 것이 중요하다. 이것은 음악치료사가 의자와 기구를 제자리에 놓고 다른 필요한 물건들을 준비할 수 있을 만한 시간을 세션 시작 전에 갖는 것을 요한다. 필요하다면 치료실을 돌아다니거나 치료실 안팎을 왔다 갔다 하는 사람들을 위한 공간이 있어야만 한다. 클라이언트가 도착할 때에는 모든 준비가 되어 있어야만 한다. (치료의 일부분으로 클라이언트가 치료실 정돈을 돕는 경우도 있다. 이것은 특별한 경우이며 그것이 하나의 목적이라면 물론 수용 가능하다.)

사람들이 그룹치료를 위해 도착한 후에도 치료실 정돈은 여전히 주의를 요한다. 빈 의자를 가지고 무엇을 할 것인지 결정하라. 그 의자들을 남겨 놓는 것은 이 그룹이 완전하지 않거나 그 자체로는 하나가 되지 않았다고 느끼게 할 수도 있기에 빈 의자를 제거하는 것이 좋다. 물론 추가적으로 대상자가 늦게 도착할 수도 있기에, 음악치료사는 그들이 도착할 때 의자를 추가할 것인지 아니면 그들을 위해 의자를 남겨 놓을 것인지를 결정해야 한다. 이런 결정은 편리함만을 위해서나 생각 없이가 아니라 그 영향력을 고려하여 세심하게 내려져야 할 것이다.

장비 및 악기

음악치료 세션에서 필요로 하는 장비로는 피아노나 키보드, 다른 악기들, 보면대, 스테레오/오디오가 있다. 치료실 정비와 마찬가지로 이런 것들은 사전에 계획하여 준비해야 하고, 그것들이 사용 가능한지를 확인하여 치료실 주위에 전략적으로 배치해야 한다.

음악치료사는 다양하고 많은 악기를 사용한다. 그것들이 선택되는 이유와 그것들을 사용하는 데 있어서의 고려 사항이 있다. 몇몇 악기는 오케스트라와 밴드에서 사용되는 악기의 변형이며, 종종 음악치료뿐 아니라 학급에서의 음악교육의 목적을 위해 단순화된다. 사용 가능한 악기들을 살펴보는 훌륭한 방법은 좋은 카탈로그를 보는 것이다. 또한 당신이 다양한 악기를 직접 볼 수 있고 연주해 볼 수도 있으며 악보와 다른 자료 및 재료를 검토하는 기회를 가질 수 있는, 음악치료 학회의 전시장을 방문하는 것도 도움이 된다. 우리는 여기서 악기를 범주별로 논의하고자 한다.

피아노 및 키보드   피아노나 키보드 사용 여부에 대한 결정은 이용 가능성에 달려 있다. 하지만 만약 음악치료사가 이것들 중 어떤 것이라도 선택할 수 있는 기회를 가진다면 각각의 장점과 단점을 고려하는 것이 좋겠다. 그것들은 대등한 악기가 아니다. 피아노는 독특한 소리를 내며 반주를 위한 고전적인 소리를 제공한다. 많은 노인은 반주 악기로서의 피아노와 잘 어울릴 수 있다. 또한 음악치료사가 한 명 혹은 그 이상의 클라이언트와 함께 연주할 때 피아노는 매우 실속 있고 유용하다. 피아노는 이동이 어렵고 좋은 상태를 유지할 필요가 있으며 정기적으로 조율되어야 한다. 한편, 전자 키보드에는 다양한 유형이 있다. 키보드의 한 가지 장점은 휴대 가능하고 다른 치료실이나 층으로 옮길 수 있다는 데 있다. 또한 키보드는 클라이언트에게 가깝게 배치될 수 있다. 어떤 키보드에는 다양한 소리와 리듬이 입력되어 있고 그중 몇 가지는 음악치료 세션에 도움을 줄 수 있다. 또한 어떤 키보드는 반주를 제공하고, 다양한 악기의 소리를 내고, 악구를 반복하도록 프로그램화되어 있으며 그 밖에도 수많은 기능을 가진다. 키보드를 위한 스탠드를 확보하는 것이 좋다. 키보드의 단점은 그것의 다양한 크기와 유형 때문에 음악치료사가 이용 가능한 특정 키보드에 익숙해질 필요가 있다는 점이다. 어떤 키보드는 작은 건반으로 되어 있고 어떤 것은 전체 건반이 없어 치료사가 필요한 저음이나 고음을 이용할 수 없을 수도 있다. 만약 배터리가 사용된다면 그것이 새것인지 확인하는 것도 중요하다. 항상 여분의 배터리나 배터리가 방전될 경우를 대비한 충전기

를 준비하는 것이 바람직하다. 전선과 충전기의 사용은 배터리의 필요를 없애지만 키보드의 이동성을 제한하며 사람들이 걸려 넘어질 수 있다는 위험이 있다. 마지막으로, 키보드를 사용할 때 유념해야 하는 사항은 그것이 피아노가 아니라는 것이다. 그러므로 키보드가 가장 적합할 때는 키보드를 사용하고 피아노가 필요할 때는 피아노를 사용하라.

반주 및 화성 악기 앞에서 언급한 피아노와 키보드 그리고 기타, 우쿨렐레, 오토하프, 큐코드[1]가 이 범주에 포함된다. 기타와 우쿨렐레는 반주를 위해 사용되기도 하는 것으로, 음악치료 클라이언트에게 가르칠 수 있다(간단한 형태로). 오토하프와 큐코드는 치료사와 클라이언트의 무릎에 올려 두거나 그들 사이에 놓아 둠으로써 공유된 경험을 이끌 수 있다는 면에서 유용하다. 오토하프는 조율이 잘 되어야 하며 이를 위한 시간을 지정해 놓아야 한다. 큐코드는 오토하프와 약간 비슷한 모양으로 여러 유용한 특징을 가진다. 이 악기는 일단 시작하면(그렇게 하도록 프로그램되면) 반주를 지속할 수 있고 많은 노력 없이 좋은 소리를 낼 수 있다.

북 각양각색의 북이 다양하게 사용된다. 북은 간단한 혹은 아주 복잡한 리듬으로 연주될 수 있다. 북은 다양한 소리를 만들고, 이런 다양성은 합주의 소리나 작곡에 기여할 수 있다. 어떤 것은 다양한 음정으로 조율될 수 있고, 어떤 것은 손으로 연주되는데 손의 다양한 위치에 따라 만들어지는 다양한 소리로 연주된다. 반면, 다른 것은 북채로 연주된다. 북의 장점은 거의 누구나 연주할 수 있다는 점에 있다. 핸드 드럼과 같은 것은 한 손으로, 무릎으로, 다리 사이에서, 아니면 팔 아래에서 잡힌다. 다른 북들은 지면에 놓인다. 어떤 플로어 드럼(floor drum)은 스탠드를 필요로 한다. 이런 스탠드는 견고해야 하고 악기에 잘 맞춰지는 것이 중요하다. 북 소리는 매우 클 수도 있기에 음악치료사는 사람들이 저마다 다양한 수준의 소리

---

1 옴니코드와 큐코드는 스즈키 회사에서 개발한 전자 악기다. 옴니코드가 먼저 개발되었으나 지금은 큐코드로 대체되었다.

민감성을 가지고 있음을 인지해야만 한다. 그러므로 귀마개를 사용하길 원하는 클라이언트에게는 이를 준비해 주는 것이 좋겠다.

　채와 맬릿　북과 선율 타악기(자일로폰과 같은)는 채나 맬릿(mallet)으로 연주된다. 맬릿은 끝 부분이 덮여 있지만 채는 그렇지 않다. 채와 맬릿을 선택하고 사용하는 데는 몇 가지 고려 사항이 있다. 맬릿의 머리는 소리에 있어 차이를 유발하므로, 선택한 악기에 맬릿을 시험적으로 연주해 보는 것이 중요하다. 각각의 맬릿은 서로 다른 소리를 만들 수 있다. 대부분의 악기는 보통 두 개의 채나 맬릿으로 연주되지만 오직 한 개가 사용되어야 하는 상황도 있다. 아동이 이제 막 악기 연주를 시작했거나 두 개의 채를 사용하기에 필요한 협응력을 아직 가지지 못한 경우가 이에 해당된다. 또 다른 경우로는 연주자가 뇌졸중으로 인해 신체적으로 양손을 사용할 수 없을 때다. 낱건반과 같은 악기는 한 채로만 연주된다. 작은 아동은 큰 아동이나 성인보다 좀 더 짧은 채를 필요로 할 것이다. 마지막으로, 채의 끝 부분을 좀 더 크게 만들거나 연주자의 필요에 맞추어 변형시킬 필요가 있는 경우도 있다.

　그 밖의 타악기　북 외에도 많은 타악기가 있다. 이들 중 몇 가지는 남미나 아프리카에서 유래되었다. 어떤 것은 음악치료사가 변형시킨 오케스트라 악기이고, 어떤 것은 간단한 교실용 악기다. 비록 대부분의 북이 매우 쉽게 연주되긴 하지만, 이런 북들은 다양한 소리를 내며 다양한 수준의 실력을 요구한다.

　선율 타악기　선율 타악기는 맬릿이나 채로 연주되는 선율 악기다. 뛰어난 질의 악기들은 오르프 슐베르크에서 사용하기 위해 개발되었고 오르프 악기라고 불린다. 글로켄슈필(금속 건반으로 만든 작은 악기), 메탈로폰(보다 부드러운 금속 건반), 자일로폰(자단나무 건반) 등이 여기에 포함된다. 이런 악기들은 각각 소프라노, 알토, 테너, 베이스의 여러 음역별로 나와 있다. 오르프 악기의 건반은 틀에 올려져 있지만 쉽게 분리시킬 수 있다. 그럼으로써 이것은 오직 몇 개의 음을 포함할 수 있게 되는데, 오음계 혹은 다른 음계들을 만들 때 자주 사용된다. 낱건반(resonator bar)은 메탈로폰이나 자일로폰과 같은 유형의 건반을 가졌지만, 음역이 좁고 한 건반이 개별 틀에 놓인다.

오음계 마림바는 방금 설명한 선율 타악기와 유사하지만 오르프 악기에 속하지 않는다. 건반은 분리되지 않으며 오음계로 구성된다. 이 악기는, 예를 들어 병상에서의 연주와 같이 이동이 가능한 악기가 필요할 때 유용하게 사용될 수 있다. 소형 자일로폰은 오르프 악기는 아니지만 사용 가능하다. 하지만 건반은 분리되지 않으며 일반적으로 오르프의 것과 같이 질적으로 수준이 높지는 않다. 하지만 저렴한 악기가 선호되는 경우가 있을 수 있다.

또 다른 유형의 선율 타악기는 낱건반 또는 톤바(tone bar)다. 이것들은 보통 세트로 나오며 개별 건반을 가진다. 한 개 혹은 그 이상의 건반이 클라이언트나 각 그룹 구성원에게 할당될 수 있다. 보통 연주자 앞에 있는 탁자에 그것을 놓거나 손으로 잡을 수 있다. 만약 여러 개의 건반을 한 사람이 연주해야 할 경우에는 이것을 잡아 주는 사람이 필요하다.

어떤 악기는 채를 악기 내부로 연주하도록 만들어졌다. 그중에서 핸드벨은 가장 크고 값비싸다. 그것은 교회에서 사용되는 핸드벨과 같은 것으로 소리가 풍성하고 울림이 있다. 하지만 이 악기는 비싸고 무거워 특별한 관리가 필요하다. 대부분의 경우, 이 악기는 음악치료에서 주로 스즈키 및 다른 회사에서 제작한 톤차임(tone chime)으로 대체된다. 두 악기 모두 좋은 소리를 내며 기능적인 손이 하나 이상인 사람이면 누구든 연주할 수 있다.

목관 악기   간단한 목관 악기들이 존재한다. 약간의 연주 기술을 필요로 하지만 많은 음악치료 클라이언트가 할 수 있는 피리가 여기에 해당된다. 보다 간단하지만 이와 약간 유사한 악기로 토네트(tonnett)가 있다.

손가락 움직임을 요구하지 않는 악기도 여러 가지가 있다. 카주와 슬라이드 휘슬이 여기에 해당된다. 카주의 다양한 음은 입술과 호흡을 통해 만들어진다. 슬라이드 휘슬은 약간의 양손 협응을 요한다.

홑으로 된 리드(single reed) 호른은 Nordoff-Robbins 음악 연주를 위해 개발되었다. 각 호른은 음정마다 조율되는 리드를 삽입하는 자리를 가짐으로써 치료사가 연주되는 음정을 통제하도록 한다. 버드 콜(bird calls) 또한 몇몇 Nordoff-Robbins 음악에서 사용되며 그 밖의 영역에서 사용되기도 한다. 이 악기는 독특해서 연주하는 데 즐거움을 준다.

전자 악기 사용 가능한 전자 악기의 수가 급속도로 증가하고 있다. 이 악기의 장점은 다양한 신체적 문제를 가진 클라이언트가 연주하거나 작곡과 같은 다른 형태로 그것을 사용할 수 있다는 것에 있다. 이러한 문제에 편의를 도모하기 위해 많은 변형이 가능하다. 예를 들어, 연주자가 키보드 연주에서 일반적으로 요구되는 소근육 협응이 어렵더라도 음을 선택할 수 있도록 스위치가 고안될 수 있다. 다른 변형으로 다음 문단에서 설명하는 것과 유사하거나 이를 모델로 한 것들이 있을 수 있다.

변형된 악기 또는 재료 치료사는 클라이언트의 신체적 능력과 한계를 지각하고 특수 악기를 제공하거나 악기를 변형시켜 클라이언트가 성공적인 악기 경험을 가질 수 있도록 하는 것이 중요하다.[2] 수많은 악기가 시판되어 구입할 수 있는데, 특히 신체장애인을 위한 것이 많다. 변형된 악기 스탠드, 패들 드럼을 위한 휠체어 클립, 벨크로 스트랩(velcro strap) 등이 여기에 포함된다. 어떤 경우에는 악기를 변형시키는 것이 단순히 다양한 위치 결정의 가능성을 탐색하는 문제이기도 하지만, 당신이 좀 더 개별화

---

2 다양한 변형 악기는 Clark와 Chadwick(1979)의 『중복장애인을 위해 임상적으로 조정된 악기들 (*Clinically Adapted Instruments for the Multiply Handicapped*)』에 설명되어 있다. 그들이 설명한 몇몇 악기는 현재 시판 중에 있다. www.adaysworkmusiceducation.com에서 많은 변형 악기를 살펴보고 구입할 수 있다.

된 접근이 필요한 클라이언트와 일하게 되는 경우에도 필요할 수 있다. 예를 들어, 당신은 리드 호른으로 강한 소리를 낼 수는 있지만 그것을 잡을 수 없는 사람이나, 북에서 손으로 연주할 때는 고정박을 유지할 수 있지만 맬릿 혹은 채를 잡을 수 없는 사람을 치료할 수도 있다. 이런 경우 창조적으로 접근하라. 당신이 일하는 세팅에 따라서 당신은 작업 및 물리 치료사혹은 당신이 사용할 수 있도록 물건을 조립해 주는 변형 기구 전문가에게 자문을 구할 수도 있고, 아니면 당신 스스로 몇몇 기구를 변형시킬 수도 있다. 가장 중요하게 유념해야 하는 것은 바로 당신의 클라이언트의 성공을 촉진하기 위한 치료사로서의 책임감이다.

재료

음악치료 세션에서는 다양한 재료가 사용될 수 있다. 여기에는 악보, 벽에 거는 차트, 노래집이 포함된다.

악보 세션에서 악보를 필요로 할 때는 여러 가지를 고려해야 한다. 먼저, 세션에서 사람들이 악보를 읽을 수 있는지 여부다. 많은 사람, 특히 노인은 안경 없이 볼 수 없으며 안경이 없거나 안경을 써도 잘 읽지 못할 수 있다. 많은 아동도 읽기 학습 중이거나 악보 읽기를 방해하는 장애를 가진다. 국어가 모국어가 아닌 사람들은 비록 그들의 모국어로는 읽을 수 있지만 국어를 읽는 데 어려움이 있을 수 있다. 세션에 있는 사람들은 읽기를 전혀 배우지 못했을 가능성도 있다. 특히 특정한 배경을 가진 노인의 경우 이럴 가능성이 존재한다.

또 다른 고려 사항은 불리는 노래에 악보가 필요한지 여부다. 만약 노래가 매우 익숙하다면, 사람들은 악보를 필요로 하지 않을 것이다. 이런 경우라면 악보가 오히려 세션에 불필요한 소란을 추가하는 것이므로 악보를 사용하지 않는 편이 더 적절할 것이다. 하지만 많은 경우, 사람들은 외워서 노래를 부를 수 없기에 악보나 제본된 노래집이 제공되어야 한다. 수용 가능한 형식으로 원하는 노래를 담고 있는 책들이 분명 사용하기에 가장 간단하지만, 음악치료사가 필요로 하는 특질과 노래를 포함하기 위해 악보를 제작하는 것을 선호하는 경우도 있다.

악보를 읽지 못하는 클라이언트에게는 음정이 기보된 악보를 사용할 이유가 없다. 가사만 있는 것이 타자를 치기에, 또한 사용하기에도 덜 성가시다. 이때 가사는 클라이언트가 보기에 충분히 크고 진해야 한다. 타자를 칠 때 각 줄 사이에 여백을 두는 것이 노래하는 사람을 인도하는 데 도움을 줄 수 있음을 기억하라. 즉, 노래의 각 줄은 새로운 줄로 시작하고 절 사이에는 여백을 두라. 또한 악보는 쪽수를 확실히 표시해 한 권 안에 함께 보관하는 것이 좋다.

차트   차트는 음악치료 세션에서 다양하게 사용된다. 이런 차트는 벽이나 판에 걸어 놓아 클라이언트가 보도록 할 수 있다. 때때로 노래의 가사가 악보보다 차트에 기록되거나 간단한 형식의 악기 편곡이 차트에 포함될 수도 있다. 우리는 차트를 제작하고 사용하는 데 있어서의 몇 가지 실제적인 측면을 논의하고자 한다.

차트 사용과 관련된 주요 이슈는 악보와 관련된 것과 유사하다. 참여한 사람들이 차트를 보고 이해하며 차트가 자료를 보여 주는 가장 좋은 방식인지 확인한다. 차트의 장점은 치료사가 모든 사람의 관심을 같은 장소로 인도해 사람들의 관심을 맞추고 유지할 수 있도록 한다는 것에 있다. 이것은 그룹의 구성원들이 함께 작업할 때 도움이 되므로 중요하다. (같은 자료가 악보로 제시될 경우, 치료사는 그룹 구성원 각자가 집중하거나 노래 및 연주하는 곳을 놓치지 않고 따라가도록 돕는 데 있어 어려움이 있을 수 있다.) 하지만 치료실 혹은 자리의 배치가 모든 사람이 차트를 보는 데 제한이 될 수 있으며, 이 점은 사전에 생각해 볼 필요가 있다. 또 다른 고려 사항은 차트에 포함해야 할 자료의 양이다. 매우 많은 자료는 음악을 너무 복잡하게 하여 하나의 차트에 모두 담지 못하기 때문에 음악치료 세팅에서는 어려울 수 있다.

일단 차트를 사용하기로 결정하면, 차트는 모든 사람에게 유용하고 보이기 쉽도록 제작할 필요가 있다. 즉, 클라이언트가 볼 수 있도록 충분히 커야 하고 줄과 색깔은 충분히 선명해야 하며 명료하게 구성되어야 한다.

약간 크고 두꺼운 판지나 종이에 만드는 것이 좋겠다. 때때로 충분히 큰 차트 제작을 위해 이 종이들을 테이프로 붙일 수도 있다. 필요로 하는 판지의 크기를 판단하는 좋은 방법은 차트에 포함될 것을 숙고하거나 써 내려가는 것이다. 그 후에 알맞은 크기로 구입하라. 차트에 포함될 것을 써 내려가는 것은 공간 배치를 계획하는 데 좋은 방법이다. 이때 큰 판지보다는 연습지에 수정하는 것이 확실히 좀 더 수월할 것이다.

♫ 함께 읽으면 좋은 도서

Birkenshaw-Fleming, L. (1989). *Come On Everybody Let's Sing!* Toronto, Canada: Gordon V. Thompson Music.

Bruscia, K. E. (1987). *Improvisational Models of Music Therapy.* Springfield, IL: Charles C. Thomas.

Chavin, M. (1991). *The Lost Chord.* Mt. Airy, MD: ElderSong Publications.

Come Join the Geritones. (n.d.). Lake Forest, IL: The Geri-Tones.

Farnan, L., & Johnson, F. (1988). *Music Is For Everyone.* New Berlin, WI: Jenson Publications.

Nordoff, P., & Robbins, C. (1983). *Music Therapy in Special Education* (2nd ed.). St. Louis, MO: MMB Music.

Robbins, Carol, & Robbins, Clive. (1980). *Music for the Hearing Impaired and Other Special Populations.* St. Louis, MO: MMB Music.

Standley, J. (1991). *Music Techniques in Therapy, Counseling and Special Education*. St. Louis, MO: MMB Music.

▶ 과제: 세션 구성하기

1단계: 관찰하기, 참여하기, 보조하기

1. 최근에 관찰한 세션을 회고하라. 세션을 담당했던 치료사는 그 세션을 위한 치료실 배치에 관해 어떤 결정을 내렸다고 생각하는가? 그 배치는 주마다 어떻게 달라지는가? 아니면 점차 변해 가는 것을 당신은 어떻게 알아차렸는가? 다양한 배치로 인해 당신은 어떤 효과를 깨달았는가? 이 점에 대해 치료사와 논의하라.

2. 치료사는 어떤 장비와 악기를 사용했는가? 그는 어떻게 이런 결정을 내렸는가? 장비와 악기를 바꿈으로써 당신은 어떤 효과를 깨달았는가?

3. 치료사는 세션에서 어떤 자료를 사용했으며 그 효과는 무엇이었는가? 이제껏 치료사가 사용하지 않았던 다른 자료에 대해 생각해 보라. 당신은 이런 자료를 사용하는 것이 세션에 어떤 영향을 미칠 것이라고 생각하는가?

2단계: 계획하기, 함께 인도하기

1. 당신의 세션을 위한 치료실 배치에 관해 당신은 어떤 결정을 내렸는가? 이것은 주마다 달라졌는가? 아니면 점차 변해 갔는가? 다양한 배치를 통해 당신은 어떤 효과를 깨달았는가?

2. 당신은 어떤 장비와 악기를 사용했는가? 당신은 어떻게 이런 결정을 내렸는가? 되돌아볼 때 당신이 '다른 선택을 했더라면' 하고 바라는 경우가 있는가? 그렇다면 그 이유는 무엇인가? 장비와 악기를 바꿈으로써 당신은 어떤 효과를

깨달았는가?

3단계: 인도하기

1. 당신의 세션을 위한 치료실 배치에 관해 당신은 어떤 결정을 내렸는가? 몇 가지 다른 배치를 시도하고 그것들이 세션에 영향을 미치는 방식을 생각해 보라.

2. 당신은 어떤 장비와 악기를 사용했는가? 당신은 어떻게 이런 결정을 내렸는가? 몇 가지 다른 대안을 시도해 보라. 장비와 악기를 변경하는 것이 어떤 효과가 있는가?

3. 당신은 세션에서 어떤 자료를 사용했고 그 효과는 무엇이었는가? 몇 가지 다른 자료를 사용해 보고 그것의 효과를 기록하라.

chapter 08

즉흥연주 경험

Clinical Training Guide for the Student Music Therapist

이 장은 음악치료 세션 동안 일어날 수 있는 음악 경험 유형을 소개하는 네 개의 장 가운데 첫 장에 해당한다. 이 장들의 초점은 특정한 음악 경험이나 활동이 아닌데, 그 이유는 다른 음악치료 문헌에 있는 자료에서 이런 것들을 입수할 수 있기 때문이다. 그보다 여기서의 의도는 음악 경험의 변주에 관한 일반적인 생각과 의견을 제시하는 것에 있다.

즉흥연주는 클라이언트가 성악, 기악 혹은 신체 일부를 가지고 음악을 만드는 것으로, 개별적으로 혹은 타인과 함께 연주할 때 발생한다. 치료사는 클라이언트가 경험을 구조화하도록 돕고 클라이언트와 함께 즉흥연주를 하거나 다른 방식으로 인도한다(Bruscia, 1998a).

즉흥연주 경험에는 기악적 혹은 성악적, 관련적 및 비관련적 즉흥연주가 있는데, 관련적 즉흥연주가 음악에서 비음악적인 무언가를 반영하기 위한 목적으로 이루어지는 데 비해 비관련적 즉흥연주는 오직 소리나 음악에 기반을 둔다. 즉흥연주 경험은 성악 및 기악 즉흥연주뿐 아니라 신체 즉흥연주 및 혼합 즉흥연주를 포함한다. 마지막 변형으로 지휘 즉흥연주가 있는데, 이는 클라이언트가 다른 성악가와 연주가에게 신호를 주어 즉흥연주를 인도하는 것이다(Bruscia, 1998a).

장애아동

장애아동에게 즉흥연주를 사용하는 것은 치료사로 하여금 어떤 유형의 음악 및 악기가 아동에게 동기부여가 되고 아동을 자극하는지를 발견하도록 하는 데 도움을 주기에 특히 의미가 있을 수 있다. 이것은 특히 즉흥연주가 진단평가에 유용하게 사용되도록 한다. 대부분의 장애아동의 발달 수준 때문에 이런 경험은 대체로 비관련적이다. 한 예로, 아동에게 스탠드 드럼과 맬릿 한 쌍을 주고 지켜야 할 규율을 주지 않은 상태로 그가 먼저 연주를 시작하게 한다. 이는 감각운동 기술(잡기, 양측 협응), 인지 개념 (모방 혹은 패턴의 반복), 의사소통 기술(순서 기다리기 혹은 지속적 연주), 감정적/정서적 발달(음악적으로 연주하기 혹은 소음을 내도록 북 사용하기) 등에 관한 정보를 발견할 수 있게 한다. 즉흥연주에 참여하게 함으로써 변화에 어려움을 보이는 자폐 아동이 내적으로 리듬의 움직임을 경험하고 즉각적으로 그것을 외현화하도록 도울 수 있다. 치료사는 처음에는 아동의 즉흥연주를 따르고 점차적으로 아동이 스스로의 반응을 보다 잘 조직하도록 돕기 위해 변화를 소개한다. 신체 즉흥연주는 또한 아동에게 자극적인 경험을 제공할 수 있다. 더불어 치료에서의 즉흥연주는 다양한 음악 반응과 그들의 발달을 측정하기 위한 방법을 제공함으로써 평가를 위한 의미 있는 도구가 될 수 있다.

발달장애 성인

치료에서 발달장애 성인과의 즉흥연주 경험은 비언어적 의사소통의 발전과 정서 표현을 촉진한다. 심지어 언어 능력이 있는 클라이언트에게도 즉흥연주를 통해 그들 자신을 표현하는 것은 말하기보다 덜 위협적일 수 있다. 말을 사용하는 것이 종종 의사소통을 제한하는 반면, 즉흥연주는 확장된 범위의 표현을 제공한다. 클라이언트의 인지 수준에 따라 즉흥연주 경험은 비관련적 혹은 관련적, 성악적 혹은 기악적일 수 있고, 또한 신체 타악기 및 혼합 경험도 포함할 수 있다. 그룹 세팅에서의 즉흥연주 경험은 시간이 경과하면서 발생하는 음악적 발달의 결과로 다른 그룹 구성원과의 관계를 발전시키는 기회를 향상할 수 있다. 그룹 즉흥연주는 그룹의 작업 (undertaking)에 기여함으로써 소속감과 생산성을 고양시킬 수 있다. 그것은 또한 그룹 구성원들이 리더의 역할을 탐색하게 할 뿐 아니라 순서 기다리기, 공유하기, 따르기를 실습하게 하는 자연스러운 기회를 제공한다.

정신장애 성인

정신장애 성인과의 즉흥연주 경험은 많은 목적을 달성하게 한다. 이런 경험은 정신과적 증상의 발현을 경험하고 있는 클라이언트가 외적인 지금−여기의 현재에 초점을 맞추게 하기 위해, 또는 위기에 처해 있는 사람이 정서적 외상을 비언어적으로 표현하도록 돕기 위해 사용될 수 있다. 이 대상자들과의 즉흥연주 경험은 구조적인 것에서 비구조적인 것까지, 그리고 관련적인 것에서 비관련적인 것까지 다양하다.

치료사는 그룹을 위한 간단한 즉흥연주 경험으로 다양한 악기를 제시하고 각 참여자가 그중 하나를 선택하도록 한다. 그리고 그룹 구성원은 먼저 치료사가 리더 악기라고 인식하는 악기(예: 알토 자일로폰)를 가진 한 명의 지원자나 그룹원이 시작한 자유 즉흥연주를 경청하도록 지시받는다. 이어 그룹 구성원들은 준비가 되었다고 느낄 때 소리를 첨가하면서 즉흥연주에 합류하도록 초대받는다. 음악이 전개되면서 치료사의 역할은 작을 수도 있고 클 수도 있다. 그룹 구성원은 창조의 자유를 부여받는다. 하지만 함께 작업하기 위해 치료사로부터 충분한 음악적 지원을 받아야 하고, 이 때문에 클라이언트의 음악에 대한 치료사의 민감성은 매우 중요하다. 만약 그 그룹이 치료사의 지원 아래 혹은 지원 없이 함께 작업할 수 없었다면, 그 이유는 경험 이후에 논의될 수 있다. 그룹 구성원은 경청 방식, 타인과의 공동 작업 방식, 예측하지 못한 것에 대한 반응 방식, 불편한 상황에서의 상호작용 방식을 생각하고 그 경험에서 유발된 다른 관계적 이슈를 고려하도록 요청받을 수 있다. 간단한 즉흥연주는 그룹 구성원이 서로 관계 맺는 방식을 언어적으로 그리고 이어서 음악을 통해 즉흥연주로 탐색할 수 있기에 세션 전체의 주안점이 될 수 있다.

더 복잡한 즉흥연주 경험은 합주를 통해 창조될 수 있다. 구성원들은 즉흥연주의 한 부분을 연주하기 위해 특정 부분을 담당하는데, 그룹 합주에 걸쳐 혹은 음악의 구조 속의 지정된 장소에서 솔로나 듀엣으로 즉흥연주하기도 한다. 이런 유형의 즉흥연주는 비록 대다수의 경우에 비관련적이지만 간혹 관련적일 수도 있다. 이러한 즉흥연주는 치료사에게 음악 경험의 구조화를 위한 보다 많은 책임을 요구한다. 그룹 구성원들이 많은 구조를 필요로 하지 않는 경우가 있는 반면, 작업하는 음악 안에 보다 세세하고 엄격한 구조를 제공받는 즉흥연주자도 있다. 치료사는 그들의 외부 세계를 조직하는 데 좀 더 도움이 필요한 클라이언트에게 유용한 즉흥연주 유형을 발견해야 한다.

노화와 관련된 필요를 가진 노인

노인 그룹을 위한 관련적 기악 즉흥연주를 위해 치료사는 구성원들에게 간단한 타악기 및 선율 악기를 선택하도록 한 후 그룹이 하나의 주제(다가오는 명절이나 계절 혹은 감정)를 확립하도록 작업하고 그 주제에 기초하여 관련적으로 즉흥연주하도록 한다. 이어 그 주제와 관련한 연상이나 기억과 같은, 즉흥연주를 통해 유발한 감정에 대한 토의가 뒤따를 수 있다. 예를 들어, 봄날이라는 주제는 봄에 대한 기억과 감정을 유발할 것이다. 악기 대신 음성을 사용하는 것은 성악 즉흥연주를 만들 수 있다. 이와 유사하게, 다양한 신체 부위를 사용하는 것은 신체 즉흥연주를 창조하고, 즉흥연주에 하나 이상의 매개를 연합하는 것은 혼합 즉흥연주로 이끌 수 있다. 음악치료사의 역할은 즉흥연주를 촉진하는 데 있고, 이것은 클라이언트와 함께 연주하는 것을 포함하기도 한다.

비관련적 기악 즉흥연주는 이와 유사한 형태를 따르지만 주제를 구체화하지 않는다. 이런 경우의 즉흥연주는 음악 외적인 무언가와 관련하지 않고 음악 그 자체를 목적으로 하는 음악이다. 이어 그 음악이나 경험과 관련한 느낌에 초점을 맞추는 논의가 이루어질 수 있다. 관련적 즉흥연주와 마찬가지로, 비관련적 즉흥연주는 성악, 신체 부분 혹은 두 가지 모두를 혼합해서 사용할 수 있다. 비관련적 즉흥연주를 구조화하는 데 있어 치료사는 그룹원의 능력에 따라 지시 수준을 맞추어야 한다.

즉흥연주는 또한 개별치료에 사용될 수 있다. 치료사는 다양한 목적을 성취하기 위해 클라이언트를 관련적 혹은 비관련적 즉흥연주 중 한 형태로 초대할 수 있다. 예를 들어, 치료사는 클라이언트가 특정 감정에 대한 소리를 즉흥연주하도록(관련적) 요구할 수도 있고, 아니면 그가 좋아하는 것이라면 뭐든지 연주하도록(비관련적) 요구할 수도 있다. 이어 치료사는 클라이언트와 함께 음악적으로 즉흥연주 속에 들어감으로써 그들의 경험을 강화시키거나 이와 같은 과정을 클라이언트와 논의할 수도 있다.

의료 환자

가장 심각하게 아픈 의료 환자들은 보통 병실에서 개별적으로 만난다. 그 병실에 룸메이트가 있거나 그 옆방에 음악 경험의 영향을 받을 수 있는 다른 환자가 있을 경우, 이것은 몇 가지 관련 이슈를 만들게 된다. 즉, 음악치료 중재를 계획할 때 환자와 가까이 있는 사람들의 필요에 관심을 가져야만 한다. 이것은 세션에 룸메이트를 포함하거나 다른 사람을 방해하지 않도록 세션을 수정하거나, 또는 그 병실에 있는 다른 사람에 대한 방해를 피할 방법이 전혀 없는 경우라면 아예 세션을 가지지 않는 가능성도 고려해야 함을 의미한다.

환자들은 종종 다양한 범위의 정서 및 신체 증상을 경험한다. 환자가 통증, 불안 혹은 질병 및 입원과 관련한 슬픔에 대해 음악적 소리를 만들도록 하는 경험을 제공하는 것은 매우 효과적일 수 있다. 즉흥연주가 환자에게 낯설 수 있음을 항상 명심하고 치료사는 오션 드럼, 글로켄슈필, 오음계 마림바, 오토하프, 큐코드와 같은 연주할 만한 몇 가지 악기 중에서 선택할 기회를 주어야 한다. 이런 모든 악기는 지시가 거의 없이 사용될 수 있고, 각 악기는 각기 다른 유형의 음악 경험을 선사한다. 즉흥연주는 관련적일 수 있고("통증을 연주해 보세요.") 혹은 좀 더 개방적일 수 있다("당신이 음악 안에서 표현하거나 말하고자 하는 것은 무엇이든 연주해 보세요."). 음악 연주 후, 치료사는 음악에서 표현된 자료를 가지고 환자를 치료하기 위해 언어적으로 그 경험을 처리하거나 추가적인 음악을 사용하거나, 혹은 그림과 같은 관련 예술 경험을 사용할 수도 있다.

노인 및 환자를 위해 제시한 즉흥연주 경험은 몇 가지 공통점을 가진다. 이런 제안은 다른 클라이언트들을 위한 제안과도 유사하다. 그 이유는 모든 사람은 감정 표현이라는 기본적 필요를 공유하기 때문이다. 즉흥연주는 또한 이런 대상자들의 독특한 필요를 만족시키기 위해 효과적으로 사용될 수 있다.

음악치료 문헌에서의 사용

장애아동

임상 즉흥연주에 기초한 Nordoff와 Robbins의 치료(1971, 1977)는 장애아동에게 즉흥연주를 사용하도록 이끌었다. 많은 음악치료사는 Nordoff-Robbins 접근법을 사용하고 거기서 진화하였다. 한 예로, Robarts의 자폐아동과의 치료(Trevarthen, Aitken, Papoudi, & Robarts, 1998)가 있는데, 이 사례는 자폐아동을 성공적으로 치료하는 데 즉흥연주를 사용할 수 있음을 보여 준다. 음악치료를 시작할 때 남자 아동의 나이는 3세 반이었다. Robarts는 자신의 치료를 설명하면서 각 치료 단계에서 중요했던 이슈뿐 아니라 아동의 반응에 대한 자신의 해석을 포함하였다. 이 사례는 즉흥연주를 사용함에 있어서 세세한 내용을 포함하였기에 가치가 있다.

Crocker(1956, 1958)는 연상, 이야기하기, 반응에 대한 논의를 통해 치료사가 즉흥연주하고 아동이 반응하는 데 있어 투사적 기법으로서의 즉흥연주 음악의 사용을 설명하였다. 음악치료와 아주 근접한, Heimlich가 개발한 유사언어 치료(paraverbal therapy)에서는 몇 가지 방식으로 즉흥연주를 사용한다. Bruscia(1987)는 Heimlich(1965, 1972)와 다른 유사언어 치료사들(McDonnell, 1983; Wheeler, 1987b)이 구체화한 놀이 즉흥연주, 음악 이야기 즉흥연주, 노래 즉흥연주를 소개하였다.

4세 시각장애 소녀를 치료한 Salas와 Gonzalez(1991)는 장애아동과의 즉흥연주 사용을 다룬 또 다른 예를 제공한다. 저자들은 바이올린을 포함한 몇 가지 악기를 통한 즉흥연주와 이 아동이 일차적으로 자신의 아름다운 목소리로 자신을 표현하도록 한 즉흥연주의 효과에 대해 설명하고 있다. 음악치료의 결과로 나타난 아동의 변화는 극적이었다.

즉흥연주는 아동 그룹뿐 아니라 개별 치료에서도 사용될 수 있다. Carter와 Oldfield(2002)는 피아노 연주 동안 '자유롭게 연주하도록' 아동을 격려하고 피아노가 멈출 때는 아동도 멈추도록 하는 구조화된 즉흥연주의 사용을 설명하였다. 모아 그룹에서의 즉흥연주 사용 또한 소개되었다 (Oldfield & Bunce, 2001).

발달장애 성인

Watson(2002)은 중증 발달장애 여성과의 즉흥연주 접근을 설명하였다. 그 세션의 목적은 '치료사와의 정서적인 음악적 접촉을 경험하는 것'이었다. 이를 달성하기 위해 음악치료사는 클라이언트와 접촉에 자신의 음성과 메탈로폰을 사용하였다. Watson은 전체 사례보다는 그 세션에서 발생했던 단편을 자세한 분석과 함께 제시했다. 이런 자세한 분석 덕분에 이 사례는 중증 장애 성인과의 즉흥연주 세션에서 발생할 수 있는 일을 잘 이해하도록 도움을 주었다.

　Clarkson(1991)은 언어 능력이 없고 자신과 타인에 대해 폭력적 행동 경향성이 있는 22세 자폐 남성과의 사례를 공유하였다. 그녀는 매주 이루어진 2년간의 개별 및 그룹 음악치료 세션의 과정을 회고하였는데, 세션에서는 다양한 악기 경험 및 댄스를 포함한 Nordoff-Robbins 즉흥연주 접근과 일반적으로 쓰이는 다른 음악치료 기법이 혼합적으로 사용되었다. 그녀는 다음의 목적을 추구하였다. 눈 맞춤 증가시키기, 수화 사용 격려하기, 의사 선택 향상하기, 신체 접촉에 대한 인내심 증가시키기, 동작을 주도하기, 리듬 패턴 구별 향상시키기, 그룹에서의 클라이언트 참여다. 이와 더불어, 즉흥연주 음악치료는 클라이언트로 하여금 그의 타고난 음악성을 고양하게 할 뿐 아니라 클라이언트의 대인관계 상호작용과 의사소통 기술을 향상시키도록 돕는 데 성공적임이 증명되었다.

　Boxill(1985)은 '우리의 만남 노래(Our Contact Song)'를 사용하면서 이를 "즉흥연주적 변화 및 변형(adaptation)을 가능하게 하는 작곡된 혹은 즉흥적으로 연주된 노래"라고 설명하였다. 이는 "수많은 활동과 경험을 위한 근원이 되며 치료 목적이라는 서비스 안에서 항상 변화하고 변형(transformed)된다"(p. 81). 종종 즉흥연주되는 이 노래는 Boxill 접근법의 초석이다. 그녀는 "우리의 만남 노래는 최초의 상호적인 음악 표현, 최초의 쌍방 음악적 의사소통, 최초로 클라이언트가 주도하는 타인의 존재에 대한 자각의 외적인 음악적 상호작용이다."(p. 80)라고 언급하였다.

　Aigen(2002)은 발달장애를 가진 언어 능력이 없는 성인 남성과의 Nordoff-Robbins 임상 즉흥연주에서 대중음악 스타일을 사용하였는데, 음악치료 과정이 시작된 것은 그의 나이 27세 때였다. Aigen은 일 년에 걸친 이 남성과의 치료에서 즉흥연주 음악치료 과정을 위해 대중음악 이디엄을 사용하였다. Aigen은 음악적으로 발생하는 것을 음악을 통해 성취되고 있는 목적과 연결시켰다. 이 사례는 이 책에서 설명한 음악 예시를 담고 있는 CD와 함께 출판되었다.

정신장애 성인

정신장애를 가진 성인과의 즉흥연주의 예는 많이 있다. Borczon(1997)의 책은 약물 의존 및/또는 정신과적 어려움을 가진 성인과의 치료에 있어 몇 가지 즉흥연주 예시를 담고 있다. 한 예로, 약물 의존 치료 중인 성인 그룹과의 세션에서 치료사는 특정한 이야기를 제시하고 그룹원들은 이를 즉흥연주함으로써 음악적으로 그 이야기에 참여하였다. 이어 치료사는 그룹원들이 이야기에서 나온 주제와 관련되도록 도왔다. 대다수의 참여자는 그들이 작업해야 하고 표현해야 할 감정 속으로 깊숙이 들어가게 되었다.

단기 병동에서 급성 정신과 치료를 받는 성인이 밝혀지지 않은(un-named) 감정을 표현하고 그것을 의식화하기 위해 즉흥연주를 사용하였다(Shultis, 1999). 일련의 그룹원은 그들의 현재 정서 상태를 반영하기 위해 악기를 연주하도록 요청받았다. 다른 그룹원들은 음악 혹은 그 소리의 정서적 특질을 묘사하는 피드백을 제공했다. 즉흥연주자는 타인의 설명을 듣는 동안 표현된 정서에 대한 통찰을 얻을 수 있었고, 혹은 이전에 느꼈지만 의식적으로 인지하지 못했던 감정을 보다 정확히 설명할 단어를 찾을 수 있다.

성인과의 즉흥연주 사용의 또 다른 예로 Priestley가 개발한 분석적 음악치료가 있다. 분석적 음악치료는 기초적인 음악치료 훈련을 넘어서는 특별한 훈련을 요구하지만, 음악치료를 전공하는 학생은 이 접근법에 익숙해져야만 한다(Eschen, 2002; Priestley, 1975, 1994). 또 다른 예로 Austin(1999)의 작업이 많은데, 그녀는 정서적 어려움을 가진 성인과의 치료에 성악 즉흥연주를 사용하였다.

노화와 관련된 필요를 가진 노인

Bright(1991)는 각 세션에 자유로운 창의성을 위한 시간을 할애하고 동작, 기악 작업, 음성화를 활용한 자유 그룹 즉흥연주를 위한 자극으로서 하나의 주제를 사용할 것을 제안하였다(관련적 즉흥연주).

Reur, Crowe와 Bernstein(1999)은 노인의 웰니스를 증진하는 것에 초점을 맞춘, 노인에게 사용될 수 있는 다양한 그룹 타악기 전략을 개발하였다. 그들은 즉흥연주를 사용하기 위한 몇 가지 방법을 포함하여 에그 셰이커, 패들 드럼, 그 밖의 타악기를 활용한 몇 가지 기법을 설명하였다.

Scheiby(1999)는 경증에서 중증의 치매 및 뇌졸중과 같은 다양한 신경적 문제와 동반되는 우울이 있는 노인 그룹과의 "지원적 음악 심리치료 접근"(p. 270)에서 분석적 음악치료의 변형을 설명하였다. 그녀가 설명한 사례에서는 외롭고 슬픈 사람을 지원하기 위해 다른 그룹원들이 자신의 감정에 접촉하도록 즉흥연주가 사용되었다.

D. Aldridge(1996)는 초기 알츠하이머 치매를 겪는 한 여성에 대한 Nordoff-Robbins 접근법에 기초한 즉흥연주의 사용을 설명하였다. 그 여인의 연주와 알츠하이머의 특성이 연결되었고, 따라서 그 질병의 모습과 징후에 대한 통찰이 제공되었다(pp. 197-203).

의료 환자

Ann Turry(1997)는 입원한 어린 아동이 의료 처치 동안 겪을 수 있는 고통과 불안을 경감하기 위한 임상 즉흥연주의 사용을 설명하였다. 그녀는 의료 처치 사전, 동안 그리고 사후에 음악치료와 즉흥연주를 사용할 것을 제안하였고 이런 세팅에서 음악치료를 사용할 때 고려해야 하는 사항을 설명하였다.

의료 문제를 가진 성인과의 즉흥연주 사용의 예로, G. Aldridge(1996)는 유방암을 앓고 있는 여성과의 선율 즉흥연주 사용을 설명하였다. 이 분야에 관한 연구 조사에서 그녀가 발견한 것의 개요를 설명함과 더불어, 그녀는 유방암 수술 일주일 후에 진행된 한 여성과의 선율 즉흥연주 사례 연구를 제시하였다. 성인을 치료하면서 Gustorff(2001)는 중환자실의 혼수상태에 있는 환자와의 음악치료를 설명하였다. 그녀는 일반적으로 그들과 함께 리듬에 맞추어 호흡하면서 세션을 시작하였고 이어 즉흥연주가 이 리듬에서부터 파생되도록 했다. 그녀는 "나는 호흡 리듬을 찾아 환자와 함께 호흡하며, 결국 그의 리듬을 따르며 노래한다(가사 없이, 음성화하기). 나는 그의 현재 위치에서 음악적으로 그를 만나며 보다 친밀하고 생기를 부여하는 그의 리듬을 그와 함께 공유하고자 한다. 환자와 함께 발전시키는 이 노래 즉흥연주는 오로지 그의 능력에 맞게 조정된다."(p. 67)라고 언급하였다.

고려 사항

앞서 제시한 내용을 요약하자면, 즉흥연주 경험을 사용하는 방식은 매우 다양하다. 어떤 사람은 즉흥연주 경험을 오직 피아노만을 사용하거나 항상 클라이언트와 함께 연주하거나, 혹은 재즈와 같은 특정한 음악 유형을 따라야 하는 것으로 생각한다. 사실 많은 즉흥연주는 단지 간단한 리듬 악기를 사용하고, 클라이언트 혼자 혹은 전체 그룹에 의해 이루어지며, 또한 무조를 포함한 다양한 유형과 양식을 활용한다.

초보 즉흥연주자가 미처 이해하지 못할 수 있는 또 한 가지는 즉흥연주가 비구조적으로 보이기는 하지만 대부분은 사실 기초가 되는 구조에 의존한다는 점이다. 예를 들어, 치료사는 아동 그룹에게 악기를 제공하고 한 아동에게 북을 연주할 것을 요청할 수 있다. 많은 신참 치료사는 그 아동이 박자를 유지하여 그룹 전체의 연주에 기반을 제공할 것이라 예상하지만, 그 아동에게 고정박 개념이 없음을 발견하고 그 즉흥연주가 와해되는 것을 목격한 후 놀라기도 한다. 따라서 즉흥연주를 효과적으로 사용하기 위해서 도움이 되는 한편, 너무 통제적이지 않은 수준의 구조에 대한 이해를 학습해야 한다.

즉흥연주 경험은 세션 전체를 구성하기 위해 다른 음악치료 경험과 연결해서 자주 사용된다. 사실 사전에 계획된 전략이 세션의 유익을 위해 즉흥연주로 발전되는 때가 종종 있다.

모든 클라이언트에게 즉흥연주 경험이 적절한 것은 아니다. 클라이언트의 독특한 필요에 근거하여 즉흥연주에서의 구조의 수준이나 즉흥연주의 사용을 하지 않을 것에 대해 결정해야 한다. 주요한 고려 사항은 클라이언트의 능력과 즉흥연주를 통해 당신이 성취하길 기대하는 것과 관련이 있다.

초보 치료사 혹은 즉흥연주가가 음악치료 즉흥연주 세션을 진행하기도 하지만, 치료사의 즉흥연주 및 치료 기술이 향상됨에 따라 즉흥연주는 보다 정교해지며 치료사의 역할은 더욱 중요해진다. 즉흥연주 세션을 진행하는 데 있어 특별히 어떤 대상자 그룹이나 세팅에서는 높은 수준의 기술을 요구하기도 한다.

즉흥연주에 기반을 둔 음악치료 세션의 예는 『음악치료와 집단 작업: 소리 공장(*Music Therapy and Group Work: Sound Company*)』(Davis & Richards, 2002)에서 찾아볼 수 있다. 학생들은 즉흥연주와 그룹치료가 서로 연관되는 방식을 보다 잘 이해하기 위해 이것과 다른 사례들을 읽을 필요가 있다.

재료

즉흥연주 경험 촉진에 가장 확실히 필요한 재료는 클라이언트가 사용할 수 있는 다양한 악기로, 선율 악기(건반 탈착 악기, 음이 있는 북 등), 비선율 타악기(셰이커 등), 목관 악기(리드 호른, 호루라기 등), 현악기(기타, 오토하프 등) 그리고 피아노가 포함된다. 신체 타악기와 성악 즉흥연주 또한 즉흥연주 내에서 중요한 경험이다. 뿐만 아니라 다른 것들도 사용될 수 있으니 창조적이 되라! 매우 인기 있는 쇼인 〈스텀프(Stomp)〉의 극작가와 연주자들이 종이와 비닐봉지, 빗자루, 쓰레기통 뚜껑 그리고 작은 선물 상자를 가지고 흥미로운 음악을 만들었음을 생각해 보라. 덧붙여 전자 악기와 컴퓨터가 제공하는 즉흥연주 경험을 간과하지 말라.

사람들은 때때로 여러 가지의 간단한 리듬과 선율 악기로 즉흥연주를 한다. 이런 경우, 다양한 음정, 음역, 음색을 가진 악기들을 선택하는 것이 최선이다. 하지만 선율 악기들이 한 조성으로 연주되어야 함을 유념해야 한다. 만약 당신이 오르프 자일로폰이나 탈착 가능한 다른 선율 악기를 사용하고자 한다면, 그 즉흥연주에서 사용될 다른 악기를 같은 조성으로 맞추도록 준비해야 한다.

사용 시 유익한 조언

즉흥연주를 배우는 여러 방법이 있다. 당신 자신의 음악 기술을 가지고 탐색해 봄으로써, 구조적 즉흥연주를 가르치는 워크숍이나 교습 세션에 참여함으로써, 혹은 클라이언트와 함께 즉흥연주하고 그들이 당신으로부터 필요로 하는 것을 그들이 당신에게 가르치도록 허용함으로써 당신은 그 과정을 배울 수 있다. Wigram(2004)은 『즉흥연주: 음악치료 임상가 및 교육자와 학생을 위한 방법 및 기법(Improvisation: Methods and Techniques for Music Therapy Clinicians, Educators and Students)』에서 즉흥연주 학습을 위해 여러 가지 제안을 하였다. 이 책의 목적은 다음과 같다.

> 이 책은 구체적·실질적 예시를 제공하는 교본이자 '연습' 책으로······ (이 책의 목적은) 음악 즉흥연주의 잠재력 및 자유의 탐색 방법과 즉흥연주 기술을 개발하고 이런 기술을 치료 중재에 적용하는 데 있어 그 자유를 사용하는 방식에 관한 방법론적인 책으로 기능하는 것이다(p. 23).

핵심은 당신의 의도에 관해 명확하고 용감하게 시작하는 것이다. 때때로 보다 계획된 절차를 가지고 시작하고 음악 경험의 한 단편으로 즉흥연주를 소개하는 것이 도움이 된다. 예를 들어, 당신은 그룹이 고정박을 유지하게 하거나 간단한 리듬 오스티나토 패턴을 연주하게 하면서 한 명의 연주자가 그 소리에 맞추어 즉흥연주를 하도록 할 수 있다. 처음에는 치료사가 이 클라이언트들을 위한 본보기로서 이 즉흥연주에 참여할 수도 있고, 이런 도전에 준비된 한 명의 클라이언트가 그것을 연주할 수도 있다. 점차적으로 당신은 오스티나토 연주자들이 주어진 리듬에서 벗어나 '즉흥연주자가 연주하고 있는 것에 어울리는 소리를 첨가하기' 시작하도록 이끈다. 이것은 경험이 많지 않은 즉흥연주자, 치료사 혹은 클라이언트를 위해 구조를 제공하면서 그룹이 점차 즉흥연주 경험 속으로 들어가도록 할 것이다.

어떤 학생은 즉흥연주를 두려워한다. 즉흥연주를 할 때 옳고 그른 것에 대한 생각을 갖기 때문에 이런 일은 종종 발생한다. 치료 세션을 떠나 즉흥연주를 연습하는 것도 좋은 생각이긴 하지만, 세션에서 그냥 해 보는 것도 중요하다. 만약 당신이 한 악기로 즉흥연주를 하고 클라이언트는 하나 혹은 그 이상의 악기를 가지고 즉흥연주를 해 본다면, 아마도 당신은 즉흥연주를 할 수 있을 것이다. 일단 즉흥연주에 좀 더 편안해지면 즉흥연주와 임상 기술을 다듬기 위해 노력할 수 있다.

또 다른 오해는 즉흥연주가 복잡해야만 한다는 것이다. 절대 그렇지 않다! 당신은 북으로 고정박을 연주하고 클라이언트는 다른 악기를 연주하면서 즉흥연주를 시작할 수도 있다. 많은 치료 목적이 이런 간단한 유형의 즉흥연주를 통해 성취될 수 있다.

이와 마찬가지로 즉흥연주에서 반드시 조성이 있거나 전통적인 서구 음계를 사용할 필요는 없다. 많은 임상 즉흥연주는 의도적으로 조성이 없다. 당신이 진보할수록 클라이언트가 임상 목적을 달성하도록 돕기 위해 즉흥연주를 활용하는 데 있어 자신의 기술을 구축할 수 있을 것이다.

모든 클라이언트가 리듬에 맞추어 연주할 수 있고 반드시 함께 연주하거나 연주하면서 서로 경청할 수 있을 것이라고 가정하지 말라. 이런 기술은 어떤 클라이언트가 보유한 것보다도 높은 수준의 음악적이고 대인관계적인 감수성을 요구한다. 이것은 그들의 임상 목적의 일부이지만 그것이 자동적으로 나타나지 않는다고 놀라지 말라.

마지막으로, 음악치료사로서 당신의 역할은 즉흥연주를 촉진하는 것에 있음을 유념하라. 이것은 즉흥연주를 위한 기본박 연주나 기반 잡기(grounding)를 유지하는 것을 의미한다. 그것은 또는 즉흥연주를 통해 당신이 음악적 · 개인적으로 클라이언트에게 발생한 것을 자각해야만 함을 의미한다. 우리가 이런 측면을 고려하고 촉진하며 클라이언트가 성숙하도록 돕고자 즉흥연주를 사용할 수 있을 때, 즉흥연주 경험은 매우 보상적일 수 있다!

🎵 **함께 읽으면 좋은 도서**

Aigen, K. (1998). *Paths of Development in Nordoff-Robbins Music Therapy*. Gilsum, NH: Barcelona Publishers.

Ansdell, G. (1995). *Music for Life: Aspects of Creative Music Therapy with Adult Clients*. London, UK: Jessica Kingsley Publishers.

Bruscia, K. E. (1987). *Improvisational Models of Music Therapy*. Springfield, IL: Charles C. Thomas.

Dvorkin, J. (1982). Piano improvisation: A therapeutic tool in acceptance and resolution of emotions in a schizo-affective personality. *Music Therapy, 2*, 52-62.

Gardstrom, S. C. (2001). Practical techniques for the development of complementary skills in musical improvisation. *Music Therapy Perspectives, 19*, 82-87.

"Jazzy", Hunter, L. L., & Polen, D. W. (1999). Jazzy the Wonder Squirrel. In J. Hibben (Ed.), *Inside Music Therapy: Client Experiences* (pp. 87-95). Gilsum, NH: Barcelona Publishers.

Lee, C. (1996). *Music at the Edge*. London, UK: Routledge.

Logis, M., & Turry, Alan. (1999). Singing my way through it: Facing the cancer, the darkness, and the fear. In J. Hibben (Ed.), *Inside Music Therapy: Client Experiences* (pp. 97-117). Gilsum, NH: Barcelona Publishers.

Mack, G. (1999). *Adventures in Modes and Keys*. Miami, FL: Warner Bros. Publications.

Robbins, Clive, & Robbins, Carol. (1998). *Healing Heritage: Paul Nordoff Exploring the Tonal Language of Music*. Gilsum, NH: Barcelona Publishers.

Ruud, E. (1998). *Music Therapy: Improvisation, Communication, and Culture*. Gilsum, NH: Barcelona Publishers.

Turry, A., & Marcus, D. (2003). Using the Nordoff-Robbins approach to music therapy with adults diagnosed with autism. In D. Wiener & L. Oxford (Eds.), *Action Therapy with Families and Groups* (pp. 197–228). Washington, DC: American Psychological Association.

▶ 과제: 즉흥연주 경험

1단계: 관찰하기, 참여하기, 보조하기

1. 치료사가 세션에서 즉흥연주 경험을 사용하는 것을 당신이 관찰했을 때(비디오테이프 혹은 시연도 가능함)를 기술하라. 치료사가 한 것, 클라이언트가 한 것, 그 상호작용에서 당신이 관찰한 것, 그리고 그 과정의 잠재적 유익이라고 당신이 관찰한 것을 기술하라. 또한 이런 상황에서 당신이 관찰한 기법들 중 클라이언트와의 즉흥연주 경험을 구조화하도록 당신을 도와주는 기법을 설명하라.

2. Bruscia(1998a)가 언급한 내용 중 이 장의 두 번째와 세 번째 문단에서 언급된 즉흥연주 경험을 복습하라. 당신의 대상자를 위한 이 기법의 사용 가능성에 대해 설명하라. 이 장에서 제시한 것과 별도로 다른 예를 찾도록 노력하라.

3. 이 장에서 언급한 대상 집단 중 한 그룹을 위한 즉흥연주 사용의 예를 문헌에서 검색하라. 그것을 설명하고 출처를 밝히라.

2단계: 계획하기, 함께 인도하기

1. Bruscia가 언급하고 이 장에서 논의한 즉흥연주 경험을 복습하라. 당신의 대상 집단에게 사용이 가능한 세 가지 기법을 기술하라. 이 책에 포함된 예를 사용할 수도 있지만, 만약 다른 것을 찾을 수 있다면 그것이 보다 유용할 것이다. 당신이 세션에서 즉흥연주를 사용했다면, 그것이 어떻게 성공적이었는지에 대해 회고하라. 만약 성공적이지 않았다면, 결과를 향상시키기 위해 당신

은 무엇을 달리 할 수 있을 것인가?

2. 즉흥연주 경험을 사용하는 세션을 계획하라. 이러한 세팅에서 다른 유형의 경험보다도 즉흥연주 경험을 사용하는 데에 따른 유익은 무엇인가? 세션 후에 클라이언트가 반응했던 방식에 대해 기술하라. 그들의 반응에서 긍정적인 것을 발견했는가? 보다 유익하기 위해서 당신은 어떤 방식으로 그 반응을 촉진할 수 있는가?

3. 분리된 특수학급에 있는 다양한 장애아동 집단을 위해 즉흥연주 경험을 사용하는 세션을 계획하라. 당신이 지향하는 목적과 목표를 기술하고, 당신이 그 세션을 구조화하는 방식을 설명하라. 당신의 계획에 세 가지 다른 즉흥연주 경험을 포함하라.

3단계: 인도하기

1. 당신의 세션에 한 가지 혹은 그 이상의 즉흥연주 경험을 계획하고 사용하라. 그 경험을 설명하고 그것이 관련적인지 혹은 비관련적인지, 기악적인지 혹은 성악적인지 분류하라. 세션 후에 클라이언트의 반응 방식에 대해 기술하라. 그 경험이 목표 달성에 얼마나 효과적이었는지에 관해 숙고하라. 만약 성공적이지 않았다면 문제가 된 이유와 보다 성공적이기 위해 당신이 행할 수 있었던 다른 경험을 기술하라.

2. 이 장에서 언급한 각 대상자 집단(장애아동, 발달장애 성인, 정신장애 성인, 노화와 관련된 필요를 가진 노인, 의료 환자)을 위한 한 가지 즉흥연주 경험의 예를 제시하라. 각 즉흥연주의 가능한 목적과 목표를 구체화하라. 당신이 제시한 예는 이 장에서 혹은 앞에서 사용한 것과는 차별화되어야 한다. 당신의 경험을 통해 각 대상자 집단의 사람들이 그 즉흥연주 경험에 반응할 수 있는 방식에 대한 자신의 생각을 기술하라.

3. 당신이 치료하고 있는 대상자 집단을 위해 기악 즉흥연주의 예와 성악 즉흥연주의 예를 문헌에서 검색하라. 각 예를 요약하고 출처를 언급하라.

chapter 09

연주 혹은 재창조 경험

Clinical Training Guide for the Student Music Therapist

연주 혹은 재창조 경험에서 클라이언트는 사전에 작곡된 음악을 배우거나 연주하고, 혹은 모델로 제시된 음악 형식 유형을 재연한다. 여기에는 또한 클라이언트가 미리 정해진 역할이나 행동을 수행하는 구조화된 음악 경험이 포함된다(Bruscia, 1998a).

재창조 경험에는 다음과 같은 다양한 유형이 있다. 먼저, 클라이언트가 지정된 혹은 쓰여 있는 방식대로 연주하거나 노래하는 기악 및 성악 재창조가 있는데, 이는 구조화되거나 사전에 작곡된 음악 자료 혹은 노래를 재연하는 것이다. 이 밖에도 음악 게임과 활동, 지휘하기 등이 있다(Bruscia, 1998a).

장애아동

연주 혹은 재창조 경험은 장애아동에게 기능적 기술 개발(집중력, 기억력, 연쇄 기술과 같은), 전반적인 자존감 향상을 가져오는 학습 성취, 그리고 또래 관계의 발전을 결합하는 독특한 기회를 제공할 수 있다. 예를 들어, 클라이언트는 간단한 낱건반 작품을 연주하기 위해 기초적인 혹은 변형된 악보를 학습하는 데 참여할 수 있다. 이때 동시적으로 읽기, 수학 혹은 색 인지 기술을 다룰 수 있다. 클라이언트는 이어서 교우들을 위해 작은 연주 경험의 일부로 이와 같은 작품을 연주할 수 있고, 이것은 또한 아동의 자기상을 고양시키고 동료와 교사가 그를 바라보는 방식을 확장시키도록 한다. 이후에 클라이언트는 이런 기술을 학교 밴드 콘서트에서 작지만 핵심적인 타악기 라인을 연주하는 것으로 전환시킬 수 있는데, 여기서 그는 이전보다 더 폭넓은 사회 활동 범위를 가지고 상호작용할 수 있다.

발달장애 성인

연주 혹은 재창조 경험은 발달장애 성인에게도 유사한 결과를 도출할 수 있다. 덧붙여 이런 유형의 음악 경험은 음악치료 환경의 구조 안에서 클라이언트가 사회적 상황과 기대를 연습하도록 돕는 수많은 기회를 제공하고, 이어 이런 기술이 실제 사회 세팅으로 일반화된다. 이와 같은 예로 개인 관리(personal care)를 다루는 사전에 작곡된 치료 노래, 사회적 상황, 어려운 감정 다루기 등이 있다. 클라이언트가 노래의 구조(선율, 화성, 리듬)를 배우고 내면화할 때, 그들은 자신이 필요한 경우 접근할 수 있는 실체적 도구를 개발하게 된다.

정신장애 성인

정신과적 질환을 가진 성인은 함께 음악을 만들고 연주하는 데 자주 참여할 수 있다. 여기에는 그룹 노래하기, 합주, 댄스, 독주 등이 포함된다. 이런 경험은 클라이언트가 음악 환경에서 그들 자신이 되고, 자신의 연주에 대한 타인의 피드백을 수용하며, 자신감 및 자아존중감을 심화시킬 수 있는 기회를 제공한다.

그룹 노래하기는 오락 프로그램으로 사용될 수도 있고 그룹치료 경험의 일부가 될 수도 있다. 클라이언트에게 의미 있는 노래를 선곡하고, 그들에게 개인적으로 중요한 것을 공유하며, 그룹과 함께 그것을 노래하는 것은 모두 타인에게 이해받거나 경청되는 깊은 느낌으로 이끌 수 있으며 그룹 구성원 간의 유대를 심화시킬 수 있다.

보상적 음악 합주 경험은 거의 혹은 전혀 사전 음악 훈련을 필요로 하지 않는 악기를 사용하여 이루어질 수 있다. '재미있는 네 개의 북(Fun for Four Drums)'(Nordoff & Robbins, 1968a)과 '벨 화원(A Garden of Bell Flowers)'

(Levin & Levin, 1977)과 같은 간단한 음악 작품은 치료사의 간단한 지시로도 연주될 수 있다. 클라이언트는 적절한 시간에 그들의 음악 모티브를 제공해야 하는 책임을 지는 데 반해, 치료사는 소리 안에서 음악적 초상화를 창조하도록 책임을 진다. 이것은 또한 정신과적 질환을 경험하고 있는 사람들에게 현실에 기초한 지금-여기 반응을 발전시키도록 도울 수 있다.

댄스는 이러한 어려움을 가진 성인에게 인기 있는 활동인데, 그 이유는 이 일상적 사회 활동이 이러한 많은 클라이언트의 삶에서는 일상적이지 않기 때문이다. 음악의 리듬과 함께하는 안전한 환경과 확실한 경계의 존재는 적당하고 즐거운 신체 접촉을 허용하며, 이는 어떤 클라이언트에게는 강력한 동기 부여제가 될 수 있다. 정신과적 질환을 가진 클라이언트를 위한 댄스는 보다 과제 지향적인 세션 후에 보상으로 잘 작용할 수 있다.

그룹 세팅에서 혹은 장기대회의 한 부분으로 독주는 이러한 대상자에게 일상적으로 사용된다. 음악치료사는 종종 교사나 코치의 역할을 하는데, 연주 사전, 도중, 사후에 클라이언트를 준비시키고 지원한다. 클라이언트는 이런 경험을 통해 많은 유익을 얻는데, 향상된 자신감, 적절한 집중력, 그리고 치료 공동체에 대한 소속감이 이에 포함된다.

노화와 관련된 필요를 가진 노인

노래하기는 노인과의 음악치료에 자주 포함되며 일반적으로 익숙한 노래를 부르는 것과 관련된다. 노래하기는 대부분의 문화권에서 사회적 활동이기 때문에, 사람과 관계 맺는 논리적 방법이 된다. 게다가 노래하기는 재미있다! 음악이 유발한 기억이나 느낌은 언어적으로 처리될 수 있고, 더 나아가 노래하기를 회상 및 다른 형태의 참여로까지 확장시킬 수 있다.

재창조 경험은 또한 노래나 다른 작품을 포함하는데, 여기서 참여자는 작곡된 부분을 연주한다. 다양한 연령대에 사용될 수 있는 '호키 포키(The

Hokey Pokey)'와 같은 대중가요가 좋은 예가 된다. 재창조 경험은 또한 기악 연주 경험을 포함하기도 하는데, 예를 들어 클라이언트는 어떤 노래의 특정 부분에서 연주를 위해 톤 차임이나 타악기를 사용할 수 있다. 음악이 다른 대상군과의 음악치료에서 사용될 수 있는 것과 같이, 오르프 음악교육에서 사용하기 위해 고안된 많은 간단한 노래는 노인에게 사용될 수 있도록 변형이 가능하다.

노인은 젊은 시절 알고 있었던 음악을 연주하는 것을 즐거워하고 이를 통해 유익을 얻을 수 있다. 어떤 이들은 그들이 여전히 연주할 수 없다고 느끼기도 하지만, 그래도 그들은 참여를 통해 큰 만족감을 얻을 수 있다. 젊은 시절 악기를 연주하지 않았던 사람들은 때때로 스스로 나이가 들어 감에 따라 그것을 즐거워함을 발견하기도 한다. 어떤 음악 매장은 건강한 노인들이 악기 연주를 배울 수 있는 기회를 장려한다. 음악치료사는 사람들의 개인적인 필요에 따라 음악 학습을 변형시킬 수 있기에 때로 이런 프로그램을 돕는 역할을 한다.

의료 환자

의료 환자는 노래하기를 통해 연주 혹은 재창조 음악치료 경험에 자주 참여한다. 노래는 환자에 대한 그 노래의 가치와 의미로 인해 혹은 세션에서 탐색되는 주제나 테마를 소개하기 때문에 자기표현의 도구로, 환자의 외부 세계로의 연결로 선택될 수 있다. 노래하기는 또한 신체적 유익을 제공한다. 특히 호흡이 불편한 환자에게 유용할 수 있는데, 이는 노래하기에서 요구하는 심호흡이 폐렴 및 만성 폐 질환 환자에게 습성해소(productive cough)를 촉진시킬 수 있기 때문이다. 노래하기와 심호흡은 또한 생리적 이완을 유도할 수도 있다.

간단한 악기는 의료 환자와의 재창조 경험에 사용될 수 있다. 낱건반이나 톤 차임은 간단한 선율 연주를 위해 사용될 수 있다. 각 환자는 연주할 한두 개의 음정을 받을 것이다. 음악은 악보 없이, 간단한 차트를 사용하여, 혹은 환자가 연주할 때를 음악치료사가 지시함으로써 연주될 수 있다. 리듬 악기와 큐코드 또한 유용하게 사용될 수 있다. 이런 경험은 음악적으로 만족감을 줄 뿐 아니라 누워서만 지내면서 상실되었던 힘을 재건하도록 환자를 도울 수 있다.

음악치료 문헌에서의 사용

장애아동

Nordoff와 Robbins(1983)는 장애아동을 위해 작곡된 많은 음악의 사용에 대한 윤곽을 제시했고, Robbins와 Robbins(1980)는 다른 아동들뿐 아니라 청각장애 아동을 위해서도 이와 같은 작업을 했다. 그들과 동료들은 노래집(Levin & Levin, 1997; Nordoff & Robbins, 1962, 1968b, 1980a, 1980b, 1980c, 1995), 음악극(Nordoff & Robbins, 1966, 1969), 기악 편곡 노래(Levin & Levin, 1977, 1998, 2004; Nordoff & Robbins, 1968a, 1972, 1979)와 같은 아동과 작업하기 위한 다양한 노래를 작곡하고 출판하였다. 이와 더불어, 음악치료 문헌에서 찾아볼 수 있는 기악 편곡 노래 및 음악 작품집으로는 『치료곡집 I(*Themes for Therapy*)』(Ritholz & Robbins, 1999)과 『치료곡집 II(*More Themes for Therapy*)』(Ritholz & Robbins, 2002)가 있다. 이런 자료는 Nordoff-Robbins 접근법의 사용 유무와 관계없이 아동을 대상으로 하는 치료를 하는 사람들에게 적극 추천된다.

발달장애 성인

　　Boxill(1985)은 구성원들이 이름이 불림으로써 인정받고 다양한 방식으로 관계 맺도록 하는 시작 노래를 설명하면서, 그런 방식으로 리듬 악기 연주(pp. 145-150), 성악 및 기악곡을 사용한 재창조 전략을 제시하였다. 그녀는 또한 휠체어를 타는 29세 편측마비 중도 정신지체 남성과 재창조 기법을 사용한 것을 설명하였다(pp. 131-133). 이 남성은 '관타나메라(Guantanamera)' 노래를 즐겼고, Boxill은 이것을 원래 형식대로 사용했으며, 이어 그 사람의 북 연주를 맞추고 이를 반영했다. 그녀는 생성된 신뢰와 기쁨이 그가 보다 협응된 방식으로 북을 연주하도록 했음을 보고했다. 그들은 또한 '쿰바야(Kum ba Yah)'라는 노래를 사용하여 뚜렷한 발음에 초점을 맞추어 작업했다.

　　『누구나 움직일 수 있다(*Music Is For Everyone*)』(Farna & Johnson, 1988b)는 특별히 중중 발달장애인을 위해 작곡된 음악을 담고 있다. 저자들은 임상 예시를 제공하지는 않았지만, 그들이 제공한 노래는 발달장애 아동과 성인 모두에게 적절하다. 제목으로 '머리를 들어라(Pick Your Head Up)' '벨 혹은 마라카스를 들어라(Pick a Bell or Pick a Maraca)' 그리고 '탬버린을 만져라(Touch the Tambourine)'가 있다. 같은 저자의 두 번째 책인 『모든 사람을 위한 음악(*Everyone Can Move*)』(1988a) 또한 이런 대상자를 위해 작곡된 노래를 포함한다.

　　장애아동을 위해 창조된 어떤 노래는 발달장애 성인에게 사용 가능하도록 쉽게 변형될 수 있다. 많은 Nordoff-Robbins 음악 그리고 Levin과 Levin의 기악 및 성악 작품은 가사 내용과 음악 구조 면에서 연령에 구애받지 않는다.

정신장애 성인

Rubin(1976)은 음악치료에서의 핸드벨 사용에 대해 자세히 설명하면서 핸드벨 그룹의 적절한 목적과 유익에 대해 언급하였다. 그녀는 독보 없이 참여자가 적절한 때에 연주하도록 하는 코딩 시스템을 설명하였다.

정신과적 질환을 앓고 있는 사람이 이미 확립된 패턴을 가지고 리듬적으로 연주하는 데 참여하는 것은 그들의 사고 과정을 조직하도록 돕는 데 유용할 수 있다. Shultis(1999)는 클라이언트의 집중에 주안점을 두기 위해 리듬적 북 연주를 사용함으로써 그들이 연주 후 언어적으로 더욱 정리되었음을 발견하였다.

Reed(2002)는 주립병원 세팅에서 정신적으로 이상이 있는 범죄자로 분류된 성인과 가스펠 합창단을 사용한 것을 설명하였다. 주로 주고받기 준비 노래로 시작하는 구조를 적용하면서, 그룹은 이어 가사보를 사용해 새로운 것을 배웠고 노래는 결국 암보되었다. 기법은 각 구성원의 학습 수준에 따라 변형되었다. 세션은 항상 세션에서 배운 노래를 반복하고 마치는 기도로 종결되었다. Reed는 가스펠 합창단을 통해 성취될 수 있는 것 중에서 몇 가지 목적을 제시했는데, 그것은 정서 표현을 위한 출구 제공하기, 사회적 참여로의 교량 역할하기, 안내(guidance), 리더십 및 사회적 피드백에 대한 수용을 보여 주기, 시간에 맞추어 그룹에 참여하기, 또한 미리 알려 주지 않아도 그룹에 참여하기, 새로운 여가 기술 습득하기다.

노화와 관련된 필요를 가진 노인

많은 음악치료사는 노인과의 프로그램에 함께 노래하기(sing-alongs)를 포함시킨다. Chavin(1991)은 치매 환자에게 함께 노래하기가 유용함을 밝히면서 그들의 필요를 만족시키기 위한 몇 가지 수정안을 제시했다. 또한 그녀는 효과적으로 노래하기를 진행할 수 있는 몇 가지 아이디어를 소개했다. Shaw(1993)는 공휴일과 계절에 적절한 개월별 노래하기 및 다른 경험의 예를 제공하였다. 더 나아가 Clair(1996)는 후기 치매 환자와의 노래하기 사용을 제안하였지만, 치매가 진행되면서 클라이언트가 많은 노래 가사를 기억할 수 없음을 인지하였다. 하지만 그녀는 젊은 시절 배운 노래가 나중에 배운 노래보다 더 오랫동안 기억됨을 강조하였다.

Clair(1996)는 치매 환자가 배우자를 파트너 삼아 볼룸 댄스에 집중할 수 있음을 발견했다. 다른 연구자(Chavin, 1991; Gfeller & Hanson, 1995)도 노인과의 음악치료 세션에서 댄스와 여러 동작 기법을 사용하였다.

악기를 가지고 하는 연주 경험의 사용은 리듬 밴드의 일부로 자주 설명된다. 리듬 악기 사용은 몇 가지로 구조화될 수 있다. 훈련을 받지 않은 사람은 클라이언트에게 리듬 악기를 건네고 특정한 구조나 목적을 염두에 두지 않은 채 그들이 연주하도록 하지만, 이것이 추천되지는 않는다. Chavin(1991)은 걷기(혹은 보행)가 필요한 대상에게 클라이언트와 치료사가 함께 부르는 노래를 반주하면서 리듬 악기를 사용하였다. Gfeller와 Hanson(1995)은 리듬 악기를 활용한 구조화된 연주 경험을 위한 유용한 아이디어 몇 가지를 제공했다. 악기는 또한 다른 방식으로 사용될 수 있다. Shaw(1993)는 벨 밴드의 사용을 언급하였는데, 여기서 참여자는 각각 낱건반 한 개를 가지고 리더가 지시할 때 익숙한 노래를 연주한다.

Clair(1996)는 음악이 노인의 건강을 유지하도록 돕는 데 중요한 역할을 한다고 언급하였다. 그녀는 건강한 많은 노인이 음악 기술을 개발하거나 다시 학습할 시간적 여유 및 에너지가 있음을 지적하였다. Clair는 노인이 악기를 배우는, 혹은 다시 배우는 몇 가지 실례와 이런 경험을 통해 얻게 된 자존감 및 사회적 상호작용에 대한 긍정적 영향력을 설명하였다. 한 예에서, 오르간 레슨을 받은 건강한 노인들은 레슨을 받지 않은 사람들에 비해 긍정적인 정서, 생활양식 그리고 신체 변화를 경험했음을 깨달았다

(Koga & Tims, 2001).

Reuer, Crowe와 Bernstein(1999)은 웰니스를 촉진하고 유지하는 데 초점을 맞추면서, 노인과의 치료를 위해 타악기에 기초한 몇 가지 전략을 설명하였다. Glassman(1983)은 노인 센터에 참여하는 건강한 노인의 필요를 채우기 위해 장기자랑 대회를 조직하였다. 그녀는 오디션에서 세트 디자인부터 무대장치까지, 연주의 클라이맥스 및 참여자 반응의 전 과정을 설명하였다.

의료 환자

Marly(1996)는 아동 생활 프로그램에서 입원 영아와 유아에게 사전에 작곡된 노래와 간단한 악기를 사용했다. 그녀는 사전에 작곡된 노래를 사용하는 몇 가지 기법을 소개했다. 음악치료사가 아동과 함께 몸을 흔들면서 수차례 부르는 이런 노래는 성인과 아동 간의 편안한 라포를 격려하기 위한 의도를 가진다. 그녀는 또한 아동이 녹음된 음악 반주에 맞추어 악기를 연주하는 리듬 밴드를 설명하였다.

Magee(1999)는 다발성 경화증을 가진 성인을 대상으로 사전에 작곡된 익숙한 노래를 불렀다. 사전에 작곡된 익숙한 노래의 영향력을 즉흥연주와 비교한 연구에서, 그녀는 사전에 작곡된 노래는 환자가 특정 노래가 연상시키는 과거 속 그들의 중요한 사람 및 사건을 연결하도록 돕는다는 것을 발견했다. 이런 노래가 환자에게 미치는 영향력에 대한 많은 예가 논의에서 다루어졌다.

고려 사항

함께 노래하기(sing-alongs)는 음악치료사가 행하는 모든 것으로 오해를 받기도 한다. 이는 절대 사실이 아니다. 어떤 음악치료사는 심지어 이 같은 고정관념에 빠지지 않기 위해 함께 노래하기를 피하기도 한다. 사실 함께 노래하기는 매우 적절하게 사용될 수 있다. 함께 노래하기에 클라이언트의 인생에서 나온 음악을 사용함으로써 치료사는 클라이언트가 관계 맺을 무언가를 제공한다. 이는 다른 많은 접근보다 더 높은 수준의 참여를 유도할 수 있다.

당신이 필요로 하는 음악을 가까이 두고 즉석에서 반주하거나 보조할 수 있도록 그 음악에 충분히 익숙해지라. 음악치료사가 음악을 암보해야 하는지 혹은 연주하거나 노래하면서 음악을 사용하는 것이 만족스러운지 여부에 관한 다양한 의견이 존재한다. 최상의 유도는 음악에만 집중하지 말고 클라이언트에게도 그 관심을 나누는 것이다. 만약 이것이 당신에게 암보를 의미한다면, 무슨 일이 있어도 그렇게 하라. 익숙한 노래 몇 곡을 가지고 있다가 필요할 때 응답할 수 있도록 하는 것은 언제나 바람직하다. 당신은 또한 당신의 관심 대부분을 클라이언트에게 쏟으면서, 음악이나 화성 차트를 사용하여 연주하고, 반주하며, 노래하는 능력을 발전시키길 원할 것이다. 처음에는 당신에게 익숙한 노래, 즉 클라이언트에게 초점을 유지하면서 반주하고 노래할 수 있는 노래를 선곡하라. 경험을 쌓아 가면서 당신은 자연스럽게 노래 레퍼토리를 발전시킬 수 있을 것이다.

재료

　기악 활동을 위한 수많은 악보를 포함한 몇 가지 재료가 이 장에서 제
시되었다. 이것들은 모두 유용하고 당신은 그것에 익숙해질 필요가 있다.
다른 자료도 많이 존재한다. 만약 입수 가능한 책들 중 당신이 필요로 하
는 것을 찾을 수 없다면, 당신 스스로 음악을 작곡할 수도 있다. 결국 이
장에서 언급된 책들 속 많은 노래가 사람들의 임상적 필요에 따라 고쳐된
것이다.

　다른 예술 양식과 마찬가지로, 연주 경험에서 효과적으로 사용될 음
악 작곡을 위한 지침이 있다. 작곡에 대한 광범위한 지시는 이 책의 초점
을 넘어서는 것이기에 우리는 몇 가지 좋은 재료를 당신에게 제시하고
자 한다. 여기에는 Robbins와 Robbins(1980)의 『청각장애인과 특수아동
을 위한 음악(*Music for the Hearing Impaired and Other Special Populations*)』
과 Brunk(1997)의 『음악치료사를 위한 노래 만들기(*Songwriting for Music
Therapists*)』가 해당된다. Bruscia(1987)는 『음악치료 즉흥연주 모델
(*Improvisational Models of Music Therapy*)』(pp. 398-397)에서 (M. Murphy가
사용했던 것과 같이) 그룹 세팅에 있는 약물 남용 클라이언트를 위한 노래
만들기에 대해 간단히 요약하였다.

　이러한 자료는 그 초점이 클라이언트와 같이 음악을 작곡하는 데 있기
도 하지만, 기보된 자료 중 상당수는 클라이언트를 위해 작곡된 것이다.
요약하면, 클라이언트가 노래하거나 연주하도록 당신이 의도한 부분이 그
들의 필요와 기술에 적절한지 확인해야만 한다. 일반적으로 당신은 복잡
한 것보다는 간단한 기악적 부분으로 성공할 수 있을 것이다(물론 어떤 상
황에서는 복잡한 부분이 유용할 수도 있지만). 만약 당신이 클라이언트 그룹
을 지도하고자 한다면, 얼마나 많은 수의 사람이 한번에 연주할 수 있을

것인지, 또한 그들에게 누가 연주할지를 어떻게 알려 줄 것인지 생각해 봐야 한다. 이런 고려 사항이 당신의 음악적 내용의 발전을 인도하도록 하라. 가사를 작곡할 때는 단어의 억양을 따르고 가장 중요한 단어가 강박에 오는지를 확인하라. 이것이 작곡을 위한 가장 기본적인 제안이다. 앞서 언급한 책들은 보다 광범위한 지시를 포함한다.

당신은 함께 노래하기를 위해 많은 노래집을 필요로 할 것이다. 이를 위한 몇 가지 제안이 7장 '세션 구성하기'에서 언급되었다. 물론 노래는 세션에 있는 사람들의 연령에 적합해야만 한다. 대부분의 경우 가사만으로 충분할 수도 있지만, 당신은 어떤 경우에는 선율 단독으로, 심지어 어떤 경우에는 화성까지 포함한 음악을 제공하길 원할 수도 있다. 세션 도중에 사람들이 노래를 찾을 수 있도록 쪽 번호와 제목 목차가 있는 노래집을 준비하는 것이 바람직하다. 어떤 노래집은 판매되기도 하고, 당신이 스스로 만들 수도 있다. 가장 오래된 노래를 담고 있는 책으로 Grant(1973)의 『노인을 위한 노래집(Sing Along Senior Citizens)』 그리고 『제리톤즈로 모여라(Come Join the Geritones)』(작자 미상)가 있다. 중복 신체장애인을 위해서는 개별 악보(single songsheet)를 사용하여 보다 잡기 편하게 하는 것이 도움이 될 것이다. 이는 클라이언트가 집중하도록 하고 그들의 약화되거나 불편한 손이 힘들지 않도록 도울 수 있다.

사용 시 유익한 조언

자료 부분에서 언급된 많은 고려 사항이 여기서도 적용된다. 세션에서 연주나 재창조 경험을 사용할 때, 당신은 이미 보유하고 있는 지휘 기술과 리더십 기술을 많이 사용할 것이다. 비록 당신의 스타일이 상황에 따라 달라지긴 하지만, 이런 전략을 사용하여 유도하는 세션들은 오락이나 교육을 위한 목적인 것처럼 보이기도 한다. 당신이 치료를 목적으로 치료하고 있음을 확실히 하는 것은 치료사로서, 또한 세션을 돕는 자로서의 당신에게 달려 있다. 예를 들어, 함께 노래하기에서 당신의 클라이언트가 노래하고자 하는 것, 그것을 노래하길 원하는 이유, 그들이 노래하는 방식, 그리고 노래에 관련된 기억과 연상에 관심을 기울여야 함을 기억하라. 이 모든 것은 즐거움을 줄 뿐만 아니라 세션을 보다 치료적으로 만든다!

다른 예로, 만약 당신이 간단한 악기를 연주하고 색깔로 코딩된 차트를 사용하는 그룹을 인도한다면, 당신은 음악치료 세션보다는 오락 활동을 지휘하는 것처럼 느끼기 쉽다. 이런 유형의 경험은 일반적으로 무언가를 하는 것으로, 당신은 정확한 시간에 연주할 수 있는 기술을 가진 그룹을 지휘해야만 한다. 하지만 치료사로서 당신은 성공적인 음악 경험을 제공하는 것 이상을 원할 것이다. 당신은 각 클라이언트가 그의 필요와 능력에 적합한 악기를 연주하고, 각 사람이 그가 할 수 있을 만큼 연주하길 원한다. 또한 당신은 필요할 때 도움을 제공하길 원하고, 클라이언트가 자신의 연주에 대한 느낌을 말하길 원한다. 이것이 바로 세션이 귀중한 음악 경험을 넘어서 음악치료가 되도록 하는 것이다.

♫ 함께 읽으면 좋은 도서

Bitcon, C. H. (2000). *Alike and Different* (2nd ed.). Gilsum, NH: Barcelona Publishers.

Bright, R. (1988). *Music Therapy and the Dementias: Improving the Quality of Life*. St. Louis, MO: MMB Music.

Cordrey, C. (1994). *Hidden Treasures: Music and Memory Activities for People with Alzheimer's*. Mt. Airy, MD: ElderSong Publications, Inc.

Palmer, H. (1981). *Hap Palmer Favorites*. Sherman Oaks, CA: Alfred Publishing Co.

Shaw, J. (1993). *The Joy of Music in Maturity*. St. Louis, MO: MMB Music.

Theurer, K. (2003). *The Bells Are Ringing: The Magic of Using Handchimes in Music Therapy for People Living with Dementia*. Vancouver, BC, Canada: Author.

▶ 과제: 연주 혹은 재창조 경험

1단계: 관찰하기, 참여하기, 보조하기

1. 연주 혹은 재창조 경험을 사용하는 치료사를 관찰했던 때(비디오테이프나 시연도 상관없음)를 기술하라. 이 경험에서 클라이언트에게 도움이 되었던 것이 무엇이라고 생각하는가? 당신이 느끼기에 더 많은 유익을 가져올 방법이 있는가? 만약 그렇다면 당신은 어떻게 그런 일이 일어나도록 할 것인가?

2. Bruscia(1998a)가 제시하고 이 장의 첫 두 문단에서 기술된 연주 혹은 재창조 경험을 복습하라. 당신의 대상 집단에게 사용 가능한 기법을 설명하라. 이 책에서 제시된 예와는 별도로 다른 예를 사용하도록 시도하라.

3. 이 장에서 제시한 대상 집단 중 한 집단을 위해 연주 혹은 재창조 경험의 사용 예를 문헌에서 검색하라. 그것을 설명하고 출처를 밝히라.

2단계: 계획하기, 함께 인도하기

1. Bruscia가 설명하고 이 장에서 논의된 연주 혹은 재창조 경험을 복습하라. 당신의 대상 집단을 위해 사용 가능한 세 가지 기법을 설명하라. 이 주제에 관한 예전 과제에서 사용한 것과는 별도로 다른 예를 사용하라. 당신은 이 책에서 나온 예를 사용할 수도 있지만, 가능하면 그것과 다른 것을 찾으려고 노력하라. 당신의 세션에서 사용한 예의 경우, 그것이 얼마나 성공적이었는지를 숙고하라. 만약 성공적이지 않았다면, 결과를 향상시키기 위해 당신이 다르게 행했을 수도 있는 것에 대해 숙고하라.

2. 당신이 관여한 세션에서의 연주 혹은 재창조 경험을 계획하라. 이 상황에서 다른 유형의 경험보다 연주 혹은 재창조 경험을 사용하는 것의 이점은 무엇인 가? 세션 후에 클라이언트가 반응한 방식에 대해 기술하라. 그들의 반응에서 특별히 긍정적인 것은 무엇인가? 보다 나은 결과를 위해 당신이 다르게 행했 을 수도 있는 것은 무엇인가?

3. 우울증, 경계선장애, 정신분열증 진단을 받은 정신과 병동의 성인 그룹을 위 한 연주 혹은 재창조 경험을 계획하라. 당신이 세울 수 있는 목적과 목표를 서 술하고 그 세션을 구조화할 방식을 설명하라. 당신의 계획에 서로 다른 세 가 지 연주 혹은 재창조 경험을 포함시키라.

3단계: 인도하기

1. 당신의 세션을 위해 한 가지 이상의 연주 혹은 재창조 경험을 계획하고 사용 하라. 세션 후에 클라이언트가 반응한 방식에 대해 기술하라. 그들의 반응에 특별히 긍정적인 것이 있었는가? 만약 당신이 하나 이상의 경험을 사용했다 면, 다양한 경험에 대한 그들의 반응 중 같은 점과 다른 점은 무엇인가? 만약 달랐다면 그 이유에 대해 숙고하라. 보다 나은 결과를 위해 당신이 다르게 행 했을 수도 있는 것은 무엇인가?

2. 이 장에서 제시된 각 대상 집단(장애아동, 발달장애 성인, 정신장애 성인, 노 화와 관련된 필요를 가진 노인, 의료 환자)을 위해 연주 혹은 재창조 경험의 예를 한 가지씩 제시하라. 각 경험에 대해 가능한 목적과 목표를 구체화하라. 당신이 제시한 예는 이 장에서 제공된 것이나 예전에 사용되었던 것과는 차별 화되어야만 한다. 과거 경험에 기초해서 각 대상 집단 클라이언트가 그 경험 에 대해 어떻게 반응할 것인지 당신의 생각을 논하라.

3. 당신이 치료하고 있는 대상 집단을 위해 문헌에서 연주 혹은 재창조 경험을 사용한 예를 검색하라. 그것을 설명하고 출처를 밝히라.

chapter 10

작곡 경험

Clinical Training Guide for the Student Music Therapist

치료사는 작곡 경험을 통하여 클라이언트가 가사를 만들고 노래 및 기악곡을 작곡하거나 그 어떤 음악적인 결과물이라도 창작할 수 있도록 도와준다(Bruscia, 1998a).

작곡은 여러 가지 방법을 포함하는데, 송 패러디(song parody)는 원곡의 선율과 반주는 그대로 유지하면서 클라이언트가 기존 곡의 일부만 바꾸기, 송라이팅(songwriting)은 클라이언트가 곡을 작곡하거나 치료사의 도움을 받아 노래의 멜로디 및 가사 등 일부분을 만들어 악보로 만들고 녹음하기, 기악곡 작곡은 독주악기나 여러 악기 연주를 위해 송라이팅과 유사한 방법으로 작곡하기, 악보 만들기 활동은 클라이언트가 기보 시스템을 만들고 그것을 사용하여 작곡하거나 기존의 작곡된 곡들에 적용하기, 음악 콜라주는 클라이언트가 소리, 노래, 가사들을 선택하고 배열하여 음악 자서전이나 치료적 이슈를 다루는 리코딩을 만들기 등으로 다양하다(Bruscia, 1998a).

장애아동

장애아동들과 작곡하는 경험은 특히 학교나 사회 세팅에서 광범위한 교육적·발달적 기술과 지식을 습득, 유지 그리고 검색하는 방법을 조절 및 주장할 수 있는 기회를 제공하는 데 집중한다. 즉, 아동의 삶에서 중요한 부분을 차지하고 있는 요소들(가족, 친구, 선생님, 학교 규칙들)로부터 정보를 이끌어 내고, 그것을 바탕으로 학업 성취에 영향을 미칠 수 있는 학습 도구를 선택하거나 힘을 실어 주는 경험이 되도록 한다.

발달장애 성인

발달장애 성인들은 인지적·언어적 면에서 기능의 수준 차이가 매우 크기 때문에, 치료에서의 작곡 경험은 다양한 형식으로 기능 수준에 맞추어 시행되어야 한다. 송 패러디가 작곡을 위한 첫 번째 경험으로 자주 제공되는데, 이미 알고 있는 노래를 사용함으로써 멜로디, 화성 진행 등을 창작해야 하는 부담감을 덜어 줄 수 있기 때문이다. 익숙한 노래의 구조 안에서 작사를 하는 것은 (송 패러디의 한 부분으로서 혹은 새로운 곡을 작곡하는 것의 첫 번째 단계로서) 정서 표현을 위한 안전한 방법이 된다. 어떤 경우에는 단순히 클라이언트나 그룹의 대화 주제로부터 그들의 반응을 받아 적어 그대로 작사를 할 수도 있다. 치료사는 그 주제가 클라이언트에게 중요한 것임을 확인하고, 주제를 설정하며 대화를 촉진해 나가야 한다. 작곡 경험은 치료사와의 종결 시기가 임박할 때 치료 과정 중의 중요한 성취를 인식하게 하는 등 다양한 영역의 치료 목적을 지원한다.

정신장애 성인

정신장애 성인들을 위한 중재에서 치료사는 클라이언트가 언어적으로 그 자신을 표현하도록 권장한다. 음악치료는 비언어적으로 자신을 표현할 수 있는 기회를 제공한다. 특정한 정서나 아이디어를 표현하는 노래의 선율을 작곡하는 것은 개인이나 소그룹의 세션에서 이루어질 수 있다. 클라이언트는 가사에 단어를 추가하기도 하고, 음악적 소리 자체만으로 작곡을 완성하길 원할 수도 있다.

정신장애 성인들과 가사를 쓸 때, 작사를 하는 경험은 특정한 아이디어나 기분을 표현하기 위한 도구("내 마음에 떠오르는 것은 이런 거야."), 특정한 문제나 주제를 들여다볼 수 있는 도구("내가 생각하기엔/내가 느끼기엔 ____같아."), 문제를 해결할 수 있는 도구("내가 ____을/를 생각할 때/느낄 때 나는 ____이 어떨까 생각하고 또 나는 ____.") 혹은 이야기를 하는 표현 수단("이전에 나는 _____, 하지만 지금의 나는 ____. 언젠가 나는 ____하길 바라.")으로 쓰일 수 있다. 클라이언트들은 작사를 하는 과정에서 처음에는 "내가 어떻게 곡을 써야 하는지 모르겠어요."라고 말하곤 한다. 이럴 때 치료사의 역할은 클라이언트에게 적절한 수준의 구조를 제공하여 성공적으로 이 과제를 완수하게 하는 것이다.

클라이언트는 특정한 주제에 대하여 가사를 만드는 것으로 또 다른 형태의 작곡 경험을 하게 된다. 다음 단계로, 치료사는 가사의 감정적 메시지를 표현하는 음악을 즉흥연주해 보도록 하고, 클라이언트가 만들어 내는 즉흥연주의 형태로부터 작곡을 유도해 나간다. 이러한 형태의 작곡 스타일에 대하여 클라이언트들은 "그 음악은 바로 내가 느끼고 있는 것과 같은 느낌으로 들려요. 다른 사람들이 나를 이해할 수 있다는 기분이 들게 해요."라고 반응한다.

클라이언트가 미리 정해진 패턴이나 코드(code)를 가지고 선율을 만들면 더 구조적인 작곡 경험을 할 수 있다. 개별 세팅이나 그룹 세팅에서 함께 짧은 동기나 더 긴 악구를 만들어서 작곡을 할 수도 있다.

노화와 관련된 필요를 가진 노인

노인들은 다양한 수준의 인지 기능을 가지고 있으나, 어떤 수준에 있든지 그 기능 수준에 맞게 적절한 구조를 제공하여 송라이팅 및 작곡에 참여하게 할 수 있다. 인지장애가 있는 노인들의 경우, 치료 목적은 그들이 언어적으로 생각이나 감정을 표현하는 것보다 용이한 방법으로 그것을 표현할 수 있도록 하는 데 초점을 맞춘다. 이때 구조의 수준과 치료사의 촉구 기술은 인지장애를 지닌 대상들이 성공적인 경험을 할 수 있도록 만들어 주는 결정적 도구가 된다. 인지 기능 수준이 높은 대상의 경우에는 치료 목적이 정서 표현에 초점을 맞춘다.

그룹 작곡은 함께 작업하는 것, 그룹원이라는 소속감을 느끼면서 성취감을 얻는 것과 관련된 목적을 갖는다. 어떤 그룹에서는 매우 단순한 주제로 토의가 진행되기도 한다("봄이면 연상되는 것은 무엇인지 말해 보세요."). 개인적 아이디어의 목록이 모여서 악기 편성을 하거나 선율을 붙여도 보고 화성도 만들어 본다(완성된 곡을 그룹을 위하여 연주해 볼 수도 있다). 인지 장애를 가진 클라이언트들은 종종 두 가지 선택 사항 중에 선택을 하기도 하는데, 치료사는 작곡 작업을 할 때 클라이언트들이 자발적으로 아이디어를 낼 수 없을 경우 그룹에게 자료들을 제공함으로써 작업을 용이하게 한다.

의료 환자

입원 기간은 불확실성으로 가득하다. 작사를 하거나 선율 및 화성을 창작하는 것은 환자들에게 자신들의 염려와 두려움 뒤에 있는 정서를 표현하게 하는 구조를 제공한다. 이러한 곡들은 종종 병원 생활의 현실을 반영해 주기도 하고 환자의 희망이나 소원에 대한 미래를 투영해 주기도 한다. 치료사는 적절한 때 환자가 의미하는 것을 다루고 표현을 구조화하도록 도와준다. 치료사의 작곡을 촉진하는 기술은 환자들의 반응에 영향을 미치는데, 특히 이전에 아무런 음악적 훈련이나 경험이 없는 환자들에게는 더욱 치료사의 기술이 요구된다. 치료사는 첫 번째 라인의 가사나 선율을 제공하여 클라이언트가 나머지 악구를 마무리하게 한다. 치료사들은 병원 생활의 경험들에 대하여 환자들과 생각을 모으기도 하고, 주제를 규명하며, 그 주제에 맞는 악구를 창작하도록 도와주기도 한다. 음악은 환자의 선택에 근거하여 작곡된다. 환자들이 템포나 화성 패턴 조, 선율 진행, 그리고 그 외의 다른 음악적 요소를 선택하고 싶어 할 때, 치료사는 환자들이 의도하는 것을 반영하여 작곡할 수 있도록 지원한다.

송라이팅은 재활 세팅에서 클라이언트의 진보를 확인할 수 있는 평가 도구가 된다. 예를 들어, 외상 후 뇌손상 환자나 뇌졸중 환자를 대상으로 작곡 경험을 활용할 때 화성적 · 리듬적 · 선율적 숙련도와 의미 있는 가사를 만들어 가는 과정은 클라이언트의 장기 회상과 정서적 안정을 가늠할 수 있는 결과물로 제공될 뿐 아니라 향후 치료의 방향 역시 제시한다.

음악치료 문헌에서의 사용

장애아동

장애 아동들을 위한 송라이팅은 아동들이 악보를 읽을 수 있는 기술이 없는 경우가 많기 때문에 주로 즉흥연주를 통하여 이루어진다. 그러므로 작곡 경험과 관련된 음악치료의 예들은 청소년이나 고학년 아동을 대상으로 한 것이다. Gfeller(1987)는 송라이팅을 읽기를 위한 도구나 아동의 구어를 쓰기와 읽기의 기초로 활용하는 언어 경험적 접근의 하나인 언어치료로 사용하였다. 그녀는 언어 경험을 이끌어 낼 수 있는 송라이팅 사용을 위한 단계의 순서에 대하여 기술하였다.

Rio와 Tenny(2002)는 비행청소년 시설에 있는 16세 청소년의 사례 연구에서 작곡 사용에 대하여 기술하였다. 치료사는 그 대상 청소년이 어떤 스타일의 곡을 쓰고 싶어 하는지 알아낸 후에 종이를 주고 빈칸에 가사를 완성해 가도록 하였다. 그 청소년은 이와 같은 방법으로 몇 곡의 노래를 작곡했는데 어떤 곡에는 욕설로 가득한 가사도 있었다. 나중에 그의 태도가 변하고 나서 그 청소년은 그 노래를 좀 더 긍정적 태도를 반영하는 곡으로 개사하였다. Robb(1996)은 외상 후에 정서적 · 신체적 건강을 복원하고자 하는 청소년을 위한 여러 가지 송라이팅 기법을 설명하고 있다. 그녀의 송라이팅 기법은 빈칸 채우기, 그룹 송라이팅, 즉흥적 송라이팅, 퇴원을 위한 노래 등을 포함하고, 송라이팅 기법 개발을 위한 추가 제안을 제시한다.

발달장애 성인

발달장애 성인들을 위한 작곡의 사용은 그들의 언어 및 다른 기술의 결함으로 인해 매우 기본적인 수준에서밖에 이루어질 수 없지만, Boxill(1985)은 발달장애 대상의 송라이팅에 대하여 설명하고 있다. 즉, 그룹원들은 응답송 형식을 사용하여 추수감사절에 자신들이 먹고 싶은 음식에 대하여 말하고, 그것을 소재로 추수감사절 노래의 가사를 만들었다(p. 152). Fischer(1991)는 발달장애와 자폐를 동반한 청년과 함께한 송라이팅에 대하여 기술하였다. 토의와 그림 그리기를 결합하여 클라이언트는 음식 같은 다루기 쉬운 주제로 시작해서 송라이팅에 참여하였고, 그렇게 하여 '음식 노래'를 만들고 점차 다루기 어려운 주제들로 발전해서 '두려움에 관한 노래'나 '나 자신에 관한 노래'를 만들었다(pp. 359-371).

정신장애 성인

Ficken(1976)은 정신건강의학과 세팅에서의 송라이팅 사용에 대하여 기술한다. 그는 창의성과 기술의 수준을 조절하고, 클라이언트에게 유행하는 노래의 특정한 단어들을 자신만의 가사로 대치하도록 하는 것으로 시작한다. 다음에는 기존의 노래에 새 가사를 만들거나 송 패러디를 하도록 제안한다. 이와 같은 기술들은 이미 있는 가사에 의존하지 않고 가사를 쓸 수 있도록 인도한다. Ficken은 음악을 만들고 멜로디를 구성하고, 클라이언트의 멜로디에 악기 반주로 장식하고 노래의 단편들로 작곡을 완성시키는 연습들을 제시한다. 그는 정신질환을 가지고 있는 대상자들에게 이와 같은 기법을 사용하는 예들을 제공한다.

　　Gallagher와 Steele(2002)은 약물중독과 정신질환 이슈를 함께 가지고 있는 대상자를 위한 음악치료 프로그램에 대하여 기술한다. 송라이팅은 이 대상자들이 매우 선호하는 활동이었다. 그들은 이 대상자들에게 사용했던 송라이팅 기법들과 그들이 만든 노래의 예들을 보여 준다.

노화와 관련된 필요를 가진 노인

　　Chavin(1991)은 가사 바꾸기, 기술의 각색, 우스꽝스러운/의미 없는 말들로 만드는 노래 등의 기법들을 사용하였다. 우스꽝스러운/의미 없는 말들로 만드는 노래는 익숙한 노래로부터 단어들을 빼고 만드는 것으로, 그 다음 단계는 클라이언트에게 그 단어들 대신에 다른 단어를 채워 보라고 권유하는데 "좀 더 색다르게 만들수록 좋다"(p. 66). Chavin은 "단어들이 다 모이면 큰 종이에 그것을 적고, 모든 사람이 그 단어들을 읽고 '당신이 방금 만든 우스꽝스러운 노래'를 부르도록" 지시하였다.

　　Silber와 Hes(1995)는 알츠하이머로 진단받은 대상을 위한 송라이팅의 사용에 대하여 말하고 있다. 알츠하이머 진단을 받은 사람들이 여러 가지 제한을 가지고 있으므로 송라이팅을 하는 것에 의문을 제기할 수 있겠지만, 연구자들은 그들이 적절한 지원을 받으며 가사와 곡을 작곡할 수 있었다고 보고한다. 연구자들이 보고한 세 가지의 기술은 다음과 같다. ① 음악치료사가 기존의 멜로디를 한 구절 먼저 불러 준 다음 클라이언트가 가사를 바꾸도록 하고, ② 음악치료사가 새로운 선율을 작곡한 후 클라이언트가 그 선율에 가사를 붙이고, ③ 음악치료사가 음악에 맞추어 작사를 할 수 있는 주제를 제시해 주는 것이다. 연구자들은 이 기법들로 쓰인 노래의 예를 제시한다.

의료 환자

Hadley(1996)는 입원 환아를 위한 노래 사용의 중요성에 대하여 피력한다.

> 치료사는 회복에 관한 희망을 심어 주고 감정의 표현을 고무하고, 가족과 가정의 편안한 이미지를 제공함으로써 고립과 분리장애를 처리하며 안심시킬 수 있는 노래들을 선택한다. 아동들은 그들 자신의 노래를 만들 수도 있는데 송라이팅 과정은 아동의 감정 표현을 강화시켜 줄 수 있다(p. 20).

Edwards(1998)는 심각한 뇌손상을 입은 아동들을 위한 송라이팅의 사용에 대하여 기술한다. 그녀는 이 아동들을 위한 송라이팅은 아동이 편안하게 할 수 있어야 하고, 치료사가 아동이 쇠퇴해 가고 있는 것을 인정하고 이해하며 아동에게 곡을 쓸 수 있는 기회를 제공해야 한다고 하였다. 다음으로 치료사는 클라이언트에게 선율과 반주에 대한 선택 사항을 제공하고 가사에 대한 제안을 할 수 있지만 직접적으로 가사 선택에 관여해서는 안 된다고 하였다. 더 나아가서 세션의 마지막에서는 노래를 어떻게 완성할지 아동이 결정할 수 있도록 하라고 하였다. Edwards는 송라이팅에 노래 작곡, 노래 즉흥, 노래 확대(기존 노래를 확대시키는 것) 및 다양한 유형의 작곡들을 포함한다.

O'Callaghan(1995)은 음악치료에서 종말기 환자들이 작곡한 노래들에 대하여 논의한다. 그녀가 제안하는 단계들은 환자들에게 송라이팅을 제의하고, 주제를 말하고, 환자들이 선택된 주제에 대한 생각을 정리하고, 관련된 주제를 함께 모으고, 조, 리듬, 정서, 선율, 반주, 다이내믹, 템포, 악기, 목소리 표현 등을 결정하고, 환자가 제목을 결정하게 하며, 곡을 쓰고 녹음하는 것까지 포함한다.

Reuer(2005)는 의료 세팅을 위한 '음악치료 도구상자(Music Therapy Toolbox)'를 개발하였는데, 그 기법들 중 '가사 바꾸기'의 경우, 가사 바꾸기를 위한 제안들과 가사 바꾸기에 좋은 노래들을 포함시켰다.

고려 사항

작곡은 기존에 작곡된 곡의 음악과 가사를 활용하는 것, 기존 가사의 일부만 바꾸는 것부터 클라이언트가 전 곡을 작곡하는 것까지 다양한 방법이 있다. 이와 같은 기법들은 다양한 수준의 클라이언트의 필요에 적합한 기회를 제공한다. 작곡에 대한 지침을 제공하는 여러 문헌이 있다(Brunk, 1997; Schmidt, 1983).

다른 작곡 기법들이 음악치료사들에게 기술의 수준에 따라 다르게 요구된다. 당신의 음악 기술에 맞는 기법으로부터 시작하여 점차적으로 좀 더 발전된 기법들을 사용할 것을 권장한다. 이에 대하여서는 뒤의 '사용 시 유익한 조언'을 참조하라.

재료

당신이 만일 단순한 작곡을 하고자 한다면 그다지 많은 재료가 필요하지는 않지만 작곡한 것을 적을 수 있는 방법과 녹음할 수 있는 방법이 필요하다. 그룹 세션에서 작곡을 한다면 모든 그룹이 과정을 볼 수 있도록 악보가 크게 제시되어야 한다. 개별 세션은 작곡한 것을 종이에 적고 즉석에서 녹음하는 것이 좋다. 때때로 치료사들은 작곡한 것을 먼저 녹음하고, 나중에 기보하고 수정하여 다음 세션에 좀 더 완성된 형태로 가져온다.

다른 기술들은 자료들이 더 요구되기도 하는데, 송 패러디의 경우 원곡을 참고하기 위하여 원곡의 가사, 선율, 화성 등이 필요하다. 작곡 과정을 녹음하고 기보하기 위하여서는 녹음할 수 있는 기기와 종이, 필기도구가 필요할 것이다. 당신이 기악곡을 작곡하려고 한다면 작곡하고자 하는 곡을 연주할 악기가 필요하며, 악보 쓰기 활동을 할 경우에는 오선지가 필요하다. 음악 콜라주 활동에 녹음하기 위하여 선택된 노래들의 모음이 필요한데, 주로 녹음된 음악들이 사용되고 라이브 음악이 쓰이기도 하며, 콜라주를 만들기 위한 녹음 기구도 필요하다.

사용 시 유익한 조언

작곡 경험은 작곡의 과정에서 곡이 어떻게 진행될지 알 수 없기 때문에 전문 음악치료사나 음악치료 전공생들에게 부담이 될 수 있다. 즉흥적으로 반주할 수 있는 기술이 없는 음악치료 전공생들이나 음악치료사들은 작곡하기를 주저한다. 이런 경우에 대한 한 가지 제안은 간단한 기법으로 시작하고, 점차 좀 더 복잡한 기법으로 발전시켜 나가는 것이다. 또 다른 제안은 '그냥 시도해 보라!'는 것이다. 실제로 작곡하기보다 작곡에 대하여 생각만 하는 것이 더 두려울 수 있다.

작곡에 대한 두려움은 완성되지 않은 곡을 반주하고 아무것도 없는 것으로부터 특정한 것을 창작하려고 시도하는 것에서 비롯된다. 그러나 임상 세팅에서 작곡을 할 때는 이미 당신이 활용할 수 있는 많은 자료를 가지고 있다는 것을 기억하라. 당신은 단지 작곡하기 위하여 어디서부터 출발할 것인지를 알면 된다.

노래와 기악곡들은 치료 세션 중에 항상 작곡된다. 만약에 당신의 세션을 녹음하고 녹화하는 것이 가능하다면(녹화 및 녹음을 위한 동의서를 받는

것을 명심하라) 클라이언트의 반응과 당신 자신의 상호작용을 검토하는 것
뿐만 아니라 세션에서 이루어진 사건들에 대하여 기억하고 기록하는 데
매우 유용하다. 이러한 주요한 사건들은 언어적 형식, 보컬, 가사, 리듬,
화성, 선율 혹은 음색 등 다양한 형식을 취한다. 당신이 세션을 진행하는
동안에 놓쳤던 선율적 · 리듬적 주제들이 세션 테이프들을 검토하는 중에
갑자기 생각나기도 한다. 테이프를 검토하면서 가사나 선율 혹은 악기에
대한 것을 발견하지 못하더라도, 이것은 당신의 재능을 인식하고 패턴을
규명하며 당신의 임상이나 음악 기술을 연마하는 데 도움이 될 것이다.

　음악치료 세션 안에서 즉흥적으로 노래 만들기나 다른 작곡하기가 사용
되는 것은 사실이나, 치료 밖에서 음악치료사가 클라이언트를 위해 곡을
만들어 세션에 가지고 와야 하는 경우도 있다. 앞에서 언급하였듯이 간단
한 기법으로부터 출발하고, 당신이 작곡하는 것이 클라이언트에게 음악적
으로 및 치료적으로 성공적인 경험을 제공하는 것을 보장해 주어야 함을
항상 명심하라. 작곡하는 것이 클라이언트에게 의미가 있고 동기를 부여
하게 되면 클라이언트의 참여와 성취감을 격려하고, 또한 다른 클라이언
트들을 위하여 유익한 도구가 되어 줄 수 있다.

　선율에 가사를 붙이거나 반주를 붙일 때는 좀 더 주의가 필요하다. 가
사를 만들 때는 클라이언트의 성악적 · 언어적 반응을 이끌어 내고 지원
하기 위하여 자연스러운 리듬과 억양을 따라야 한다. 기본 박을 두드리면
서 가사를 찬트처럼 불러서 선율적 리듬을 만들어 보라. 이렇게 하면서 어
디에 악센트가 주어져야 할지, 선율의 방향이 어디로 가야 할지 결정할 수
있다. 가사는 세션 초기에 클라이언트가 만든 것을 사용하거나 치료사가
만들 수도 있으나, 노래의 구조를 통해서 클라이언트에게 정보를 전해 주
어야 한다. 만약 기악곡을 위한 멜로디를 쓰려고 한다면, 멜로디를 연주할
클라이언트의 연주 기술을 고려해서 작곡하고, 다음에 다른 악기 부분을
써 나가라. 당신의 클라이언트는 한 개의 톤바를 연주할 수 있는가, 두 개

의 톤바를 연주할 수 있는가, 혹은 자일로폰을 연주할 수 있는가? 당신이 키보드를 위한 작곡을 한다면, 당신의 클라이언트는 한 손으로 연주할 수 있는가 혹은 두 손으로 연주할 수 있는가? 키보드의 효과음과 기능은 어떠한가?

음악치료 세션에서 작곡하기를 위한 기술들을 습득하기 위한 또 다른 방법은 당신이 작곡하고자 하는 음악들의 샘플들을 감상하는 것이다. 블루스나 랩 등을 감상하는 것은 당신이 원하는 음악 스타일이나 느낌을 쉽게 떠오르게 하고 작곡을 하도록 도와줄 수 있다.

이 외에도 치료 목적의 작곡 경험을 위해 고려해야 할 점들은 많이 있다. 이 장에서 언급된 아이디어들은 당신이 작곡을 시작하도록 하는 데 도움이 될 것이다.

♫ 함께 읽으면 좋은 도서

Aigen, K. (1991). Creative fantasy, music and lyric improvisation with a gifted acting-out boy. In K. E. Bruscia (Ed.), *Case Studies in Music Therapy* (pp. 109-126). Gilsum, NH: Barcelona Publishers.

Amir, D. (1999). Tales from the therapy room. In J. Hibben (Ed.), *Inside Music Therapy: Client Experiences* (pp. 267-275). Gilsum, NH: Barcelona Publishers.

Boone, P. (1991). Composition, improvisation and poetry in the psychiatric treatment of a forensic patient. In K. E. Bruscia (Ed.), *Case Studies in Music Therapy* (pp. 433-449). Gilsum, NH: Barcelona Publishers.

"Jazzy," Hunter, L. L., & Polen, D. W. (1999). Jazzy the Wonder Squirrel. In J. Hibben (Ed.), *Inside Music Therapy: Client Experiences* (pp. 87-95). Gilsum, NH: Barcelona Publishers.

Loveszy, R. (1991). The use of Latin music, puppetry, and visualization in reducing the physical and emotional pain of a child with severe burns. In K. E. Bruscia (Ed.), *Case Studies in Music Therapy* (pp. 153–161). Gilsum, NH: Barcelona Publishers.

Pattison, P. (1991). *Songwriting: Essential Guide to Lyric Form and Structure*. Boston, MA: Berklee Press.

Perilli, G. (1991). Integrated music therapy with a schizophrenic woman. In K. E. Bruscia (Ed.), *Case Studies in Music Therapy* (pp. 403–416). Gilsum, NH: Barcelona Publishers.

Rykov, M. (1999). Sometimes there are no reasons: Marco's Song. In J. Hibben (Ed.), *Inside Music Therapy: Client Experiences* (pp. 203–207). Gilsum, NH: Barcelona Publishers.

Smith, G. H. (1991). The song-writing process: A woman's struggle against depression and suicide. In K. E. Bruscia (Ed.), *Case Studies in Music Therapy* (pp. 479–496). Gilsum, NH: Barcelona Publishers.

▶ 과제: 작곡 경험

1단계: 관찰하기, 참여하기, 보조하기

1. 당신이 작곡 경험을 사용하는 치료사를 관찰한 적이 있다면 그것에 대하여 기술해 보라. 이 작곡 경험이 그룹원들에게 유익하였다면 그것은 무엇 때문이었는가? 당신이 클라이언트들에게 좀 더 혜택을 줄 수 있다고 느낀 것은 있는가? 만약 그렇다면 어떤 작곡 경험을 제공하겠는가?

2. Bruscia(1998a)가 제안한 작곡 경험을 살펴보고 이 장의 첫 두 문단에서 언급된 것을 기술하라. 당신의 대상 클라이언트가 사용할 수 있는 기법에 대하여 이 장에서 주어진 것과 다른 예들을 사용하여 설명하라.

3. 이 장에서 설명한 대상들 중 하나를 위하여 문헌에 나타난 작곡하기의 사용 예를 찾아보고, 출처를 밝히고 그 기법을 기술하라.

2단계: 계획하기, 함께 인도하기

1. Bruscia(1998a)가 제안하고 이 장에서 논의된 작곡 경험을 살펴보라. 당신의 대상을 위한 세 가지 가능한 기법의 사용을 기술하라. 이 주제에 대해 이전에 한 과제와 다른 예들을 사용해 보라. 책에서 언급된 예들을 사용해 보고 그것과 다른 방법들 역시 시도해 보라. 당신의 세션에서 사용했던 방법들이 왜 성공적이었는지 곰곰이 생각해 보라. 만약에 성공적이지 않았다면 더 개선된 결과물이 만들어질 수 있도록 어떻게 다른 접근을 하여야 할지 깊이 생각해 보라.

2. 당신이 참여하는 세션을 위한 작곡 경험을 계획해 보라. 당신의 세션에 다른 경험보다 작곡 경험을 사용하는 것이 더 유익한 이유는 무엇인가? 세션이 끝난 후 클라이언트의 반응을 기록하라. 더 나은 결과를 위하여 당신은 어떻게 다른 접근을 할 수 있겠는가?

3. 방과 후 프로그램의 아동 그룹을 위하여 작곡 경험을 활용한 세션을 계획해 보라. 아동의 나이, 진단명, 그리고 행동 특성을 포함한 아동에 대한 정보를 제공하라. 이 세션을 어떻게 구조화할지 설명하고 치료 목적과 목표를 기술하라.

3단계: 인도하기

1. 당신의 세션을 위한 작곡 경험을 계획해 보라. 세션 후 클라이언트의 반응을 기록하라. 그들의 반응 중 특별히 긍정적인 피드백이 있었는가? 당신이 한 가지 이상의 경험을 제공하였다면, 그 경험에 대한 반응들은 같은가 혹은 다른가? 만약 그 반응들이 다양했다면 왜 그랬는지 반영하여 기술해 보라. 당신은 보다 나은 결과를 위하여 어떻게 반응을 촉진하였는가?

2. 이 장에서 다룬 각각의 대상(장애아동, 발달장애 성인, 정신장애 성인, 노화
   와 관련된 요구를 가진 노인, 의료 환자)을 위한 작곡 경험의 예를 설명하라.
   각각의 작곡을 위한 가능한 치료 목적과 목표들은 무엇인가? 이 장이나 이전
   과제에서 제공된 것과 다른 예를 제시해 보라. 당신의 이전 경험에 근거하여
   각각의 대상층의 클라이언트가 작곡 경험에 어떻게 반응할지 말해 보라.

3. 당신이 함께하고 있는 대상들을 위하여 문헌에 나타난 작곡 경험의 사용 예를
   찾아서 출처를 밝히고 그 기법을 기술해 보라.

chapter 11

감상 경험

Clinical Training Guide for the Student Music Therapist

감상 경험을 사용하는 음악치료를 수용적 음악치료라고 한다. 클라이언트는 음악을 들은 후, 감상 경험에 대하여 침묵하거나 언어로 표현하며, 혹은 다른 양상으로 반응한다. 음악은 장르와 상관없이 클라이언트의 치료 목적에 맞추어 선택되고 소개된다(Bruscia, 1998a).

감상 경험의 범위는 매우 넓다. 진동과 소리를 포함한 음악이 직접적으로 클라이언트의 신체에 영향을 주는 신체적 감상(somatic listening), 통증의 느낌을 줄여 주기 위하여 사용되는 음악 마취(music anesthesia), 감각의 자극을 도와 휴식, 명상을 유도하는 명상적 감상(meditative listening), 음악이나 소리가 무의식의 정신에 잠재의식의 메시지를 전달하는 것을 차폐(역자 주: 특정한 자극이 다른 자극에 의해 억제되는 것)하는 잠재적 감상(subliminal listening), 음악이 클라이언트의 운동 행동을 모니터하고 리듬감 있게 조직화하는 유리드믹 감상(eurhythmic listening), 음악 감상이 다양한 청각 능력을 향상시키는 지각적 감상(perceptual listening), 음악적 신호가 특정 행동 반응을 끌어내는 행동 감상(action listening), 감상이 특정한 반응에 대한 보상이 되는 조건적 감상(contingent listening), 음악이 경험이나 정보와 결합해 배움이나 기억력 향상을 돕는 중재적 감상(mediational listening), 클라이언트가 음악의 기능과 다양한 구성 요소에 대해 이해할 수 있도록 음악이 사용되는 음악 감상 활동, 노래(음악) 감상이 지나간 경험과 기억들을 불러일으키도록 하는 노래(음악) 회상, 클라이언트가 과거를 재경험할 수 있도록 도와주는 노래(음악) 역행, 무의식적이든 의식적이든 클라이언트의 인식에 즉각적으로 떠오르는 노래를 기억해 내도록 도와주는 유도된 노래(음악) 기억(induced song/music recall), 치료사가 클라이언트에게 자신을 잘 표현하고 나타낼 수 있는 노래(음악)를 가져오게 하고 그것에 대하여 이야기하는 노래(음악) 커뮤니케이션(song/music communication), 치료와 연관되어 토의할 수 있는 노래를 가져오게 하는 노래/가사 토의, 소리나 음악을 제시하고 언어적 또는 비언어적으로 클라이언트에게 그것을 확인·묘사·해석·연상시키며 제안하는 투사적 감상 등이 있다(Bruscia, 1998a).

장애아동

아동은 감상 경험 시 주로 특정한 지시를 받게 되는데, 이는 지시를 따르는 과정이 아동의 음악적 참여를 증진시켜 주기 때문이다. 따라서 아동과의 순수한 수용적인 경험은 다소 다르게 적용된다. 때로 음악치료사는 아동이 충분히 생각하는 것을 돕기 위해 이미지와 음악을 사용할 수 있다. 아동의 기능 수준에 맞는 긴장 이완 훈련이 사용될 수 있고 배경음악도 적용된다. 진동 음향 기기인 Somatron®[1]은 종종 유도된 심상과 함께 사용되는데, 이는 아동의 휴식과 감각에 대한 의식을 도울 수 있다.

발달장애 성인

발달장애 성인을 대상으로 수용적 경험을 사용하는 것은 그들이 이러한 수용적 경험을 통해 혜택을 받을 수 있는 인지 능력과 집중력이 결여되어 있기 때문에 어려울 수 있으나 신체적 감상, 특히 진동 음향 경험(진동 음향 기기인 Somatron®을 사용함으로써 경험할 수 있다)은 클라이언트에게 직접 느껴 볼 수 있는 긴장 이완의 경험을 제공한다. 발달장애가 있는 많은 성인은 추가적으로 정서적 혹은 행동적 어려움을 겪을 수 있다. 진동 음향 음악 감상 경험과 음악치료사가 모델링하고 촉구하는 것이 부합되면 외부 자극을 처리하고 반응하는 새로운 방식을 배우도록 도울 수 있다.

---

1 Somatron®은 음원과 연결될 때 신체적 진동을 만들어 내는 기구다. Somatron®사에서는 이와 같은 종류의 다양한 상품을 개발해 왔다(www.somatron.com 참조).

정신장애 성인

음악 감상은 종종 정신장애가 있는 성인이 음악치료 과정에 참여할 수 있도록 해 주는 첫 번째 단계가 된다. 음악치료는 어떤 클라이언트에게는 낯설 수 있고, 악기를 연주하는 것 혹은 노래를 하는 것이 불편하거나 내키지 않을 수도 있다. 치료사는 선호하는 음악을 감상하는 것을 출발점으로 클라이언트와 관계를 맺기 시작한다. 선호하는 음악(혹은 준비된 음악 모음 중에 선택된 음악)을 그룹에서 함께 나누는 것은, 언어적으로는 공유하기 어려운 클라이언트일지라도 그룹에 자신을 소개하고 자신에 대해 말하며 자신에게 의미 있는 음악을 소개할 수 있도록 한다. 이러한 클라이언트들은 음악과 함께 구조화된 긴장 이완 세션을 부담 없이 받아들이기도 하는데, 이는 치료 과정에서 적극적인 참여 없이도 수동적인 보살핌의 대상이 될 수 있기 때문이다. 특정 음악이나 노래를 감상하는 것은 이와 관련된 주제를 이야기하는 기회가 될 수 있다. 특정 음악에 대한 반응을 모니터링하는 것 또한 중요한데, 이는 클라이언트들이 감상 경험을 통해 자기 인식을 증진시킬 수 있기 때문이다.

노화와 관련된 필요를 가진 노인

노인들과 함께 세션을 할 때 회상 경험은 많은 장점을 지닌다. 첫째, 노인들은 과거의 기억을 되살림으로써 인생의 의미를 입증할 수 있다. 둘째, 일반적인 노화나 알츠하이머와 같은 질병으로 인해 기억력 상실이 일어나는 경우, 회상 경험을 통해 이전의 기억을 좀 더 성공적으로 불러올 수 있다. 추가적으로, 음악 감상 세션은 종종 건강한 노인들의 인지 기능을 유지하고 자극하는 데도 도움이 된다.

기능이 현저하게 떨어진 노인들과 세션을 할 때는 몇 가지 음악 감상의 변형이 사용된다. 운동 행동의 조직화는 유리드믹 감상을 통해 이루어질 수 있는데, 음악에 반응하는 것만큼 언어에 반응하지 못하는 운동 기능에 문제가 있는 노인들에게 매우 유용할 수 있다. 더욱이 지각적 감상은 기능이 낮은 노인들의 청각 기술에 도움이 될 수 있다.

다른 감상 기술들도 노인들과 세션을 할 때 효율적일 수 있다. 예를 들자면, 신체적 감상과 음악 마취는 육체적 고통을 감소시키거나 자극할 때 사용될 수 있다. 그리고 음악 긴장 이완과 명상적 감상은 사람들의 스트레스를 감소시키고 휴식하게 한다.

의료 환자

입원 환자들의 경우 대체적으로 신체적 회복에만 집중하고 입원과 투병 과정에 대한 정서적 측면은 배려하지 않는 경우가 많다. 환자들은 아직 감정을 경험하고 표현하는 데 익숙하지 않지만, 입원 생활에 어떻게 적응하는지 이해하게 된다. 자신의 감정 상태를 나타내는 음악을 선택해 보라고 제의했을 때, 환자들은 이 과정을 자신의 내면 경험을 인식하는 데 매우 중요한 계기로 삼는다.

긴장 이완이나 통증 관리를 위하여 음악을 감상하는 것은 의료 환자에게 특히 유익하다. 환자들은 병실에서 음악을 선택하여 불안하거나 통증이 있을 때 혹은 잠을 청할 때 감상을 할 수 있다. 심상 경험을 유도하는 감상은 긴장 이완 혹은 통증 감소를 위한 연상적 신호(associational cue)로 사용된다. 연상적 신호는 성폭력으로 인한 외상후 스트레스 장애를 지닌 클라이언트를 위해 Dolan(1991)이 사용한 기법을 적용하여 개발된 것이다. 클라이언트에게 음악으로 유도된 긴장 이완의 반응과 연상된 이미지를 떠올려 보고 연습하게 하여, 나중에는 음악이 없이도 이 이미지만으로 긴장 이완 반응을 일으킬 수 있도록 한다. 이것은 반응성 조건화 및 체계적 둔감화와 관련된 원리들에 근거한다(13장 '클라이언트의 반응 이끌어 내기'를 참조하라).

음악치료 문헌에서의 사용

장애아동

대부분의 아동을 위한 음악치료 기술들은 능동적 음악 활동을 포함하고 있지만, 아동을 위해 배경음악이나 음악감상을 사용한 예도 있다. Herman(1991)은 중증 정서장애를 지닌 9세 소년과 함께 물, 모래, 손바닥으로 그림 그리는 활동에서 배경음악을 사용하였다. 이 세션에서 음악은 아동이 그림 그리는 활동을 할 수 있도록 구조를 제공하고, 중재가 성공적이 되도록 돕는 역할을 하였다.

Persoons와 De Backer(1997)는 중등도 지적장애와 시각-운동장애를 가지고 있는 14세 청소년을 위한 진동음향 치료에 대하여 기술하였다. 그 소년은 즉흥연주와 악기 연주 활동을 하는 음악치료 세션 전에 진동음향 치료를 받았다. 그리고 회기를 거듭할수록 진동음향 치료를 받은 후의 그 소년의 긴장이 감소되는 것을 발견할 수 있었다.

Wyatt(2002)는 비행청소년을 위한 수용적 음악치료 기술의 예를 보여 준다. 그중 하나는 'Name That Jam'이라고 명명한 것으로, 이는 치료사가 다양한 장르의 음악을 대표하는 노래들을 녹음하고는 그룹을 몇 개의 팀으로 나누어 곡의 제목과 가수의 이름을 알아맞히게 하는 활동이다. 이 활동의 치료 목적은 긍정적 감상 경험을 제공하고 관계를 형성함으로써 상호작용과 협동을 증진해 나가는 것이다.

발달장애 성인

조건적 감상(contingent listening)에는 감상 기술의 사용이 필요하다. Saperston, Chan, Morphew와 Carsrud(1980)는 중증 지적장애 성인에게 학습 기술(물건을 만지거나 잡으려고 손을 내밀기)을 가르치기 위한 강화재로서 음악 감상과 주스를 비교하였다. 음악적 강화재로는 소프라노 메탈로폰으로 '징글벨'을 연주했다. 이때 강화재로는 주로 라이브 음악이 사용되는 한편, 녹음된 음악도 여러 상황에서 쓰인다. 예를 들어, Wolfe(1980)는 뇌성마비 개별 세션에서 조건적 음악을 사용하여 저절로 머리 자세 잡기를 유발시켰다.

Boxill(1985)은 20세의 중증 지적장애 여성의 그룹 세션에 수용적 음악치료 기술을 사용한 것을 설명하고 있다(pp. 127-131). 그 여성이 불안해하고 동요할 때면 치료사는 그녀의 손을 잡고 함께 앞뒤로 흔들면서 안심할 수 있도록 자장가를 틀어 주고는 함께 허밍을 했다. 그 여성은 음악에 반응하며 함께 허밍을 시작하였는데, 그것은 음악에 반응하여 그녀가 낸 첫 번째 소리였다. 이와 같은 반응은 전체 그룹에서 함께 허밍하며 음악에 따라 움직이는 활동에 참여할 수 있도록 이끌었고, 그 이후로는 그녀가 그룹 세션에 참여하는 것이 더 유익하였기에 개별 세션 대신 그룹 세션에 참여하게 되었다. 음악에 따라 흔들거리는 것은 감상 경험의 사용 혹은 수용 음악치료의 한 예이며, 허밍은 즉흥연주나 재창조 연주의 가장 기본적인 예가 될 수 있을 것이다. 이것은 음악 경험이 항상 별개의 범주로 일어나는 것이 아니라 동시에 교차적으로 생길 수 있음을 보여 주는 하나의 예가 된다.

정신장애 성인

Borczon(1997)은 음악 감상, 가사 읽기, 그리고 약물 의존 회복 프로그램의 성인 그룹에서의 토의에 대하여 기술한다. 그룹원들은 한 클라이언트가 치료의 어느 단계에 있는지 추측해 보는데, 이는 그들을 음악으로 끌어들이고 그들 자신의 치료 이슈들에 대해서도 곰곰이 생각해 볼 수 있도록 한다.

정신장애를 가진 범죄자를 위한 프로그램에서, Reed(2002)는 클라이언트의 흥미에 따라 소울 음악과 록 음악의 두 가지 음악 감상 그룹을 만들었다. 그룹원들은 감상할 음악을 미리 선택하였고, 세션에서 그 음악을 틀었다. 세션의 치료 목적은 적극적 감상 기술 증진, 그룹 활동에 대한 포용력 증진, 다른 사람의 선택에 대한 포용력 증진, 여가 시간의 조직적 사용 발달 등이었다.

Goldberg(1989)는 대학병원에서의 단기 급성 정신건강 중재 프로그램의 구성 요소로 음악 감상을 사용하는 것에 대하여 설명하였다. 그녀는 음악활동 치료에서의 감상의 사용에 대해 설명하였으나 주로 음악 심리치료에서의 감상의 사용에 초점을 맞추었다.

정신장애가 있는 클라이언트들은 자신의 정서 상태에 대하여 이야기하는 것에 어려움이 많다. 감상은 정서에 대한 토의로 이어질 수 있고, 정서를 표현하고 말하는 데 있어 언어적 기술의 사용을 증가시킨다. 그룹에서 음악을 듣고 그것에 대하여 말함으로써 그룹원들은 다른 이들로부터 정서적 표현에 관한 어휘들을 배우게 된다(Shultis, 1999).

노화와 관련된 필요를 가진 노인

많은 연구자는 음악 감상이 노인들의 회상을 자극하는 데 도움이 된다고 주장한다. Chavin(1991)과 Cordrey(1994)는 자신의 과거를 기억하지 못하는 치매 클라이언트의 기억을 자극하기 위하여 회상에 초점을 둔 활동에 대하여 기술한다. 이들은 Chavin이 제시한 'You Must Have Been a

Beautiful Baby'(pp. 44-45)에 포함된 내용을 중심으로 회상에 초점을 둔 감상 경험을 하였고, 임신을 하고 아이를 양육하는 것과 같은 아이와 관련된 주제를 다루었다. Chavin이 제시한 주제와 사용한 노래는 'Toyland', 'School Days'와 'Sentimental Journey'다. Chavin은 추억이 항상 긍정적일 수만은 없다는 것을 상기시키고, "음악을 듣고 눈물을 흘리는 것은 매우 자연스러운 반응이며, 눈물을 흘리는 것이 항상 부정적인 반응은 아니다."라고 하였다. Cordrey는 부모님에 대한 추억, 크리스마스나 명절의 상징성 및 학교생활과 관련된 주제들을 제시한다. Shaw(1993)는 노인들과의 회상 세션에서 계절적인 주제에 대한 예들을 제공한다.

수용적 음악치료는 일반 노인에게도 적용된다. 음악 감상 활동은 특히 기능이 아주 높은 노인의 기억을 자극하는 데 유용하게 사용된다. 감상을 통한 토의는 종종 개인적 이슈를 해결할 수 있도록 방향을 제시해 주기도 하며(Bright, 1991) 음악에 반응할 수 있게 해 주기도 한다. 수용적 음악치료는 단순히 편안함을 제공하거나 현실 인식을 돕는 등 다양한 필요에 따라 적용될 수 있다. Gfeller와 Hanson(1995)은 음악 감상이 세션에서 어떻게 구조화될 수 있는지의 예를 제시한다.

감상 경험은 긴장을 감소시킬 수 있다. Hanser(1990), Hanser와 Thompson(1994)은 노인들이 각자의 집에서 긴장 이완을 할 수 있는 방법에 대한 연구의 한 절차로 프로그램된 녹음테이프를 활용하였다. Clair(1996)는 통증과 스트레스 감소 및 긴장 이완을 돕기 위한 수용적 음악 기술에 대하여 기술하였다.

의료 환자

의료 세팅에서 수용적 음악 감상 기법을 사용하는 예는 많이 있다. 수용적 음악 기법에는 의료 중재와 함께 의료인이 녹음한 음악을 사용한 예들이 포함되어 있는데, Dileo(1999)는 이를 음악 의료라고 분류하였다. 음악의 사용에 대한 부가적 설명은 Standley(2000)를 참조하라. 다음은 음악치료사들이 활용한 수용적 음악치료 기술들의 예다.

의료 세팅에서의 음악치료는 진동 형식으로서 음악의 적용도 포함한다. Skille(1997)은 통증 관리, 근육 질환, 폐기관 장애, 일반적인 육체적 질병, 심리적 장애 등에 대한 진동음향 치료의 사용을 보고한다. Wigram과 Dileo(1997)는 음향치료의 사용에 대한 다른 예(모두 의료 세팅에서 사용된 것은 아니지만)들을 제공한다. Chesky와 Michel(1991)은 음향표를 사용하여 제시된 음악들에 대하여 기술한다. Somatron®은 진동 형태로서 음악을 사용한 것의 다른 예다.

Standley(1992)는 화학 요법을 받는 환자들 중에서 녹음된 음악의 사용으로 구토와 메스꺼움이 감소된 경우를 보고한다. Reuer(2005)는 의료 세팅에서 심상과 음악 감상을 활용하기 위한 기법을 설명한다.

Hurt, Rice, McIntosh와 Thaut(1998)는 외상 후 뇌손상 환자를 위한 보행 훈련에 신경재활 음악치료의 기법 중 하나인 리듬 청각 자극(Rhythmic Auditory Stimulation: RAS)을 활용하였다. 리듬 청각 자극 기법은 여러 가지 보행 문제를 지닌 환자들의 운동 기능과 협응을 조직화하기 위해 리듬의 조직화 능력을 활용한다. 음악치료사는 환자의 현재 보행을 사정하고 환자에게서 얻고자 하는 변화를 지원하기 위한 음악을 선택한다. RAS의 효과를 입증할 수 있는 많은 연구가 있다(http://www.colostate.edu/depts/cbrm/).

고려 사항

수용적 경험에는 여러 가지 형태가 있다. 음악 감상과 같이 일부는 음악교육에서 해 왔던 것과 유사할 수도 있다. 수용적 경험은 음악을 들을 수 있고 진정으로 음악을 받아들이는 사람들에게 매우 유용하다. 그러나 음악에 집중할 능력이 없는 대상에게는 수용적 경험이 아마도 적절하지 않을 수 있다.

회상은 적절한 대상에게 매우 유용하게 사용될 수 있으나, 치료사는 불쾌한 추억도 함께 환기되는 경우에 대비하여야 한다. 환자의 삶의 한 부분으로서의 추억은 생산적으로 처리될 수 있으나, 모든 추억을 다 들춰 낼 필요는 없다. 주로 음악을 통하여 클라이언트의 정서를 이끌어 내는 작업이 도움이 될 수도 있고, 때로는 추억을 담아 두고 있도록 해 주는 것이 더 좋을 경우도 있다. 이러한 경우는 대상자가 매우 심약하거나 감정을 처리하는 데 어려움이 많고 주변에 대처할 수 있도록 지지해 주는 환경이 충분하지 않은 경우다.

모든 사람이 같은 음악에 대해 긴장 이완이 되지는 않는다는 것을 명심하라. 이와 같은 이유 때문에 클라이언트에게 음악을 선택하도록 하는 것이 바람직하다. 음악이 선택된 다음에는 그 음악이 기대하였던 기능을 발휘하는지 클라이언트의 반응을 세심히 관찰하여야 한다. 만약 음악이 기대하였던 효과를 발휘하지 못한다면 다른 음악을 선택해야 할 것이다. Maranto(1996), Spintge(1989), Stratton과 Zalanowski(1984)는 긴장 이완에 적합한 음악의 선택에 대하여 논의한다.

재료

음악 감상은 주로 녹음된 음원이나 CD를 사용하여 이루어진다. 음원이나 CD 및 음향 기기는 최상의 품질로 제공되어야 한다. 때로 음향 설비에 많은 경비가 필요할 수 있으나, 이것은 가치 있는 투자가 될 것이다. 음악치료사의 도구로서의 음악이 최선의 음향으로 제공되는 것은 매우 중요하다.

음악치료사들은 최신 음향 기술의 최근 동향을 잘 알고 있어야 한다. 진동 음향 기술에 관한 것도 특성화된 기술로서 그 훈련이 요구된다.

클라이언트에게 음악 감상을 제공하려면 광범위한 장르의 음악에 대하여 알고 있어야 한다. 이전 세대에서는 CD를 수집하는 방법이 있었는데, 이때 최신 경향의 음악을 알기 위하여 지속적으로 갱신해야만 한다. 음악치료사는 종종 세션에서 개인적으로 자신이 소장하고 있는 CD를 사용한다. 치료사의 개인적 CD는 다른 기관으로 이직할 때도 사용할 수 있어서 편리하긴 하지만, 그렇다고 근무 기관에 음원이나 음향 기기를 지원해 주도록 요구하는 것을 주저하지는 말라. 음악은 음악치료 프로그램의 본질이며 반드시 지원받아야 하는 것이다.

음원은 반드시 합법적으로 사용하여야 한다. 불법으로 내려받은 음원이나 악보를 음악치료 세션에서 사용하지 말라. 저작권 문제가 얼마나 심각한지 인식하도록 하라.[2]

사용 시 유익한 조언

음악을 선택하는 것은 매우 중요하다. 클라이언트가 자신이 원하는 음악을 선택하도록 하는 것이 최선의 반응을 이끌어 낼 수 있다. 클라이언트가 음악을 선택할 수 없는 경우나 치료사가 특별한 정서를 끌어내고자 의도하는 경우에는 치료사가 음악을 선택한다. 앞에서도 논의하였듯이, 치료사는 클라이언트가 기대한 반응을 보이는지 면밀히 관찰하여야 한다.

---

2 음원 사용과 관련한 저작권 정보는 www.copyright.gov를 참조하라.

숙련되지 못한 음악치료사는 감상을 제공할 수 있는 오디오 기자재에 대한 점검을 하지 않아서 세션에서 음악을 제공하지 못하는 실수를 범하기도 한다. 감상에 적합한 환경이 되도록 사전에 모든 오디오 시스템을 점검하라.

♫ 함께 읽으면 좋은 도서

Bonny, H. (2002). *Music Consciousness: The Evolution of Guided Imagery and Music*. Gilsum, NH: Barcelona Publishers.

Brodsky, W., & Sloboda, J. A. (1997). Clinical trial of a music generated vibrotactile therapeutic environment for musicians: Main effects and outcome differences between therapy subgroups. *Journal of Music Therapy, 34*, 2-32.

Bruscia, K. E., & Grocke, D. E. (Eds.). (2002). *Guided Imagery and Music: The Bonny Method and Beyond*. Gilsum, NH: Barcelona Publishers.

Hurt-Thaut, C., & Johnson, S. (2003). Neurologic Music Therapy with children: Scientific foundations and clinical application. In S. L. Robb (Ed.), Music *Therapy in Pediatric Healthcare: Research and Evidence-Based Practice* (pp. 81-100). Silver Spring, MD: American Music Therapy Association.

Maranto, C. D. (1993). Applications of music in medicine. In M. Heal & T. Wigram (Eds.), *Music Therapy in Health and Education* (pp. 153-174). London, UK: Jessica Kingsley Publishers.

Meadows, A. (2000). The validity and reliability of the Guided Imagery and Music Responsiveness Scale. *Journal of the Association for Music and Imagery, 7*, 8-33.

Skille, O., & Wigram, T. (1995). The effect of music, vocalisation and vibration on brain and muscle tissue: Studies in vibroacoustic therapy. In T. Wigram, B. Saperston, & R. West (Eds.), *The Art & Science of Music Therapy: A*

Handbook (pp. 23-57). Chur, Switzerland: Harwood Academic Publishers.

Summer, L. (1990). *Guided Imagery and Music in the Institutional Setting* (2nd ed.). St. Louis, MO: MMB Music.

▶ 과제: 감상 경험

1단계: 관찰하기, 참여하기, 보조하기

1. 음악치료사가 감상 경험을 사용하는 것을 관찰할 기회가 있었다면, 그 감상 경험을 통하여 그룹원들에게 어떤 도움을 주었는지 말해 보라. 그 감상 경험을 통하여 클라이언트들에게 더 많은 도움을 줄 수 있었다고 생각하는가? 그렇다면 당신은 어떠한 감상 경험을 클라이언트에게 제공하겠는가?

2. Bruscia(1998a)가 제안한 감상 경험을 살펴보고 이 장의 첫 두 문단에 대하여 기술해 보라. 제시된 감상 경험 중 당신의 대상자에게 적합하다고 생각하는 감상 경험을 선택하여 클라이언트에게 어떻게 적용할 것인지 설명하라. 이 장에서 제시된 것과 다른 예를 사용하라.

3. 이 장에서 설명된 대상 중 하나를 선택하여 문헌에 나타난 수용적 음악치료 사용의 예를 찾은 후 그 적용에 대해 설명하고 출처를 제시하라.

2단계: 계획하기, 함께 인도하기

1. Bruscia(1998a)가 제안한 감상 경험을 살펴보고 논의해 보라. 당신이 이제까지 사용해 왔고, 당신의 클라이언트들에게 쓰일 만한 세 가지 감상 경험을 선택하여 그 적용 방법을 말해 보라. 당신의 세션에서 사용해 본 감상 경험이 어떻게 성공적으로 이루어졌는지 생각해 보라. 만약 성공적이지 못하였다면, 더 나은 결과를 위하여 어떻게 다른 접근을 하여야 할지 생각해 보라.

2. 당신의 세션에 감상 경험을 계획해 보라. 당신의 세션에 다른 음악 활동보다 감상 경험이 더 적합한 이유는 무엇인가? 세션을 끝마친 후 클라이언트의 반응을 적어 보라. 클라이언트의 반응 중 특별히 긍정적인 반응이 있었는가? 당신은 음악 경험이 더 성공적으로 이루어지게 하기 위하여 어떻게 다른 접근을 하였는가?

3. 재활 세팅 그룹원들의 감상 경험을 위한 세션을 계획해 보라. 활동 계획에 세 가지 다른 음악 경험을 포함시키라. 세션을 위한 치료 목적과 목표를 수립하고, 어떻게 세션을 구조화할 것인지 말해 보라.

3단계: 인도하기

1. 당신의 세션을 위해 한두 가지 감상 경험을 계획해 보라. 세션을 끝마친 후 클라이언트의 반응을 적어 보라. 클라이언트의 반응 중 특별히 긍정적인 반응이 있었는가? 당신이 한 가지 이상의 감상 경험을 사용했다면 각각의 감상 경험에 대한 반응은 어떤 차이가 있었는가? 만약 차이가 있었다면 왜 그랬는가? 당신은 음악 경험이 더 성공적으로 이루어지게 하기 위하여 어떻게 다른 접근을 하였는가?

2. 이 장에서 설명된 각각의 대상(장애아동, 발달장애 성인, 정신장애 성인, 노화와 관련된 필요를 가진 노인, 의료 환자)을 위한 감상 경험의 예를 말해 보라. 각각의 대상에 적합한 치료 목적과 목표를 규명하되 이 장에서 언급된 것과 다른 예를 제시하라. 당신의 경험에 비추어, 각 대상이 일반적으로 음악 경험에 어떻게 반응하는지 말해 보라.

3. 당신의 클라이언트를 위한 감상 경험 사용의 두 가지 예를 문헌에서 찾은 후 그 적용에 대하여 설명하고 출처를 밝히라.

chapter 12

계획 시 추가 고려 사항

Clinical Training Guide for the Student Music Therapist

이 장에서는 3장 '음악치료 계획 과정'에서 소개한 개념을 우리의 개인적 견해를 넘어서 다른 이들의 관점까지 고려하여 다룰 것이다. 이 추가적인 고려 사항을 읽으면서 당신의 초기 반응들을 상기해 보라. 이 반응들은 자신과 다른 이들의 생각을 통합하여 개인의 철학과 작업 방식으로 발전시키는 데 있어 큰 역할을 할 것이다.

세션을 준비하기 이전에 고려해야 할 사항이 몇 가지 있다. 물론 이 모든 것은 클라이언트에게 가장 유익한 세션을 개발하는 데 중점을 두고 있다. 계획을 통하여 세션은 점점 클라이언트의 필요를 충족하고 음악치료사로서의 당신의 가치에 부합하면서 효과적인 방식을 갖게 될 것이다.

클라이언트의 특성

음악치료사들은 임상에 있어 전문가의 기준을 인지하고 준수해야 한다. 『미국음악치료협회 임상 실습 기준(*AMTA Standards of Clinical Practice*)』(American Music Therapy Association, 2002)은 추천과 수용, 진단평가, 프로그램 계획, 이행, 기록, 서비스 종결과 평생교육 같은 영역을 언급하고 있다. 구체적 기준은 중독 장애, 상담가, 발달장애, 교육 기관, 노인 기관, 의료 기관, 정신건강, 신체적 장애, 개인 임상 및 웰니스 등의 대상 영역에 따라 적용된다.

진단

어떤 음악치료사는 클라이언트의 진단명에 따라 계획을 세우는가 하면, 어떤 이들은 진단명을 고려하지 않고 세션 중에 관찰된 행동만을 토대로 계획을 세운다.

치료사들 중 진단을 고려하는 이들은 진단 및 그 함의가 클라이언트의 필요에 부합하는 계획을 세우는 데 있어 중요한 정보를 제공한다고 본다. 물론 진단에 대한 지식은 클라이언트에 대한 음악치료사의 이해를 넓혀 주어 음악치료의 효과를 높인다. 그것은 또한 클라이언트의 행동에 대해 어느 정도 예측할 수 있도록 해 주며 발생하는 상황에 대한 이해를 넓힌다. 예를 들어, 클라이언트의 진단명이 혼합형 양극성 장애인 경우, 치료사는 환자의 정서가 조증과 울증 사이에서 변화할 수 있다는 것을 예견한다. 그러므로 클라이언트가 세션 도중 정서 변화를 보이더라도 그것이 질환에 따른 결과이며 다른 원인이 있지 않다는 것을 알기에 당황하지 않을 것이다. 이와 마찬가지로 치료사는 주의력결핍장애 진단을 받은 아동의 짧은 주의력을 숙지하고 있기 때문에 이러한 문제 또한 세션 중의 문제로 발생한 것이 아님을 이해한다.

행동과 반응을 예측할 수 있다는 사실은 어떤 이들에게는 클라이언트의 진단을 아는 것이 별 필요가 없다고 느끼게 만든다. 그들은 진단을 알고 특정 행동을 예측하는 치료사들이 이상 행동을 찾게 되고, 클라이언트가 이러한 상황이 아니었다면 가능했을지도 모를 성취를 기대하지 않고 미리 포기하게 되는 경우를 염려한다. 이것이 타당한 염려임에도 클라이언트의 진단을 아는 것은 많은 장점을 지니기에, 치료사의 기대를 한정 지을 수 있는 진단을 통해 얻은 정보는 잠시 덮어 두고 세션에 임하는 것이 보다 나은 해결책일 것이다.

『정신장애의 진단 및 통계 편람 제5판(*Diagnostic and Statistical Manual of Mental Disorders: DSM-5*)』(American Psychiatric Association, 2013)은 다양한 진단과 이에 따른 특성을 다루고 있다. 정신건강의학과 관련된 정보를 참조할 수 있기 때문에 음악치료사들은 이 책에 친숙해질 필요가 있다. 여기서 진단은 다섯 축으로 구성되어 있는데, 첫 두 축이 다양한 진단 범주를 담고 있다. I축 진단명은 "임상적 장애와 임상적 관점의 초점이 될 수 있는 기타 상태"를 포함하며(p. 26), 여기에는 유아기, 소아기, 청소년기에 흔히 장애로 진단되는 장애, 물질 관련 장애, 조현병과 기타 정신증적 장애, 불안장애, 신체형 장애, 허위성 장애, 해리성 장애, 성적 장애 및 성정체감 장애, 섭식장애, 수면장애, 다른 곳에 분류되지 않은 충동조절장애, 임상적 관점의 초점이 될 수 있는 기타 상태(pp. 13-26)와 같은 증상들이 있다. 또한 II축 진단명은 성격장애와 지적장애(발달장애)를 포함한다.

정신장애를 가진 클라이언트를 위한 음악치료를 중점적으로 다루는 책으로는 Unkefer와 Thaut(2002)의 『정신장애 성인을 위한 음악치료 (*Music Therapy in the Treatment of Adults with Mental Disorders*)』, Cassity와 Cassity(1998)의 『정신과 성인, 청소년, 아동을 위한 다중양식 음악치료 (*Multimodal Psychiatric Music Therapy for Adults, Adolescents, and Children*)』가 있는데, 이들 책은 정신장애 대상 치료에 있어 많은 정보를 제공한다.

Unkefer와 Thaut(2002)를 포함한 연구자들은 정신장애를 가진 성인 클라이언트들의 진단에 근거한 음악치료 중재를 제안한다. 그들은 조현병, 양극성 장애, 우울증, 조증, 범불안장애 등과 같이 음악치료사들이 다루는 성인 정서장애의 주요 범주를 정한 바 있다. 그리고 각각의 진단 범주에 대해 진단 증상, 특징적 행동, 필요, 음악치료 중재, 프로그램, 기법 등에 대하여 설명한다. 또한 각각의 진단 증상에 대해 추가 범주가 들어가고, 정서장애를 가진 성인들을 위한 중재에 필요한 증상과 문제행동에 초점을 맞춘 방법들을 제공한다.

Cassity와 Cassity(1998)는 정신장애인을 위한 시설에서 일하는 음악치료 임상 훈련 감독들을 대상으로 설문조사를 실시했다. 그들은 슈퍼바이저들에게 음악치료 세션 도중 가장 빈번하게 진단하고 중재하는 비음악적 행동을 선택하도록 했다. 그리고 각각의 선택된 분야에서 그들이 가장 빈번하게 진단하고 중재하는 클라이언트의 문제행동 두 가지를 적도록 지시했다. 그들은 Lazarus(1976; 1989)의 다중양식 치료 모델(Multimodal Therapy Model)을 사용해 문제행동과 중재를 분류하였는데, 이 모델에 따른 음악치료 방법은 행동, 정서, 감각, 심상, 인지, 대인관계 영역 및 약물과 관련된 분야(이 범주는 클라이언트의 건강에 대한 염려를 포함하고 있다)의 문제행동을 지적하고 있다. 이 책은 임상 훈련 감독이 명시한 문제점을 다루는 음악치료 절차에 대한 광범위한 정보를 담고 있다.

특수교육 세팅의 경우, 분류화는 정신장애에서의 진단과 비슷한 역할을 한다. 다양한 주의 분류 시스템은 연방 법규에 따르기에 대부분 비슷하나 용어에 있어 약간의 차이를 보인다. 전형적인 특수교육 용어는 자폐, 시각장애, 정서·행동장애, 건강장애, 청각장애, 학습장애, 중복장애, 지체장애, 언어장애, 외상 후 뇌손상 등으로 분류된다. 정신지체에 대한 분류는 존재하긴 하지만 많은 경우 발달장애나 지적장애로 불린다.

발달단계

음악치료사는 클라이언트의 기능 수준과 발달단계를 알 필요가 있는데, 이는 그것이 클라이언트의 실제 연령과 다른 경우가 많기 때문이다. 특히 어린 클라이언트의 발달단계를 앎으로써 발달이 자연스럽게 일어나는 논리적 순서대로 치료 계획을 세울 수 있다. 음악치료가 적합한 아동이 기대한 순서대로 발달하고 있지 않다 하더라도, 발달단계별 필요를 따르는 중재는 가장 효율적일 수 있다. 이는 클라이언트가 새롭게 기술을 배우는 것을 치료사가 도울 때, 그가 이미 습득한 기술을 토대로 돕는다는 것이다. 이러한 정보는 발달단계가 느린 성인들과 세션을 할 때도 도움이 된다.

발달을 이해하기 위해서는 다양한 접근법을 취할 수 있다. Piaget(Wadsworth, 1989)는 인지 발달에 중점을 두고 있고, Freud(1938)는 병리학에서의 심리사회적 발달에, 그리고 Erikson(1950/1963)은 유아기부터 노년

기까지 각각의 발달단계에서 성취해야 할 심리사회적 과제에 중점을 두고 있다.

서술적 관점에서 보면 발달 차트는 나이에 맞게 아동이 취할 수 있는 전형적인 행동들을 보여 주고 있다. 이러한 차트는 유년기 발달단계를 추적하고 다양한 시기에 맞게 예상할 수 있는 행동들을 아는 데 도움이 될 수 있다. 그것은 참고를 위해 가지고 있는 것이 도움이 될 수 있다. 하와이 조기중재 프로그램(Hawaii Early Intervention Program; Forano, 1979)에서 정상적인 발달단계의 첫 3년에 해당하는 아동(혹은 성인)을 위한 유용한 차트를 찾을 수 있다.

이러한 차트를 참조하는 데는 몇 가지 주의 사항이 있다. 아동들은 각기 다른 성장 속도로 발달하며, 예상되는 중요한 발달단계에 있어서도 변수가 발생할 수 있다. 또한 많은 음악치료의 사례에서 볼 수 있듯이 아동의 발달단계에 문제가 있는 경우, 그들의 발달은 특별한 지체 없이 발달하는 아동에 비해 일정하지 않을 수 있다. 이는 아동이 다양한 발달 과제를 전형적인 단계와는 다르게 다루었거나, 과제를 성취 또는 숙달한 이후에 그 기술을 잃어버렸다가 다시 수행하는 경우도 있을 수 있음을 보여 준다.

정상적인 아동 발달을 제대로 이해할 수 있는 가장 좋은 방법은 특정한 지체 없이 발달하는 아동과 함께하면서 아동의 차트에 기술된 추상적인 행동들을 실제로 관찰하는 것이다.

발달에 대한 Greenspan의 접근법

Greenspan의 발달체계(Greenspan, 1992; Greenspan & Wieder, 1998)는 음악치료사들에게 매우 유용할 수 있다. Greenspan과 Wieder(1998)는 발달 장애를 가진 아동들이 세 가지 영역에서 종종 다르게 반응한다고 밝혔다. ① 감각 반응도(감각을 통해 정보를 얻는 방식), ② 감각 처리(습득한 정보를 이해하는 방식), ③ 근육, 운동 계획, 순서(습득한 정보에 대한 응답을 계획하고 실행하는 데 신체와 사고를 사용하는 방식)가 바로 그것으로, 그들은 각각의 반응을 이해하고 발달을 돕는 상호작용에 아동들을 참여시키기 위해 이러한 분야를 진단평가할 수 있는 상세한 설명을 제공하고 있다.

아동들과 함께하는 임상가들은 여섯 단계의 정서적 상호작용이 여섯 개의 발달 초기 단계와 상관관계를 지니며, 그것이 "각 단계의 적절한 정서 경험인 주요 인지, 사회, 정서, 언어, 운동 기술, 자아 인식을 발전시키는 데 도움을 준다."라고 하였다(Greenspan & Wieder, 1998, p. 70). 각각의 중요한 단계들은 다음과 같다.

- 단계 I: 이 시기에 아이는 침착함을 유지하면서 점차 확장해 나가는 감각의 인식에 균형을 잡는 법을 배운다. 연구자들은 이러한 기술이 정신적·사회적·지적 건강의 가장 기초가 되는 기술임을 밝힌다. 이러한 영역에서 어려움을 겪는 아이는 자신이 느끼는 감각을 조절하지 못하여 울거나 속상해할 수 있고, 충분한 감각을 인지하지 못하는 경우 무기력하거나 게을러 보일 수 있다.
- 단계 II: 이 시기에 아이는 주된 양육자를 찾는 법을 배우고, 눈을 마주치며 웃음으로써 추후 관계에 대한 기초를 다진다. 이러한 능력을 발달시키지 못한 아이(전 단계에서 문제가 있었을 가능성이 크다)는 다른 이들과 적절한 감정적 연결점을 만들지 못하고 반응이 감소하며 친밀감 형성에 문제를 겪게 된다.
- 단계 III: 이 단계는 시작과 마침이 있는 의사소통의 순환을 포함한다. 예를 들자면, 아이가 어머니를 향해 웃으면 어머니도 웃음으로 답한다든지, 아이가 아버지에게 접근하면 아버지도 아이에게 접근하는 경우다. 이를 통해 아이는 자신이 세상에 영향을 미칠 수 있다는 사실을 깨닫게 된다. 이 기술이 결여된 아이(위의 두 영역에서 발달 문제가

있었던 경우)는 사회적으로 관계를 맺는 데 있어 추가적인 도움이 필요할 것이다.

- 단계 IV: 이 시기의 아이는 제스처를 익힌 상태이며 이제까지 배운 것들을 토대로 자신의 바람을 표현하는 언어를 사용한다. 아이는 자신이 원하는 바를 훨씬 분명하게 나타내며 새로운 방식을 통해 적극적으로 나선다. 아이는 좀 더 복잡한 생각을 표현할 수 있기 때문에 더욱 창의적일 수 있다. 점차 길어지는 대화에 참여함으로써 아이는 자신에 대한 감각을 쌓아 나간다. 이러한 의사소통의 경험은 언어 능력의 기초가 된다.

- 단계 V: 이 시기에 아이는 우선 놀이를 통해 자신의 의견을 표현하고, 놀이와 함께 단어의 사용이 증가한다. 궁극적으로 아이는 상징이나 기호가 사물을 나타내며 단어가 감정을 전달한다는 사실을 깨닫게 된다. 궁극적으로 아이는 생각을 다루고 자신의 필요에 맞게 사용하는 법을 배우게 된다.

- 단계 VI: 이 단계의 아이는 이전에는 분리되어 있던 정서적 생각들을 연결시키기 시작하며 다양한 범주의 감정을 표현할 수 있게 된다. 이러한 표현과 확장된 놀이를 통해 아이는 자신이 누구인지 더욱 잘 깨닫게 된다. 또한 아이는 자신의 생각과 느낌을 언어로 충분히 표현할 수 있게 된다.

이러한 단계별 중요한 시점이 특정 나이에 달성해야 할 것들과 아무 관계를 따지지 않고 소개되었는데, 이는 대부분의 아이가 정상적이거나 예상되는 연령을 따르지 않기 때문이다. Greenspan과 Wieder(1998)는 이러한 중요한 단계들을 이용하여 부모와 전문가들에게 아이한테 무엇이 필요하고, 일에 있어 어느 부분에 중점을 두어야 할지 알 수 있도록 돕는 체계를 제시하였다.

발달치료

『발달치료에서의 음악(*Music in Developmental Therapy*)』(Purvis & Samet, 1976)은 발달의 원칙을 특수교육에 포함시키는 커리큘럼의 체제에 따랐다 (Wood, 1975; Wood, Quirk, & Swindle, 출판 예정). Wood의 발달치료는 네 가지 분야의 커리큘럼 영역, 즉 행동, 의사소통, 사회성 그리고 학습 기술 에 따라 치료 목적을 정한다. 이 치료 목적들은 각각의 네 가지 영역과 다 섯 가지 하위 발달단계에 맞춰 수립한다. 〈표 12-1〉에서 각 발달 시기에 서의 커리큘럼 영역의 목적을 살펴볼 수 있다.

〈표 12-1〉 발달치료에서의 발달단계

단계	행동	의사소통	사회성	학습 기술
I	자신의 신체와 기술 신뢰하기	필요한 것을 얻기 위하여 말하기	상대방에게 충분히 반응할 정도로 신뢰하기	신체 협응, 기본적 수용 언어 개념, 식별, 분류의 과정이 포함된 환경에 반응하기
II	일상적인 활동에 성공적으로 참여하기	건설적인 방법으로 다른 사람들에게 영향을 주기 위하여 말하기	다른 사람들과 활동에 참여하기	유사성, 차이점, 수준, 사용, 색깔, 순서와 분류의 수치화, 신체 협응에 대한 언어 개념을 포함한 학급의 일상에 참여하기
III	그룹 과정에 개인적 기술 적용하기	그룹에서 자신을 표현하기	그룹 활동에서 만족감 발견하기	신체 협응, 대화에서의 기능적인 반구체적 개념, 경험과 개념에 대한 상징적 묘사, 기본적 표현 언어 개념을 포함하는 그룹에 참여하기
IV	그룹의 성공을 위하여 개인적 노력 기여하기	자신과 다른 사람들 간의 감정 및 행동의 관계를 인식하는 것에 대하여 표현하기	그룹의 일원으로서 자발적·성공적으로 참여하기	그룹 경험과 공식적인 학교 과제에서 기호와 상징을 성공적으로 사용하기
V	삶의 위기에 처했을 때 건설적 행동 및 적응하는 반응하기	관계를 확립하고 향상시키기 위하여 대화하기	독립적으로 동료 그룹원과의 관계를 시작하고 유지하기	개인적 강화 및 공식적 학교 경험을 위하여 기호와 상징을 성공적으로 사용하기

출처: Wood (1975).

『발달치료에서의 음악(*Music in Developmental Therapy*)』(Purvis & Samet, 1976)은 각각의 치료 목적 아래 다양한 목표에 맞는 학습 경험을 담고 있으며 이를 성취하기 위한 음악치료 절차를 제안하고 있다. 이 책은 현재 절판되었지만, 각 단계와 영역에 대한 설명은 당신 자신만의 목표와 절차를 세우는 데 지표가 될 수 있을 것이다.

클라이언트의 욕구

구조의 단계

음악치료의 도전이자 매력은 적용의 폭이 넓다는 것이다. 음악치료는 다양한 장애를 가진 아동부터 혼수상태의 환자까지 다양한 사람에게서 반응을 끌어낼 수 있다. GIM이나 음악 심리치료는 기능이 높은 일반인에게도 사용될 수 있다. 음악치료의 치료적 힘을 직접 경험할 수 있다는 사실은 음악치료사가 얻을 수 있는 가장 큰 보상이기도 하다. 이러한 보상은 많은 음악치료사를 임상 현장에 남게 하는데,[1] 이 장에서는 이러한 사실보다 음악치료가 가지는 도전에 대해 다루도록 할 것이다.

음악치료 클라이언트들은 기능의 수준에 있어 큰 차이를 보인다. 어떤 이들은 아주 사소한 반응을 끌어내기 위해서 자극을 필요로 하고, 어떤 이들은 임상적인 문제는 전혀 없지만 창의력이나 자기인식을 끌어올리고자 한다. 다양한 수준에 있는 클라이언트에 대해 특정한 일반화가 필요하며, 이는 계획과 치료에 도움이 될 수 있다. 일반화의 일례로 기능이 낮은 경우

---

1 음악치료사가 받을 수 있는 보상이 무엇인지 알고 싶다면 저자가 중증장애 아동들과 세션을 하면서 느끼는 즐거움에 대하여 쓴 질적 연구를 읽어 보길 바란다(Wheeler, 1999).

더 많은 구조를 요구하는 반면, 기능이 높은 경우 더 적은 구조를 요구한다는 것을 들 수 있다. 이는 사용되는 심리치료적 체제에도 적용될 수 있으며, 다양한 발달단계와 다양한 진단에서도 고려되어야 한다.

지시적에서 비지시적으로 가는 것은 음악치료사가 채택한 심리치료적 근거에 따라 적용된다. 어떤 치료 철학은 특별히 더 지시적인데, 유능한 음악치료사는 그런 지시적인 치료 철학을 좀 더 구조적으로 세션을 용이하게 하는 방식으로 받아들인다. 행동수정을 사용하는 연구자들은 다른 접근법에 비하여 좀 더 지시적이다. 조건적 음악을 사용하여 행동을 수정하려고 하는 음악치료사는 매우 지시적일 것이고, 인본주의적 접근법을 받아들이는 음악치료사는 덜 지시적일 것이다. 즉흥연주를 통하여 감정을 탐색하고자 하는 음악치료사는 덜 지시적으로 접근해야 하지만 때때로 지시적 접근도 필요하다. 이런 방식에 대하여 결정적인 판단을 내리기는 어려우나, 접근법에 따라 다른 지시 방법은 인식하고 있어야 한다.

심리치료의 단계를 음악치료에 적용하는 것은 여러 음악치료사가 개념화하였다(Bruscia, 1998a; Maranto, 1993b; Unkefer & Thaut, 2002; Wheeler, 1983, 1987a). Wheeler의 분류, 그리고 Unkerfer와 Thaut의 분류의 비교 내용은 〈표 12-2〉에 명시되어 있다.

구조의 단계별 개념은 발달단계나 질병단계에도 적용된다. 발달단계는 일반적으로 아동의 성장에 따라 진행된다. 따라서 고학년 아동은 더 높은 발달단계를 보이므로 덜 구조적인 접근이 요구된다. 이것은 발달장애를 가진 클라이언트에게도 적용된다. 낮은 발달단계를 보이는 아동들도 발달단계가 높아져 가면서 점점 덜 구조적인 것까지 수용할 수 있게 된다. 발달적 음악치료(Purvis & Samet, 1976)는 발전적인 필요를 고려하여 낮은 단계를 위한 활동보다 적은 구조를 가지는 높은 단계를 위한 활동을 추천한다.

Hadsell(1993)은 음악치료 클라이언트들을 위한 외부적 구조의 세 단계

〈표 12-2〉 음악치료 임상의 단계

	Wheeler(Wolberg에 근거함)	Unkefer와 Thaut
1단계	**활동 치료로서의 음악치료** 치료적 활동을 사용하여 목적을 달성함(필요 시 언어 사용). 문제가 발생한 이유를 이해하는 것은 중요하게 고려하지 않음	**지원적 · 활동 지향적 음악치료** 치료 활동에 능동적으로 참여함으로써 목적을 달성함. 세션 중에 드러나는 행동과 현재에 초점을 맞춘 언어적 프로세싱을 함. 방어를 강화할 목적의 활동, 건강한 감정과 사고 지원, 적절한 행동 조절 기제 개발, 현실적 자극에 대한 위안을 함. 성과, 지원, 불안 감소를 촉진시킬 수 있는 잘 구조화된 활동을 함.
2단계	**재교육적 목적의 통찰적 음악치료** 음악이 치료에 필요한 인지적 · 정서적 반응을 이끌어 내기 위하여 사용됨. 감정에 초점을 맞추고 향상된 기능에 기인한 통찰력으로 이끄는 설명 및 토의를 함.	**재교육적 · 통찰 및 과정 지향적 음악치료** 치료에의 적극적 참여는 말하는 것에 의해 보완됨. 감정이나 사고에 대한 활동은 치료 세션 안에서 언어적 프로세싱이 적용됨. 관심 집중은 음악치료와 클라이언트의 현 시점에서의 상호작용에 달려 있음. 클라이언트가 가치와 행동 패턴을 재조직화하고 긴장과 불안을 해소하는 대인관계와 관련된 태도를 가지도록 도와줌.
3단계	**재조직적 목적의 통찰적 음악치료** 음악치료는 무의식의 자원을 끌어내고 인성을 재조직화함.	**재조직적 · 분석적 및 카타르시스 지향적 음악치료** 치료적 활동은 무의식적 갈등을 알아내고, 되새기며, 해결하기 위해 활용함. 무의식적 소재를 끌어내고 통찰, 깊은 공포 및 갈등을 겪음으로써 형성된 성격을 재조직화함.

출처: Wheeler (1983, 1987a); Unkefer & Thaut (2002); Wolberg (1977).

를 제안하고 도구, 선택, 자료, 지시 및 활동과 장소, 시간에 대한 구조를 제공하기 위한 절차를 제안한다(〈표 12-3〉 참조).

　　Wheeler(1983, 1987), Unkefer와 Thaut(2002)의 심리치료로서의 음악에 있어서 구조의 단계들은 더 많은 구조로부터 더 많은 본질적 도움이 필요

〈표 12-3〉 음악치료에서의 외부 구조의 단계

단계	시간	공간/도구	선택	재료	지시	활동
1단계 (최대)	각각의 활동에 구체적 시간, 일관성 있는 순서, 활동 간의 최소 시간이 할당됨.	음악치료사가 조정하고, 각각의 물품 및 활동은 특정한 장소에서 진행되며 변동 없이 진행되며, 일관성 있는 도구를 사용함.	초기에는 주어진 선택 사항 없음. 나중에 두 가지를 선택하는 형태로, 치료사가 클라이언트의 선호도에 따라 선택을 결정함.	음악치료사는 자료를 지원한다. 자료를 만듦. 견고하며 단순한 구성이 특징물을 지니고, 치료사가 제어할 수 있도록 재료를 배치함.	음악치료사가 1단계 혹은 2단계를 지시 하거나, 쓰기나 그림으로 그려서 지시함. 음악치료사가 모델링을 해 줌.	단순한 반응들을 이끌어 낼 수 있도록 구조화하여 단계별로 인도함. 요구하는 행동들을 과제로 분석하여 순서적으로 접근함.
2단계 (중간)	일반적으로 할당된 시간과 순서를 가지는 세션에서의 계획된 활동을 하지만 약간의 변동 및 세션 회차에서의 클라이언트의 투입이 고려됨.	음악치료사가 장소나 도구의 사용을 조절하나 세션마다 변형시킬 수 있음. 변화가 필요할 시 치료사가 세션 장소를 제배치함. 클라이언트의 요청이 계획에 포함됨.	음악치료사는 클라이언트에게 몇 가지 선택 사항을 제공함. 제공하는 만큼에 대한 클라이언트의 적절히 관여하는 제한됨.	유사한 목표를 달성하기 위하여 다양하게 변형될 수 있음. 클라이언트에게는 선호도를 명시함으로써에 만드는 데 도움을 줄 수 있음. 더 많은 사용 가능한 자료로 이어지는 다양한 목표들에 대한 배려에 도움이 됨.	음악치료사가 몇 가지 순서가 있는 반응 수준에 대하여 단순, 복잡한 지시를 줄 수 있음. 문서화된 지시는 단계별 서식으로 주어짐. 필요한 경우에만 음악치료사가 병렬링함.	활동들은 어느 정도 복잡한 반응을 할 수 있도록 도움을 해 낼 수 있도록 고안함. 1단계보다 적은 단계들이 요구됨. 클라이언트가 한 반에 몇 개의 단계를 수행할 수도 있기 때문에 과제는 구체적이지 않음.
3단계 (최소)	세션 시간이 여유 있고 융통성 있게 계획 되지만 필요에 따라 활동 시간이 조정됨.	도구와 장소는 융통성 있게 사용함. 기동성을 고려하여 배치함. 물품은 쉽게 접근할 수 있도록 클라이언트와 음악치료사가 필요로 할 때 치료실에 세배치함.	음악치료사는 선택 사항을 제공함. 클라이언트와 치료사는 함께 적절한 자료를 고안하는 데 있음. 선호도에 대한 개방형 질문을 함.	클라이언트가 자료 혹은 자료를 사와 함께 공동으로 적절한 재료를 만듦. 음악치료사가 다양한 클라이언트가 가지고 있을 책임을 맡음.	복잡한 구두 지시 혹은 문서화된 지시를 클라이언트가 부가적 설명이나 다양한 수준의 안내로 명확히 하여 줄 것을 요청함.	활동들은 클라이언트와 함께 음악치료사가 함 계 계획하고 목표 달성에 필요한 단계를 결정함. 단계들은 보다 큰 효율성에 따라 세화됨.

출처: Hadsell (1993).

한 특정한 진단명을 가진 클라이언트에게도 적용되었다. 이 체제에서도 심각하지 않은 인격장애를 가진 대상자에게는 그렇지 않은 대상자에 비하여 적은 구조가 요구되었다. Unkefer와 Thaut도 각각의 심리치료적 중재의 단계에 적합한 문제 영역과 클라이언트를 기술하였다. 이러한 클라이언트에 대한 설명은 〈표 12-4〉에서 제시하고 있다.

〈표 12-4〉 음악치료 임상 단계와 각 단계에 적합한 클라이언트

	Wheeler	Unkefer와 Thaut
1단계	**활동 치료로서의 음악치료** 가장 중증의 클라이언트나 심각한 인격 분열을 가진 클라이언트에게 적합함. 정신장애로 입원한 클라이언트나 장기치료를 받고 있는 만성 조현병 클라이언트 포함(조현병을 가진 대상자에 대한 연구 입증).	**지원적 · 활동 지향적 음악치료** 스트레스로 인해 일시적으로 허물어진 건강한 자아를 가진 클라이언트, 분열 · 퇴행되거나 망상이 있고, 심각한 조현병 또는 정서적 증상을 겪거나 치료에서 더 높은 수준의 참여를 하기 두려워하고 불안해 하는 클라이언트에게 적합함. 이러한 클라이언트에게는 그들의 문제에 대하여 언어적으로 조사하기보다 지원, 통합 그리고 덮어 주어야 함.
2단계	**재교육적 목적의 통찰적 음악치료** 심각한 인격 분열을 일으키지 않는 인격장애, 신경증, 불안장애, 정서장애, 약물 남용 등의 문제를 가진 클라이언트에게 적합함. 장기간 지속된 조현병(정서장애, 신경증, 인격장애를 가진 대상, 약물 남용을 한 대상에 대한 연구 입증)	**재교육적 · 통찰 및 과정 지향적 음악치료** 자기노출을 할 수 있는 클라이언트에게 적합함. 가치관과 행동 패턴을 재조직하도록 도와줌. 대인관계 태도에 대한 새로운 긴장과 불안을 해소하게 하고, 치료 과정에서 개인적 사고나 감정의 투사를 통하여 대인관계에 대한 책임감을 배울 수 있도록 도와줌.
3단계	**재조직적 목적의 통찰적 음악치료** 심각한 인격 분열을 일으키지 않는 클라이언트나 개인적 성장을 원하는 건강한 대상자(정서장애, 신경증, 인격장애를 가진 대상, 약물 남용을 한 대상에 대한 연구 입증)	**재조직적 · 분석적 및 카타르시스 지향적 음악치료** 존재하는 인격 구조에 도전이 되는 장기치료에 전념할 수 있는 동기를 가진 클라이언트에게 적합함.

출처: Wheeler (1983, 1987a); Unkefer & Thaut (2002).

음악치료사의 관점

당신은 음악치료사로서 자신이 무엇을 왜 하고 있는지 알아야 한다. 앞으로 다양한 관점에서 이에 대하여 논의해 보고자 하는데, 3장에서 다룬 도와주기에 관한 개인적 이론에서 시작하여 이 이론에 대한 다른 학자들의 의견과 우리 자신의 이론 개발을 전개해 나갈 것이다. 그리고 더 나아가서 이 이론들을 적용하여 음악치료 계획과 중재를 위한 이론적 해석을 규명하고자 한다.

도와주기에 관한 개인적 이론

3장에서 당신이 대답한 질문들은 도와주기에 관한 당신의 개인적 이론들을 형성해 왔다. 이 이론들은 당신에게 여러모로 도움을 줄 것이며 치료에 관한 많은 결정을 할 때 지침이 되어 줄 것이다. 그것은 당신의 관점이 변화되고 성숙해 나가면서 지속적으로 수정될 수 있다.

도와주기에 관한 당신의 이론은 심리치료적 체계를 포함하는 철학을 아우를 수도 있고, 음악치료 이론에 근거한 체계의 일부분이 될 수도 있다. 여기서는 이에 대한 다른 사람들의 견해를 알아보기 위하여 다른 음악치료사들, 상담가들, 심리치료사들이 진술하고 사용해 온 이론들을 살펴볼 것이며, 이때 음악치료를 심리치료적 체계의 부분으로 본 사람들과 심리치료적 이론과 분리된 음악치료 이론을 발전시킨 사람들의 견해를 포함하고자 한다.

심리치료적 체계

행동수정을 치료 기법으로 사용하는 치료사는 심리역동적 체계를 사용하는 치료사들과는 다르게 세션을 계획할 것이다. 심리치료사가 자신의 치료를 위해 다양한 체계를 사용하는 것처럼 음악치료사도 다양한 체계를 사용한다. 다양한 심리치료 체계에 대해 잘 알고 음악치료 체계로부터 이를 끌어내는 것은 유용하다.

Ruud(1980)는 심리분석, 행동적 그리고 인본/실존주의적 접근의 심리적 경향, 각각으로부터 도출된 음악치료 이론 및 이론적 체계를 사용한 다른 사람들과 음악치료사들 간의 유사점을 조사하였다. 다른 연구자들(Bruscia, 1987; Darrow, 2004; Wheeler, 1981)은 음악치료와 다양한 심리치료적 체계를 관련지었다. 어떤 연구자는 한 심리치료적 체계 안에서 음악치료 관점을 집중적으로 분석하였다. 이러한 분석의 예로서, 지적장애 대상 행동수정과 음악치료의 사용에 대한 Madsen(1980)의 저서, 그리고 심리역동적 체계에 기초한 음악치료 관점에 대한 Bruscia(1998b)의 편저서가 있다.

음악치료의 이론적 체계

어떤 음악치료사(Aigen, 1991b; Amir, 1996; Kenny, 1985, 1989)는 음악치료사들이 심리치료에 근거한 체계에 의존하지 말고 음악치료 자체에 근거한 체계를 사용해야 한다고 주장하면서 다양한 관점에서 이러한 주장을 피력해 왔다. 그들의 관점은 1장 '음악치료하기'에서 제시하였고, 14장 '음악의 역할'에서 자세히 설명할 것이다.

비록 당신이 음악치료사로서 임상 기술을 발전시키는 것처럼 이론 개발을 할 수 있는 준비가 되었다고는 할 수 없겠지만, 지금은 나중에 이론 개발로 이끌 수 있는 질문들에 대한 생각을 시작할 수 있는 좋은 시점이다. Bruscia(1998a)는 이론을 "상호 관련된 일련의 원칙 또는 이론가들이 ① 이해할 수 있고, 일관된 방식 안에서 특정한 영역을 조직화하거나 기술하고, ② 관련된 사실과 경험적 데이터, 영역 안에서의 현상을 이해하고 설명하며, ③ 향후의 이론, 연구 및 임상에 대한 의사 결정을 위한 개념적 틀을 제공하기 위하여 구성한 것"(p. 243)으로 정의한다. 이론을 정립하는 것은 목적지를 찾아가기 위하여 지도를 보는 것과 같다. 음악치료에서 이론은 음악치료 세션을 어떻게 진행해야 할지 결정해 주는 지표가 된다.

비록 이론을 항상 염두에 두고 있지는 않지만, 우리는 우리 삶 속의 여러 측면에서 지표를 찾아가기 위하여 이론들을 사용한다. 우리가 이론을 어떻게 사용할 것인지 알 수 있는 한 가지 방법은 어떤 것에 문제가 생겼을 때다. 예를 들어, 불이 들어오지 않을 때 우리의 첫 번째 반응은 스위치를 다시 한 번 꽂아 보고 전기선을 점검해 보는 것이다. 안내하는 생각(이론)은 처음엔 잘 알아채지 못할 수도 있다. 만약 스위치와 전기선에 이상이 없으면 다음에 다른 이론을 적용해 보는데, 즉 전구가 깨져 있는지 살펴보는 것이다(이것은 가설로부터 이론을 만들고 다음에 그것을 검증하는 것의 예다). 만약 전구를 교체해서 불이 들어오면 우리의 가설은 검증되고, 우리의 이론이 참이라는 것이 입증된다. 반면에 전구를 교체해도 불이 들어오지 않으면 이론은 다시 수정되어야 한다. 아마도 다음 이론은 조명 기구자체가 고장 났을 것이라고 생각해 보는 것이다.

음악치료에서 이론을 개발하기 위하여 우리는 이와 유사한 과정을 따라야 한다. Carolyn Kenny는 다음과 같은 단계를 제안하였다.

처음에는 우리의 '잠재적 가정'을 반영하게 될 수 있는데, 이것은 이론적인 생각을 시작할 수 있는 좋은 방법이다. 다음 단계는 그 가정들로 '원리'를 만들어 가는 것이다. 이것들은 '만약에, 그러면' 등의 진술이다. 비록 이 원리들이 발견되지 않고 지원받지 못한다고 하더라도, 가능한 한 정직하게 이것을 시도해 보라. 이 원리들을 내어놓고 알리고, 잠재적 가정과 원리들을 연관 짓는 것은 바람직하다. 원리에 대한 다음 단계는 '개념 형성'이며, 다음 단계는 '개념들의 개발'이다. 마침내 지도에 이르게 되면 개념들이 어떻게 서로 관련을 지니는지를 알아 간다. 이 시점에서 당신은 당신 자신의 이론을 갖게 된다. 이론들은 지침이나 지도라는 것을 기억하라. 당신이 실증주의적 패러다임에서 연구하기를 결심한다면 다음 단계로 가야만 하겠지만, 당신이 옳다는 것을 입증하기 위하여 당신의 이론을 사용할 필요는 없다(개인 면담, 2001. 7. 20.).

Kenny(1989)는 『더 필드 어 플레이: 음악치료의 이론과 임상을 위한 지침서(The Field a Play: A Guide for the Theory and Practice of Music Therapy)』(pp. 41-44)에서 이론 개발에 관하여 제시하고, Bruscia(2005) 또한 음악치료에서의 이론 개발에 대한 종합적 개요를 제공한다.

치료에 대한 이론적 근거

이론적 근거는 "의견, 신념, 실습 혹은 현상에 대한 원리들을 지배하는 설명, 잠재적 이유, 근거"다(Merriam-Webster's Collegiate Dictionary, 10th Edition, 2002, p. 967). 당신이 믿고 있는 이론적 근거는 치료의 여러 가지 면을 고려하고, 변화와 치료에 대한 당신의 전반적 시각을 반영해 준다면 가장 바람직할 것이다. 이론적 근거는 클라이언트에게 중재하는 것을 배우는 과정 또는 그 이전에 영향을 주기 시작할 것이다. 당신은 초기 음악치료를 배우는 단계에서 무엇을 왜 하는지 아는 것을 종종 잊을 것이다. 음악치료 전공생이나 예비 음악치료사들은 자신이 원하는 것이 무엇인지—어떤 전략을 사용해야 할 것인지—는 알고 있지만 왜 그것을 해야 하는지 모를 때가 많다. 이론적 해석은 지원에 대한 치료사의 개인적 이론뿐 아니라 치료사가 채택한 이론적 틀에 근거한 심리치료나 음악치료의 영향을 받는다.

음악치료 전공생들은 클라이언트와 무엇을 하는지에 대한 이론적 근거를 항상 가지고 있어야 한다. 이론적 근거는 이제까지 우리가 보아 왔던 것—클라이언트의 필요, 치료사의 개인적 감정, 지원에 대한 철학, 우리가 채택한 심리치료적 혹은 다른 이론적 틀, 중재에 있어서 음악의 역할에 대한 이해—을 고려할 것이다. 이론적 근거는 상황이 변하는 것처럼 변할 수 있다. 또한 이론적 근거는 세션 도중에 순간순간 결정하는 것을 도와주고, 클라이언트의 보호자나 다른 전문인들이 당신이 왜 이런 중재를 하는지 물어보았을 때 대답할 수 있게 해 준다.

특별한 중재나 접근법에 대한 이론적 근거를 개발할 때는 다음과 같은 의문이 생길 수 있다. 클라이언트가 필요로 하는 것은 무엇인가? 그룹의 필요는 무엇인가? 이전까지는 무엇이 이루어졌는가? 이 세션에 어느 정도 시간이 주어졌는가? 앞으로 몇 번의 세션을 더 지속할 수 있을 것인가? 이론적 근거는 이러한 질문들에 대한 대답으로부터 발전할 수 있고, 어쩌면 몇몇의 대답을 아우를 수도 있을 것이다. 물론 이론적 근거 없이 음악치료를 시행할 수도 있다. 그러나 견고한 이론적 근거에 입각한 세션은 분명히 더욱 생산적일 것이다.

윤리적 고려

음악치료사는 계획과 세션 진행을 포함하여 모든 기능적 영역에서 윤리적 규준을 따라야 한다. 이 규준은 개인적 그리고 전문적 윤리를 모두 포함한다. 개인의 가치관과 윤리적 기준에 대한 인식은 윤리적 전문인으로서 발전해 가는 과정의 일부다. 전문인으로서의 윤리는 개인적 윤리뿐 아니라 전문적 윤리 규준에 근거한다.

　윤리적 규준은 수십 년에 걸쳐 발전되었고, 많은 영역을 포함한다. 대부분의 전문인은 윤리 규준을 받아들인다. 미국음악치료협회 윤리규정(AMTA Code of Ethics; American Music Therapy Association, 2003)은 일반적 영역, 즉 전문가의 자질 및 책임, 일반적 규준, 클라이언트·학생·연구 주제들과의 관계, 동료들과의 관계, 고용주와의 관계, 지역사회에 대한 책임, 직업/협회에 대한 책임, 연구, 회비와 광고 활동, 광고, 교육(강의, 슈퍼비전, 행정), 실행 등을 다룬다. 다른 음악치료 협회도 윤리규정이 있는데, 미국공인음악치료사협회(Certification Board for Music Therapists, 2001)도 전문 음악치료사 법규(Code of Professional Practice)를 만들었다.

　미국음악치료협회 윤리규정은 일반적 지침을 제공하고, 학생과 전문 음악치료사들이 전문인으로서 활동할 때 그 규정을 따르도록 하며, 특정한 상황에서의 윤리적 행동에 관한 질문이 있을 때 자문을 구할 수 있게 한다. 지침들이 일반적인 시안이므로 특별한 상황에는 적용이 되지 않을 수도 있다. 이런 경우에는 교수나 슈퍼바이저 동료들과 이 상황에 대하여 논의하도록 하라. Dileo(2000)의 『음악치료에서의 윤리적 고려(*Ethical Thinking in Music Therapy*)』는 윤리적 이슈가 있을 때 참조할 수 있는 좋은 자료다. 이 책은 음악치료사의 윤리에 대한 당신의 이해를 점검해 보게 하고, 당신의 임상에 직접적으로 관련될 수 있는 윤리적 이슈에 대한 단계적 절차를 제공한다.

♫ 함께 읽으면 좋은 도서

Briggs, C. (1991). A model for understanding musical development. *Music Therapy, 10*, 1-21.

Carkhuff, R. R. (2000). *The Art of Helping in the 21st Century* (8th ed.). Amherst,

MA: Human Resource Development Press.

Corey, G., Corey, M. S., & Callanan, P. (1988). *Issues and Ethics in the Helping Professions* (3rd ed.). Pacific Grove, CA: Brooks/Cole Publishing Co.

Corey, M. S., & Corey, G. (1998). *Becoming a Helper* (3rd ed.). Pacific Grove, CA: Brooks/Cole Publishing Co.

Crowe, B. J. (2004). *Music and Soul Making: Toward a New Theory of Music Therapy.* Lanham, MD: Scarecrow Press.

Egan, G. (1998). *The Skilled Helper: A Problem-Management Approach to Helping* (6th Ed.). Pacific Grove, CA: Brooks/Cole Publishing Co.

Loewy, J. V. (1995). The musical stages of speech: A developmental model of pre-verbal sound making. *Music Therapy, 13,* 47-73.

Wheeler, B. L., & Stultz, S. (2001, April). The development of communication: Developmental levels of children with and without disabilities. European Music Therapy Congress, Naples, Italy. Available on *Info-CD Rom IV*, University of Witten-Herdecke (2002) and at http://www.musictherapyworld.net/

Wheeler, B. L., & Stultz, S. (2002, July). Musical relatedness in infancy as a resource in understanding children with disabilities. 10th World Congress of Music Therapy. Oxford, UK. Available on *Info-CD ROM V*, University of Witten-Herdecke (2004) and at http://www.musictherapyworld.net/modules/wfmt/stuff/oxford2002.pdf

▶ 과제: 계획 시 추가 고려 사항

1단계: 관찰하기, 참여하기, 보조하기

1. 당신이 음악치료를 실시하고 있는 기관의 다른 전문인이나 음악치료사와 함

께 당신의 클라이언트에 대하여 이야기해 보라. 진단명을 알아보고 그 진단에 해당하는 특징들을 찾아보라. 당신이 관찰한 클라이언트의 행동 중에서 그 진단명에 일치한다고 생각하는 행동들을 적어 보라.

2. 클라이언트가 보이는 행동들을 적어 보고 그 행동들을 발달적 체계(발달 과제, Greenspan 이론 혹은 발달치료)와 관련지어 보라.

3. 세션을 담당하는 치료사가 가져야 할 이론적 근거는 무엇이라고 생각하는가? 이에 대답하기 위하여 이 장에서 제기하였던 질문들을 살펴보고 치료사와 함께 토의해 보라.

4. 『미국음악치료협회 임상 실습 기준(*AMTA Standards of Clinical Practice*)』을 읽어 보라. 이 기준 중 세 가지를 선택하고 왜 그 기준들이 필요하며 그 기준들이 어떻게 당신의 대상에게 적용될 수 있는지 생각해 보라.

2단계: 계획하기, 함께 인도하기

1. 당신이 지금 담당하고 있는 클라이언트 중 세 사람의 의료 기록을 읽어 보고 (만약 기록을 읽는 것이 허락되지 않는다면 클라이언트에 대한 정보를 알고 있는 치료사나 다른 전문인과 이야기해 보라) 진단명을 확인해 보라. 이 진단을 받게 된 클라이언트의 특성에 대하여 서술하라. (당신이 특수교육 세팅에서 일하거나 정신장애 진단을 받은 클라이언트에 대하여 진단명을 알 수 없는 경우에는 개별화교육 프로그램을 통해 아동의 진단 분류를 가늠할 수 있고, 특수교육 서적을 통해 정의나 분류에 대한 아동의 특징을 알 수 있을 것이다.)

2. 클라이언트가 보이는 행동들을 적어 보고 그 행동들을 발달적 체계(발달 과제, Greenspan 이론 혹은 발달치료)와 관련지어 보라. 1단계에서 사용한 것과 다른 체계를 사용하라.

3. 해당이 된다면, 당신의 음악치료 세션에서 실시되는 음악치료 단계에 대하여 말해 보라. Wheeler나 Unkefer와 Thaut가 이 단계의 치료(〈표 12-2〉 참조)

에 관해 말한 것과 관련지어서 클라이언트의 유형에 따른 단계(〈표 12–4〉 참조)와 연관지어 보라.

4. 당신이 발전시킨 도와주기에 관한 이론을 음악치료와 관련지어서 다른 사람들이 도와주기에 관하여 피력한 정보들(심리치료 이론이나 음악치료 이론)을 추가해 보라.

3단계: 인도하기

1. 의료 기록, IEP 그리고 DSM–5에 근거하거나 다른 자료에 근거하여 음악치료 세션 대상의 특성을 적어 보라. 당신의 세션 계획이나 결과에 대한 이론적 근거를 제시하고, 클라이언트의 특성과 당신이 세션에서 시행한 것 간의 관련성을 설명하라.

2. 〈표 12–2〉와 〈표 12–3〉을 사용하여 당신의 그룹에 적절한 구조의 단계를 살펴보라. 각각에 대하여 당신의 그룹은 어디에 해당하는지, 그 이유는 무엇인지 서술하라.

3. 외부 이론(심리치료 등)이 아닌 음악치료 자체의 이론에 근거한 당신의 음악치료 이론을 Kenny의 절차를 사용하여 개발해 보라.

4. 음악치료 이론에 관한 당신의 생각 및 다른 음악치료사들이 제시한 정보를 포함하여 도와주기에 관한 당신의 개인적인 이론을 수정해 보라.

chapter 13

클라이언트의 반응
이끌어 내기

Clinical Training Guide for the Student Music Therapist

음악치료사들은 클라이언트가 다양한 유형의 변화를 만들어 낼 수 있도록 돕는다. 음악치료 중재는 행동의 변화, 자기인식의 변화, 기술의 변화(예: 사회, 여가, 운동), 자기관리의 변화(예: 스트레스, 통증, 정서), 혹은 우리가 살고 있는 세상에 대한 이해의 변화를 이끌어 낸다. 때때로 음악치료사들은 클라이언트가 통찰력을 갖도록 하여 이후에 행동의 변화를 이끌어 낼 수 있게 하기도 한다. 다른 경우에는 클라이언트가 좀 더 직접적으로 자신의 행동을 변화시킬 수 있도록 돕는다.

음악치료사들은 클라이언트의 반응을 이끌어 내기 위하여 다양한 방법을 사용하는데, 낮은 기능의 클라이언트에게 사용되는 기술과 높은 기능의 클라이언트에게 사용되는 기술은 차이가 있다. 낮은 기능의 클라이언트에게는 음악과 신체적 촉구 그리고 언어적 촉구를 사용하여 반응을 이끌어 낸다. 높은 기능의 클라이언트에게도 같은 기술들이 사용되지만, 높은 기능의 클라이언트가 낮은 기능의 클라이언트보다 언어를 더 많이 구사하므로 대화 기술이 더욱 중요한 기술로 사용된다.

언어적 촉구

우리는 각자 다른 사람들과 상호작용하는 전형적인 방법을 가지고 있다. 그래서 치료사로서 언어적 촉구가 상호작용 양식의 한 부분을 차지하는 것은 자연스러운 일이다. 그러나 이러한 자연적 혹은 습관적 반응이 우리의 상호작용을 지배한다면, 더욱이 우리가 그 영향에 대하여 인식하지 못하고 어떠한 상황에서 상호작용하는 데 특정 화법을 벗어나지 못할 경우에는 문제가 된다. 그러므로 음악치료사로서 우리는 다른 방식의 상호작용(긍정적 혹은 부정적으로 영향을 주게 되는)에 대하여 배워야 하고, 부드

러워야 하며, 기술적으로 한 방식에서 다른 방식으로의 상호작용으로 옮겨 가는 것을 연마해야 한다. 그렇게 함으로써 우리는 효과적으로 클라이언트의 성장을 촉구할 수 있는 상호작용을 할 수 있게 될 것이다. 물론 사람들이 언제나 우리가 기대하는 대로 반응하지는 않기 때문에 마음의 준비 역시 항상 해 두어야 할 것이다.

도움이 되는 치료사의 반응

언어적 기술과 반응은 다른 방법으로 범주화될 수 있는데, 대부분은 전형적인 사용법과 효과들을 다룬다. 언어치료사와 음악치료사가 사용하는 범주들은 다음에 기술할 것이며, 또한 연이어 음악치료의 예들도 제시할 것이다.

경청하기와 이해하기

클라이언트와 함께하는 치료사의 역할의 기초는 경청하기와 이해하기다. 치료사들은 단순히 앉아서 수동적으로 듣지 않고, 정보를 입수하는 과정으로서 능동적으로 대화에 참여하고 적절하게 반응한다. 치료사는 언어적 내용에도 반응하지만 몸짓, 억양, 성량, 호흡 등과 같은 비언어적 행동을 포함하는 클라이언트의 전체적 메시지에도 반응한다. 또한 듣기와 이해하기는 클라이언트로 하여금 치료사가 그들을 인식하고 있고, 눈 맞춤을 하고 있으며, 자신의 표정과 몸짓을 통해 그들을 이해하고 있다는 것을 알 수 있도록 해야 한다. 치료사들은 적절한 시기에 클라이언트에게 신체 접촉을 할 수도 있다.[1] 경청하기와 이해하기를 돕기 위한 언어적 기술은 클라이언트의 기본적인 메시지를 유사하게 다시 언급해 주고, 좀 더 간

---

1 신체 접촉은 성적인 함축으로 해석되거나 다른 사람의 영역을 침범하는 것으로 여겨져서 의도하지 않은 결과를 초래할 수도 있다는 것을 명심하라.

결하게 다른 말로 바꾸어 주는 것을 포함한다. 치료사는 클라이언트가 의미하는 것에 대하여 혼란스러울 경우, 그 사실을 인정하고 클라이언트에게 다시 말해 주기나 의미를 명확히 하도록 혹은 말한 것에 대하여 부연 설명을 해 주도록 요청하기도 한다.

음악치료사는 이와 같이 모든 기술을 동원하여 클라이언트가 언어적·비언어적·음악적 반응을 할 수 있도록 격려한다. 예를 들어, 음악치료사는 그룹에게 그들이 느끼는 감정에 대하여 언어적으로 혹은 음악적으로 표현하도록 요청한다. 클라이언트들은 자신의 감정을 공유하고, 치료사는 그들이 함축하고 있는 단어, 정서, 몸짓, 음악을 포함하는 모든 것에 주의를 기울인다. 치료사는 그룹 내에서 클라이언트 개개인의 의견이나 설명이 수용될 수 있도록 혹은 그러한 참여가 없을지라도 그룹에서 받아들여질 수 있도록 구조화한다. 클라이언트의 의견과 설명이 있는 경우 치료사는 의역을 하거나 명료화 등의 기술을 사용할 수 있다.

의사소통 격려하기

치료사는 클라이언트의 의사소통을 격려하기 위하여 몇 가지 유형의 질문을 할 수 있다. 치료사는 되도록 '예' '아니요'로 간단하게 대답할 수 있는 질문은 피하는 것이 좋다. 또한 클라이언트를 곤혹스럽게 만드는 질문들은 가능한 한 삼가고 중립적이어야 한다. 치료사는 클라이언트가 대화를 시작하도록 이끄는 질문을 던질 수 있다. 예를 들면, "오늘은 어떤 이야기를 하고 싶으세요?" 혹은 "그 상황에서 무슨 일이 일어났는지 좀 더 이야기해 주시겠어요?" 등이다.

음악치료사는 의사소통을 격려하기 위하여 같은 유형의 질문들을 사용할 수 있다. 처음 세션을 시작할 때, 치료사는 "우리가 지난주 그룹 세션에서 다 끝마치지 못한 것이 있나요?" 혹은 "오늘은 어떤 노래를 부르고 싶으세요?"라고 물어볼 수 있다. 이러한 질문들은 언어적으로 혹은 간단한 대답 이후에 음악적으로 대답될 수도 있다. 음악으로 직접 연결되는 유사한 질문들도 있을 수 있는데, 치료사는 "그룹 세션을 시작하려고 하는데 여러분 중에 이 악기들로 자신의 마음속에 있는 생각을 공유하고 싶은 분 계신가요?"와 같이 물어볼 수 있다.

반영과 공유

치료사가 반영할 때는 클라이언트의 관점에서 인식하고 소통한다. 이때는 느낌, 경험, 내용 등이 반영될 수 있다. 느낌에 대하여 반영할 때, 치료사는 클라이언트가 그 자신의 느낌을 표현하는 데 쓰는 단어들과 다른 단어들을 사용하여야 한다. 클라이언트의 경험에 대하여 반영할 때, 치료사는 클라이언트의 몸짓과 그것이 나타내는 것에 주목하여야 한다. 내용을 반영하는 것은 이해를 돕기 위하여 다른 말로 바꾸어 표현하는 것과 유사하다. 클라이언트가 말한 것에 대한 내용이나 기분 혹은 경험을 반영함으로써 치료사는 클라이언트가 그 자신에 대하여 표현할 수 있는 단어들을 발견하도록 돕는다.

치료사가 자신의 느낌을 인식할 때, 많은 경우에는 그 느낌을 클라이언트에게 표현하는 것이 도움이 된다. 치료사는 클라이언트의 설명이나 문제들에 대한 일반적인 반응과 치료사 자신의 개인적인 문제에서 비롯된 반응을 구분할 수 있어야 한다. 종종 표현할 때 도움이 되는 것은 후자의 느낌이다. 이 영역은 치료사의 역전이나 개인적 연상과 관련이 있으며 클라이언트에 대한 반응에 영향을 미친다. 치료사는 클라이언트를 위한 모델로서 자신의 감정을 설명하고 공유할 수도 있다. 많은 클라이언트가 자신의 기분에 대하여 정확히 인식하지 못하고 있기 때문에 그러한 것을 공유하는 것을 배우는 일은 매우 유용하다.

클라이언트의 기분을 반영하고 치료사의 기분을 공유하는 것은 둘 다 음악치료 세션에서 일어날 수 있다. 예를 들어, 아동 그룹을 인도하는 치료사가 그룹의 아동 중 몇몇이 화가 났지만 그런 기분을 어떻게 표현하는 지 알지 못할 때 다음과 같이 말해 줄 수 있다. "어떤 아동은 바로 그 순간 에 발생한 일에 대해 화를 내기도 해요. 우리는 우리의 분노에 대해 말할 수도 있고, 악기를 망가뜨리거나 다른 사람에게 피해를 주지 않는 한 악기 로 그 분노에 대해 연주할 수도 있어요. 때때로 사람들은 자신의 분노를 표현했을 때 훨씬 기분이 좋아지죠." 혹은 치료사가 자신의 감정을 공유하 면서 "나는 아이들이 우는 것을 볼 때 그들의 기분이 상했기 때문에 나도 울 것만 같아요. 때때로 나 역시 기분이 상하거나 울고 싶을 때가 있고, 내 슬픔을 표현하도록 도와주기 위해서 특정한 음악을 연주하거나 들어요." 라고 말하기도 한다. 이와 같이 말하는 것은 아동들에게 그들의 감정은 받 아들일 수 있는 것임을 알게 하고, 이러한 감정을 어떻게 처리하는지에 대 한 모델을 제공한다.

해석하기

해석은 클라이언트와 클라이언트의 생활 혹은 치료 과정에 관하여 이 해하기 어려운 것들을 이해하려는 시도를 포함한다. 이것은 치료사와 클 라이언트에 의해서 혹은 치료사와 클라이언트가 함께 하게 된다. 해석은 클라이언트가 말하거나 행동한 것에 대한 이해 혹은 의미를 발견하기 위 한 또 하나의 이야기라고 정의할 수 있다. 해석이 여러 유형의 음악치료 에서 중요한 부분을 차지하고 있다는 것을 인식하여야 한다. 해석을 하는 목적은 클라이언트가 자신의 기분과 경험, 행동을 해석하도록 도와주고, 그 해석이 그들 자신과 그들의 삶에 통찰력을 가져오도록 도와주는 것이 다. 해석은 클라이언트와 치료사의 관점이 모두 반영될 때, 치료사가 세 심한 매너로 해석할 때, 클라이언트가 그 해석을 수용하고 이해할 준비가 되었을 때 가장 유용하다. 해석이 잘못되었거나 치료사가 적절한 시점에 서 그 해석을 섬세하게 제시하지 않았을 때 클라이언트와 치료사 간에는 거리감이 생길 수 있으며 부정적인 감정이 일어날 수 있다. 치료에 있어서 해석은 치료사가 행하는 기술과 상당한 지식이 요구되는 특별한 기술이다. 해석은 치료사가 클라이언트에 대하여 더 많은 통찰력을 갖게 되고 지속적으로 드러나는 클라이언트에 대한 사정에 근거할 때 가장 정확하게 이루어진다. 때때로 치료사들의 해석은 특정한 치료 경향(심리역동적 접근) 혹은 음악치료 모델(분석적 음악치료 혹은 GIM) 등 부수적이고 특성화된 훈련이 요구되는 접근 방법들에 근거하기도 한다.

해석에 대한 많은 예는 분석적 음악치료(Eschen, 2002; Priestly, 1975, 1994) 혹은 GIM(Bruscia & Grocke, 2002)과 특정한 이론을 따르는 다른 접근 방법을 사용하는 심리역동적 틀 안의 음악치료에서(Bruscia, 1998b) 찾아볼 수 있다. 이보다 덜 형식적인 해석에 대한 예는 앞서 기술된 반영과 공유에 나타난다. 아동이 화가 난 것을 인식하는 치료사의 반영이나 아동이 마음이 상해서 우는 것에 대해 특정한 제시를 해 주는 것은 그들이 어떻게 느끼는가에 대한 해석을 전제로 한다.

피드백 주기, 직면하기, 상황 바꾸기

치료사가 클라이언트에게 피드백을 주는 것이 유익할 때가 있다. 치료사의 피드백은 클라이언트가 요청했을 때나 그것이 클라이언트에게 받아들여졌을 때 도움이 된다. 피드백은 클라이언트 자신에 대한 판단이 아니라 클라이언트의 행동에 대하여 명확하게 주어져야 한다. 또한 피드백은 조금씩 주어져야 하며 피드백을 받은 후의 클라이언트의 반응에 대한 논의가 이어져야 한다.

다른 경우에는 치료사가 클라이언트와 직면하는 것이나 클라이언트의 행동 혹은 인식에 도전하는 것을 원하기도 한다. 이러한 기술은 단순한 피드백보다 강력하며 클라이언트가 치료사를 신뢰하는 경우 더욱 효과적이므로 꼭 필요한 경우에만 신중하게 사용되어야 한다. 일반적으로 클라이언트의 생각은 치료사로부터가 아니라 클라이언트 자신의 과정으로부터 드러나는 것이 바람직하다.

　음악치료사는 피드백을 주는 것이 필요한지, 직면하는 것이 더 도움이 되는지 상황을 잘 파악하여야 한다. 예를 들어, 음악치료사는 그룹 세션에서 다른 사람들과 잘 지내고 싶다고 지속적으로 말하면서도 그룹에서 항상 논쟁하게 되는 것을 후회하는 클라이언트를 만날 수 있다. 그 클라이언트는 계속해서 논쟁을 일으키고, 그룹에 있는 모든 사람은 논쟁을 시작하는 사람이 그 클라이언트임을 알고 있을 것이다. 아마도 치료사나 다른 그룹원들은 그 클라이언트가 그 자신의 행동에 대한 인식을 증진하게 하고 다양한 방법으로 문제행동이 변화되도록 돕고자 할 것이다. 치료사는 그룹 안에서 이와 같은 특정한 문제행동이 발생할 경우 그 문제에 직면하기 위하여 가장 효과적인 기술을 결정하여야 한다. 예를 들어, 클라이언트는 방금 마라카스를 연주하려고 한 다른 그룹원에게 이렇게 말할 수 있다. "내가 방금 그 마라카스를 집으려고 했는데 당신이 먼저 집었어요. 그러니 그걸 나에게 줘요." 이 클라이언트의 문제행동에 직면하기 위해 치료사는 "이런 경우가 바로 당신이 논쟁을 시작하게 되는 경우의 예를 보여 주는 거예요. 스미스 씨가 먼저 마라카스를 골랐고, 당신은 이제까지 종종 그래 왔던 것처럼 다른 사람들이 가진 것을 달라고 요구했어요."와 같이 말할 수 있다. 이와 같은 직접 직면은 클라이언트와의 토론을 이끌거나 악기를 선택하기 위해 역할 놀이를 하게 할 수도 있고, 혹은 마라카스를 함께 연주할 수 있도록 협상하게 만들기도 한다. 비슷한 상황에서 이보다 덜 직접적인 반응은 피드백을 주는 것일 수 있다. 치료사는 "당신이 다른 사람과 논쟁을 시작하는 것을 보았기 때문에 피드백을 드립니다. 스미스 씨가 먼저 마라카스를 고르셨는데 당신이 그것을 요구하시네요. 다음번에 악기를 선택할 기회가 돌아왔을 때 다른 사람들이 마라카스를 고르기 전에 마라카스를 선택하시면 좋으실 것 같아요. 어때요? 그렇게 해 보시겠어요?"

이러한 피드백은 해결이나 방법에 대한 제안 혹은 피드백을 주는 것으로 부터 분리된 유용한 기술을 포함할 수도 있다.

인지치료는 클라이언트의 사고나 상황을 수정하는 과정을 포함한다. 이러한 기술들은 음악치료사가 클라이언트에게 문제를 일으키는 생각들을 인식하고 이를 변화시키게 하는 데 도움이 될 수 있다. 이와 같은 수정은 의도적이고 체계적으로 이루어져야 한다. 예를 들어, 만약 어떤 클라이언트가 자주 불안해한다면 치료사는 클라이언트를 불안하게 만드는 메시지가 무엇인지 알아내고 그다음에는 다른 메시지로 바꾸도록 도와주어야 한다. 이때 인지치료의 다양한 방법을 사용할 수 있다. 이 모든 방법은 클라이언트의 인식과 행동을 변화시키기 위해 사고를 재구성할 수 있도록 한다.

음악치료 세팅 안에서 클라이언트의 인지 변화를 돕는 것은 인지치료에서 클라이언트가 다루는 광범위한 작업의 한 부분을 담당하는 것일 수도 있다. 예를 들어, 어떤 여성은 자신이 속해 있는 그룹 음악 세션에서 악기 연주를 잘 하지 못하기 때문에 음악치료 그룹에 참석하는 것을 원하지 않는다고 말할 수도 있다. 인지적 기법을 사용하자면, 음악치료사는 그녀가 그녀 자신에게 보내는 "난 절대로 악기를 연주할 수 없어. 나는 음악적 재능도 없고 절대로 음악적일 수 없어."와 같은 메시지를 직시하도록 도와주게 된다. 부정적인 그녀의 인지를 변화시키려면 그녀가 그녀 자신에게 "내가 악기 연주를 얼마나 잘할 수 있을지 잘 모르겠어. 하지만 한번 시도해 볼 수도 있고, 어쩌면 재미있을지도 몰라."와 같은 의미가 내재된 메시지를 줄 수 있도록 도와주어야 한다. 이것은 단지 인지치료 과정의 한 단면을 보여 주는 것이지만 인지치료의 개념을 나타내고 있다. 인지치료에 대한 방대한 참고문헌이 있으나 그중 두 권을 이 장의 '함께 읽으면 좋은 도서'에 소개한다.

정보 공유

클라이언트와 치료사가 알고 있는 실질적 정보(치료사로서 꼭 알 필요가 없을 수도 있으나)나 클라이언트가 알아야 할 정보를 공유하는 것이 유익할 때도 있다. 가능한 한 삼가야 하겠지만, 때로는 클라이언트에게 충고를 하게 되기도 한다. 만약 충고를 하게 된다면 확실한 전문 지식에 근거해야 하고 잠정적 제안의 형식으로 제시해야 한다.

음악치료에 있어서 정보나 충고는 음악적 정보를 공유하는 것을 포함한다. 예를 들어, 특정한 CD 플레이어나 키보드를 사려고 하는 클라이언트와 이러한 기기들에 대한 정보를 나누기도 한다. 이와 같은 상황에서 치료사는 비록 치료적 의미는 없을지라도 자신이 가진 고유의 지식과 경험을 클라이언트와 나누는 것이 유용하고 적절할 수 있다.

행동의 변화

행동 변화 전략을 활용한다는 것은 클라이언트가 문제행동 때문에 치료를 의뢰했다는 것을 가정한다. 지원적인 관계를 제공하는 것이 아니라 행동을 변화시키는 것이 치료의 초점이 된다. 이러한 기법들은 행동수정(조작적 조건화에 근거한)과 행동치료(고전적 조건화에 근거한) 같은 행동주의적 접근 치료의 영향을 받는다. 행동수정은 특별히 음악치료에서 매우 중요하게 다루어진다. 행동수정 기법에서 가장 중요한 요소 중 음악치료에서 사용되는 예들을 다음에 기술하였다. 모델링, 보상, 소거, 벌의 네 가지 기술은 행동수정의 가장 기본적인 요소다. 계약 맺기 또한 행동수정으로부터 발전되었다. 마지막으로 둔감화도 행동치료와 관련이 있다.

모델링이란 클라이언트가 다른 사람들의 행동을 관찰함으로써 새로운 행동을 학습하는 것을 말한다. 그 행동을 수행하는 사람은 치료사가 될 수도 있고, 영화에 나온 사람 혹은 그 방에 있는 다른 사람일 수도 있다. 역할 놀이는 모델링의 한 유형이다. 모델링은 악기 연주를 배울 때 전형적으로 악기를 가르치는 강사가 연주하는 것을 듣고 관찰하는 것을 포함하는 교수과정의 한 부분으로서 악기 연주 학습 과정에서 매우 중요한 기법이다. 대부분의 음악치료 세팅에서 음악치료사는 적절하게 옷 입기, 불편한 감정 다루기, 갈등을 해결하기 등에 대한 적절한 행동 모델을 제공한다.

강화나 보상은 행동을 변화시키는 데 있어 매우 강력한 도구다. 효과적인 강화는 바람직한 행동에 대한 보상이 되는데, 그 행동은 반드시 보상 이전에 발생하여야 하며, 바람직하지 못한 행동에 대하여서 보상이 이루어져서는 안 된다. 보상은 바람직한 행동이 발생한 직후에 주어질 때 가장 효과적이다. 보상은 그것을 얻기 위하여 바람직한 행동이 반복될 수 있도록 가치 있어야 하며 충분히 주어져야 한다. 최종적으로 바람직한 행동은 다른 세팅에서도 일반화될 수 있어야 한다. 자연스러운 세팅에서의 다양하고 체계적인 보상은 일반화를 촉구하게 될 것이다. 음악이 효과적인 강화재로 알려져 왔기 때문에, 음악치료사는 적절하거나 바람직한 행동에 대한 보상으로서 아동이 음악을 선택하게 하거나, 바람직한 행동에 대하여 조건적으로 음악이 연주되는 체제(클라이언트가 바람직한 행동을 수행하고 난 후에 음악이 연주되는 것)를 사용해 왔다. 음악이 강화재로 사용되는 예는 아동이 적절한 행동에 대하여 많은 점수를 모은 후, 아동에게 가장 좋아하는 노래를 연주하도록 허용하는 것이다. 음악치료사는 음악치료 세션에서 칭찬, 격려, 토큰 혹은 다른 강화재를 사용할 수 있다. 노래 부르기를 한 번도 시도해 본 적이 없는 어르신에게 음악치료사는 언어적으로 칭찬해 드리고 어깨를 두드려 드릴 수도 있는데, 이 경우 음악치료사는 칭찬과 격려를 강화재로 사용한 것이다.

소거는 행동을 멈추거나 줄이는 데 사용된다. 소거를 사용하기 위하여 치료사는 그 행동을 강화하는 것이 무엇인지 밝혀내야 하고, 그다음에 그 강화를 주지 않도록 하며, 그 행동에 대립되는 행동이 발생했을 때 강화를 주어야 한다. 음악치료사가 계속해서 악기를 달라고 조르며 다른 사람들을 방해하는 아동을 무시하는 것은 방해하는 행동을 소멸시키고자 하는 시도다. 소거가 성공적으로 이루어졌는지(즉, 강화가 중단되었다면) 알아보는 방법은 아동의 방해가 줄어들었거나 멈추었는지를 살펴보는 것이다. 만약 아동이 방해하는 행동을 계속한다면, 치료사가 주목하는 것 이외의 다른 것에 의하여 강화를 받고 있을 가능성이 있으므로 치료사는 그 강화재가 무엇인지 밝혀내야만 한다. 이런 경우, 아동은 자신을 지켜보고 있는 다른 아동들에 의해 강화를 받게 될 수도 있다.

　벌은 행동을 감소시키기 위하여 사용된다. 원하지 않는 행동을 감소시키기 위하여 소거를 사용하는 것이 바람직하나, 흔히 벌을 사용하는 것이 더 성공적이다. 혐오 자극은 아동의 경우 자해 행동과 같은 자기강화를 하는 행동들에 가장 효과적이다. 벌은 최대의 효과를 내기 위하여 긍정적인 행동에 대한 강화와 짝을 이루어 사용해야 한다. 실질적 · 윤리적 · 법적인 이유로 음악치료에서 벌이 적합한 경우는 드물다. 더 나아가 벌이 허용되는 기관일지라도, 벌은 일반적으로 마지막 선택 수단이며 훈련된 스태프의 승인을 받은 후에 행해져야만 한다. 음악치료 실습생에게 벌을 사용하도록 허락하는 경우는 없다. 음악치료사는 부적절한 행동을 소거하고 긍정적인 행동을 강화하는 것에 힘써야 할 것이다.

　계약 맺기는 치료사와 클라이언트 간에 수행해야 할 과제를 결정하고, 그 과제를 수행하거나 혹시 하지 않았을 경우의 결과에 대한 합의를 하는 것이다. 계약 맺기는 특정한 행동을 다루게 되며, 특정한 보상과 결과 그리고 반드시 실행 가능한 계획이어야만 한다. 계약은 형식적일 수도 있고 비형식적일 수도 있다. 음악치료사들은 그룹원들과 특정한 것의 수행에 대한 합의를 해서 계약을 맺고, 그것을 행했을 때 받게 되는 보상과 행하지 않았을 때의 결과에 대한 기록을 남긴다. 시간을 지켜 세션에 오기, 그룹 활동에 잘 참여하기, 세션에 빠지지 않고 참석하기 등의 기대하는 규칙들을 계약에 포함할 수 있다. 예를 들어, 발달장애가 있는 청소년 그룹의 계약으로써 일정 기간 목표 수준에 도달하면 그에 대한 보상으로 콘서트 표를 주기도 한다. 이 경우 기준에 도달하지 못하면 그 결과로 콘서트에 가지 못하게 된다.

둔감화 혹은 역조건화는 불안 반응과 상반되는 활동을 소개함으로써 위협적이거나 불유쾌한 상황에 대한 정서적 반응을 줄여 가는 방법이다. 둔감화에서는 긴장 이완이 불안에 상반되는 활동으로 제시되기도 한다. 음악치료사들은 둔감화를 사용할 수도 있고 긴장 이완을 돕기 위해 음악을 사용하기도 한다. 이와 같은 과정은 희망하는 반응을 달성할 때까지 계속되고, 두려운 것이 있던 사람이 이완된 상태로 있을 수 있게 한다. 예를 들어, 정서장애로 단기 중재에 들어간 성인의 경우 그룹원들에게 중등도의 불안을 불러일으킨 활동을 마음에 떠올려 보게 하는 한편, 음악을 이용한 긴장 이완 기법을 연습하도록 한다. 이런 상황에서 긴장 이완은 마음속에 떠올린 활동으로부터 발생하는 높은 수위의 긴장과 상반되는 활동이다. 음악이 긴장 이완과 함께 주어질 때 긴장 상태와 연관될 수 있고, 이후에도 그 음악이 긴장 이완을 위한 수단으로 사용될 수 있다.

특별한 형식의 둔감화로는 체계적 둔감화 혹은 점진적 둔감화가 있다. 체계적 둔감화를 사용하고자 하는 치료사는 이 방법에 대한 부수적인 훈련을 받아야 한다. 체계적 둔감화는 클라이언트가 논리적 근거를 이해하고 긴장 이완을 배울 수 있도록 도와주며 불안을 가장 많이 야기하는 자극부터 불안을 가장 적게 야기하는 자극까지 등급을 매겨 불안을 분류하도록 한다. 클라이언트가 긴장 이완을 하는 동안 불안을 가장 적게 야기하는 수준에서부터 시작하여 점점 더 강한 불안 상황이 도입된다. 최종적으로는 클라이언트가 두려워하지 않도록 하고, 이전에는 가장 높은 수위의 불안을 야기했던 것을 직면할 수 있도록 한다.

안심시키기

안심시키기는 치료사가 언어적으로 클라이언트의 행동의 결과에 대하여 안심시키는 것이다. 안심시키기 기법은 클라이언트가 말한 것, 성과에 대한 예상(세션에서 표현해 왔던 것에 기인해서 이후에 어떤 슬픈 일이 생길지도 모른다는 것을 암시하기) 혹은 사실에 관한 주장(어떤 특정한 문제를 해결할 수 있는 입증된 방법이 있다고 말하는 것)을 인정하는 표현을 포함한다. 안심시키기는 조심스럽게 사용되어야 한다. 클라이언트로 하여금 치료사가 자신의 문제의 심각성을 과소평가한다고 느끼게 하거나 변화시킬 수 없는 것에 대한 지원으로 받아들인다고 느끼게 하지 않도록 해야 한다.

안심시키기는 클라이언트의 감정을 누그러뜨릴 수 있는데, 이것은 음악치료 상황에서 유용할 수 있다. 이러한 기법이 요구될 때, 안심시키기가 어떤 효과를 가져다주며 언제 그것을 사용할 것인가에 대한 인식을 가지고 있다면 안심시키기 기법은 음악치료사에게 유용한 중재가 될 수 있을 것이다. 예를 들어, 안심시키기는 음악치료사가 정신장애 성인의 중재가 거의 종결될 무렵에 클라이언트가 그 자신이 대처할 수 있는 기술보다 해결해야 할 것들에 대해 안절부절못할 때 유용하게 사용할 수 있다. 이와 같은 상황 중 어떤 것도 바람직하지는 않지만, 이런 경우 안심시키기 기법을 사용하는 것은 매우 유용하다. 음악치료사는 "여러분 중에 많은 사람이 이 문제에 대하여 매우 강한 감정을 가지고 있다는 것을 알 수 있습니다. 그리고 당신이 가진 감정에 대하여 다른 사람들과 이야기를 나눌 수 있다는 것은 좋은 일입니다. 당신이 무엇을 공유했는지에 기초해서, 당신은 이 감정에 대하여 더 잘 다룰 수 있게 될 것이라고 느낄 것이며 오늘 저녁에는 더 차분해질 것입니다."라고 말해 주기도 한다. 다시 말하자면, 세션을 위해 가장 이상적인 결과는 아니지만 안심시키기는 정서적 강도 및 이와 같은 정서 이후에 경험하게 되는 클라이언트의 반응을 줄여 주도록 도울 수 있다. 세션 중에 긴장된 분위기가 생기면 그것이 지속적으로 영향을 미치게 될 수도 있으므로 이 상황을 그룹치료에 관여하고 있는 다른 스태프들에게 보고해야만 한다.

긴장 이완 훈련

긴장 이완 기술은 클라이언트가 스트레스에 대한 반응을 해결하도록 돕기 위하여 가르칠 수 있다. 긴장 이완의 방법 중에는 앞서 기술한 둔감법이 효과적이다. 이러한 긴장 이완 기술은 음악과 함께 사용된다(Hanser, 1985; Scartelli, 1989; Schultis, 1997).

음악치료에서 긴장 이완을 사용하는 또 다른 예는 특정 아동에게 구조화된 긴장 이완 기술을 제공하는 것이다. 긴장 이완 훈련에서는 느린 템포의 배경음악과 함께 치료사에 의하여 혹은 테이프의 지시에 따라 깊고 천천히 쉬는 호흡법을 가르치고, 또한 체계적으로 손과 발을 긴장했다가 이완하게 한다.

도움이 되지 않는 치료사의 반응

Bolton(1979)은 판단, 해결책 제시, 그리고 다른 사람의 관심 회피를 의사소통에 있어서 세 가지 범주의 장애물로 설명했다. 이 장애물에 대하여 언급하는 이유는 음악치료 실습생들이 이와 같은 어려움을 인식하고 피하도록 하기 위함이다. 세션이 잘 진행되지 않을 때 이 세 가지 장애물 중 하나가 의도하지 않게 나타난 것은 아닌지 점검해 보는 것이 좋을 것이다.

이와 같은 반응들은 당신이 자격 없이 진단을 하는 경우처럼 유익하지 못할뿐더러 불법으로 간주될 수 있으므로 주의해야 한다. 어떤 반응은 실질적으로 학대의 한 형태로 간주된다(예: 비판, 욕하기, 협박은 심리적 학대의 형태로 간주된다).

판단

어떤 치료 기술은 클라이언트의 감정을 판단하도록 이끌 수도 있다. 인간으로서 우리는 사람들에 대하여 판단적이라고 느낄 때가 있고, 일상생활 중에 혹은 음악치료사로서 우리의 임상 현장에서 이와 같은 사람들을 만날 수 있다. 이러한 경우가 생길 때, 우리는 치료사로서의 자신의 역할이 판단을 하는 것이 아니라는 것과 클라이언트를 판단하지 않기 위하여 최선을 다해야 한다는 것을 기억해야만 한다. 덧붙여 우리는 이와 같은 반응이 어디서부터 비롯된 것인지, 역전이의 형태로부터 오는 것은 아닌지 자신을 살펴보아야 한다. 판단은 다음과 같은 예를 포함한다.

비판: 다른 사람의 행동이나 태도에 대해 부정적으로 평가하기
욕하기: 다른 사람을 깎아내리기
진단: 왜 그렇게 행동하는지 분석하기, 아마추어 정신과 의사처럼 굴기
평가적 칭찬: 다른 사람의 행동이나 태도에 대해 긍정적으로 평가하기

해결책 제시

대부분의 치료적 상황에서 우리의 역할은 클라이언트가 해결의 실마리를 찾아가도록 도와주는 것이지 우리 자신의 해결책을 강요하는 것이 아니다. 해결책 제시의 예는 다음과 같다.

명령: 다른 사람에게 당신이 원하는 것을 하도록 명령하기
협박: 당신이 생각하는 부정적인 결과에 대해 경고함으로써 다른 사람들의 행동을 통제하기
훈계하기: 다른 사람들이 어떻게 해야만 한다고 말하기, 다른 사람에게 설교하기
과도하거나 부적절한 질문: 폐쇄형 질문에는 단순히 '예' 또는 '아니요'나

통상적으로 하는 몇 마디 이내의 단어로만 대답하게 되며, 이는 관계 형성에 종종 장애가 된다.

다른 사람의 관심 회피

치료사로서 우리는 클라이언트가 제시하는 것(그것이 처리될 수 있든지 없든지, 혹은 그것이 중요할지 아닐지에 관계없이)이 치료에서 초점이 되어야 함을 기억해야 한다. 중요한 사실은 그것이 클라이언트에게 중요하다는 것이다. 다음은 치료사가 클라이언트의 관심을 회피하게 되는 경우의 예다.

전환: 주의를 산만하게 하여 다른 사람의 문제를 회피하기
논리적 논쟁: 감정적인 요소가 연관되어 있는 것을 고려하지 않고 논리나 사실을 피력함으로써 다른 사람들을 납득시키고자 시도하기
안심시키기: 다른 사람들이 경험한 부정적인 감정에 대한 느낌을 멈추게 하기

음악적 촉구

대부분의 음악치료사는 음악적 반응을 포함하는 비언어적 행동을 다루어야 하기 때문에 비언어적으로 반응하는 것에 숙달되어야 한다. 이 장에서 다루는 반응들은 음악적으로도 수행될 수 있다. 비록 음악치료사가 언어적 반응에서 설명한 것과 유사한 비언어적 반응을 배우는 것이 유익할 수 있다 하더라도, 이 장에서 우리는 비언어적 촉구의 특별한 유형인 음악적 촉구에 초점을 맞추기로 한다.

Brusica(1987)는 즉흥연주 음악치료 안에서 64개의 임상 기술이 활용되는 것을 규명하였는데, 이 기술의 대부분은 비언어적인 것이다. 그는 이

특별한 기법들을 9개의 특징적인 그룹으로 분류하였는데, 공감 기법, 구조화 기법, 친밀감 기법, 유도 기법, 방향 수정 기법, 절차 기법, 정서 탐구 기법, 참고 기법, 토론 기법이다. Bruscia의 토론 기법에 대하여서는 이 장 앞부분에서 설명하였으며 여기에 그 예가 있다.

- 의사소통 격려하기에 대한 설명은 Bruscia의 캐묻기, 조사하기 (probing)와 명백히 하기(클라이언트가 제시된 정보를 입증하게 되기) 등의 토론 기법과 유사하다.
- 반영과 공유는 Bruscia의 토론 기법 중 드러내기(세션 중 특정한 시점에서 치료사가 자신의 개인적인 것을 클라이언트에게 밝히기)에 해당한다.
- 해석하기는 Bruscia의 토론 기법에서도 같은 이름인 해석하기(클라이언트의 경험에 대한 가능한 이유들을 제공하기)다.
- 직면하기, 피드백 주기, 상황 바꾸기는 Bruscia의 토론 기법 중 피드백 주기(클라이언트가 어떻게 보이는지 피력하기), 직면하기(클라이언트의 반응에 대하여 모순점을 지적하기)에 해당한다.

다른 그룹에 속해 있는 많은 기법(모방하기, 반복하기, 완성하기, 진정시키기, 멈추기)은 언어적으로 시행되고 또 명명된 것에 기반을 두어 언어적 기법으로 나타날 수 있으나, Bruscia는 간단하면서도 상세한 설명, 즉 기법이 시행되고 적용될 만한 특별한 임상적 성과를 제시한다. 이와 같은 기법들은 즉흥연주의 맥락 안에서 구체적으로 밝혀져 기술되었고, 독립적으로 쓰이기보다는 연합하여 사용되었다. 앞서 언급한 나머지 그룹의 기법에 대한 간략한 요약을 제시하겠다.

공감 기법을 시행할 때, 치료사는 클라이언트의 에너지 수준에 맞추거나 클라이언트가 하는 행동을 모방 혹은 그것에 동조한다. 치료사는 음악을 통하여 클라이언트가 표현하는 것과 같은 정서나 기분을 표현하기도

하고, 클라이언트의 반응보다 좀 더 특징을 과장해서 표현하기도 한다.

구조화 기법은 치료사가 클라이언트의 즉흥연주를 위하여 안정된 박을 제공함으로써 리듬적인 안정성 혹은 화성 진행의 조성적인 중심을 확립해 주거나 악구의 경계를 정하는 것을 도와주는 데 활용된다.

친밀감 기법은 치료사가 클라이언트와 악기를 공유하거나 연주를 해 주는 것 등을 포함한다. 치료사는 클라이언트와의 관계를 주제로 한 간단한 곡을 만들 수도 있고, 때때로 가사를 즉흥적으로 만들기도 한다.

유도 기법은 클라이언트가 유사한 반응을 하도록 독려하기 위해 리듬 혹은 멜로디를 반복하거나 모방하는 것을 보여 주는 기회를 제공하는 것이다. 구조(리듬, 멜로디, 가사 등)가 정해지고 나면, 치료사는 클라이언트가 반응할 수 있는 그 구조 안에서 기다려 주거나, 아니면 클라이언트의 즉흥연주에서 연주가 멈출 때를 기다렸다가 치료사 자신이 연주하기도 한다. 치료사는 즉흥연주를 하다가 음악적 질문과 대답 혹은 주고받는 구조를 세워 갈 수도 있고, 마지막 부분에 어떤 것을 더하여서 클라이언트의 반응을 연장할 수도 있다.

방향 수정 기법은 치료사가 음악의 변화(리듬적, 선율적, 가사, 조성, 박자)를 유도하거나 클라이언트의 음악과 상반되는 다른 음악을 연주하는 것이다. 즉흥연주에서의 다이내믹, 템포, 리듬 혹은 선율적 긴장을 증가 또는 감소시켜서 방해하거나 불안정한 클라이언트의 중심을 회복시킬 수도 있다.

절차 기법은 클라이언트를 한 양상에서 다른 양상으로 옮기거나 즉흥연주의 특정 부분에서 멈추는 것 등으로 치료사가 좀 더 교육적 접근을 도입하기로 결정할 때 사용된다. 치료사는 일반적인 구조를 제공하고 클라이언트는 그 구조 안에서 즉흥연주를 시도한다. 아니면 치료사는 지휘자의 역할을 하고 클라이언트는 즉흥연주를 연습·연주하며 또 그것을 녹음해 본다.

참고 기법은 문맥이나 이어가기를 수립하는 데 효과적이다. 치료사는 클라이언트의 특별한 반응이 세션에서 나타날 때마다 다른 음악적 동기와 짝을 이루게 한다. 치료사는 클라이언트에게 음악적인 것을 사용하여 다른 것을 묘사해 보도록 하기도 하고, 즉흥연주 안에서 다시 만들어 보거나 특정한 사건을 회상해 보도록 하기도 한다. 여기서는 자유연상 운동, 공상하기, 이야기하기 등이 소개된다.

마지막으로, 정서 탐구 기법은 치료사가 클라이언트에게 그의 정서적 경험을 확장하거나 탐구할 수 있는 기회를 제공하려고 할 때 소개된다. 치료사는 그들이 함께 즉흥연주를 할 때 클라이언트의 느낌을 포함하는 방식으로, 혹은 클라이언트가 인지하고자 애쓰는 느낌들을 표현하는 방식으로 즉흥연주를 한다. 치료사는 클라이언트가 이와 반대되는 느낌들을 즉흥연주함으로써 정서 탐구를 할 수 있도록 해 주고, 한 가지 양상의 느낌에서 상반된 느낌으로 옮겨 갈 수 있는 방법을 즉흥연주 안에서 발견할 수 있도록 해 준다. 치료사는 클라이언트에게 특정한 연속적인 음을 가진 즉흥연주의 구성 요소를 사용하게 하거나 즉흥연주하는 동안 다양한 역할을 바꾸어 가며 해 보도록 제안하기도 한다.

음악은 음악치료 세션에서 필수적인 협력자다. 음악의 역할은 다음 장 '음악의 역할'에서 더 상세하게 설명할 것이다.

♫ 함께 읽으면 좋은 도서

Beck, A. T. (1976). *Cognitive Therapy and the Emotional Disorders*. New York: International Universities Press.

Beck, J. S. (1995). *Cognitive Therapy: Basics and Beyond*. New York: Guilford Press.

Benjamin, A. (1987). *The Helping Interview* (3rd ed.). Boston, MA: Houghton-Mifflin.

Brammer, L. M., & MacDonald, G. (1999). *The Helping Relationship: Process and Skills* (7th ed.). Boston, MA: Allyn & Bacon.

Carkhuff, R. R. (2000). *The Art of Helping in the 21st Century* (8th ed.). Amherst, MA: Human Resource Development Press.

Corey, M. S., & Corey, G. (1998). *Becoming a Helper* (3rd ed.). Pacific Grove, CA: Brooks/Cole Publishing Co.

Egan, G. (1998). *The Skilled Helper: A Problem-Management Approach to Helping* (6th Ed.). Pacific Grove, CA: Brooks/Cole Publishing Co.

Homme, L. (1970). *How to Use Contingency Contracting in the Classroom.* Champaign, IL: Research Press Co.

Morris, K. T., & Cinnamon, K. M. (1975). *A Handbook of Non-Verbal Group Exercises.* Springfield, IL: Charles C. Thomas.

Pierce, W. D., & Cheney, C. D. (2004). *Behavior Analysis and Learning* (3rd ed.). Mahwah, NJ: Lawrence Erlbaum.

Prochaska, J. O., & Norcross, J. C. (1999). *Systems of Psychotherapy: A Transtheoretical Analysis* (4th ed.). Pacific Grove, CA: Brooks/Cole Publishing Co.

Rider, M. (1997). *The Rhythmic Language of Health and Disease.* St. Louis, MO: MMB Music.

Sulzer-Azaroff, B., & Mayer, G. R. (1991). *Behavior Analysis for Lasting Changes.* Ft. Worth, TX: Holt, Rinehart & Winston.

Wolpe, J. (1990). *The Practice of Behavior Therapy* (4th ed.). Elmsford, NY: Pergammon.

▶ 과제: 클라이언트의 반응 이끌어 내기

1단계: 관찰하기, 참여하기, 보조하기

1. 당신이 참관하였거나 보조치료사로 참여했던 세션을 생각해 보라. 이 장에서 언급된 치료사의 반응(경청하기와 이해하기, 의사소통 격려하기, 반영과 공유, 해석하기, 피드백 주기, 직면하기, 인지 변화, 정보 공유, 상황 바꾸기, 안심시키기, 긴장 이완) 중 치료사가 사용했거나 당신이 사용하였던 것으로서 유용한 것이 있었는지 기억해 보라. 클라이언트의 반응에 주목하여 당신이 관찰한 것을 논의하고 기록하라.

2. 행동 변화를 위한 기법(모델링, 강화, 소거, 벌, 계약 맺기, 둔감화, 역조건화, 안심시키기) 중에서 어떤 기법이라도 치료사가 담당하는 당신의 세션에서 사용하고 있는 기법이 있는지 주목하여 보라. (이와 같은 기법들이 활용되는 행동수정을 사용하고 있다는 것을 깨닫지 못하는 치료사가 있음을 인식하라.) 이러한 기법들을 열거해 보고 클라이언트가 어떻게 반응하는지 적어 보라. 그 후 치료사의 다음 반응을 주목해 보라. 이러한 기법들의 목적과 예상 효과에 관하여 배운 것에 근거해서 이 연속적인 일련의 사건을 분석해 보라.

3. 두 가지 언어적 촉구 기법을 선택하여 당신의 음악치료 세션과 일상생활에서의 상호작용에 적용하여 보라. 그 기법을 사용한 상황과 다른 사람들이 당신에게 보인 반응을 기록하라. 일정 기간 이 언어적 촉구 기법을 사용해 보고, 당신이 이 기술을 사용하는 것에 좀 더 효율적이 되는지의 여부에 주목해 보라.

2단계: 계획하기, 함께 인도하기

1. 이 장에서 언급된 치료사의 유용한 반응 중에서 당신이 사용하고 있는 것이 있는지 살펴보라. 당신이 관찰한 반응이 무엇인지 적고 토의해 본 후, 그 치료사의 반응에 대한 답으로서의 클라이언트의 반응을 주목하라.

2. 두 가지 언어적 촉구 기법을 선택하라. 당신이 이 기법들을 당신의 음악치료 세션에 어떻게 활용할 것인지를 계획하고, 세션 중에 사용하도록 연습하라. 세션이 끝난 후에는 당신이 무엇을 말하였으며 클라이언트는 어떻게 반응하였는지 분석하고, 점차적으로 언어 반응을 촉구하는 기술을 증진시키기 위한 계획을 세우라.

3. 이 장에서 설명된 음악적 촉구 기법을 선택하라. 이러한 기법이 유용하게 사용될 음악치료 상황을 생각해 보라. 다음에는 그 기법들을 연습해 보라. 마지막으로 당신과 함께 역할 놀이를 해 줄 누군가를 찾아서 음악치료 상황에서 음악적 촉구 기법을 연습해 보라. 이 기법이 편안하게 사용될 수 있을 때까지 다른 상황들에서 적용해 보라.

3단계: 인도하기

1. 이전 두 단계 과제에서 사용되었던 것 이외의 세 가지 언어적 촉구 기법을 선택하라. 당신이 이 기법들을 당신의 음악치료 세션에 어떻게 활용할 것인지 계획하고, 세션 중에 사용하도록 연습하라. 세션이 끝난 후에는 당신이 뭐라고 말하였으며 클라이언트는 어떻게 반응하였는지 분석하고, 점차 언어 반응을 촉구하는 기술을 증진시키기 위한 계획을 만들어 보라.

2. 당신의 세션에서 사용해 보지 않았던 행동 변화를 위한 기법(모델링, 강화, 소거, 벌, 계약 맺기, 둔감화, 역조건화, 안심시키기) 중 한 가지를 적용해 보라. 당신이 어떤 것을 사용할지, 당신이 그 기법을 어떻게 적용할 것인지 계획해 보라. 클라이언트가 그 기법에 반응하는 것에 주목해 보라. 세션 이후에는 어떤 반응이 일어났는지 분석해 보고 다음 세션에서 그 기법을 다시 사용할 것인지 계획을 세워 보라. 만약 당신이 좀 더 효과적으로 그 기법을 사용할 수 있다고 가정한다면, 당신의 계획에서 어떻게 하면 효과적으로 가정할 수 있을지 그 아이디어도 포함하라.

3. 이 장에서 설명된 음악적 촉구 기법을 선택하고 당신의 세션에 포함할 수 있

는 계획을 만들라. 당신의 세션에서 사용하기 이전에 이 기법을 당신의 것으로 소화하고, 파트너와 함께 이 기법을 사용하여 역할 놀이를 해 보라. 당신의 실제 세션에서 이 기법들을 사용하고, 어떤 반응이 일어났는지 주목한 뒤, 다음 세션에서는 어떻게 수정하여 사용하여야 할지 계획하라. 각각의 세션 이후에 당신이 무엇을 하였는지, 어떻게 성공적으로 수행하였는지, 그리고 클라이언트가 어떻게 반응하였는지에 주목하라.

4. 당신이 음악치료 세션에서 무엇을 하였는지 재검토하라. 이 장에서 논의되었으며 이상의 과제에서 사용되었던 반응들과 기법들의 항목을 검토해 보라. 당신은 어떤 유용한 반응과 행동 변화를 위한 기법을 사용하였는가? 당신의 세션들을 분석하고 이 기법과 반응에 대한 목록을 작성해 보라. 당신이 사용한 반응과 기법 중에 효과적이지 않았던 것은 없었는가? 효과적인 반응과 기법을 더 많이 사용하고, 효과적이지 않은 반응과 기법은 사용을 줄이기 위한 문서화된 계획을 만들라. 세션 중에 일어나는 상황들과 클라이언트에 대한 당신의 반응 양식을 인식하는 것을 유지하기 위하여 주기적으로 당신의 계획을 검토하라.

chapter 14

음악의 역할

Clinical Training Guide for the Student Music Therapist

음악은 모든 문화와 역사를 통틀어 사람들의 삶의 한 부분이 되어 왔다. 현대의 전자공학 덕분에 음악은 오늘날 우리의 삶에서 각각 다른 역할을 맡아 오고 있다. 즉, 우리의 삶을 통합시키는 것을 도와주고 우리의 삶의 역사에서 특별한 의미가 있는 한 부분이 된다. 일상생활에서 음악의 보급은 음악과의 관계를 바꾸어 주었고 음악적 습관을 생성하였다(Ruud, 1998).

음악이란 해석하기 쉽지 않은 예술 표현의 수단이며 정서적·신체적 수준에까지 영향을 미친다. 음악의 원초적 성질은 언어적 이해가 불가능한 클라이언트들에게 엄청난 효과를 가져올 수 있다(De Backer & Van Camp, 1999). 치료사는 임상적 중재를 위한 음악을 선택할 책임감을 가져야 하고, 개인, 조직, 행동, 태도 그리고 관계성에 초점을 두고 음악을 선택해야 한다(Stige, 2002).

음악의 역할은 우리의 음악치료 현장의 중심이라고 할 수 있다. 음악의 역할에 대한 음악치료사의 관점은 그들의 이론적 이해에 근거한다. 음악치료 연구자들은 임상적 중재에 관한 음악의 많은 역할에 대하여 기술하고 있다. 어떤 이들은 보편적 질서로 연결하는 음악의 역할과 음악의 심미적 특성에 주로 초점을 두는 반면에 다른 이들은 음악이 어떻게 다른 사람들, 예를 들어 우리의 삶에 있어 주요 인물과의 관계나 음악을 기반으로 한 지역사회 유대와 연관을 가질 수 있는지에 주된 관심을 둔다. 음악은 부수적으로 우리 자신과 지역사회, 문화 안에서 우리의 위치를 연결시켜 준다. 이처럼 음악은 여러 방면에서 우리의 삶의 가치를 풍요롭게 하여 주는 자원이다.

Boxill(1997)은 음악의 중요성에서 대하여 "음악은 우주의 기본적인 본질이자 인간의 마음, 정신, 육체를 망라하는 전 유기체에 도달하는 특별한 힘을 가진 심미적 표현의 수단이고, 치유의 능력을 가지며, 의식적인 자각을 확장시키고 감정과 정서의 범위를 자극한다."(p. 10)라고 하였다.

Ruud(1998)는 음악치료에서의 음악의 역할에 대하여 명확히 기술하였는데, 그는 정체성을 구축하는 데 있어서 음악이 중요한 역할을 담당한다고 믿었다. 우리의 계급, 성별, 인종을 분명하게 해 주고, 우리의 문화 안에서의 우리 자신의 위치와 특정한 시공 안에서의 우리의 경험을 구성해 주며, 중요한 관계들을 정착시켜 주기 위한 방법 및 삶의 지향성과 가치를 세워 주기 위한 소재를 제공할 수 있다. 음악은 또한 중요한 절정이나 정체성 형성을 강화할 수 있는 초월적 경험을 제공하기도 하고 우리의 삶 속에서 의미, 목적, 중요성을 느끼도록 도울 수도 있다.

음악에 참여하는 것은 클라이언트가 음악적 구조의 패턴을 경험하도록 하며, 감상, 무브먼트, 작곡, 즉흥연주, 연주, 노래 부르기를 통하여 얻게 되는 정서적 표현의 흐름에 따라 그 범위를 생성한다. Aldridge(1996)는 음악, 춤, 시각예술과 같은 예술 형식이 정서의 자극보다는 주로 표현력과 관련된다고 보았다. Aldridge에 따르면 음악과 공연은 유익한 생활을 위한 유사한 과정이다.

Clair(1996, pp. 11-23)는 음악의 임상적 역할로 간주될 수 있는 음악치료 안에서의 음악의 다양한 사용에 대한 개요를 다음과 같이 제시하였다.

- 유효한 신체 반응 촉구
- 정서적 표현 전달
- 관련된 정서 반응 촉구
- 연상 촉구
- 사회적 통합 촉구
- 의미 있는 참여 제공
- 의사소통 방식 제공
- 불안과 스트레스 감소
- 자기통제와 책임감을 요구하는 행동을 이끌어 내는 경험 구성
- 접근 가능한 심미적 경험 제공

음악을 통하여 연결하기

심미적 · 보편적 질서에 대하여

우리에게 말로 표현하기 어려운 경험들을 만들어 내는 음악의 능력은 음악이 다른 심미적 매체와 공유하는 중요한 특성이다. 음악에 의해 생성되는 심미적 경험은 새로운 시각으로 세상을 경험하게 하고, 경험의 새로운 범주를 만들어 내는 가능성을 함축한다. 심미적 경험은 치료에서 음악을 사용하는 가장 근본적인 근거로 제시된다(Rudd, 1998). Aigen(1995)은 "심미적 고려는 임상적 음악치료 과정의 가장 중심이다."(p. 235)라고 하였다.

임상 현장에서의 음악의 심미적 역할에 대하여 기술한 저자들은 음악의 아름다움 자체만으로 클라이언트의 안녕(well-being)에 큰 영향을 미칠 수 있다고 하였으며, 이와 마찬가지로 음악의 구조와 패턴들은 클라이언트를 지원하는 데 효과적인 수단으로 제공된다고 하였다. Kenny(1989)는 음악이 클라이언트로 하여금 자기 자신을 이해하고 있는 그 이상으로 나아가도록 하는 기회를 제공한다고 믿었다. Kenny는 "즉흥연주는 음악을 만드는 사람을 위한 개개인의 의의와 의미를 체계화하는 방식이나 패턴을 발견하도록 도와준다."(p. 33)라고 하였다. Aigen(1995)은 "심미적 경험의 전형적인 특징은 중요한 임상적 목적인 사회적 상호작용, 인지 기능, 인성 발달을 진작시키는 양상, 의미와 고도의 통합이다."(p. 237)라고 하였다.

Thaut(2000)는 음악을 다음과 같이 설명했다.

문화에 기반을 둔 예술 형식이며, 언어의 특정한 규칙과 구조 및 관련이 있는 기호, 형식, 패턴을 포함하고 표현하는 심미적 예술 표현의 수단이다. 예를 들어, 음악은 본질적으로 두 가지 의미 있는 내용을 전달하고 있는데, 그것은

① 추상적인 음 패턴의 문법적·구성적 규칙에 의해 만들어지는 음악 고유의 구조 및 패턴과 ② 감상자가 인식하는 가치인 심미적 본질, 문화적 의미, 개인적 연상과 음악 안에서의 경험이다(p. 3).

Rudd(1998)는 "음악적 의사소통의 시적 혹은 심미적 측면은 즉흥연주를 통하여 치료적 도구로 전환될 수 있다."(p. 118)라고 한다. 즉흥연주의 참여적 본질은 음악적 상호작용의 대화적 본질로부터 기인하는 일종의 의미를 생겨나게 한다.

다른 사람들에 대하여

우리 주변의 모든 종류의 음악은 현대 생활 세계의 융통성 있는 지도들에서 살펴볼 수 있다. 이와 같은 지도들은 상황이 변화하는 것에 따라 바뀔 수 있는데 우리가 우리 주변의 세상과 어떻게 연관되는지의 영향을 받는다(Rudd, 1998). 왜냐하면 음악은 문화와 세계 안에 깊게 새겨져 있으며 또한 이것은 문화 발달과 사회 그리고 클라이언트를 연결 짓는 역할을 맡게 되기 때문이다. 음악은 또한 사회생활을 위한 소재로 간주되기도 한다. Rudd는 소리가 기호로 변형되는 것과 반주하는 경험은 사람들과 공동체 그리고 사회를 연결해 준다고 한다. 심미적 활동에 대한 사회적 조직은 공동체가 이웃이나 사회경제적 배경, 직장, 같은 집에서 사는 사람들에 의해서만 이루어지는 것은 아니라는 것을 보여 준다. Stige(2002)는 음악이 사회와 연결되어 있다는 것은 치료사가 임상을 위하여 음악을 선택하는 데에도 고려되어야 한다고 말한다. 이와 같은 선택들은 의식적이든 무의식적이든 가치와 전통 그리고 관례와 관련된다.

만약 우리가 Rudd의 전제를 받아들인다면 음악치료는 사회적 그룹이나 일반 사회에 영향을 미치며, 즉흥적 음악치료는 사회적 시스템의 모형과 같다고 할 수 있다. 임상 세팅(음악치료 실습실)은 모형의 장소로 간주되기도 하고, 클라이언트의 필요가 좀 더 큰 사회 시스템에 포함될 수 있는 수단으로 구성되기도 한다. 음악치료는 어떻게 음악적 대화가 즉흥연주를 통하여 발달되고 유지될 수 있는지 살펴보는 데 사용될 수도 있다(Rudd, 1998).

음악은 또한 관계를 이끌어 낸다. 많은 문헌이 인체를 조직화하도록 권장하는 음악의 성향에 초점을 맞춘다. 이것은 리듬적 동조화에서 볼 수 있듯이 치료사가 조직화를 위한 특별한 양식을 도출해 낼 수 있는 음악을 선택하는 것을 의미한다(Kenny, 1989). 클라이언트가 음을 묘사하는 것에 치료사가 함께 참여하거나 그것을 끌고 나가려고 하는 의도를 보게 될 때, 클라이언트는 이상적으로 건강한 패턴을 반영하는 치료사의 리듬에 이끌려 가거나 탐구하는 것에 더 마음을 열게 된다(pp. 36-37).

음악은 클라이언트가 치료사와의 관계의 맥락 안에서 자신의 한계를 넘어서 세상과 재연결하는 것을 지원할 수 있다. De Backer와 Van Camp(1999)는 우울증과 정신질환에 있어서 이러한 현상에 대해 다음과 같이 설명한다.

우울증으로 기력이 쇠해지고 몸은 더 이상 중력으로부터 벗어나려는 에너지를 가지지 못하게 되고 정신질환으로 시간이 멈추어 버리며 상징적으로 공유할 수 있는 경험으로부터 제외되었을 때, 클라이언트에게는 단지 음악만이 그의 소거해 가는 속도와 리듬 그리고 구체적으로 묘사할 수 없는 음과의 연결을 가능하게 한다. 유아가 생의 첫 시기에 엄마와 음악적 상호 교류를 하는 것처럼, 우울증이나 정신질환을 가진 클라이언트는 음악 안에서 이와 같은 신체적 · 정서적 교류를 함으로써 삶과 다시 연결될 수 있다.

나 자신에 대하여

음악은 자신의 정체성을 자신의 표현에 연결할 수 있다. 음악치료사는 클라이언트의 개인적 이슈와 관련된 문화적·사회적 이슈들과 관련되는 음악적 장르를 사용할 수 있다(Rudd, 1998).

Stige(2002)는 음악 활동(감상, 연주, 작곡, 공연, 해석과 반영을 포함하는)을 음악적 산물(악기, 노래, 가사 그리고 음악치료 과정에서 사용되는 상징)에 연결하며 문화적 산물이 개인의 정체성 발달에 중요한 역할을 한다고 주장한다. 이와 같이 우리는 사회적 맥락 안에서 문화적 산물의 창조적 사용과 내재화를 통하여 자신과 단체를 감지할 수 있다.

노래 부르기는 클라이언트에게 즐겁고 창조적인 경험을 제공하는 동시에 감정을 표현하고 접근할 수 있도록 도와준다. 노래 부르기는 벽을 허물 수 있는 방법이 되는데, 이 벽이란 상처받기 쉬운 아동이나 청소년이 자신을 보호하기 위하여 처음에 세웠던 것으로 더 이상은 필요가 없는 것이다. 그것은 다른 사람들과의 의미 있는 관계 및 외부 세상으로부터 분리되거나 진정한 자아가 가지는 생명력에 잠혀 있는 개개인으로부터 분리되기 위해 사용된다(Austin, 1999). 성악 즉흥연주에서는 ① 신뢰를 형성하고, ② 위로와 안정을 주고, ③ 무의식적 기억 혹은 연상에 접촉하고, ④ 감정에 대한 저항을 통하여 작업하고, ⑤ 감정/느낌이 깊어지도록 할 수 있으며, ⑥ 자신의 몸에 갇혀 분리되어 있는 클라이언트가 좀 더 정서적으로 드러내도록 도와줄 수 있다(Austin, 1999).

Austin(1999)은 클라이언트가 그들 자신과 연결되는 것을 도와줄 수 있는 구체적인 성악 기술들에 대하여 설명하고 있다. 미러링(mirroring)은 클라이언트가 자신의 목소리를 찾는 것을 지지해 주어야 할 때 매우 효과적이다. 이와 같은 음악적 반영은 클라이언트에게 용기를 북돋아 주고 클라이언트의 자의식을 강화시켜 준다. 클라이언트는 자주 음악 안에서 듣고

해답을 얻었던 경험들이 결과적으로 인정과 확인의 감정으로 연결된다고 말한다. 그라운딩(grounding)은 치료사가 화음의 근음을 불러 줌으로써 클라이언트의 즉흥연주의 기반을 제공하는 것이다. 클라이언트는 음악적으로 탐색하고 나서 재충전을 위해 다시 돌아올 수 있다. 무반주로 노래를 부를 때나 비화성적 악기 반주로 노래를 부를 때 치료사는 한 음을 유지하면서 클라이언트가 하는 즉흥연주에 허밍 또는 신호음 같은 소리를 내기도 한다.

자기 자신과 연결하는 또 하나의 중요한 측면은 음악을 만드는 데 사용되는 악기의 선택이다. 이것은 자기 고유의 음악적 표현을 모색하기 위한 많은 원리 중 하나다. 덧붙여 클라이언트의 악기 선택은 클라이언트가 애착을 가지고 있는 악기의 무의식적인 상징적 의미를 드러낸다. 물론 악기에 대한 상징적 의미는 다양한 해석이 가능하며 그 해석은 주관적이다. 악기 선택은 분명 클라이언트의 문화적 배경과 사전 경험의 영향을 받는다(De Backer & Van Camp, 1999).

즉흥연주는 개개인을 이해하기 위한 좋은 비유임에 틀림없다. 우리는 자주 처음으로부터, 예전의 생각들로부터 시작한다. 비록 우리가 가고자 하는 방향에 대한 상당히 폭넓은 생각을 가지고 있을지라도, 우리는 최종 목적이나 따라가야 할 길에 대하여 절대로 확신할 수는 없다. 다른 사람과 즉흥연주를 할 때 우리가 만들어 내는 음악은 마치 우리의 삶 속에서 계획된 일이 일어나는 것처럼 다른 사람들의 영향을 받는다. 이 과정에서 우리는 새로운 템포, 전조, 위험을 감수하며 인생에서처럼 즉흥연주 안에서도 가능한 실패를 경험하게 된다. 즉흥연주의 과정을 통하여 우리의 개인적 정체성이 즉흥적이 되기도 하고 이야기되기도 하지만, 우리 자신의 음악적 정체성이 나타나고 특정한 양식의 결과물이 제시되기도 한다(Rudd, 1998).

음악 활동에 참여하는 것은 강하고 유연하며 차별화된 정체성을 만들어 낼 수 있고, 좀 더 나은 삶의 질을 가지기 위한 잠재적 자원이 된다(Rudd,

1998). 음악은 사회적 풍요, 의사소통과 지적 호기심을 활성화한다. 음악 활동에 참여하는 것은 우리가 자신의 정체성을 강화하고, 더 나은 삶의 질과 연관된 강하고 차별화된 정체성을 가지게 하여 결국 전반적으로 우리의 건강을 증진시킬 것이다(Rudd, 1998).

음악을 통하여 연결하기

음악치료에 있어서의 음악의 역할에 대한 논의에서 Bruscia(1987, pp. 8-9, 503-504; 1998a, p. 39)는 치료로서의(as therapy) 음악과 치료 안에서의 (in therapy) 음악을 구별하였다. 클라이언트의 음악과의 관계가 주가 될 때, 음악은 치료로서 사용된다. 한편, 클라이언트의 치료사와의 관계가 주가 될 때, 음악은 치료 안에서 사용된다. 특정한 클라이언트가 어떠한 선택을 하게 되든지 음악치료는 치료적 경험을 위한 대리인, 맥락 혹은 촉매로서의 음악적 경험에 큰 비중을 둔다. 이와 같이 음악치료사는 다양한 차원에서의 음악적 경험을 이해하는 것과 어떻게 그것이 본질적으로 치료에 힘이 되는지를 이해하는 것이 필수적이다. 음악은 능동적 및 수용적 자질 양면의 혜택을 제공한다. 클라이언트는 능동적 치료에서 연주, 즉흥연주 혹은 작곡에 참여하고, 수용적 치료에서는 감상하고 음악 자체를 받아들인다.

당신의 임상 현장에서 음악이 치료로서 사용되든 치료 안에서 사용되든 간에, 클라이언트의 치료 목적을 달성하기 위해 음악적 경험을 사용하고 계획하기 위한 음악 기술을 함양하는 것은 필수적이다.

임상적 음악 기술 개발

　다양한 클라이언트 대상과 그들의 필요 및 관심에 대한 당신의 지식이 늘어날수록 폭넓은 범위의 음악적 인식과 기술의 개발이 필요하다는 것은 점차 명백해진다. 각 개인과 대상자는 서로 다른 음악과 음악적 경험에 대한 요구를 갖는다. 아마도 가장 좋은 출발점은 당신과 음악의 관계, 당신의 음악적 선호도에 대한 호불호, 당신의 음악적 강점과 약점, 그리고 당신 자신의 삶에서 음악을 어떻게 사용하고 있는지를 검토해 보는 것일 것이다.

　악기 연주를 할 때에는 악기의 선택이 매우 중요한 역할을 한다는 것을 명심하라. 음악치료사가 선택하는 악기는 자신의 임상 현장에 존재하는 가능성과 제한점을 즉각적으로 드러내 준다. 그것은 또한 치료사가 어떻게 음악을 도구로 간주하고 있는지, 어떻게 클라이언트를 관찰하는지 등도 보여 준다(De Backer & Van Camp, 1999).

　임상적 음악 기술의 발달에 대하여 논하자면, 8~11장에서 다루었고 Brusica(1998a)가 기술한 음악치료에서의 네 가지 주요 경험인 즉흥연주, 연주 혹은 재창조, 작곡 그리고 감상을 고려할 수 있다. 당신은 이번 기회에 당신 자신의 용어로 이 네 가지 음악 기술에 대하여 생각해 보라. 이와 같은 과정은 당신 자신의 음악적 인식을 확장해 나갈 수 있는 단계가 될 것이다.

즉흥연주 경험

　클라이언트를 위한 즉흥연주 경험의 임상적 성과는 비언어적 의사소통 기술 향상, 타인에 대한 자기탐구, 자기표현을 위한 발산 수단, 구조 안에서의 경험을 포함할 수 있다(Brusica, 1998a). 치료 세팅 밖에서의 당신의 즉흥연주 기술 개발이 지니는 가치는 매우 중요하다. 치료 세션에서 음악치료사는 매회 구조 안에서 경험할 수 있어야 하고, 이미 계획해 둔 세션 계획을 매회 즉각적으로 수정할 수 있어야 한다. 즉흥연주는 단순히 음악을 연구하는 방법이라기보다는 치료사가 클라이언트와 상호작용하는 필수적인 기술이라고 이해하여야 한다.

Chase(1974)는 피아노 즉흥연주를 전적으로 음악적 의미에서 다음과 같이 이야기했다.

> 자유 즉흥연주가 즐겁다는 것은 많은 음악가에게 인정받지 못하여 왔으며 오히려 아동들을 좌절시키기 쉬운 것 중 하나로 거론되었다. 이러한 부인은 보통 피아노를 '정확하게' 그리고 규정에 따라 연주하여야 한다는 생각에서 비롯되었고, 아동은 충분히 숙련되지 않는 한 그 자신의 아이디어로 연주할 권리가 없다고 여겨져 왔다. 그러나 아동은 악기에 대한 많은 자유감과 자신의 표현력을 발전시킬 수 있다. 아동은 이렇게 함으로써만 다른 방법으로는 얻을 수 없는 악기에 대한 친밀감을 가질 수 있게 된다(p. 67).

Chase(1974)는 계속해서 다음과 같이 이야기했다.

> 당신이 한번 이러한 자유로운 경험으로부터 오는 즐거움을 발견하게 되면, 당신은 오로지 자신의 창의력만 바라보게 됨에 따라 자신에 대한 어떠한 판단이나 억제도 하지 않고 그 경험을 즐기게 된다. 만약 당신에게 좋게 들리지 않는다면, 당신 자신이 그 과정으로부터 방해받지 않도록 하면 된다. 언젠가 당신이 생각하고 평가하는 것을 멈추고 연주되는 대로 내버려 둘 수 있게 될 때, 당신은 보다 흥미로운 창작이 주목받을 수 있게 되는 길이 다시 열리는 것을 발견할 것이다.

즉흥연주 기술 개발의 초기 단계에서는 두려울 수도 있다. 단순한 구조로 시작하고 당신 자신의 창조적 직감에 의존하라. Maslow(1999)는 이것을 경험에 열려 있고 즉흥적이며 표현적인, 세상에 대한 어린아이 같은 감각이라고 특정지었다. 이것은 아이들에게 자연스러운 것이며 창조적인 사람들이 자기의 잠재능력을 최고로 발휘하는 것에서 발견된다. Maslow는 이와 같은 특성은 어린 시절부터 보유되어 온 것이거나 우스꽝스럽게 보일지 모른다는 두려움으로부터 벗어나 자유롭게 표현할 수 있는 사람들이 되찾을 수 있는 것이라고 주장하였다. 그는 이것이 인간 본성에 내재하는 기본적 특성이라고 믿는다. 당신이 즉흥연주 기술을 연마하고자 한다면 음악을 알아 가는 것에 대한 두려움 없이 자유롭게 표현할 방법을 되찾을 수 있도록 하라.

연주 혹은 재창조 경험

클라이언트의 재창조 경험에 대한 임상적 성과는 해석적 기술 개발, 그룹 상호작용 기술 개발, 감각운동의 강화, 집중력과 기억력 기술이 포함될 수 있다. 재창조 경험은 노래 부르기, 작곡된 음악 연주, 음악 게임하기, 음악 쇼, 음악 연주 그룹에서 지휘하기 등을 포함한다(Brusica, 1998a).

치료사는 클라이언트의 치료 목적에 부합하는 참여를 촉구시키고 클라이언트가 잘 참여할 수 있도록 하기 위하여 이와 같은 음악적 경험들을 계획 및 적용할 수 있는 능력을 개발하여야 한다. 이 능력이란 멜로디 악구의 연속성 있는 반복 과제, 확실한 지시를 주는 것, 시작하는 큐 사인을 제공하고 도움을 주는 것, 성공적인 음악 연주를 극대화하기 위하여 필요한 조정을 하는 것을 포함한다. 이와 같은 기술들을 개발하기 위하여 수업 시간이나 다른 음악 그룹에서 재창조 음악 경험에 참여하는 것이 유용할 것이다. 기회가 있을 때마다 이러한 기술들을 사용하여 연습하도록 하라.

작곡 경험

클라이언트를 위한 작곡 경험의 임상적 성과는 조직화와 계획 기술의 개발, 내면 경험을 소통하고 기록하는 능력의 개발, 부분으로부터 전체를 종합하고 통합하며 순서를 정하는 능력의 개선, 자기책임 증진 등을 포함한다(Brusica, 1998a).

즉흥연주에 있어서는 즉흥성과 당신이 타고난 창의적 본성을 허용하여야 한다. 작곡을 하는 데에는 특정한 규칙이 있을 수도 있으나 무엇보다 중요한 것은 다른 사람들이 창의적으로 작곡하는 것을 배울 수 있도록 돕기 위하여 당신 자신부터 자유롭게 작곡하는 것을 배우는 것이다.

감상 경험

클라이언트를 위한 감상 경험의 임상적 성과는 자극 혹은 긴장 이완, 정서 환기, 연상, 공상, 기억 촉구와 회상, 절정 경험과 영적 경험 등을 포함한다(Bruscia, 1998a). 치료에 감상을 포함할 때 음악 선정이 치료 과정에서 클라이언트에게 동기 유발을 가져올 수 있는 심미적 자질을 가지고 있는지, 또한 그 음악의 신체적·심리적 특징이 긍정적 변화를 가져올 수 있는지도 고려해 보아야 한다(Bruscia, 1998a). 다르게 말하자면, 감상을 위하여 선정되는 음악은 반드시 그것을 사용할 만한 가치가 있는 특성을 지녀야만 한다. 음악치료 전공 학생들이 훈련 과정을 통하여 습득하게 되는 음악적 지식은 심미적·신체적·심리적 특성에 따라 음악을 선택할 수 있는 기초가 된다.

개인 감상 저널을 만들어 보라. 이 저널에는 다음과 같은 것을 기록할 수 있다.

- 당신은 언제 음악을 듣는가?
- 어디에서 음악을 듣는가?
- 어떤 음악을 듣는가?
- 어떠한 목적으로, 어떠한 성과를 얻기 위하여 음악을 듣는가?
- 음악을 듣는 동안 어떤 활동이나 과제를 함께 하고 있는가?
- 당신의 음악 경험을 다른 사람들과 공유하는가? 그렇다면 누구와 왜 공유하는가?

Chase(1974)는 자신의 연주를 녹음하여 들어보는 것이 "자습을 할 수 있는 아주 탁월한 자료가 되고, 자신이 연주한 것을 돌아보며 자신이 희망하는 연주와 자신의 실제 연주 간의 차이를 깨닫게 만들어 줄 것이다."(p. 38)라며 매우 중요하게 보았다. 이러한 과정을 거치면서 당신은 당신의 개인적이고 임상적인 음악적 기교가 증진하는 모든 미묘한 차이를 포착하고 향후의 발전을 위한 주제를 규명하게 되는 기회를 가질 수 있을 것이다.

요약

이 장에서는 음악치료에서의 음악의 역할에 관한 이론들의 개요를 서로 관련된 세 가지 폭넓은 목적을 가진 음악에 대한 이해의 틀 안에서 제공했다. 첫째, 음악은 물질 세계보다 더 위대한 어떤 것—심미적 혹은 보편적 질서—과 우리를 연결하기 위한 수단이다. 둘째, 음악은 개인, 문화 혹은 그룹과의 관계를 통하여 우리를 둘러싸고 있는 세계와 연결한다. 셋째, 음악은 우리의 내면세계를 탐색하고 우리 자신과 보다 깊게 관련지을 수 있는 방법을 제시한다. 치료사로서 당신은 이와 같은 각각의 영역에서 일할 수 있는 능력에 있어서 유연해져야 한다. 이 장에서는 음악을 사용하는 기술을 제시하고, 음악과의 관계를 개발하고 탐색하기 위한 제안을 하고 있다. 당신 자신의 창의성에 접근하고 당신의 클라이언트를 위한 음악치료적 경험을 제공할 수 있는 기술을 개발하기 위하여 임무를 다하도록 하라.

♫ 함께 읽으면 좋은 도서

Adams, N. (1996). *Piano Lessons: Music, Love & True Adventures*. New York: Delacorte Press.

Aigen, K. (2005). *Music-Centered Music Therapy*. Gilsum, NH: Barcelona Publishers.

Amir, D. (2001, June). How do we nurture ourselves? My personal journal with music. *Voices: A World Forum for Music Therapy*. http://www.voices.no/columnist/colamir040601.html

Amir, D. (2001, July). Sometimes, it is our task to find out how much music we can still make with what we have left. *Voices: A World Forum for Music Therapy*. http://www.voices.no/columnist/colamir300701.html. Reprinted in C. Kenny & B. Stige (Eds., 2002), *Contemporary Voices in Music Therapy: Communication, Culture, and Community* (pp. 242-243). Oslo, Norway: Unipub Forlag.

Hesser, B. (2001). The transformative power of music in our lives: A personal perspective. *Music Therapy Perspectives, 19*, 53-58.

Kenny, C. B. (1995). *Listening, Playing, Creating: Essays of the Power of Sound*. Albany, NY: State University of New York Press.

Ristad, E. (1982). *A Soprano on Her Head: Right-Side-Up Reflections on Life and Other Performances*. Moab, UT: Real People's Press.

Small, C. (1998). *Musicking: The Meanings of Performing and Listening*. Hanover, NH: Wesleyan University Press.

Werner, K. (1996). *Effortless Mastery: Liberating the Master Musician within*. New Albany, IN: Jamey Aebersold Jazz.

▶ 과제: 음악의 역할

1단계: 관찰하기, 참여하기, 보조하기

1. 이상에서 설명된 것처럼 다음과 같이 개인 감상 일지를 기록하라.

- 당신은 언제 음악을 듣는가?
- 어디에서 음악을 듣는가?
- 어떤 음악을 듣는가?
- 어떠한 목적으로, 어떠한 성과를 얻기 위하여 음악을 듣는가? (당신의 목적이 단순히 즐거움을 위해서일 수도 있다.)
- 음악을 듣는 동안 어떤 활동이나 과제를 함께 하고 있는가?
- 당신의 음악 경험을 다른 사람들과 공유하는가? 그렇다면 누구와 왜 공유하는가?

2. 당신 주변의 세계에서 음악과 직면한 경험과 관련해 다음을 기록하라.

- 언제 어디에서 음악을 알게 되었는가?
- 당신은 무엇을 하는가?
- 무엇이 당신의 관심을 끌었는가?
- 음악이 당신에게 어떤 영향을 미쳤는가?
- 당신은 음악을 통제할 수 있는가?
- 당신은 음악 경험을 원하는가? 혹은 음악을 멈추거나 바꾸는 선택을 하길 원하는가?

2단계: 계획하기, 함께 인도하기

1. Bruscia(1998a)가 기술한 음악치료 안에서의 네 가지 주요 경험(즉흥연주, 연주와 재창조, 작곡 그리고 감상)을 검토해 보고 이번에는 당신 자신의 말로 이 네 가지 경험에 대하여 생각해 보라. 다음과 같이 자기평가를 해 보라. ① 네 가지 유형의 경험에 대한 당신 개인의 경험, ② 이 경험들에 대한 초보 음악치료사로서의 당신의 경험, ③ 당신은 각각의 경험을 사용하여 보다 친숙하고 편안해질 수 있도록 무엇을 할 수 있는가?

2. 앞서 언급한 음악 경험 중 하나를 어떻게 계획하고 적용할 수 있는지 구체적으로 기술해 보라. 그 경험을 표현하는 것에 있어서 언제 어려움을 느끼고, 언제 쉽고 편안하며, 언제 당신 자신이 음악적 경험을 즐기게 되는지 주목해 보라.

3단계: 인도하기

1. 즉흥연주, 연주 혹은 재창조, 작곡 그리고 감상 경험 간의 관련성에 대하여 생각해 보고 다음과 같이 연습해 보라.

- 당신이 즉흥연주할 수 있는 간단한 구조로 시작해 보라.
- 당신의 주제를 지속적으로 발전시켜 나가면서 당신이 얼마나 자연스럽게 재창조하고 순간순간 그 주제를 탐색하는 한편으로 다른 색채를 탐구해 나가는지 주목해 보라.
- 회기를 거듭하거나 시일이 지나가면서 새로 나타나는 주제들을 시도해 보고, 당신이 자유자재로 그 주제들을 활용하기 위하여 어떻게 그 구조의 감각들을 가지고 있는지 주목해 보라(치료 상황이라면 받아 적어 보라). 그리고 악보에 기보하라.
- 강점과 잠재력을 발견하기 위한 당신 자신의 평가를 기록하거나, 필요한 설비 혹은 악기를 사용할 수 없는 임상 현장에서 그 주제들을 사용해 보고 궁극적으로 당신의 클라이언트를 위하여 감상 경험을 제공해 보라.

• 이러한 경험에 관하여 기록해 보라.

2. 2단계에서 시행했던 과제인 자기평가를 다시 살펴보라. 음악 경험의 각 유형 (즉흥연주, 연주 혹은 재창조, 작곡 그리고 감상)에 대하여 현재 당신 자신의 경험과 초보 음악치료사로서 지속적으로 변화되어 온 당신 자신의 경험을 평 가하여 보라. 이 각각의 음악 경험을 사용하는 데 좀 더 편안해지고 친숙해지 기 위하여 당신은 어떠한 노력을 하였는가? 당신이 더 큰 진보를 하고 싶은 음 악 경험 영역들을 발전시키기 위한 계획을 작성하라.

chapter 15

그룹치료

Clinical Training Guide for the Student Music Therapist

대부분의 음악치료는 그룹의 형태로 이루어진다. 그 이유는 여러 가지가 있을 수 있는데, 그중의 하나는 그룹치료를 행하는 것이 경제적이면서도 한 사람의 음악치료사가 동시에 여러 사람을 살펴볼 수 있기 때문이다. 그러나 그것보다 더 중요한 이유는 우리 모두가 사회적 상황 속에 살고 있으며 우리가 직면하게 되는 많은 문제가 사회적 상황 속에서 일어나기 때문이다. 우리가 문제를 겪게 되는 것과 같은 여건의 그룹 상황에 스스로 처해 보는 것은 문제를 해결하는 좋은 방법이 된다.

물론 음악치료 그룹에 있는 다른 그룹원들이 클라이언트가 실생활에서 가지게 되는 문제를 제공하는 사람들과 같지는 않을 것이다. (예외적으로 가족음악치료 그룹이라면 실제로 직면하고 있는 문제를 가진 사람들을 포함하게 될 수도 있다.) 그룹이 효과적일 수 있는 가장 유력한 이유 중의 하나는 그룹은 클라이언트들이 그룹 밖에서 만나게 되는 문제들을 해결할 수 있도록 도와주기 위해서 필요한 지원과 안전함을 제공하고, 그리하여 실제 생활에서 좀 더 효과적이고 건강하게 살 수 있도록 도와준다는 것이다. 많은 음악치료 그룹은 이와 같이 구성된다.

비슷한 연령의 그룹을 대상으로 할 때, 대부분의 학교는 대상자들이 유사한 발달적 문제를 보여 주고 있기 때문에 음악치료사가 좀 더 효율적으로 계획하고 일할 수 있다. 특수교육 세팅의 경우 비록 연령도 참작되긴 하지만 클라이언트의 기능 수준이 주된 고려점이 된다.

다양한 기관의 세팅에서도 그룹에 배치할 때 연령을 고려한다. 정서장애가 있는 외래 환자나 입원 환자의 경우, 프로그램에 배치할 때 클라이언트의 연령에 따라 나누게 된다. 정신질환 요양시설이나 청소년, 성인 그리고 노인 기관에서도 그렇다. 주로 고령의 노인 혹은 심각한 사고 후 뇌손상으로 집중적인 보살핌이 필요한 성인을 수용하는, 우리 모두에게 친숙한 노인 요양시설이 있다. 비슷한 연령의 클라이언트들은 유사한 삶의 과제들을 가질 수 있는 가능성이 더 큰데, 예를 들어 노인들은 노화의 문제를 함께 가지고 있다. 한편으로 학교의 학생들처럼 나이로 그룹을 나누는 것은 유사한 사회문화적 배경을 가진 사람들과 함께할 수 있게 한다.

때때로 기능이 비슷한 수준의 사람들을 함께 배치하기도 한다. 이때 고려할 점은 그들이 무엇을 할 수 있는지, 혹은 그들의 발달 수준이 어느 정도인지다. 가끔 일부 시설에서는 집중적인 보살핌을 덜 필요로 하는 사람들이 있는 반면에, 높은 수준의 보살핌을 필요로 하는 사람들이 있을 수 있다.

어떤 세팅에서는 연령과 기능 수준이 그룹을 배치(배정)하기 위한 결정 요인이 아닐 수 있는데, 그보다는 유사한 특성이나 필요를 가진 사람들끼리 배치하는 것이다. 학교 세팅에서 정서장애 아동끼리, 의사소통장애를 가진 아동끼리, 지적장애를 가진 아동끼리 배치하는 것은 드문 일이 아니다. (이와 같이 동질 집단을 배치하는 것은 최근 들어 통합 세팅에서 가장 자주 언급되는 것으로서, 비장애 아동과 함께 교육하는 것이 더 좋다고 보는 주류화 또는 통합[교육]에 대한 신념과 함께 현저하게 줄어들어 왔다.) 이와 유사하게, 재활 센터에서는 종종 척추 손상 환자들을 한 병실에, 뇌손상 환자들을 한 병실에 배치한다. 약물 남용 혹은 정서장애를 가진 성인들을 함께 배치하기도 한다. 비록 비슷한 특성을 가진 사람들을 그룹에 배치하더라도 그 그룹을 나누는 기준으로 다른 필요와 기능 수준이 있다는 것을 기억하는 것은 중요하다. Maslow(1999)는 이 쟁점에 주목하며 다음과 같이 말했다.

> 어떤 사람을 하나의 체계에 배치하는 것은 그 사람에 대하여 진정으로 아는 것보다 훨씬 쉬운 일이다. 사람을 구분하는 것은 표면적으로 나타나는 추상적인 특징에 따라 클래스에서의 소속을 지정하는 것이고…… 규준의 기준에서 강조되어야 하는 것은 차이점보다는 유사점이 있는 샘플로서 그 사람이 속해 있는 범주다(p. 141).

　　우리가 앞서 논의한 연령, 기능 수준 그리고 장애 유형에 따라 구분하는 것에는 두 가지 쟁점이 있다. 첫 번째, 어떤 사람을 묘사하는 명칭은 잠재적으로 해로울 수 있고 신중하게 사용하여야 한다. 우리가 어떤 사람은 '높은 기능'을 하는 반면에 다른 사람은 '낮은 기능'을 한다고 할 때 우리는 부정적인 의미를 내포하는 명칭을 사용하는데, 이는 우리가 의도하지 않은 결과를 초래하기도 한다. 그러므로 우리는 의도한 목적을 위한 명칭만을 사용하여야 하고 매우 신중하게 사용하여야 하며, 전적으로 그 명칭에만 의존하지 말아야 한다. 두 번째, 우리 모두에게는 하나 이상의 범주나 명칭이 적용될 수 있다는 것이다. 만약 사람들이 어떤 특징으로 규명된 명칭에 따라 구분하여 배치되었다면 그와 같은 배치는 단지 일부만 정확하다는 것을 인식하는 것이 중요하다. 정서장애를 가진 그룹에 배치된 아동은 또한 의사소통장애를 가질 수도 있고, 혹은 영재일 수도 있다. 항상 클라이언트는 복합적인 개인이며, 그들은 어떠한 진단이나 명칭에만 국한되지 않는다는 것을 반드시 기억하도록 하자.

음악치료 그룹 형성

　　클라이언트들은 종종 다른 그룹에서의 자신의 참여도에 근거하여 음악치료 그룹에 배치된다. 예를 들어, 그들의 교육 활동에서 같은 교실을 사용하는 아동들이 같이 음악치료에 배정되거나 정신질환을 가진 클라이언트 그룹이 특정한 날, 특정한 시간에 함께 음악치료를 하게 된다. 앞에서도 언급하였듯이 이것은 매우 효과적인 배치일 수 있다. 부가적인 이득은 클라이언트들이 이미 서로를 알고 있으며, 그러므로 더욱 편안하게 함께할 수 있다는 것이다.

　　연령이나 특성에 따라 그룹을 나누는 대신, 음악치료사는 음악치료 그룹에 포함할 사람들을 자유롭게 규정지을 수도 있다. 이와 같은 상황에서 음악치료사는 그룹을 나누기 위한 근거를 결정하여야 하고, 그다음에는 그룹원을 결정하기 위해 잠정적 그룹원들에 대하여 평가해야 한다(그들과 함께하는 다른 스태프들과 협의하기도 한다). 이것은 다양한 근거로 그룹을 나눌 수 있게 하는데, 아마도 그들이 유사한 문제나 비슷한 수준의 기능을 다루고 있기 때문이다.

다른 음악치료 그룹들은 음악 혹은 음악치료에 관심을 표명하는 사람들로 구성된다. 정서장애를 가진 성인을 위한 치료 기관이나 노인 요양시설에서는 이렇게 그룹이 형성된다. 이와 같은 방법의 좋은 점은 음악치료에 참석하게 된 사람들이 자신의 선택에 따라 그룹에 참여한다는 것이다.

지역사회 세팅에서 일하게 되는 음악치료사들은 이미 모임의 일원인 사람들로 배치된 그룹과 함께하게 된다. 그들의 일상에서 함께하는 사람들과 그룹을 형성할 때의 이점은 지역사회와 그들의 연결점을 바탕으로 음악치료를 더 강화할 수 있다는 것이다. 비록 수년간 지역사회 세팅에서 음악치료가 시행되어 왔으나, 최근에는 지역사회 음악치료(Community Music Therapy; Ansdell, 2002; Pavlicevic & Ansdell, 2004; Stige, 2002)라고 명명하여 발전 및 대중화되었고, 음악치료사들이 자신의 역할과 지역사회에서의 음악치료의 역할을 이해할 수 있도록 도와주게 되었다.

단기치료

음악치료 그룹을 형성하는 데 있어서 또 다른 고려할 점은 치료 세팅이 장기인지 단기인지의 여부다. 학교를 기반으로 하는 아동 치료 세팅의 경우 학년이 1년 단위로 되어 있기 때문에 장기나 단기에 대하여 고려할 점은 없으나, 다른 아동 치료 세팅의 경우는 고려될 수 있다. 노인의 경우 요양시설이나 다른 치료 세팅에서도 일반적으로 장기치료로 가는 경향이 많기 때문에 기간을 고려할 필요는 없다. 재활, 일반의료 그리고 정신건강의학과 세팅에서는 대다수의 클라이언트가 매우 짧은 기간 치료시설에 있게 된다. 여러 가지 이유로 어떤 클라이언트는 하루나 이틀 정도만 입원하기도 하고, 비교적 길게 입원하게 되는 경우 3~4주 정도 치료를 받게 될 수도 있다. 단기 입원을 권하는 이유는 사람들이 기관에서 생활하는 것보다 그들의 일상 환경에서 지내면서 지속적인 치료를 받는 것이 그들을 더 잘 살아 나갈 수 있게 한다고 믿는 신념 때문이다. 건강 관리 비용을 절감하기 위한 시도인 보험 수가도 단기 입원을 하게 되는 이유인데, 입원 기간도 철저하게 감독되고 제한을 받는다. 이와 같이 어떤 치료 세팅에서는 단기 입원의 결과로 클라이언트들이 아주 짧은 기간에 음악치료를 받게 된다.

음악치료는 단기 입원하는 클라이언트들에게 맞추어 시행될 수 있다. 이때 음악치료사들은 장기 입원 환자들에게 시행하는 횟수보다 더 자주 세션을 계획하기도 한다. 예를 든다면, 치료 목적을 달성하기 위해서 일주일에 3회에서 5회까지 집중적으로 세션을 시행하기도 한다. 단기치료에서의 치료 목적은 장기치료에서의 치료 목적과 매우 다른데, 향후의 치료와 지원을 위하여 위기 중재, 기능의 복원, 지역사회 자원에 접근할 수 있도록 도와주는 것 등에 초점을 맞춘다.

치료 방법과 기대 수준도 단기치료에 맞게 적용될 수 있다. 성취되어야 할 것은 더욱 신속히, 종종 한 번의 세션에서 성취되기도 한다. 이것은 치료의 과정을 많이 바꾸게 하는데, 세션 중에 매우 빠르게 진단평가도 이루어져야 하고, 방법들도 쉽게 이해할 수 있게 해야 하며, 평가도 치료가 진행되는 중에 이루어져야 한다.

단기치료 세팅에서 일하는 음악치료사들은 새로운 클라이언트에게 적응하는 것에 숙련된다. 회전이 매우 빠르게 진행되어 치료사가 장기치료 세팅에서는 다 알 수 있는 클라이언트의 문제나 배경, 흥미 등에 대해서는 모르는 채 음악치료 세션을 하게 된다. 단기치료 세팅에서 실습을 하게 되는 실습생 역시 그 기관에서 겨우 몇 시간 정도만 함께하기 때문에 제한된 사전 지식을 가지고 있는 클라이언트를 대상으로 실습을 해야 하는 특별한 도전을 받게 된다. 이와 같은 세팅에서 일하게 되는 실습생은 클라이언트를 위한 의미 있고 적절한 음악치료 경험을 제공하기 위하여 반드시 실습 현장의 슈퍼바이저와 지속적인 의사소통을 유지하여야 한다.

구조의 수준

음악치료 그룹은 다양한 방법으로 구성될 수 있다. 이러한 방법의 차이점을 규명하기 위하여 구조의 수준 및 치료사가 제공하는 지시의 정도에 따라 음악치료 그룹을 살펴보는 것이 좋을 것이다. 지시적인 방식을 사용하는 리더는 계획된 활동을 통하여 그룹원을 인도하고 음악치료 경험을 수립해 나감으로써 그룹을 이끈다. 비지시적인 방식을 사용하는 이는 그룹에 최소한의 지시만을 제공하고, 그룹 자체로부터 발생되는 방향성을 격려하고 허용한다.

지시적인가 혹은 비지시적인가 하는 관점에서 그룹 리더십을 검토해 보는 것은 유익하나, 이는 또한 어려운 일이다. 어떤 경우에는 많은 그룹이 이러한 두 가지의 리더십 방식의 요소를 다 포함하기도 한다. 다른 경우에는 때때로 사람들이 한 가지 방식의 요소를 사용하고, 어떤 때는 다른 방식을 사용하기도 하여 지시적인지 비지시적인지 리더십 방식을 규명하기 불가능할 때도 있다.

지시적 방식의 리더십을 사용하는 리더와 함께하는 그룹은 활동치료(Wheeler, 1983), 또는 지원적이고 활동 중심의 음악치료(Unkefer & Thaut,

2002) 범주에 속하는 경우가 흔하다. 이와 같은 개념은 12장 '계획 시 추가 고려 사항'에서 언급된 자료들과 관련이 있다.

노인 대상의 음악치료에 관한 많은 문헌이 지시적인 리더십이 있는 그룹에 대하여 언급한다. Clair(1996)는 노인들의 복지를 증진시키기에 유용한 기술과 지식을 늘리기 위한 기회 및 개인적 통제, 사회적 활동을 보여 주는 문헌들을 인용하는데, 다음과 같은 활동을 추천한다.

① 타인과의 상호작용 증진, ② 선택과 결정의 기회 제공, ③ 정보와 기술 학습 혹은 재학습 기회 제공, ④ 개인적 자료를 사용하기 위한 새로운 방법을 발견할 수 있는 기회 제공

계속해서 Clair는 음악에 참여하는 것은 앞서 언급한 모든 것을 다 제공하여 줄 수 있다고 제안한다. 이와 같은 치료 목적과 치료에 대하여 생각하는 방식은 치료하는 데 있어서 활동치료 방식을 제시하고 있다. Chavin (1991)은 치매 환자들에게 접근하기 위한 음악의 사용을 다른 저술을 통해 활동치료 안에서 음악치료 접근을 하는 방법과 치료 목적을 인용하였다.

리더십에 있어서 지시적인 역할을 했던 음악치료사와 함께한 그룹의 예는 정신건강장애를 가진 클라이언트들의 기타 연주를 배우는 음악치료 그룹의 대인관계, 그룹 응집력, 동료 수용에 관한 영향을 연구한 M. Cassity(1976)의 연구에서 볼 수 있다. 클라이언트에게 기타 연주를 가르치는 치료사는 의심할 여지없이 지시적인 리더십 방식을 사용하였다.

어떤 그룹은 계획된 활동과 강력한 리더십으로부터 이득을 얻을 수 있는 반면, 이러한 지시적 방식을 가진 그룹들은 그룹의 방향성이나 그룹 결정력에 있어서 치료사에게 의존하게 된다는 것을 유념해야 한다. 만약 치료사가 그룹원들이 좀 더 책임감을 가지고 세션에 임할 수 있도록 시도하고 싶다면 지시적인 접근을 더 적게 사용해야 한다.

많은 음악치료 그룹은 그룹원들로부터 음악적이거나 비음악적인 반응의 일련의 행동을 이끌어 내는 것을 치료 목적으로 하는 리더 및 협력자들에 의해 계획된 절차를 따른다. 그룹 리더십에 대한 이와 같은 방식은 앞서 서술된 지시적인 리더십은 아니며, 리더가 전형적으로 모든 것을 지시하지는 않는다. 그러나 그룹의 구성 방식에 있어서는 비교적 지시적이어야 하며 그룹을 지시적이거나 비지시적으로 조합하여 인도해야 한다. 다음에 기술될 그룹들은 클라이언트의 치료 목적을 돕기 위하여 음악적 경험을 구조화하는 그룹 유형의 예다.

Plach(1980)도 이와 같은 형식을 사용하여 『그룹치료에서의 음악의 창조적 사용(*The Creative Use of Music Therapy*)』에 일련의 음악적 경험을 포함하였고, 그룹에서의 토의, 개별 작업이나 그룹치료 과정을 유도해 내기 위하여 노래가 사용된 경우를 설명하였다. Wolfe, Burns, Stoll과 Wichmann(1975)은 음악치료 그룹에서 다양한 주제에 대한 토의를 끌어내기 위한 절차들의 모음집을 포함하는 같은 형식을 사용하였다.

그룹 삽화는 Borczon(1977)의 『음악치료: 그룹 삽화(*Music Therapy Group Vignettes*)』에서 기술되었는데, 그룹 발달에 초점을 맞춰 제공된 음악 활동을 가진 형식의 원리들을 포함하고 있다. Borczon은 여기서 음악치료의 한 부분이 될 수 있는 자료들에 대한 풍성한 감각을 지닌 삽화들을 다룬다. 그리고 그룹 세션들은 시작, 메인 세션, 종결로 구성된다.

많은 음악치료 그룹은 즉흥연주를 사용한다. Dvorkin(1998)이 기술한 이와 같은 그룹들은 음악 즉흥연주와 즉흥연주에 대한 클라이언트의 반응들을 활용한다. 이런 그룹들에서 치료사는 즉흥연주와 음악 경험의 언어적 과정에 대하여 중요한 역할을 맡는다. 즉흥연주를 활용하는 그룹의 촉진자는 지시적이거나 비지시적일 수 있고, 혹은 이 두 가지 요소를 혼합하여 사용할 수 있다. 분석적 음악치료(Priestley, 1975, 1994)는 그룹 즉흥연주와 덜 지시적인 접근을 사용하였다.

리더가 없는 그룹은 가장 비지시적인 유형의 그룹 경험을 하게 된다. 비록 이것은 전형적인 음악치료의 형태는 아니나 이론적으로는 가능하다. 즉, 비록 그룹 리더가 없는 형태라고 하더라도, 리더는 그룹의 기능을 도와주기 위하여 나타나는 경향이 있다.

발전 단계

그룹은 시간이 흐르면서 다양한 단계를 거쳐 점진적으로 발달한다. 이와 같은 단계는 다양한 방법으로 발견될 수 있는데, 일반적으로 유사한 일련의 기본적인 순서를 포함한다. Corey, Corey, Callanan과 Russell(1992)이 규명한 네 단계는 초기 단계, 전이 단계, 작업 단계 그리고 종결 단계다.

초기 단계에서는 신뢰감을 쌓아 나가고 그룹원은 물론 그룹 리더가 그룹에 수반되는 긴장감을 처리한다. 어떻게 그룹에 참여하게 되는지 궁금해하고 그룹치료의 성과에 대하여 관심을 가지며, 그룹에서의 역할을 발전시켜 나가고 그룹 내 권력 구조를 형성하고 리더와 다른 그룹원들을 시험해 보기 시작한다. 전이 단계 혹은 과도기에는 그룹원들이 긴장과 저항 그리고 갈등을 처리하고 인식하는 것을 배운다. 이 단계에서 리더는 그룹이 응집력 있는 단위가 되도록 도와주는 중재를 개발해야 한다. 작업 단계에서는 그룹 활동이나 그룹이 구성된 목적을 달성한다. 이 단계의 특징은 그룹원들이 대개 활동을 먼저 하고 싶어 하거나 주제들을 끄집어내고 다른 구성원들과 직면하며 상호작용한다는 것이다. 이 단계는 그룹 응집력이 증가하는 단계로, 현 시점에 초점을 맞추고 그룹원들의 목적과 관심사를 규명하며 책임을 진다. 종결 단계에서는 그룹치료가 종료된다. 이 단계에서 그룹원들은 미해결된 문제들을 처리하고 세션 종료를 준비한다. 그들은 지속적으로 처리해야 할 이슈에 대한 계획을 세우고 그룹 세션 종결

후 지원을 받는다.

Corey 등(1992)의 모델은 치료에서 가장 중요한 부분으로서의 종결에 대하여 다룬다. 종결 단계는 치료 과정에서 중요한 단계로 잘 처리되어야 하나, 때때로 소홀히 여겨지곤 한다. McGuire와 Smeltekop(1994a, 1994b)은 치료의 종결에 대한 문헌 연구를 하였고, 개별 및 그룹 음악치료에 있어서 종결을 위한 모델을 개발했다. McGuire와 Smeltekop의 종결 모델은 ① 종결 발표, ② 검토 및 평가, ③ 감정 표현, ④ 향후 예상, ⑤ 작별 인사의 순서를 포함한다. 음악치료 실습생들은 때때로 실습생 자신은 물론이고 클라이언트의 치료 종결에 대한 감정을 처리하는 데 어려움이 있기 때문에 이 종결 단계에 주의를 기울여야 한다. 명확하게 말하자면 바로 이러한 감정들 때문에 치료 종결은 중요하게 인정되고 다루어진다.

음악치료 그룹의 발달단계는 음악치료 문헌에서 드물게 다루어졌다. Hibben(1991)은 앞서 언급된 것과 유사한 그룹치료의 진행을 따른다. Garland, Jones와 Kolodny(1976)가 제시한 그룹 발달의 세 단계를 활용하여 6~8세 주의력결핍장애 아동의 그룹 발달단계를 기술한다. 그녀의 그룹은 '소속 전 단계'로 출발하는데, 그룹으로서의 기능보다는 그룹 내에서 개별적으로 아동을 다룬다. 아동들은 '기회와 통제 단계'에 들어서게 되면 그룹 내에서 자리다툼을 시작하게 되고, 치료사는 이 단계에서 아동들에게 가능한 한 많은 제재를 가한다. 세 번째 단계는 '친밀감 단계'로서 아동들은 그룹 내에서 새로운 행동들을 실천하게 된다. 이 마지막 단계에서 "치료사의 목적은 아동이 동료들과 공유하고, 규칙을 지키고, 리더가 되는 등 그룹 활동을 위한 책임감을 가질 수 있도록 하는 것이다."(Hibben, p. 183) Hibben의 그룹 과정과 단계에 대한 기술이 선행 연구들에서 서술된 전형적인 진행을 따르고 있다는 것은 의미 있는 일이다. Hibben의 그룹 발달단계는 그녀가 각 단계에서의 구성원들의 필요를 촉진하고 허용하는 그룹 발달에 대하여 충분히 인식하고, 그룹 발달을 위해 필요에 따라 충분히 비지시적이었기 때문에 이루어진 것이라고 할 수 있다.

James와 Freed(1989)는 음악치료 안에서 그룹 응집력 발달을 위한 다섯 단계의 모델을 제안하였다.

단계 1: 목적 정하기 활동
단계 2: 개별/평행 활동
단계 3: 그룹 협동 활동
단계 4: 자기표출 활동
단계 5: 그룹 문제해결 활동

그들의 모델은 단계들을 통하여 그룹 자체의 변동을 촉진한다. 비록 이러한 모델들이 적용된 보고는 없을지라도, 이것은 그룹 발달의 다양한 단계를 통하여 그룹 진행을 도와줄 수 있는 구조화된 수단들을 적용하는 음악치료사에게는 매우 유용할 것이다.

임상에서의 구체적인 사례를 제시해 주지는 않지만 이론에 근거하여 그룹세션을 진행해 온 치료사들도 있다. 그들이 사용하는 모델들은 Apprey와 Apprey(1975)의 개별 및 그룹 치료에 적용할 수 있는 다섯 단계 모델과 Plach(1980)에 의한 세 단계 모델이다. Sandness(1991)는 음악치료 그룹들에서의 발달 순서에 대한 이론적 모델들을 보고하였다.

치료적 요소

Yalom(1985, 1~4장)은 그룹 경험이 치료적이 되기 위한 주요 요인에 대하여 기술하였는데 다음은 각각의 요소에 대한 간단한 설명이다.

1. 기대를 주입시키기: 치료 그룹의 사람들은 회복 과정에 있어서 차이가 있기 때문에, 새로운 그룹원(혹은 심리적으로 어려움을 겪고 있는 그룹원)은 회복의 과정을 이미 거친 다른 그룹원들을 보는 것만으로도 용기를 가질 수 있다.

2. 보편성: 사람들은 자신만이 까다로운 특성과 문제를 가지고 있다고 생각하는데, 다른 사람들도 자신과 비슷한 문제들을 가지고 있다는 것을 아는 것은 이들에게 도움이 된다.

3. 지식 전달: 이것은 질병에 관한 교훈적 정보, 지원에 관한 자료, 다른 그룹원이 주는 정보나 충고 등을 포함한다.

4. 이타주의: 그룹 내에서 다른 사람들을 도와줄 수 있고, 도움이 될 수 있다는 것 자체가 유익하다.

5. 가족 구성원에 대한 교정적 재현: 많은 사람은 자신의 가족 구성원들과 문제를 가지고 있다. 치료 그룹은 그룹 내의 관계와 경험들을 가족 구성원들과의 관계에서 건강한 방식으로 재현할 수 있는 기회를 제공한다.

6. 사회 기술 개발: 사회적 학습은 다양한 수준으로 발생될 수 있으며, 치료 그룹 안에서 각자의 필요의 수준에 맞는 혜택을 허용한다.

7. 모방 행동: 그룹원들은 치료사와 다른 클라이언트들의 행동을 모방한다.

8. 대인관계 학습: 치료 그룹을 통해 발달되는 관계, 그룹 경험의 한 부분인 정서적 경험, 그리고 그룹이 사회의 축소판의 역할을 한다는 사실은 모두 사회적 학습을 위한 독특한 기회로 이끌어 준다.

9. 그룹 응집력: 그룹 응집력은 그룹 내에서 다른 사람들에게 수용되는 구성원들에게 영향을 주고 동기 유발을 하며, 그룹 안에 수용될 수 있는 정서와 행동을 가져온다.

10. 카타르시스: 지원적인 환경 안에서 강렬한 감정을 경험하는 기회는

표현하는 법을 배우게 하고, 이와 같은 표현이 수용될 수 있는 가치
있는 경험이 된다.

11. 실존적 요인: 이것은 삶은 때때로 불공평하다는 인식을 얻는 것, 삶
    과 죽음에 대한 이슈를 직면하는 것, 그리고 고통이 삶의 한 부분임
    을 인정하는 것을 포함한다.

이와 같은 요인들은 그룹치료 과정의 한 부분으로서, 혹은 클라이언트
에 대한 치료사의 접근 특성으로서 존재할 수 있는 특징을 기술한 것이
다. 예를 들어, 기대를 주입하는 것은 치료사의 태도와 접근 방식으로부
터 비롯될 수도 있고, 다른 그룹원들과의 상호작용의 결과로 비롯될 수도
있다.

지금까지 다룬 요인들은 매우 중요하다. 이 요인들 중 어떤 것은 지시적
인 역할을 주로 하는 리더가 있는 그룹보다 비지시적인 리더와 함께하는
그룹과 상대적으로 더 관련이 있으며, 어떤 것은 모든 그룹에 적용된다.

그룹치료의 원칙

그룹치료의 요소들 중 어떤 것은 개별치료의 요소와 유사한 것도 있고
매우 상반된 것도 있다. 실습생들이 종종 혼돈스러워하는 것 중의 하나는
비록 그룹 전체의 목적을 가지고 있을지라도 그룹 내 개개인에 대한 목적
역시 고려할 필요가 있다는 것이다. 그룹의 주된 치료 목적의 대부분은 그
룹구성원 다수를 위한 유사한 것들이지만, 그룹구성원 각자는 도움을 얻
기 위하여 그룹에 참여하는 것이므로 치료사는 반드시 개개인의 목적도
고려해야만 한다. 치료사들은 그룹 목적과 함께 개별 목적을 결정하고 기
록하는 다양한 방식을 가지고 있다.

Plach(1980)는 그룹 음악치료의 계획 및 적용 지침을 다음과 같이 제안한다.

1. 주어진 활동들은 개개인의 증상에 맞아야 하고, 개별 및 그룹의 필요와 그룹 내에서 존재하는 개념적·통합적·신체적 제한이 무엇이든지 간에 적절하게 맞춰져야 한다.
2. 세션에서 사용되는 음악은 그룹의 문화적·연령적 요인을 고려하여 선택되어야 한다.
3. 활동에 포함되는 구조의 분량은 개별 구성원과 그룹의 기능 수준 여부에 따른다.
4. 음악치료 활동에서의 리더의 참여 수준은 그룹이 지닌 최고의 잠재력을 끌어낼 수 있는 수준의 경험을 할 수 있게 하기 위한 필요에 따라 결정된다.
5. 음악 활동에 대한 개인과 그룹의 반응들은 유효한 반응들이다.
6. 가능하다면 언제든지 그룹 내 개인이나 그룹의 음악 활동 안에서의 행동에 대한 즉각적인 관찰을 전달하라.
7. 가능하다면 언제든지 초기 활동으로 다시 돌아가고, 활동에 대한 그룹이나 개별 반응을 다시 언급하라.
8. 가능하다면 언제든지 그룹 밖에서의 상황을 위한 기술들과 새로 발견한 통찰력 있는 행동들을 통합하는 방식을 그룹 내에서 탐색하라.

♫ 함께 읽으면 좋은 도서

Davies, A., & Richards, E. (2002). *Music Therapy and Group Work: Sound Company*. London, UK: Jessica Kingsley Publishers.

Friedlander, L. H. (1994). Group music psychotherapy in an inpatient psychiatric setting for children: A developmental approach. *Music Therapy*

Perspectives, 12, 92–97.

Murphy, M. E. (1992). Coping in the short term: The impact of acute care on music therapy practice. *Music Therapy, 11*, 99–119.

Pavlicevic, M. (2003). *Groups in Music: Strategies From Music Therapy.* London, UK: Jessica Kingsley Publishers.

Summer, L. (1990). *Guided Imagery and Music in the Institutional Setting* (2nd ed.). St. Louis, MO: MMB Music.

Waldon, E. G. (2001). The effects of group music therapy on mood states and cohesiveness in adult oncology patients. *Journal of Music Therapy, 38*, 212–238.

Wheeler, B. L., Shifflet, S. C., & Nayak, S. (2003). Effects of number of sessions and group or individual music therapy on the mood and behavior of people who have had strokes or traumatic brain injuries. *Nordic Journal of Music Therapy, 12*, 139–151.

Wilson, B. L. (Ed.). (2002). *Models of Music Therapy Interventions in School Settings* (2nd ed.). Silver Spring, MD: American Music Therapy Association.

Wolfe, D. E. (2000). Group music therapy in acute mental health care: Meeting the demands of effectiveness and efficiency. In *Effectiveness of Music Therapy Procedures: Documentation of Research and Clinical Practice* (3rd ed., pp. 265–296). Silver Spring, MD: American Music Therapy Association.

▶ 과제: 그룹치료

1단계: 관찰하기, 참여하기, 보조하기

1. 당신이 관찰하거나 보조하고 있는 그룹은 어떻게 구성되었는가? 그룹에 속하게 된 구성원들은 누구에 의해서 어떤 근거로 결정되었는가? 당신이 이 과

정에 대하여 알지 못한다면 그에 대한 결정권을 지닌 음악치료사와 이야기해 보라.

2. 그룹을 이끄는 사람이 지시적 방식을 사용하는가, 지시적 및 비지시적 방식의 혼합형을 사용하는가, 혹은 비지시적 방식을 사용하는가? 그렇게 분류한 이유를 설명하라.

3. Plach가 서술한 지침을 살펴보고 당신이 그룹에서 관찰한 적이 있는 원칙들에 대하여 이야기해 보라. 그룹 관찰의 효과에 대하여 논하라.

2단계: 계획하기, 함께 인도하기

1. 당신이 공동으로 구성한 그룹은 어떠한가? 그룹에 속하게 된 구성원들은 누구에 의해서 어떤 근거로 결정되었는가? 당신이 이 과정에 대하여 알지 못한다면 그에 대한 결정권을 지닌 음악치료사와 이야기해 보라.

2. 당신은 지시적 방식을 사용하는가, 지시적 및 비지시적 방식의 혼합형을 사용하는가, 혹은 비지시적 방식을 사용하는가? 당신이 왜 그 방식을 선택하였는지, 당신이 자신의 스타일에 대하여 왜 그렇게 명명하였는지 진술하라.

3. 이 장에서 언급한 몇몇 체계를 사용하여 당신 그룹의 단계를 점검해 보라. 구체적으로 초기 단계, 전이 단계, 작업 단계 그리고 종결 단계(Corey 외, 1992)로 나누라. 만약 당신 그룹에 Hibben의 발달 단계가 더 잘 맞는다고 생각한다면 그것을 적용해 보라. 그리고 나서 James와 Freed가 제안한 단계에 따라 그룹을 살펴보라.

3단계: 인도하기

1. 당신이 구성한 그룹은 어떠한가? 그룹에 속하게 된 구성원들은 누구에 의해서 어떤 근거로 결정되었는가? 당신이 이 과정에 대하여 알지 못한다면 그에 대한 결정권을 지닌 음악치료사와 이야기해 보라.

2. 당신은 지시적 방식을 사용하는가, 지시적 및 비지시적 방식의 혼합형을 사용하는가, 혹은 비지시적 방식을 사용하는가? 당신이 왜 그 방식을 선택하였는지, 당신이 자신의 스타일에 대하여 왜 그렇게 명명하였는지 진술하라.

3. Plach가 서술한 지침을 살펴보고 그룹 안에서 그 지침들을 따른 것과 따르지 않은 것에 대하여 말해 보라. 가능하다면 각각의 지침을 따르거나 따르지 않은 것의 효과를 살펴보라.

4. 가능하다면 당신의 그룹에 Yalom이 기술한 치료적 요인들을 적용해 보라.

chapter 16

개별치료

Clinical Training Guide for the Student Music Therapist

음악치료는 그룹뿐만 아니라 개인에게도 행할 수 있다. 클라이언트를 그룹치료 세팅에 배정할 것인지 개별치료 세팅에 배정할 것인지는 여러 가지 요인에 근거하여 결정할 수 있다. 첫째, 어떤 세팅이 클라이언트의 목표에 가장 효과적일지를 고려하라. 둘째, 당신이 사용하고자 하는 중재의 종류에 개별 세팅 구조가 그룹 세팅 구조와 비교해서 어떠한 기여를 할 것인지 생각하라. 그러나 가장 중요한 것은 클라이언트가 개별적인 관심을 받을 때 더 나은 결과를 보일 것인지, 아니면 그룹 세팅의 역동성과 상호작용이 보다 큰 상승 효과를 유발할 것인지 클라이언트의 성향에 유의해야 한다는 사실이다.

Bruscia(1987)의 보고서에 따르면 어떤 모델은 개별 세팅과 그룹 세팅의 두 형식을 각기 다른 치료적 발전 단계에서 시행하고, 어떤 모델은 클라이언트를 개별 세팅과 그룹 세팅에 동시에 포함시킨 반면, 즉흥 음악치료의 모델은 개별치료 또는 그룹치료 중에서 하나의 형식만을 시행한 것으로 나와 있다. 개별 세션이든 그룹 세션이든 대부분 유사한 치료 결과가 나타난다. 그러나 개별 세션인지 그룹 세션인지를 결정하기 위한 검토를 할 때는 차이점이 분명히 존재한다. 이 장에서는 개별 음악치료에 중점을 두고 이와 같은 점에 대하여 살펴보고자 한다.

개별 음악치료는 클라이언트가 개별 세팅에 보다 쉽게 참여할 수 있다는 필요성이 있을 때 시행한다. 이것은 어쩌면 정서적 필요성일 수도 있다. 예를 들면, 삶에 있어서 중대한 변화를 겪은 사람은 그룹 세션에 바로 참여할 경우 정서적으로 많은 스트레스를 받게 된다. 이런 경우에는 먼저 개별 세션을 통하여 라포를 형성하고 클라이언트가 받는 스트레스를 완화시킨 후 그룹 세션에 참여하도록 유도한다. 이와 다른 경우로 그룹 음악치료에 앞서 개별치료가 요구될 때도 있다. 클라이언트가 아동일 경우에는 아동이 그룹 참여에 방해가 되는 행동을 할 수도 있으므로 개별 세션의 기간이 지난 후에 그룹에 참여하게 할 수 있다. 때로는 클라이언트가 자신의 방에서 이동할 수 없을 경우 그 방에서 개별 세션을 시행한다.

클라이언트에게 개별 음악치료와 그룹 음악치료가 둘 다 유용한 경우도 있다. 이러한 경우에 치료사는 그 클라이언트를 기존 그룹에 소개할 것인지 혹은 새 그룹을 만들 것인지 생각해 보아야 한다. 개별치료에서의 특정한 경험들의 친숙함(예: 굿바이 송이나 헬로 송, 촉구 순서, 미리 작곡된 기악곡 배우기 등)이 비록 처음 참여하는 그룹 세션이라 할지라도 클라이언트에게 공동체 의식을 느끼게 해 주는 경우가 빈번히 발생한다.

클라이언트를 개별 혹은 그룹 음악치료 세션 중 어디에 배정해야 할지 결정하는 것은 음악치료사가 해야 하는 가장 중요한 결정 중의 하나다. 음악치료 실습생의 경우라면 이런 결정을 내리지 않아도 되겠지만, 어떤 치료 형태를 선택하는가에 따라 클라이언트가 빠른 또는 느린 진전을 보일 수도 있다는 사실에 주목해야 한다. "다른 클라이언트들과 함께하는 그룹 세션에서 한 클라이언트가 너무 공격적이거나 지나치게 내성적일 때, 치료사와의 관계 형성이 치료의 주된 부분일 때, 문제 해결이 치료 목적일 때, 클라이언트가 비밀 보장을 원할 때 등의 경우에는 개별 혹은 일대일 세션이 가장 적절하다."(Bruscia, 1987, p. 510)

치료사들은 종종 개별치료 과정이 클라이언트와 치료사 양측의 참여도를 모두 크게 향상시키는 것을 발견할 수 있다. 더욱이 그룹치료에서는 자연스럽게 오가는 사교적 대화로 인해 음악에 참여할 수 있는 기회가 적은 데 비하여 개별 세션에서는 음악의 역할이 한층 중요시된다.

치료사는 개별 세션에서 자신이 인도하는 방식에 대한 클라이언트의 반응을 고려하여야 한다. 때로 어떤 클라이언트는 개별 세션에서 자신이 그 시간에 연주하거나 무언가를 해야 하는 유일한 사람이라는 사실에 큰 부담을 느낄지도 모른다. 반면, 어떤 클라이언트는 개별화된 지원과 인도를 받을 수 있는 기회를 좋아할 수 있다. 그들에게 개별 세션은 창의성과 탐색을 위한 기회를 부여해 주는 자유로운 경험이 된다.

클라이언트와 함께하는 개별 세션에는 적절한 경계(boundaries) 수립이라는 이슈가 제기되는데, 이는 성공적인 치료 관계의 발전을 위해서 필요하다. 치료사는 클라이언트는 클라이언트일 뿐 자신의 친구가 아니라는 사실을 명심해야 한다. 클라이언트는 자신의 특정 문제들을 시정하고 치료 목표를 향해 나아가며, 일상생활에서 보다 효과적으로 생활할 수 있게 하는 기술을 개발하기 위해 치료 과정에 있는 것이다. 치료사들은 자신의 개인적인 정보를 클라이언트에게 노출하지 않도록 각별히 유의해야 하며, 클라이언트로부터 고가의 선물을 받거나 클라이언트와 치료적 관계의 범위를 넘어서는 어떠한 접촉을 해서도 안 된다. 미국음악치료협회 윤리규정(American Music Therapy Association, 2003)은 클라이언트와의 관계에서의 중요한 경계에 대하여 언급하고 있으며, 음악치료사들을 위한 지침을 제공하고 있다.

어떤 임상 세팅에서는 음악치료 실습생들의 실습 초기 과정에서 실습생들을 개별 세션에 먼저 배정하기도 하는데, 이는 실습생들이 그룹 전체의 필요성에 대처하기 전에 한 클라이언트의 필요에 집중하도록 하기 위함이다.[1]

그룹 세션에서와 마찬가지로 개별 세션에서도 동일한 배려가 필요하다. 그중 구조의 수준은 12장에서, 계획하기에 있어서의 추가적 고려 사항은 15장의 그룹치료에서 논의한 바 있다. 이 장에서는 또 다른 영역인 발전 단계를 개별치료와 관련하여 논의하고자 한다.

---

1 Sommers(2001)는 첫 실습에서 개별치료를 시행하는 음악치료 전공생들을 슈퍼비전하는 것에 대해 논의하였다. 비록 저자는 슈퍼바이저에게 초점을 맞추고 있지만, 그가 제시하는 자료들은 음악치료 전공생들에게 개별치료에 대한 임상적 통찰력을 제공할 수 있을 것이다.

발전 단계

개별치료는 앞 장에서 설명한 그룹치료의 단계와 유사한 발전 단계를 거친다. 치료 관계에 있어서 발전 단계가 태동되는 데는 여러 가지 방법이 있다. 대부분의 치료 관계에서 발전은 단계에 따라 자연적으로 이루어지 거나 연속적인 각 단계에서의 필요가 달성될 수 있도록 도와주는 치료사의 역할에 의해 이루어진다.

Corey와 Corey(1998)는 각 단계에서 달성해야 할 과제와 함께 도움 과정의 네 단계 모델을 제시한다. 첫 번째 단계는 '클라이언트의 문제 규명하기'로서, 치료사는 치료적 관계의 맥락 안에서 클라이언트가 시정하고자 하는 문제를 규명하고 명확하게 하도록 도와준다. 두 번째 단계는 '치료 목표 정하기'로서, 치료사는 클라이언트가 문제 해결을 위하여 새로운 접근법을 찾아내도록 도와준다. 세 번째 단계는 '행동으로 옮기도록 격려하기'로서, 치료사는 클라이언트가 목표를 달성하기 위하여 계획을 세우고 수행할 수 있도록 도와준다. 네 번째 단계는 '종결하기'로서, 치료 관계가 마무리되고 치료사는 클라이언트가 스스로 지속적인 변화를 만들어 낼 수 있도록 도와준다.

다음의 경우는 지금까지 설명한 네 단계의 과정을 적용한 사례다. 샘은 병원에서 장기 입원에 대비하기 위하여 의뢰된 환자다. 문제를 규명하는 단계인 첫 번째 단계는 진단평가의 한 부분으로, 샘이 자신의 상태에 대해 설명하게 하는 것으로 세션을 시작한다. 샘은 빙판에서 넘어져서 허리에 이상이 생겼고, 이로 인해 장기적인 장애를 가지게 되었다고 한다. 이 사고로 샘은 수술을 하게 되었는데, 이후의 정상적인 활동을 위해서는 고통스러운 재활치료의 과정이 요구되는 상황이다. 치료 목표를 세우도록 돕는 두 번째 단계에서는 샘이 병원에서의 제한된 생활에 적응하며 재활 운동의 고통스러운 과정을 감당하는 것이 치료의 목표임을 스스로 인식하게 한다. 세 번째 단계는 클라이언트의 행동 격려 단계로, 샘은 자신의 고통을 관리하기 위하여 음악에 근거한 긴장 이완의 사용을 배운다. 그는 먼저 자신에게 일어난 일에 대한 가사와 병원 생활이라는 현실에 대처하는 데 적합한 자신의 강점에 대한 가사를 써서 작사 활동에 참여하게 된다. 샘은 추후에 이어질 세션을 위해 작사를 계속하도록 격려받고, 고통 관리 훈련을 위한 음악도 제공받는다. 몇 차례의 세션 후에 샘은 병원 생활에 대한 자신의 느낌을 표현하는 가사와 멜로디를 쓸 수 있게 되었고, 자신의 고통을 관리하기 위하여 음악에 근거한 긴장 이완을 하게 되었다. 네 번째는 종료 단계로, 샘은 음악치료 경험을 통해 병원 생활의 의미를 재조명하게 되었고, 퇴원 후 이러한 새로운 적응 기술을 지속적으로 사용하도록 격려받게 되었다.

Bruscia(1987)는 대인관계적 접근의 네 가지 주요 단계를 제안하였다. 첫 번째 단계인 관계 형성에서 치료사와 클라이언트는 함께 일하는 방법을 모색한다. 이 관계 형성의 단계에는 클라이언트의 당면한 필요를 충족시키고 신뢰를 발전시켜 나가려는 치료사의 임무 및 치료사와 의사소통하기 위해 자신을 편안하게 표현하는 방법을 찾고자 하는 클라이언트의 노력이 포함된다. 무의식적인 사고는 신뢰 관계의 형성 이후에 탐색되지만, 의식적 사고와 감정은 표면적 수준에서 탐색된다. 두 번째 단계인 갈등 해결에서는 첫 번째 단계에서 형성된 관계가 클라이언트 내면에 내재해 있는 문제들을 찾아내고 해결하기 위한 수단으로 사용된다. 이 과정 중에 클라이언트는 자신의 문제를 인식하게 된다. 또한 무의식적인 문제들을 깊이 있게 검토하고 새로운 역할 행동들을 모색하지만 채택하지는 않는다. 세 번째 내재화의 단계에서 클라이언트는 이전 단계에서 습득한 기술과 통찰력 등을 내면화하고 숙련시킨다. 이때 역할 행동들이 채택되고 성품(personality)으로 연결된다. 클라이언트는 자신의 삶에 대하여 보다 능동적이고 독립적인 선택을 할 수 있게 되고, 치료사는 조력자로서 점차 덜 능동적인 입장에서 도와주는 관찰자로서만 관여하게 된다. 네 번째 단계는 자율성으로, 클라이언트는 이제 치료의 종료에 대비한다. 배우자나 연인과의 관계가 치료사에 대한 클라이언트의 필요를 대신하게 된다. 그리고 후속 치료 계획에 대한 합의에 이르면 치료가 종료된다.

음악 활동의 과정도 단계별로 전개된다. 클라이언트는 처음에 즉흥연주의 감각운동 체제를 발견하고 학습하며, 그다음에는 의도적으로 조직화해서 연주하기 위한 소리를 선택한다. 즉흥연주자가 선택한 소리는 자신의 경험 안에서 사건, 감정 그리고 사람들을 연상시키고, 내적 경험과 함께 외적 환경의 양상들을 상징화하는 데 이르게 한다. 짧은 패턴을 만들고 반복하면서 즉흥연주자는 결국 생각이나 감정의 좀 더 완전한 표현을 경험하고자 하는 욕구를 갖게 된다. 처음에는 다른 이들의 음악적 지원이 필요하지만, 점차 자신의 즉흥연주를 주관하게 되면서 음악을 만드는 것에 대해서도 덜 자기중심적이 된다. 음악적 표현 능력이 향상되면 즉흥연주자는 다른 사람들과 음악을 나누기를 원하게 되고 더 큰 의사 전달의 필요를 느끼게 된다. "음악은 자신의 다양한 양상을 표현하고, 심리적·신체적 욕구를 충족하며, 정서적 갈등을 해결하는 효과적이고 만족스러운 수단이 된다. 다른 사람들과의 음악적 상호작용은 역할 행동을 학습하고 관계를 발전시키는 바람직한 수단이 된다."(Brusica, 1987, pp. 571-572) 마침내 클라이언트에게는 음악적 자율성이 생겨서 그룹 안에서 자신의 음악적 정체성을 유지할 수 있는 능력을 갖게 되고, 음악과 평생 이어지는 관계를 형성하게 된다.

Bruscia(1987)는 개별 음악치료와 그룹 음악치료 둘 다에 적용되는 즉흥연주 모델의 단계를 기술하였다. 그의 저서 『음악치료 즉흥연주의 모델(Improvisational Models of Music Therapy)』은 개별(그리고 그룹) 음악치료의 발달 과정을 이해하는 데 참고가 될 수 있을 것이다. 모든 모델에 대한 그의 요약과 종합에서 Bruscia는 즉흥연주 음악치료에 있어서 성장의 단계는 대인관계와 음악 활동의 과정 둘 다에서 보일 수 있다고 언급하고 있다.

개별 음악치료 세션의 원칙

물론 개별 음악치료 세션과 그룹 음악치료 세션을 용이하게 시행하는 데는 많은 공통점이 있지만, 특별히 개별 음악치료 세션에서 적용해야 하는 원칙들은 다음과 같다.

1. 클라이언트에 대한 의학적 진단 정보, 가족, 직업, 교육, 사회적 배경, 심리적 이력 그리고 현재 상태, 음악적 배경과 선호도, 현재의 문제, 예후, 진료 팀 치료 목적, 그리고 예상 치료 기간이 포함되어 있는 종합적인 진단평가에 근거하라.
2. 클라이언트의 선호도, 음악적·사회적 혹은 문화적 배경을 반영한 음악을 사용하라.
3. 설정한 치료 목적에 따라 치료 계획을 세우라. 그러나 클라이언트의 반응 패턴에서 드러나는 필요와 변화에 대한 가능성의 여지도 남겨 두어야 한다.
4. 치료 목적에 대한 진보를 관찰하고 치료 세팅에 적절한 데이터를 수집하라.
5. 치료 목적에 대한 진보를 평가하고 미리 설정하였던 목표 일정을 수정하라.
6. 치료 세팅에 적합하다면 가족이나 팀원도 포함시키라.
7. 음악치료에서 규명된 클라이언트의 필요에 주목하고 더 효과적으로

하기 위해 다른 전문가들의 협조를 구하며 적절한 의뢰를 하라.

8. 가능한 상황이라면, 클라이언트를 치료 계획, 평가 그리고 목적을 수정하는 과정에 포함시키라.

♫ 함께 읽으면 좋은 도서

Bruscia, K. E. (Ed.). (1991). *Case Studies in Music Therapy*. Gilsum, NH: Barcelona Publishers.

Hadley, S. (Ed.). (2003). *Psychodynamic Music Therapy: Case Studies*. Gilsum, NH: Barcelona Publishers.

Hibben, J. (Ed.). (1999). *Inside Music Therapy: Client Experiences*. Gilsum, NH: Barcelona Publishers.

Pavlicevic, M. (1999). *Music Therapy Intimate Notes*. London, UK: Jessica Kingsley Publishers.

Tyson, F. (2004). *Psychiatric Music Therapy in the Community: The Legacy of Florence Tyson* (M. G. McGuire, Ed.). Gilsum, NH: Barcelona Publishers.

Wheeler, B. L., Shifflet, S. C., & Nayak, S. (2003). Effects of number of sessions and group or individual music therapy on the mood and behavior of people who have had strokes or traumatic brain injuries. *Nordic Journal of Music Therapy, 12*, 139–151.

▶ 과제: 개별치료

1단계: 관찰하기, 참여하기, 보조하기

1. 당신의 임상 실습에서의 클라이언트를 생각해 보라. 만약 클라이언트가 개별 세션을 받고 있다면, 개별 세션을 하도록 결정한 이유는 무엇인가? 만약 그

클라이언트가 그룹 세션에 있었다면 어떤 진전을 보일지 당신의 견해를 말해 보라.

2. 당신의 실습이 그룹으로 이루어지고 있다고 가정하자. 그중 한 클라이언트를 선택해서 개별 음악치료 세션을 받게 한다고 가정할 때 음악치료 세션은 어떻게 달라질 것인가? 어떤 치료 목적을 설정할 것인가? 당신은 그 클라이언트가 개별치료 세션에서 그룹에서와 다른 진보를 보여 줄 것이라고 생각하는가?

3. 앞에서 언급한 개별 음악치료 세션의 원칙에 입각하여 질문 1에서 선택한 클라이언트를 생각해 보라. 그 클라이언트에게 이 원칙들을 어떻게 적용할 것인가? 혹은 당신이 그룹을 관찰하고 있다면 당신이 개별적으로 만나고 있는 클라이언트의 경우 이 원칙들을 어떻게 적용할 것인가?

2단계: 계획하기, 함께 인도하기

1. 만약 당신이 개별치료를 하고 있다면, 앞에서 Corey와 Corey가 언급했고 이 장에서 논의한 단계들(클라이언트의 문제 규명, 치료 목표 정하기, 행동에 옮기도록 격려하기, 종결)을 활용해 보라. 당신의 클라이언트의 현재 단계와 치료적 관계가 진행되었던 이전 단계에 대하여 기술해 보라. 만약 당신의 경우가 Corey와 Corey가 기술한 단계들과 일치하지 않는다면 왜 그러한지 생각해 보라.

   만약 당신이 그룹 세션을 진행 중이라면, 그 그룹 내 한 클라이언트와 개별 세션을 한다고 가정하고 어떻게 그 치료 과정을 진행할 것인지 생각해 보라. 이러한 과정을 특정한 클라이언트에게 적용해 보고 왜 그 클라이언트를 선택하였는지, 세션에서 무엇을 어떻게 할 수 있을 것인지 논의해 보라.

2. 당신이 개별치료를 하고 있다면, Bruscia가 기술하고 이 장에서 논의한 단계들(관계 형성, 갈등 해결, 내재화, 자율성)을 적용해 보라. 당신의 클라이언트의 현재 단계와 치료적 관계가 진행되었던 이전 단계에 대하여 기술해 보라. 만약 당신의 경우가 Bruscia가 기술한 단계들과 일치하지 않는다면 왜 그러

한지 생각해 보라.

만약 당신이 그룹 세션을 진행 중이라면, 그 그룹 내의 한 클라이언트와 개별 세션을 한다고 가정하고 어떻게 그 치료 과정을 진행할 것인지 생각해 보라. 이러한 과정을 특정한 클라이언트에게 적용해 보고 왜 그 클라이언트를 선택하였는지, 세션에서 무엇을 어떻게 할 수 있을 것인지 논의해 보라.

3. 당신이 지금 개별치료를 하고 있는 클라이언트를 위하여 개별 음악치료 세션의 원칙을 적용해 보라. 혹은 당신이 개별치료를 하고 있지 않고 그룹치료를 하고 있다면, 당신의 그룹에서 개별치료를 하기 위하여 선택할 만한 클라이언트에게 개별 음악치료 세션의 원칙을 적용해 보라. 이 원칙들 중 어떤 것을 적용하고 있는가? 또는 적용하고 싶은가? 실제에서, 또는 당신이 만약 개별 세션을 한다고 가정할 경우 이 원칙들의 적용 가능성에 대하여 논의해 보라.

3단계: 인도하기

1. 당신이 개별치료를 하고 있다면, Corey와 Corey가 언급했고 이 장에서 논의한 단계들(클라이언트의 문제 규명, 치료 목표 정하기, 행동에 옮기도록 격려하기, 종결)을 활용해 보라. 당신의 클라이언트의 현재 단계와 치료적 관계가 진행되었던 이전 단계에 대하여 기술해 보라. 만약 당신의 경우가 Corey와 Corey가 기술한 단계들과 일치하지 않는다면 왜 그러한지 생각해 보라.

만약 당신이 그룹 세션을 진행 중이라면, 그 그룹 내의 한 클라이언트와 개별 세션을 한다고 가정하고 어떻게 그 치료 과정을 진행할 것인지 생각해 보라. 이러한 과정을 특정한 클라이언트에게 적용해 보고 왜 그 클라이언트를 선택하였는지, 세션에서 무엇을 어떻게 할 수 있을 것인지 논의해 보라.

2. 당신이 개별치료를 하고 있다면, Bruscia가 기술하고 이 장에서 논의한 단계들(관계 형성, 갈등 해결, 내재화, 자율성)을 적용해 보라. 당신의 클라이언트의 현재 단계와 치료적 관계가 진행되었던 이전 단계에 대하여 기술해 보라. 만약 당신의 경우가 Brusica가 기술한 단계들과 일치하지 않는다면 왜 그러

한지 생각해 보라.

만약 당신이 그룹 세션을 진행 중이라면, 그 그룹 내의 한 클라이언트와 개별 세션을 한다고 가정하고 어떻게 그 치료 과정을 진행할 것인지 생각해 보라. 이러한 과정을 특정한 클라이언트에게 적용해 보고 왜 그 클라이언트를 선택 하였는지, 세션에서 무엇을 어떻게 할 수 있을 것인지 논의해 보라.

3. 당신이 지금 개별치료를 하고 있는 클라이언트를 위하여 개별 음악치료 세션의 원칙을 적용해 보라. 혹은 당신이 개별치료를 하고 있지 않고 그룹치료를 하고 있다면, 당신의 그룹에서 개별치료를 하기 위하여 선택할 만한 클라이언트에게 개별 음악치료 세션의 원칙을 적용해 보라. 이 원칙들 중 어떤 것을 적용하고 있는 가? 또는 적용하고 싶은가? 실제에서, 또는 당신이 만약 개별 세션을 한다고 가정할 경우 이 원칙들의 적용 가능성에 대하여 논의해 보라.

chapter 17

문서 작성 기술

Clinical Training Guide for the Student Music Therapist

음악치료사들이 음악치료 세션 중에 일어나는 모든 과정에 대하여 의견 교환 및 문서 작성을 하는 것은 매우 중요하다. 진단평가와 진보 기록은 클라이언트가 세션 중 어떻게 수행하는지에 대하여 지속적으로 정확하게 기록하는 것에 의존한다. 클라이언트의 행동을 기록하기 위하여 누적하기 방법, 지속시간 기록, 잠복시간 기록, 체크리스트, 평가 척도 그리고 동간격 기록/등간 기록 등이 사용된다. 이와 같은 데이터 수집법들이 사용될 때는 반드시 조작적 정의, 즉 고려되고 있는 목표 행동에 대한 정확한 기술이 반드시 필요하다. 이후 세션에서 일어난 것을 기록한 후 진보 기록을 작성함으로써 그 정보를 나눈다. 이 장에서는 이러한 관점에서의 의사소통 과정과 문서 작성에 대하여 기술하고자 한다.

측정 시스템

누적하기 방법(tallying)에는 빈도 기록이나 사건 기록이 있는데, 관찰자가 구별되는 행동이 발생할 때마다 연필이나 종이 혹은 자동측정기로 기록한다. 이처럼 목표 행동의 발생률을 기록하는 것은 매우 중요하다.

지속시간 기록(duration recording)은 특정한 행동이 발생한 이후 그 행동이 지속된 시간을 기록하는 것이며 스톱워치를 사용하여 가장 정확하게 측정할 수 있다. 한편, 잠복시간 기록(latency recording)은 행동이 발생하기까지의 시간을 측정하는 것이다.

체크리스트는 발생할 때마다 표시할 수 있는 행동들의 목록이다. Cartwright와 Cartwright(1984)는 체크리스트의 사용은 사전에 관심을 가지는 행동들을 알고 있으며, 그 행동들의 빈도수나 특성을 나타낼 필요가 없을 때 적절하다고 제안하였다. 체크리스트는 구체적으로 관찰 가능한 행동에 관한 정보를 제공하여 주지만 치료사가 그 행동의 빈도수를 세도록 요구하지는 않는다. 이것은 혼자 그룹 세션을 할 때 혹은 오랜 시간 특정한 행동에 대하여 횟수를 세는 것이 불가능할 때 의미 있는 데이터를 수집할 수 있도록 해 준다.

평가 척도는 행동, 특성 혹은 태도의 성질과 정도에 관심이 있을 때 사용한다. 평가 척도 중 하나인 리커트 척도는 숫자로 나타내는데, 특성이나 행동이 나타나는 정도와 일치하는 숫자로 표기된다. 평가 척도는 어떤 것의 성질이나 정도를 측정하고, 그 성질은 행동만큼 객관적일 수 없으므로 다른 측정 도구들에 비하여 덜 객관적이다.

동간격 기록/등간 기록(interval recording)은 시간을 세분화하여(예: 15초 간격으로) 관찰하는 것이다. 이 간격 동안 관찰자는 관심을 가지는 행동이 일어났는지 아닌지 기록하고 관찰한다(이어폰이 관찰자에게 지급되기도 한다). Hall과 Van Houten(1983)은 동간격 기록(등간 기록)을 보통 전간 기록 혹은 부분간격 기록으로 구분한다. 전간 기록(whole interval recording)은 관심 행동이 전 구간 동안 지속적으로 일어나야 발생하였다고 간주하고, 부분간격 기록(partial interval recording)은 관심 행동이 지속적으로 발생하지 않더라도 1회라도 발생하기만 하면 점수화한다. Madsen과 Madsen(1983)은 최초 구간 동안에 행동을 관찰하고, 다음 구간에 기록하는 것을 제안하였다(10초 간격 추천). 보다 복잡한 등간 기록 기술은 교실에서 교사들과 학생들의 정보를 수집하기 위하여 관찰하는 데 활용되어 왔다(Madsen & Madsen, 1983; Medley, 1982). 이러한 시스템은 관찰자가 많은 교사와 학생의 행동을 기록하기 위하여 기호를 활용하도록 하기도 하였다. 등간 기록은 관찰자가 전적으로 관찰만 하는 것이 가능할 때에만 사용될 수 있다.

이상의 모든 측정 시스템에서 고려해야 할 점은 당신이 측정한 것의 신뢰도다. 당신은 여러 사람에 의하여 데이터를 수집했을 때나 여러 번에 걸쳐서 데이터를 수집했을 때(2회에 걸친 데이터 수집에서 실제 행동에 변화가 없었다고 가정할 때) 그 결과가 같거나 유사한 측정치를 보였으면 할 것이다. 신뢰도는 2회에 걸쳐 측정된 데이터 간의 상관 관계이며, 신뢰도가 높으면 누가 측정하여도 유사한 결과가 나올 것이라고 신뢰할 수 있다.

조작적 정의

조작적 정의는 행동이나 개념을 관찰 가능한 용어로 표현하는 것이다. McGuigan(1968)은 "조작적 정의란 어떤 현상이 존재하는지와 어떻게 현상이 측정될 수 있는지를 자세하게(되도록 작은 단위로) 나타내는 것이다." (p. 27)라고 언급했다.

때때로 조작적 정의는 사례들로 간주되는 행동에 대하여 정확하게 언어적으로 명시하는 것이다. 예를 들어, 동요 및 불안이란 "부적절한 때에 의자에서 일어나거나 방을 서성거리고, 기준을 벗어나는 몸 움직임을 보이고, 말하는 사람을 방해하며, 불안에 대하여 언어적으로 서술하는 것"이라고 조작적 정의를 내릴 수 있는데, 이 조작적 정의조차도 관찰자에 따른 해석의 여지가 있다. 따라서 이와 같은 여지를 최소화하기 위해, 첫째, 가능한 한 구체적이고 명확한 조작적 정의를 만들어야 한다. 둘째, 관찰자 간의 일치도를 갖도록 관찰자를 훈련해야 한다(당신이 신뢰할 수 있을 만한 관찰자 간의 일치도를 가질 수 있을 때까지).

다른 유형의 조작적 정의는 시험이나 다른 측정 방법에 의한 성과다. 예를 들어, 음악적 기량은 음악적 재능에 대한 평가로서 공연에 의하여 조작적으로 정의될 수 있다.

진보 기록 작성하기

음악치료 세션에서 무엇을 성취하였는지를 전달하는 것은 매우 중요하다. 이것은 주로 진보 기록을 통하여 할 수 있다. 기관에 따라 진보 기록을 정해진 기한까지 작성하도록 요구할 수도 있으며, 아니면 당신이 진보 기록의 기간을 결정할 수도 있다. 많은 사람이 각 세션을 마친 직후에 진보 기록을 작성하고, 어떤 사람은 분기별로 혹은 일정한 간격을 두고 작성하기도 한다.

다양한 형식으로 진보 기록이 작성되는데, 어떤 경우에는 각 기관에서 요구하는 체계대로 세션을 계획하고 문서 작성을 하게 하기도 한다. 〈표 17-1〉에서 진보 기록에 반드시 포함해야 하는 사항의 예를 제시하였다.

〈표 17-1〉 음악치료 진보 기록 제안 서식

클라이언트 정보
이름(실습 상황에서는 사생활권 보호 차원에서 머리글자만 기입)
기관명
생년월일
진단명(만약 중복장애일 경우 주 증상 기록)
세션 참여 횟수/총 횟수
초기 행동(초기 세션에서 클라이언트가 어떻게 행동하였는지 기술)

음악치료 개요
목적
목표
활동 순서(치료 목적과 목표 달성을 위해 세션의 방법이 어떻게 구성되었는지 분명히 이해될 수 있도록 기술)
진보 기록(각각의 목적에 대한 진보 기록 기술)

직함/서명

〈표 17-2〉는 실제 클라이언트를 위하여 작성되어야 하는 진보 기록 형식의 예다. 여기서의 치료 목적과 치료 목표는 5장에서 다룬 목적과 목표다. 치료 목적에 대한 진보 기록에는 클라이언트가 음악치료 세션에서 어느 정도 참여하였는지, 또한 치료사가 참여를 유도하기 위하여 격려, 단서 주기, 촉구와 같은 중재를 사용하였는지를 기술한 정보가 포함된다.

클라이언트가 세션에서 한 것들, 즉 노래 부르기, 추억·감정·생각에 대하여 말하기, 악기 연주, 리듬 모방, 선율 혹은 리듬 작곡, 즉흥연주, 다른 사람들과 상호작용하기, 송라이팅과 같은 그룹 프로젝트에 참여하기 등에 대하여 서술하라.

진보 기록에는 클라이언트가 치료사에게 어떻게 반응하였는지도 기술한다. 클라이언트가 눈 맞춤을 하였는지, 언어적·비언어적이었는지, 상호작용을 시작하였는지, 집중을 하였는지, 지원을 제공하였는지, 경험에 관해 협조적 또는 열정적이었는지를 기록한다. 만약 당신이 부적절한 문제행동을 보이는 클라이언트와 세션을 하고 있다면, 당신이 이와 같은 문제행동에 어떻게 반응하였는지 기술하고, 그 반응이 성공적이었는지 그렇지 않았는지도 기술하라. 만약 클라이언트가 불안해하거나 괴로워하거나, 혹은 뒤로 물러선다면 당신은 이러한 반응의 이유가 무엇인지 알고 있는가? 그리고 당신은 클라이언트를 이러한 상태에서 음악치료의 경험으로 이끌어 낼 수 있는가?

진보 기록을 작성할 때 주관적 정보와 객관적 정보를 구별해 내는 것은 매우 중요하다. 주관적 정보와 객관적 정보는 때때로 과제 혹은 메모를 통해 구분할 수 있기도 하고, 어떤 경우에는 그 자체로서 차이를 인식하기에 충분할 수도 있다.

진보 기록은 당시의 클라이언트의 필요나 근무 기관의 요건에 따라 다양한 분량으로 쓰일 수 있다. 진보 기록의 가장 중요한 기능은 클라이언트가 어떻게 행동하였고, 치료사가 어떻게 중재하였으며, 클라이언트가 치

〈표 17–2〉 음악치료 진보 기록 샘플

클라이언트 정보

이름: J. 존스

기관명: 마이타운 요양시설

생년월일: 1912년 1월 24일

진단명: 치매, 우울(신경증적 우울)

세션 참여 횟수/총 횟수: 총 12회 중 10회 참석

초기 행동: 처음 세션을 시작했을 때 존스 부인은 무기력해 보였다. 그녀는 치료사와 상호작용하지 않음은 물론이고 다른 환자들과도 교류하지 않았다. 그녀는 가끔 드물게 어느 정도 반응을 시도했지만, 그녀를 활동에 참여시키기 위하여 회유해야만 했다. 그녀는 매우 혼란스러워하였고, 오늘이 무슨 요일인지, 그녀가 지금 어디에 있는지도 몰랐다. 그녀는 세션에 남아 있기를 희망하긴 하였으나 거의 반응을 보이지 않았다.

음악치료 개요

목적: 언어적 상호작용 증진

목표: 노래 가사 중 주어진 부분에서 클라이언트는 다른 동료의 얼굴을 향하여 노래 안에서 주어진 질문에 대답하기를 한 번 이상 한다.

목적: 현실 인식 증진

목표: 치료사가 오늘이 무슨 요일인지 물어볼 때, 클라이언트는 4번 시도에 3번 정확하게 대답한다.

목적: 운동 범위 증가

목표: 음악과 무브먼트 활동 중에 클라이언트는 치료사가 지시하는 대로 두 방향 사이가 30cm 정도 벌어지게 팔을 올리거나 내린다.

활동 순서: 모든 음악치료 세션은 비슷한 형식으로 진행되며, 시작하는 활동에는 언어적 상호작용과 현실 인식을 격려하고 증진시키는 활동을 포함하였다. 본 활동은 노래 부르거나 악기 연주, 노래 만들기 등으로 구성되었고 무브먼트는 항상 포함되었다. 모든 활동의 순서는 음악 활동을 통하여 사회성과 현실 인식에 초점을 맞추는 것을 기반으로 하였다. 세션들은 매 세션에서 어떤 활동이 이루어졌는지 간단히 설명하고, 굿바이 송으로 마무리하였다.

진보 기록: 존스 부인은 첫 번째 목표였던 언어적 상호작용 증진에서 진보를 보였다. 10회의 세션 중 8회 참석하여, 다른 클라이언트를 향하여 노래에서 제시된 질문에 한 번 이상 대답하였다. 또한 그녀는 자발적으로 음악치료사에게 말하기를 2회 하였다. 두 번째 목적인 현실 인식 증진은 달성하기가 어려웠다. 그녀의 상태는 점차 퇴화해 가는 것 같았고, 10회의 세션 중 단지 두 번만 무슨 요일인지 맞힐 수 있었다. 그녀는 자신이 현재 어디에 있는지 일관성 있게 인식하지 못했으나, 단지 두 번 정도는 인식할 수 있었다. 그녀는 세 번째 목적인 운동 범위 증가에서 상당한 진보를 보였다. 10회의 세션 중 7회의 세션에서 목표 행동의 범위까지 치료사의 움직임을 정확하게 모방할 수 있었다.

음악치료 실습생 루시 스미스

직함/서명

료사의 중재에 어떻게 반응하였는지를 기술하는 것이다. 진보 기록은 간결하고 분명해야 하지만, 다른 스태프 구성원들이 클라이언트가 음악치료 세션 중에 무엇을 하였고 무엇을 하지 않았으며, 어떻게 진보하고 있는지 그려 낼 수 있도록 구체적인 내용을 충분히 포함해야 한다.

♫ 함께 읽으면 좋은 도서

Fraenkel, J. R., & Wallen, N. E. (2003). *How to Design and Evaluate Research in Education* (5th ed.). New York: McGraw-Hill Higher Education.

Oldfield, A. (1993). A study of the way music therapists analyse their work. *Journal of British Music Therapy, 7*(1), 14-22.

Ryback, R. S. (1974). *The Problem Oriented Record in Psychiatry and Mental Health Care.* New York: Grune & Stratton.

Standley, J. M., & Hughes, J. E. (1996). Documenting developmentally appropriate objectives and benefits of a music therapy program for early intervention: A behavioral analysis. *Music Therapy Perspectives, 14*, 87-94.

Zaro, J. S., Barach, R., Nedelman, D. J., & Dreiblatt, I. S. (1977). *A Guide for Beginning Psychotherapists.* Cambridge, UK: Cambridge University Press.

▶ 과제: 문서 작성 기술

1단계: 관찰하기, 참여하기, 보조하기

1. 5장에서 작성한 샘플 치료 목표를 측정하기 위한 적절한 측정 시스템을 결정해 보라. 각각의 치료 목표를 살펴보면서 마음속으로 실제 상황을 그려 보고, 당신이 선택한 측정 방법이 적절한지 작성해 보라.

2. 이 장에서 설명한 각각의 측정 시스템(누적하기 방법, 지속시간 기록, 체크리스트, 평가 척도, 동간격 기록)이 사용될 수 있는 가상적 상황(가능하다면 당신의 치료 세션과 관련된)을 기술하라.

3. 당신이 관찰하고 있는 그룹이나 개인을 위해 이 장에서 설명된 측정 시스템을 사용하여 실제로 두 가지 관찰 방법을 고안해 보라. 그리고 그 관찰 방법을 세션에서 사용하여 당신의 세션에 참여하지 않은 다른 사람들이 그 결과를 이해할 수 있도록 이야기해 보라.

2단계: 계획하기, 함께 인도하기

1. 이 장에서 설명된 측정 시스템을 사용하여 실제로 두 가지 관찰 방법을 고안해 보라. 실제 세션에서 이와 같은 측정 시스템을 사용해 보라. 세션 중 당신 혼자서 데이터를 기록할 수 있다면 스스로 기록해 보라. 만약 다른 사람의 도움이 필요하다면, 어떤 방법으로 도움을 받을 수 있을지 생각해 보라. 당신의 세션에 참여하지 않은 사람들도 이해할 수 있도록 관찰의 결과를 기록하라.

2. 당신의 치료 세션에서 선정한 치료 목적을 살펴보라. 그 목적에 기술된 단어의 의미나 구절이 불분명하지는 않은가(아마도 현실 인식 혹은 운동의 범위 등)? 비록 당신이 생각할 때 모든 것이 분명할지라도, 세 가지 목적을 선택하여 연습해 보는 것은 유용한 일이다. 이와 같은 세 가지 목적에 대한 조작적 정의를 작성해 보라. 몇몇의 사람에게 이 조작적 정의를 읽어 보게 하고, 그들이 당신이 생각하고 내린 정의와 같은 정의를 내리는지 살펴보라. 조작적 정의란 반드시 모든 사람이 그 단어를 같은 의미로 분명히 이해할 때만 수용되는 것이다.

3. 당신의 임상 세팅에 있는 클라이언트 중 한 명에 대한 진보 기록을 기술하라.

3단계: 인도하기

1. 당신이 설정한 각각의 치료 목적과 목표의 조작적 정의를 기술하라.

2. 당신의 치료 목표에 적합한 측정 시스템을 분류하고, 그 측정 방법을 당신의
   세션에 적용해 보라.

3. 당신의 임상 현장에 있는 각각의 클라이언트에 관한 진보 기록을 작성하라.

chapter 18

음악치료사를 위한
자기평가

Clinical Training Guide for the Student Music Therapist

이 장에서는 클라이언트보다 치료사에게 더 초점을 맞추기로 한다. 지속적인 성장의 중요성, 방향성, 그리고 당신의 커리어를 통하여 계속 발전해 나갈 수 있는 방법에 대한 아이디어들을 제공할 것이다. "당신은 효율적이고 계획적인 치료사가 될 수 있다. 클라이언트를 향한 도움은 당신의 삶의 방식에서 비롯될 수 있으며, 당신은 클라이언트와 함께 변화하고 성장하며 발전해 나갈 수 있는 기량을 지녀야 한다."(Ivey & Simek-Downing, 1980, p. 14) 어떻게 치료사가 자신의 클라이언트와 함께 변화하고 성장하며 발전할 수 있는가? 그 첫 번째 단계가 자기평가다. 우리는 음악치료 전공생으로서 자기평가의 과정을 시작하고 전문인이 되어서도 지속적으로 자기평가를 계속해 나가야 할 것이다.

자기평가의 중요성

Bright(1995, p. 310)는 클라이언트의 질병과 장애에 대한 이해, 중재 시 겪게 되는 고충들, 상담 및 치료 기술, 음악 기술 등 음악치료에 필요한 기술에 대하여 설명한다. Bright는 이것들을 구분하여 다음과 같이 치료 기술을 정의한다.

1. 질병, 장애 그리고 죽음에 대한 이해
2. 이러한 이슈들에 대한 클라이언트의 관점 이해
3. 현재 겪고 있는 질병, 장애 그리고 취약점이 클라이언트에게 지니는 의미
4. 문제에서 예상되는 결과나 예후
5. 질병과 장애가 클라이언트의 삶과 관계에 미치는 영향

6. 질병과 장애가 클라이언트의 가족과 친지들에게 미치는 영향

Bright(1995)는 효과적인 중재가 되기 위해 필요한 음악 기술에 대하여 다음과 같이 추가적으로 기술하였다.

1. 적절한 악기 연주 기술
2. 필요한 경우 클라이언트의 옆에서 연주할 수 있도록 휴대하기 쉬운 악기 연주 기술
3. 클라이언트들에게 맞는 선곡
4. 중재 시 치료적 목적에 적합한 아이템을 선택할 수 있는 능력
5. 즉흥연주 기술 및 클라이언트가 언어적으로 표현할 수 없는 감정을 표현하기 위한 즉흥연주 기술을 개발하도록 도와주기
6. 전조 기술(제한된 음역을 갖고 있는 클라이언트나 혼 또는 클라리넷 같은 악기를 연주하는 클라이언트들을 위하여)

Bright는 음악치료란 음악과 치료가 결합된 수많은 기술을 요구한다는 것을 다시 상기시켜 준다. 그녀는 이러한 기술들에 대하여 규정하지 않았지만, Pennebaker(1997)는 음악치료의 관점에서 이러한 기술들에 대하여 충분한 설명을 해 주고 있다.

무용, 미술 그리고 음악치료는 클라이언트의 삶과 관련된 격변하는 감정들을 경험하도록 영향을 미칠 수 있다. 대부분의 무용, 미술, 음악치료사는 자기표현 기술을 장려한다. 춤을 추거나 그림을 그리거나, 노래를 부르고 나서 클라이언트들은 자신의 정서적 경험에 대하여 이야기하게 된다. 다시 말하자면, 비언어적 치료일지라도 클라이언트의 거리낌이 사라진 후에는 언어적 표현에 전적으로 의존하게 된다.

　음악치료사들은 자신의 음악 기술 외에도 상담 기술을 개발해야 한다. 음악치료사로 성장해 나가면서 당신은 자신의 상담 기술 발달에 대하여 지속적으로 관찰해야만 한다. 그렇게 하기 위하여 당신에게는 특별히 자기평가 기술이 필요하다. Ivey와 Simek-Downing(1980)은 상담 기술에 필요한 특성의 일반적인 범주를 기술한다. 그것은 ① 긍정적 관심, ② 따뜻한 태도와 존중, ③ 명확함, ④ 즉각성, ⑤ 대치, ⑥ 일치, 순수함과 진정성, ⑦ 공감, 공감 반응이다. 연구자들은 추가적으로 참여와 영향력에 대하여 세부적인 기술을 나누었는데, 이에는 개방형 및 폐쇄형 질문, 격려, 다른 말로 바꾸어 표현하기, 감정의 반영, 지시적 견해, 해석, 자아 개방, 직접적인 상호 의사소통 등이 포함된다.

　Sperry, Carlson과 Kjor(2003)는 치료에 필요한 요소들을 규명하여 ① 공감, ② 참여, 능동적 경청, 공감 반응, 격려 등으로 나뉘는 클라이언트와 함께하기, ③ 목적과 중재 협상, ④ 희망 심기, ⑤ 위약 효과(placebo effect) 촉발(치료 과정이나 치료사에 대한 클라이언트의 신뢰 반영)이라고 한다.

　당신은 실습 중인 음악치료사로서 혹은 이후에 임상 현장에서 음악치료사로 일하게 될 때 당신 자신에 대하여 알 수 있을까? 효율적인 임상을 시행하기 위해 필요한 지식과 기술들에 대하여 당신 자신을 평가할 수 있는 도구나 자료들은 무엇인가? 당신이 음악치료 실습생이었을 때 슈퍼바이저가 피드백을 주었던 것처럼, 이후에도 당신이 임상 현장에 나가서 당신 자신의 치료 스타일을 찾아가고 임상에 대한 보다 나은 이해를 발달시킬 수 있도록 도와주며, 당신의 세션을 검토해 줄 수 있는 슈퍼바이저나 멘토를 가지도록 하라. 당신에게 필요한 변화와 성장에 대하여 책임지고 당신의 성공을 함께 기뻐하며, 당신이 지쳤을 때 위로하고 격려해 줄 수 있는 사람이 필요하다. 이것은 전문인으로서 건강한 자세로 임상 현장에서 살아남을 수 있느냐, 혹은 소진으로 인해 음악치료를 떠나게 될 수 있느냐의 차이를 결정해 줄 것이다.

이러한 외부적 도움 이외에도 체계적인 방식으로 당신의 임상과 당신자신의 발달을 위한 성장에 책임감을 가져야 한다. Bruscia(2001)는 자기평가를 위해 적용할 수 있는 슈퍼비전을 위한 5단계 모델을 제안한다.

1. 행동 중심: 무언가 색다르게 할 필요가 있는가?
2. 학습 중심: 임상의 문제나 취약점을 보완하기 위해 지식, 기술 혹은 직관을 습득할 필요가 있는가?
3. 클라이언트 중심: 당신의 클라이언트에 대하여 다르게 이해하는 것이 필요한가?
4. 경험 중심: 클라이언트와 함께하는 치료 과정 경험을 다시 구성할 수 있는가?
5. 역전이 중심: 클라이언트나 그룹원들과 함께하는 현장에서 당신 개인의 문제가 투영되지는 않는가?

자기반영적인 음악치료 전공생으로서 이상의 질문들을 자문해 보고 슈퍼바이저의 도움을 요청해 보라. 이와 같은 과정은 당신 자신과 임상 스타일에 대하여 검토하는 습관을 가질 수 있게 할 것이며, 그럼으로써 당신이 전문 음악치료사로서 발전과 성장을 할 수 있도록 도울 것이다.

자기평가에 대하여 생각하기

의미 있는 자기평가를 하기 위하여 당신이 처음으로 실습을 시작한 그 순간부터 다시 생각해 보라. 로그북과 진보 기록, 진단평가를 써 나가면서 학기마다 거듭했던 실습 경험들, 또 당신의 반응, 대답, 질문, 고려점 등이 자기평가의 기초가 되며, 이를 통해 당신이 개발하고자 하는 특정한 기술들이 발견될 수 있을 것이다. 당신은 이러한 기술들을 개발하기 위한 계획으로서 레슨도 받고, 세션 연습도 하며, 당신의 필요를 채워 줄 수 있는 관련 서적을 읽기도 한다. 다음은 음악치료 실습생이 임상 실습에서 그룹치료를 하면서 자신의 취약한 기술을 발견하고 그 취약점을 보완할 계획을 세우는 과정을 보여 준다.

> 나는 데이케어 센터에서 신체 및 인지 기능장애가 있는 노쇠한 노인들을 위한 음악치료 세션을 한다. 나의 피아노 연주 기술은 노래를 반주하기에 충분한 실력이며, 나는 슈퍼바이저인 제인이 세션 싱어롱을 위한 반주를 요청하였을 때 정말 기뻤다. 제인은 다음 세션에 사용할 네 곡을 주고 그중 특정한 멜로디에서 제일 높은 음이 도(C)를 넘지 않게 반주하라고 하였다. 나는 학교에 가서 그 곡들을 찾아보았는데 그중의 한 곡이 너무 높아서 전조를 해야 하는 것을 발견하였다. 하지만 너무 바빴기 때문에 전조를 하여 악보를 만들 시간이 없었고, 그래서 연필로 멜로디와 코드만을 대강 적고서 실습 과제인 싱어롱 반주를 잘할 수 있기를 바랐다. 내가 그 곡으로 싱어롱 반주를 했을 때 나는 더듬거리면서 연주했고, 그룹도 노래를 잘 부르지 않았다. 그들의 노래는 전혀 활기차지 않았고, 가까스로 노래를 부를 뿐이었다. 그런 당황스러운 경험 이후, 나는 나의 전조하는 기술을 향상시키기 위하여 매주 한 시간씩 원곡을 3도, 4도, 5도씩 전조하여 반주하는 연습을 하기로 결심하였다.

당신은 음악치료사로서 당신 자신에 대하여 어떻게 생각하는가? 클라이언트와의 치료적 관계에서 당신의 역할은 무엇인가? 당신의 역할은 조력자, 협력자, 안내자 혹은 당신의 도움을 구하는 사람의 필요를 따라가는 사람인가? 당신 자신은 지식을 가지고 있으며 문제에 대한 정답을 알고 있는 사람인가? 클라이언트를 위한 최선이 무엇인지 알고 모든 결정을 내릴 수 있는가? 좀 더 균형 있고 효율적인 과정을 위하여 지시적인 접근과 비지시적인 접근 모두가 각각 다른 이점이 있다는 것을 인식하라. 세션 안에서 발생하는 것에 대한 타이밍, 음악의 흐름, 성장 속도에 민감해야 한다. Ivey와 Simek-Downing(1980)은 치료사가 클라이언트의 관점에서 세상을 이해할 수 있다면 치료적 상호관계에서 보다 효과적인 선택을 할 수 있을 것이라고 하였다. Maslow(1999)는 클라이언트의 Weltanschauung(독일어로, '세계관')에 익숙해지라고 제안한다. 즉, 본질적으로 클라이언트의 눈으로 세상을 보라는 것이다.

당신의 행동은 어떠한가? 당신은 언제, 어떻게 결정을 내리는가? 이 책은 음악치료 세션에 대하여 생각하고 계획하며 적용하는 것에 대한 정보로 가득하다. 이 책에서 제안한 것들과 비교해 가면서 당신의 임상을 돌아보라. 음악치료에 대한 당신의 태도와 치료사로서의 당신 자신을 검토해 보고 발전해 나가도록 하라. 임상 슈퍼바이저로부터 요구될 때뿐만 아니라 주기적으로 이와 같은 자기반성의 기회를 가지도록 하라. 음악가로서, 또한 치료사로서 자신에 대하여 무엇을 더 알고 싶은지 호기심을 가지고 탐색하라.

당신은 자신의 클라이언트에 대하여 어떻게 생각하는가? 클라이언트와 그가 드러내는 행동들에 대하여 어떻게 이해하고 있는가? 각각의 장애와 질병의 전형적인 특징에 민감해지라. 정상 발달단계를 숙지하고, 클라이언트의 행동에 대한 발달적으로 적절한 변화를 인식할 수 있는 임상적 직관과 관찰 기술을 발전시키도록 하라. 당신 자신의 삶의 경험과 이해에 따라 치료 과정이나 클라이언트에 대한 인식이 영향을 받는 것을 경계하라. 시간을 가지고 당신이 누구이며 어떤 경험이 현재의 당신을 형성하고 영향을 주었는지 잘 이해하도록 하라.

자기평가 도구

저널 쓰기

자신의 경험에 관하여 적어 나가는 의식적인 노력은 매우 유용하다. Pennebaker(1997)는 세션의 내용 자체를 적는 것보다 세션을 하는 동안 일어난 것들과 관련된 생각, 희망, 감정 그리고 주관적 경험들의 맥락에서 세션의 내용을 적어 나가는 것이 더 영향력이 있다고 한다. 이처럼 임상 경험에 대한 저널(로그북, logbook)은 임상 치료 과정에 대하여 배우고, 인간으로서 그리고 치료사로서 성장하게 하는 효과적인 방법이 될 수 있다. 효율적인 저널이 되기 위해서는 특정한 주제를 다룰 필요가 있다. 당신의 슈퍼바이저가 실습 과제로 특정한 모델의 저널을 쓰게 할 수도 있지만, 당신 자신만을 위한 효과적인 구성 방식을 사용해도 좋다.

저널은 ① 경험에 대한 객관적 순서, ② 경험에 대한 당신의 반응을 주관적으로 요약, ③ 클라이언트의 반응에 대한 관찰에 초점, ④ 특정한 주제에 초점(예: 특정 세션에서 어떤 음악 기술을 사용하는가? 혹은 세션을 진행해 나가면서 클라이언트가 무엇을 생각하는가?), ⑤ 세션의 효과에 대한 평가, ⑥ 세션 후 실제 세션 진행과 세션 계획을 비교하여 검토, ⑦ 향후 중재를 위한 아이디어, ⑧ 특정한 음악치료 모델이나 이론에 대한 비교를 포함한다.

저널을 일정 기간이 지난 후에 다시 읽어 보며 자신이 성장한 부분과 배운 것에 대하여 살펴보는 것은 매우 유익하다. 당신은 저널에 해결되지 않은 이슈들, 질문들 혹은 아직 개발 단계에 있는 음악 기술 등에 대한 내용을 포함할 수도 있다. 이러한 미결 사항들은 다음 학기까지도 당신이 저널을 쓰는 과정 중에 계속 다루는 내용이 될 수 있다.

실습이 끝났다고 하더라도 저널을 계속 쓰도록 하라. 방학 동안에도, 인턴 과정 중에도, 더 나아가 전문 음악치료사로서의 일생을 통하여서도 저 널을 쓰도록 하라. 그렇게 하는 것이 당신이 자신을 반영하고 자기평가를 계속 해 나갈 수 있도록 돕는 매우 귀중한 도구가 될 수 있다.

평가지

어떤 사람은 자신의 세션에 대한 평가를 도와줄 수 있는 평가지를 작성하는 것이 유용하다는 것을 알고 있다. 앞서 언급한 저널이나 다른 질문들에 대한 반영보다 사용하기 쉬운 자기반영 훈련을 위한 서식이 있다. 그 서식을 사용하는 것은 현 시점에서 당신의 성장에 상당히 도움이 될 것이며, 어떠한 질문은 나중에 더 연관을 지니기도 하고, 어떠한 질문은 당신에게는 적용되지 않을 수도 있다는 것을 알게 될 것이다.

많은 학생이 이 평가지를 자신의 컴퓨터에 입력하기를 원하며, 컴퓨터로 작성하고 싶어 한다. 이렇게 하는 것이 당신에게 편리하다면 그렇게 하라. 자기반영 훈련을 위한 평가지의 두 가지 예는 다음과 같다.

"치료사에게 부담이 되는 클라이언트"

어떤 세션에서는 클라이언트들의 정서적 반응으로 치료사의 마음이 불편하게 되는 경우도 있다. 이것은 그들의 장애나 질병의 특성에 대한 이해부족에서 비롯되기도 하고, 클라이언트를 충분히 이해하지 못한 것에 기인하기도 하며, 클라이언트의 개인적 이슈가 역전이되어 치료사를 동요시키기도 한다. 치료사는 자신의 반응들을 살펴보고 이러한 경험으로부터 문제를 해결해 나갈 수 있다.

1. 세션에서 이 클라이언트에 대하여 치료와 상반되는 태도로 반응을 보인 적은 없는가? 클라이언트는 어떻게 대응했는가? 음악적으로는 어떤

반응을 보였는가? 나는 어떻게 행동했는가?

2. 어떤 행동이나 반응이 특정한 이 클라이언트의 정상 한계 범위 내에 있는 것인가? 클라이언트의 진단명이나 장애가 어떻게 음악치료 안에서 관찰되는 반응들에 영향을 주는가? 클라이언트에게 발전적으로 적절한 것은 무엇인가?

3. 클라이언트를 위해 설정된 치료 목적은 무엇인가? 이 목적들을 치료사 혼자 정하였는가, 다른 전문인들과 함께 정하였는가, 혹은 클라이언트가 목적을 선정하는 데 참여하였는가? 나는 진단평가로부터 클라이언트의 필요는 무엇이며 클라이언트가 무엇을 할 수 있는지에 대한 충분한 정보를 찾았는가?

4. 이 클라이언트는 음악치료에 참여하고 싶어 하는가? 이 클라이언트는 변화하기를 원하는가? 이 클라이언트는 치료를 받고자 하는 결정을 자신이 내렸는가, 아니면 부모나 보호자에 의해 의뢰되었는가? 그리고 치료에 참여하는 데 클라이언트의 동기가 어떤 영향을 미치는가?

5. 이 클라이언트의 특성이나 클라이언트에 대한 나의 인식이 나 자신의 삶 속의 그 누군가를 연상시키고 있지는 않은가? 그 사람은 나와 어떤 관계인가? 그 사람과의 관계에서 나에게 아직도 해결되지 않은 이슈가 있는가? 내가 나 자신의 관계 측면에서 그것을 이 클라이언트에게 투사하고 있지는 않은가?

세션 후 보고서

세션 후 음악치료 세션에 대하여 재검토하는 시간을 가지는 것은 언제나 유익하다. 여기에서는 보고서의 대략적인 윤곽을 잡는 것을 도와주는 단계를 설명하고자 한다. 그러나 이 단계가 보고서를 쓰는 유일한 방법은 아니므로 당신에게 가장 적합한 방법을 찾도록 하라.

1. 당신의 세션의 순서에 대하여 기술하라. 어떤 형식이나 구조를 사용하였는가? 세션의 시작과 중간 그리고 끝은 있었는가? 어떻게 세션을 시작하였는가? 세션의 초점을 어떻게 소개하였는가? 어떻게 세션을 마쳤는가? 세션에서 경험한 것에 대한 마무리를 잘 하였는가?

2. 촉진자/리더로서 당신이 한 역할을 기술하라. 당신은 그룹을 인도하는 과정에서 지시적이었는가? 세션 활동 중에 지시를 하여야 할 때 클라이언트가 무엇을 하여야 하는지 분명히 지시하였는가? 클라이언트들이 언어적 도움이 없이도 수행할 수 있도록 가능한 한 적은 지시를 하였는가? 클라이언트에 대한 당신의 역할은 분명하였는가? 클라이언트 자신의 역할은 분명하였는가? 공감, 참여, 클라이언트에 대한 치료 목적 계획, 변화될 수 있다는 희망 주기 등의 치료 과정을 장려하는 요소들을 어떻게 포함시켰는가?

3. 클라이언트는 세션에서 어떻게 반응하였는가? 음악 경험에 쉽게 참여하였는가? 치료사와 자유롭게 교류하였는가? 그룹원들과 상호작용을 하였는가? 클라이언트들이 세션에 참여함으로써 얻게 된 혜택에 대하여 분명히 표현할 수 있었는가?

4. 앞으로의 계획은 어떠한가? 클라이언트나 그룹이 달성한 치료 목적 다음엔 무엇을 해야 하는가? 당신이 포함해야 할 도구들은 무엇인가? 당신에게 필요한 기술들은 무엇인가?

5. 당신의 세션에 대하여 써 보라. 마음속에 가장 두드러지게 떠오르는 것은? 당신의 주의를 끄는 가장 특별한 경험은 무엇인가? 당신이 경험한 정서적·인지적·신체적 반응에 대하여 기술할 수 있는가? 이 반응들이 당신 자신의 삶과 연관되는 것은 무엇인가?

개별치료

현재 치료사 자신이 치료를 받는 것은 성장을 지속하는 가장 좋은 방법 중 하나다. 많은 대학에서 심리치료를 제공하고 있기 때문에 학교를 다니면서 이러한 도움을 받을 수 있다. 음악치료 전공생이나 음악치료사가 자신을 위한 치료를 받는 것은 치료가 무엇인지 배울 수 있는 좋은 기회라고 생각한다. 이것은 정말 맞는 말이다. 치료를 받게 되는 대부분의 사람은 자신이 치료에서 처리할 수 있는 문제들과 이슈들을 가지고 있다. 그것을 다루는 과정을 살펴보도록 하라.

물론 음악치료에는 다양한 모델이 있다. 치료사를 선택할 때 이것을 명심하고, 당신 자신의 신념과 당신의 필요에 맞는 음악치료 모델을 선택하도록 하라. 음악치료 전공생이나 음악치료사는 종종 클라이언트처럼 음악치료에 참여하게 된다. 그것은 음악 심리치료일 수도 있고 전통적 심리치료에 추가적으로 음악치료를 시행하는 것일 수도 있다. 음악치료 훈련 프로그램 중 어떤 것은 경험적 음악치료 요소를 포함하고 있으며(Murphy & Wheeler, 출판 예정), 실습생들은 이 프로그램 안에서 치료적이고 교육적인 음악치료 경험을 갖게 된다. 물론 이것이 결코 음악치료나 심리치료를 대체할 수는 없지만 음악치료의 한 모델로서 바람직한 성장의 기회를 제공한다.

자질기반 기술 진단평가

미국에서의 음악치료 교육 및 임상 훈련은 『미국음악치료협회 전문적 수행 능력(*AMTA Professional Competencies*)』(American Music Therapy Association, 2003)에 근거하고 있는데, 146개의 조항을 음악 기초, 임상 기초, 그리고 음악치료 기초와 원리의 세 가지 지식과 기술 영역으로 나눈다. 비록 당신이 음악치료 과정을 졸업하기 위하여 각 영역의 자질을 다 갖추었다고 하더라도 당신의 전 커리어를 통하여 발전하려면 항상 더 많은 정보를 배워야 할 것이다. 당신은 이 영역들에서 발전이 있는지 보기 위하여 이 자질들을 체크해 나가면서 연례적으로 점검해 보아야 한다.

음악 기초

1. 음악 이론 및 음악사
2. 작곡 및 편곡 기술
3. 전공 연주 기술
4. 키보드 기술
5. 기타 기술
6. 성악 기술
7. 비오케스트라 악기 기술
8. 즉흥연주 기술
9. 지휘 기술
10. 무브먼트 기술

자기평가를 위한 음악 사용

우리의 치료 작업에서는 음악이 주된 도구이기 때문에 자기성장을 위한 도구로 음악을 사용하는 것은 바람직하며 적절하다. 음악은 즉흥적으로, 재창조적으로, 복합적으로 혹은 수용적으로 사용된다.

즉흥연주 도구

1. 당신이 이해하기를 원하는 클라이언트와의 관계에 대하여 생각해 보

라. 소리를 통해 클라이언트를 은유적으로 묘사할 수 있는 악기를 선택해 보라. 당신은 클라이언트를 표현한 당신 자신의 음악을 더 효과적으로 듣기 위해서 녹음을 해 볼 수 있다. 반영적으로 들어보고 다른 관점에서 그 음악을 들어보도록 허용하라. 그 음악, 그것에 대한 당신의 반응, 그것이 어떤 특징을 가졌는지를 기술해 보라. 이 음악은 클라이언트에 대한 당신의 이해와 어떤 관련이 있는가? 이 음악은 당신 자신에 대한 이해와 어떻게 관련지을 수 있는가?

2. 두 개의 악기를 선택하여 한 악기는 클라이언트를, 다른 한 악기는 당신 자신을 나타내면서 두 사람이 대화하는 것처럼 연주해 보라. 이 연주를 녹음하여 반영적 감상을 함으로써 당신은 클라이언트와의 관계에 대한 통찰력을 얻을 수 있을 것이다. 그 음악에 대한 당신의 반응, 소리들 간의 상호작용, 음악의 특징에 대하여 묘사하라. 이 즉흥연주가 클라이언트와 당신의 관계에 대하여 밝혀 내는 것은 무엇인가?

재창조 도구

1. 좋아하는 노래나 곡을 열정적으로 연주해 보라. 연주를 마치고 연주 경험에 대하여 적어 보라. 당신이 왜 음악을 사랑하는지 다시 연관 지어 보고, 왜 음악의 힘이 다른 사람들을 변화시킬 수 있다고 믿는지 써 보라. 이러한 반영이 당신의 임상에 대한 관점에 어떻게 영향을 미치는가?

2. 지역의 연주 단체에 참여하되 두 가지 의도를 가지고 참여해 보라. 리허설이나 공연에 참여하면서 당신이 음악에, 그룹에, 지휘자에게 그리고 청중에게 어떻게 반응하는지 감지하라. 당신 자신에 대하여 그리고 당신과 당신 음악의 관계에 대하여 배운 것은 무엇인가? 이것이 어떻게 당신의 음악 기술이나 임상 현장에 영향을 미치는가?

작곡 도구

1. 당신의 클라이언트, 그룹, 세션 경험 혹은 당신의 성장 과정에서 겪고 있는 특정한 이슈에 대한 곡을 써 보라. 가사를 사용할 수도 있고 그렇지 않을 수도 있으며, 한 가지 악기 혹은 하나 이상의 악기를 사용할 수도 있다. 만약 그룹 경험을 반영하는 작곡을 한다면 단선율보다 가사나 몇 개의 악기를 사용하는 것이 더 효과적이다. 보다 깊이 있는 치료사로서의 이해를 갖기 위해 당신의 음악성을 이용하라.

2. 당신의 임상에 관한 시를 쓰고 그 시에 곡을 붙여 보라. 당신 자신을 위해 그것을 연주해 보라. 녹음을 하고 완성 후에 반영적 감상을 해 보라.

수용적 도구

1. 당신의 임상이나 과제로서의 음악이 아니라 당신이 특별히 즐기는 음악을 들어보라. 배움이나 무언가가 되기 위한 힘든 일로부터 벗어나 휴식으로서의 음악 경험을 사용하여 음악에 완전히 몰입하라. 다시 당신의 일로 돌아가서 음악에 어떻게 접근하는지 주목해 보라. 당신의 인식에 변화가 있는가? 당신의 에너지 수준에 변화가 있는지 느껴지는가? 당신의 일을 계속 하고자 하는 동기가 생겼는가?

2. 음악과 함께 긴장 이완 운동을 해 보라. 아직까지 이 긴장 이완 운동을 경험해 보지 못하였다면 녹음된 것을 사용해 보라(당신의 슈퍼바이저가 추천해 줄 수도 있다). 이것을 통하여 편안해진 상태에서 당신의 임상 경험으로 돌아가 당신의 인식에 어떤 변화가 생겼는지 살펴보라.

3. 당신의 느낌을 반영해 줄 수 있는 음악을 선택하고 들어보라. 음악에 대한 정서를 경험해 보라. 그 음악을 감상한 후 당신이 얻게 된 통찰력이

무엇인지 규명하고 그 경험에 대하여 적어 보라.

🎵 함께 읽으면 좋은 도서

Alter, C., & Evens, W. (1990). *Evaluating Your Practice: A Guide to Self Assessment.* New York: Springer Publishing Co.

Austin, D. S. (1998). When the psyche sings: Transference and counter-transference in improvised singing with individual adults. In K. E. Bruscia (Ed.), *The Dynamics of Music Psychotherapy* (pp. 315-333). Gilsum, NH: Barcelona Publishers.

Brammer, L. M., & MacDonald, G. (1999). *The Helping Relationship: Process and Skills* (7th ed.). Boston, MA: Allyn & Bacon.

Camilleri, V. A. (2001). Therapist self-awareness: An essential tool in music therapy. *The Arts in Psychotherapy, 28,* 79-85.

Cozolino, L. (2004). *The Making of a Therapist: A Practical Guide to the Inner Journey.* New York: W. W. Norton Co.

Dass, R., & Gorman, P. (1985). *How Can I Help? Stories and Reflections on Service.* New York: Alfred A. Knopf.

Goldfried, M. R. (2001). *How Therapists Change: Personal and Professional Reflections.* Washington, DC: American Psychological Association.

Kramer, C. H. (2000). *Therapeutic Mastery: Becoming a More Creative and Effective Therapist.* Phoeniz, AZ: Zeig, Tucker.

Montello, L. (2003). Protect this child: Psychodynamic music therapy with a gifted musician. In S. Hadley (Ed.), *Psychodynamic Music Therapy: Case Studies* (pp. 299-318). Gilsum, NH: Barcelona Publishers.

Nolan, P. (2003). Through music to therapeutic attachment: Psychodynamic music psychotherapy with a musician with dysthemic disorder. In S. Hadley (Ed.), *Psychodynamic Music Therapy: Case Studies* (pp. 319-338). Gilsum,

NH: Barcelona Publishers.

Sperry, L., Carlson, J., & Kjor, D. (2003). *Becoming an Effective Therapist*. Boston, MA: Allyn & Bacon.

▶ 과제: 자기평가

1단계: 관찰하기, 참여하기, 보조하기

1. 당신이 참관했거나 보조했던, 혹은 직접 주관했던 세션과 관련된 평가지 질문을 선택하라. 질문에 대한 답을 적고 동료, 슈퍼바이저, 교수님 혹은 친구들과 당신의 반응에 대하여 토의해 보라.

2. 자기평가를 위한 음악의 사용으로서 한 가지 도구를 선택하여 그 도구로 자기평가를 실행해 보라. 당신의 경험에 관하여 기술하라.

3. 『미국음악치료협회 전문적 수행 능력(*AMTA Professional Competencies*)』으로 당신의 음악치료사로서의 자질에 대한 현재의 수준을 사정해 보라.

2단계: 계획하기, 함께 인도하기

1. 당신이 계획하고 인도한 세션들과 관련된 평가지 질문을 선택하라. 1단계에서 선택한 질문과 다른 질문을 선택해 보라. 그 질문에 대답해 보고 음악치료 세션에 참가했던 동료나 슈퍼바이저와 당신의 반응에 대하여 토의해 보라.

2. 자기평가를 위한 음악의 사용으로서 1단계에서 선택한 것과 다른 도구를 선택하여 그 도구로 자기평가를 실행해 보라.

3. 『미국음악치료협회 전문적 수행 능력(*AMTA Professional Competencies*)』으로 당신의 음악치료사로서의 자질에 대한 현재의 수준을 사정해 보라. 당신이 1단계에서 평가했을 때와 당신의 자질을 비교해 보라. 당신이 아직 보완해야

할 영역에 집중하고 개선하기 위한 계획을 세워 보라.

3단계: 인도하기

자기평가는 진행 중인 과정이며 모든 치료사의 성장과 발달에 필수적이다. 우리는 치료사로서 지속적으로 성장하고 발전해 나가야 한다.

음악치료사가 되기 위한 훈련 과정을 마무리하는 시점이라면 그 과정 중의 하나로 당신 자신을 위한 자기평가를 시작해 보라. 이 장에서 언급한 자기평가를 위한 도구 중 어떤 것이 당신에게 가장 적절한 도구일지 하나를 선택해 보라. 그 도구들을 당신의 음악치료 세션에 적용해 보라.

음악치료 훈련 과정을 마친 후나 전문 음악치료사로 일하고 있을 때라도 지속적으로 이 장에서 제안한 자기평가를 통해 자신을 재점검하도록 하라.

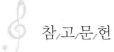 참/고/문/헌

Adams, N. (1996). *Piano Lessons: Music, Love & True Adventures.* New York: Delacorte Press.

Adler, R. (2001). *Musical Assessment of Gerontologic Needs and Treatment: The MAGNET Survey.* St. Louis, MO: MMB Music.

Aigen, K. (1991a). Creative fantasy, music and lyric improvisation with a gifted acting-out boy. In K. E. Bruscia (Ed.), *Case Studies in Music Therapy* (pp. 109-126). Gilsum, NH: Barcelona Publishers.

Aigen, K. (1991b). The roots of music therapy: Towards an indigenous research paradigm. (Doctoral Dissertation, New York University, 1990). *Dissertation Abstracts International, 52* (6), 1933A.

Aigen, K. (1995). An aesthetic foundation of clinical theory: An underlying basis of creative music therapy. In C. Kenny (Ed.), *Listening, Playing, Creating: Essays on the Power of Sound* (pp. 233-257). Albany, NY: State University of NY Press.

Aigen, K. (1998). *Paths of Development in Nordoff-Robbins Music Therapy.* Gilsum, NH: Barcelona Publishers.

Aigen, K. S. (2001). Popular musical styles in Nordoff-Robbins clinical improvisation. *Music Therapy Perspectives, 19,* 31-44.

Aigen, K. (2002). *Playin' in the Band: A Qualitative Study of Popular Music Styles as Clinical Improvisation*. New York: Nordoff-Robbins Center for Music Therapy, New York University.

Aigen, K. (2005). *Music-Centered Music Therapy*. Gilsum, NH: Barcelona Publishers.

Aldridge, D. (1996). *Music Therapy Research and Practice in Medicine: From Out of the Silence*. Philadelphia, PA: Jessica Kingsley Publishers.

Aldridge, G. (1996). "A walk through Paris": The development of melodic expression in music therapy with a breast-cancer patient. *The Arts in Psychotherapy, 23*, 207-223.

Alter, C., & Evens, W. (1990). *Evaluating Your Practice: A Guide to Self Assessment*. New York: Springer Publishing Co.

American Music Therapy Association. (2002). *AMTA Standards of Clinical Practice*. http://www.musictherapy.org/standards.html

American Music Therapy Association. (2003). *AMTA Code of Ethics*. http://www.musictherapy.org/ethics.html

American Music Therapy Association. (2003). *AMTA Professional Competencies*. http://www.musictherapy.org/competencies.html

American Psychiatric Association. (2013). *Diagnostic and Statistical Manual of Mental Disorders* (5th ed., Text Revision; *DSM-5*). Washington, DC: Author.

Amir, D. (1996). Music therapy—holistic model. *Music Therapy, 14*, 44-60.

Amir, D. (1999). Tales from the therapy room. In J. Hibben (Ed.), *Inside Music Therapy: Client Experiences* (pp. 267-275). Gilsum, NH: Barcelona Publishers.

Amir, D. (2001, June). How do we nurture ourselves? My personal journal with music. *Voices: A World Forum for Music Therapy*. http://www.voices.no/columnist/colamir040601.html

Amir, D. (2001, July). Sometimes, it is our task to find out how much music we can still make with what we have left. *Voices: A World Forum for Music Therapy*. http://www.voices.no/columnist/colamir300701.html. Reprinted in C. Kenny & B. Stige (Eds., 2002), *Contemporary Voices in Music Therapy: Communication, Culture, and Community* (pp. 242-243). Oslo, Norway: Unipub Forlag.

Ansdell, G. (1995). *Music for Life: Aspects of Creative Music Therapy with Adult Clients*. London, UK: Jessica Kingsley Publishers.

Ansdell, G. (2002). Community music therapy & the winds of change. *Voices: A World Forum for Music Therapy*. http://www.voices.no/mainissues/Voices2(2)ansdell.html

Apprey, Z. R., & Apprey, M. (1975). *Applied Music Therapy: Collected Papers on a Technique and a Point of View*. London, UK: Institute of Music Therapy and Humanistic Psychology, The International University.

Asmus, E. P. (1985). The development of a multidimensional instrument for the measurement of affective responses to music. *Psychology of Music, 13*(1), 19-30.

Austin, D. S. (1998). When the psyche sings: Transference and counter-transference in improvised singing with individual adults. In K. E. Bruscia (Ed.), *The Dynamics of Music Psychotherapy* (pp. 315-333). Gilsum, NH: Barcelona Publishers.

Austin, D. (1999). Vocal improvisation in analytically oriented music therapy with adults. In T. Wigram & J. De Backer (Eds.), *Clinical Applications of Music Therapy in Psychiatry* (pp. 141-157). Philadelphia, PA: Jessica Kingsley Publishers.

Ball, T. S., & Bernadoni, L. C. (1953). The application of an auditory apperception test to clinical diagnosis. *Journal of Clinical Psychology, 9*, 54-58.

Beck, A. T. (1976). *Cognitive Therapy and the Emotional Disorders*. New York:

International Universities Press.

Beck, A. T., Ward, C. H., Mendelson, M., Mock, J., & Erbaugh, J. (1961). An inventory for measuring depression. *Archives of General Psychiatry, 4,* 561-571.

Beck, J. S. (1995). *Cognitive Therapy: Basics and Beyond.* New York: Guilford Press.

Benjamin, A. (1987). *The Helping Interview* (3rd ed.). Boston, MA: Houghton-Mifflin.

Berman, I. (1981). Musical functioning, speech lateralization and the amusias. *South African Medical Journal, 59,* 78-81.

Birkenshaw-Fleming, L. (1989). *Come On Everybody Let's Sing!* Toronto, Canada: Gordon V. Thompson Music.

Bitcon, C. H. (2000). *Alike and Different* (2nd ed.). Gilsum, NH: Barcelona Publishers.

Bolton, R. (1979). *People Skills.* New York: Simon & Schuster.

Bonny, H. (1980). *GIM Therapy: Past, Present and Future Implications.* Salina, KS: The Bonny Foundation.

Bonny, H. (2002). *Music Consciousness: The Evolution of Guided Imagery and Music.* Gilsum, NH: Barcelona Publishers.

Boone, P. (1980). *DAMREB: Diagnostic Assessment of Music Related Expression and Behavior.* Unpublished manuscript.

Boone, P. (1991). Composition, improvisation and poetry in the psychiatric treatment of a forensic patient. In K. E. Bruscia (Ed.), *Case Studies in Music Therapy* (pp. 433-449). Gilsum, NH: Barcelona Publishers.

Borczon, R. M. (1997). *Music Therapy: Group vignetters.* Gilsum, NH: Barcelona Publishers.

Borczon, R. M. (2004). *Music Therapy: A Fieldwork Primer.* Gilsum, NH: Barcelona Publishers.

Boxill, E. H. (1985). *Music Therapy for the Developmentally Disabled*. Rockville, MD: Aspen Systems Corporation.

Boxill, E. H. (1997). *The Miracle of Music Therapy*. Gilsum, NH: Barcelona Publishers.

Boyle, M. E., & Krout, R. (1987). *Music Therapy Clinical Training Manual*. St. Louis, MO: MMB Music.

Bradt, J. (2002). The effects of music entrainment on postoperative pain perception in pediatric patients. (Doctoral Dissertation, Temple University, 2001). *Dissertation Abstracts International, 62*, 5073.

Brammer, L. M., & MacDonald, G. (1999). *The Helping Relationship: Process and Skills* (7th ed.). Boston, MA: Allyn & Bacon.

Braswell, C., Brooks, D. M., DeCuir, A., Humphrey, T., Jacobs, K. W., & Sutton, K. (1983). Development and implementation of a music/activity therapy intake assessment for psychiatric patients. Part I: Initial standardization procedures on data from university students. *Journal of Music Therapy, 20*, 88–100.

Braswell, C., Brooks, D. M., DeCuir, A,. Humphrey, T., Jacobs, K. W., & Sutton, K. (1986). Development and implementation of a music/activity therapy intake assessment for psychiatric patients. Part II: Standardization procedures on data from psychiatric patients. *Journal of Music Therapy, 23*, 126–141.

Braverman, S., & Chevigny, H. (1964). *The Braverman Chevigny Auditory Projective Test*. New York: American Foundation for the Blind.

Briggs, C. (1991). A model for understanding musical development. *Music Therapy, 10*, 1–21.

Bright, R. (1988). *Music Therapy and the Dementias: Improving the Quality of Life*. St. Louis, MO: MMB Music.

Bright, R. (1991). *Music in Geriatric Care: A Second Look*. Wahroonga, NSW,

AU: Music Therapy Enterprises.

Bright, R. (1995). Music therapy as a facilitator in grief counseling. In T. Wigram, B. Saperston, & R. West (Eds.), *The Art and Science of Music Therapy: A Handbook* (pp. 309-323). Chur, Switzerland: Harwood Academic Publishers.

Brodsky, W., & Sloboda, J. A. (1997). Clinical trial of a music generated vibrotactile therapeutic environment for musicians: Main effects and outcome differences between therapy subgroups. *Journal of Music Therapy, 34*, 2-32.

Broucek, M. (1987). *An Interpersonal Model of Music Therapy Improvisation.* Unpublished master's thesis, Hahnemann University, Philadelphia, PA.

Brunk, B. (1997). *Songwriting for Music Therapists.* Grapevine, TX: Prelude Music Therapy.

Brunk, B., & Coleman, K. (2000). Development of a special education music therapy assessment process. *Music Therapy Perspectives, 18*, 59-68.

Bruscia, K. E. (1987). *Improvisational Models of Music Therapy.* Springfield, IL: Charles C. Thomas.

Bruscia, K. (1988). Standards for clinical assessment in the arts therapies. *The Arts in Psychotherapy, 15*, 5-10.

Bruscia, K. E. (Ed.). (1991). *Case Studies in Music Therapy.* Gilsum, NH: Barcelona Publishers.

Bruscia, K. E. (1993). *Client Assessment in Music Therapy.* Unpublished manuscript.

Bruscia, K. E. (1998a). *Defining Music Therapy* (2nd Ed.). Gilsum, NH: Barcelona Publishers.

Bruscia, K. E. (Ed.). (1998b). *The Dynamics of Music Psychotherapy.* Gilsum, NH: Barcelona Publishers.

Bruscia, K. (2000a). A scale for assessing responsiveness to Guided Imagery and

Music. *Journal of the Association of Music and Imagery, 7*, 1-7.

Bruscia, K. (2000b). The nature of meaning in music therapy: Kenneth Bruscia interviewed by Brynjulf Stige. *Nordic Journal of Music Therapy, 9*(2), 84-96.

Bruscia, K. (2001). A model of supervision derived form apprenticeship training. In M. Forinash (Ed.), *Music Therapy Supervision* (pp. 281-295). Gilsum, NH: Barcelona Publishers.

Bruscia, K. E. (2002). Client assessment in the Bonny Method of Guided Imagery and Music (BMGIM). In K. E. Bruscia & D. E. Grocke (Eds.), *Guided Imagery and Music: The Bonny Method and Beyond* (pp. 273-295). Gilsum, NH: Barcelona Publishers.

Bruscia, K. E. (2003, November). *Client Assessment in Music Therapy.* Presentation at the conference of the American Music Therapy Association, St. Louis, MO.

Bruscia, K. E. (2005). Developing theory. In B. L. Wheeler (Ed.), *Music Therapy Research* (2nd ed., pp. 540-551). Gilsum, NH: Barcelona Publishers.

Bruscia, K. E., & Grocke, D. E. (Eds.). (2002). *Guided Imagery and Music: The Bonny Method and Beyond.* Gilsum, NH: Barcelona Publishers.

Bruscia, K. E., & Maranto, C. D. (1985, November). *The Bruscia-Maranto Projective Music Listening Test.* Presentation at the conference of the National Coalition of Arts Therapy Associations, New York.

Cameron, J., & Bryan, M. (1992). *The Artist's Way: A Spiritual Path to Higher Creativity.* New York: G. P. Putnam's Sons.

Camilleri, V. A. (2001). Therapist self-awareness: An essential tool in music therapy. *The Arts in Psychotherapy, 28*, 79-85.

Carkhuff, R. R. (2000). *The Art of Helping in the 21st Century* (8th ed.). Amherst, MA: Human Resource Development Press.

Carter, E., & Oldfield, A. (2002). A music therapy group to assist clinical diagnoses in child and family psychiatry. In A. Davies & E. Richards

(Eds.), *Music Therapy and Group Work: Sound Company* (pp. 149-163). Philadelphia, PA: Jessica Kingsley Publishers.

Carwright, C. A., & Cartwright, G. P. (1984). *Developing Observation Skills* (2nd ed.). New York: McGraw-Hill.

Cassity, M. D. (1976). The influence of a music therapy activity upon peer acceptance, group cohesiveness, and interpersonal relationships of adult psychiatric patients. *Journal of Music Therapy, 13*, 66-76.

Cassity, M. D. (1985). *Techniques, Procedures, and Practices of Adaptive and Music Behaviors of Trainable Mentally Retarded Children.* Unpublished master's thesis, University of Iowa, Iowa City, IA.

Cassity, M. D., & Cassity, J. E. (1998). *Multimodal Psychiatric Music Therapy for Adults, Adolescents, and Children: A Clinical Manual* (3rd ed.). St. Louis, MO: MMB Music.

Cattell, R. B., & Anderson, J. C. (1953). The measurement of personality and behavior disorders by the IPAT Music Preference Test. *Journal of Applied Psychology, 37*, 446-454.

Cattell, R. B., & McMichael, R. E. (1960). Clinical diagnosis by the IPAT Music Preference Test. *Journal of Consulting Psychology, 24*, 333-341.

Certification Board for Music Therapists. (2001). *Code of Professional Practice.* http://www.cbmt.org

Chase, K. M. (2002). *The Music Therapy Assessment Handbook.* Columbus, MS: SouthernPen Publishing.

Chase, K. M. (2003). *The Multicultural Music Therapy Handbook.* Columbus, MS: SouthernPen Publishing.

Chase, M. P. (1974). *Just Being at the Piano.* Culver City, CA: Peace Press.

Chavin, M. (1991). *The Lost Chord.* Mt. Airy, MD: ElderSong Publications.

Chesky, K. S., & Michel, D. E. (1991). The music vibration table (MVT): Developing a technology and conceptual model for pain relief. *Music*

Therapy Perspectives, 9, 32–38.

Clair, A. A. (1996). *Therapeutic Uses of Music with Older Adults.* Baltimore, MD: Health Professions Press.

Clark, C., & Chadwick, D. (1979). *Clinically Adapted Instruments for the Multiply Handicapped.* St. Louis, MO: Magnamusic–Baton.

Clarkson, G. (1991). Music therapy for a nonverbal autistic adult. In K. E. Bruscia (Ed.), *Case Studies in Music Therapy* (pp. 373–385). Gilsum, NH: Barcelona Publishers.

Cohen, G., & Gericke, O. L. (1972). Music therapy assessment: Prime requisite for determining patient objectives. *Journal of Music Therapy, 9*, 161–189.

Coleman, K., & Brunk, B. (1997). *Prelude: Music Therapy Assessment Kit: Special Education Edition* (Rev. ed.). Grapevine, TX: Prelude Music Therapy.

Coleman, K. A., & Brunk, B. K. (2003). *SEMTAP: Special Education Music Therapy Assessment Process Handbook* (2nd ed.). Grapevine, TX: Prelude Music Therapy.

Come Join the Geritones. (n.d.). Lake Forest, IL: The Geri–Tones.

Cordrey, C. (1994). *Hidden Treasures: Music and Memory Activities for People with Alzheimer's.* Mt. Airy, MD: ElderSong Publications, Inc.

Corey, G., Corey, M. S., & Callanan, P. (1988). *Issues and Ethics in the Helping Professions* (3rd ed.). Pacific Grove, CA: Brooks/Cole Publishing Co.

Corey, G., Corey, M. S., Callanan, P., & Russell, J. M. (1992). *Group Techniques* (2nd ed.). Pacific Grove, CA: Brooks/Cole.

Corey, M. S., & Corey, G. (1998). *Becoming a Helper* (3rd ed.). Pacific Grove, CA: Brooks/Cole.

Cozolino, L. (2004). *The Making of a Therapist: A Practical Guide to the Inner Journey.* New York: W. W. Norton Co.

Critchley, M. (1977). Musicogenic epilepsy. I. The beginnings. In M. Critchley & R. Henson (Eds.), *Music and the Brain* (pp. 344–353). London, UK: William

Heineman Medical Books Limited.

Crocker, D. B. (1956). Music as a projective technique. In E. T. Gaston (Ed.), *Music Therapy 1955* (pp. 86-97). Lawrence, KS: National Association for Music Therapy.

Crocker, D. B. (1958). Music as a therapeutic experience for the emotionally disturbed child. In E. T. Gaston (Ed.), *Music Therapy 1957* (pp. 114-119). Lawrence, KS: National Association for Music Therapy.

Crowe, B. J. (2004). *Music and Soul Making: Toward a New Theory of Music Therapy.* Lanham, MD: Scarecrow Press.

Dalton, T. A., & Krout, R. E. (2005). Development of the Grief Process Scale through music therapy songwriting with bereaved adolescents. *The Arts in Psychotherapy, 32*, 131-143.

Darrow, A. A. (2004). *Introduction to Approaches in Music Therapy.* Silver Spring, MD: American Music Therapy Association.

Dass, R., & Gorman, P. (1985). *How Can I Help? Stories and Reflections on Service.* New York: Alfred A. Knopf.

Davies, A., & Richards, E. (2002). *Music Therapy and Group Work: Sound Company.* London, UK: Jessica Kingsley Publishers.

De Backer, J., & Van Camp, J. (1999). Specific aspects of the music therapy relationship to psychiatry. In T. Wigram & J. De Backer (Eds.), *Clinical Applications of Music Therapy in Psychiatry* (pp. 11-23). Philadelphia, PA: Jessica Kingsley Publishers.

Dileo, C. (Ed.). (1999). *Music Therapy & Medicine: Theoretical and Clinical Applications.* Silver Spring, MD: American Music Therapy Association.

Dileo, C. (2000). *Ethical Thinking in Music Therapy.* Cherry Hill, NJ: Jeffrey Books.

Dileo, C., & Bradt, J. (1999). Entrainment, resonance, and pain-related suffering. In C. Dileo (Ed.), *Music Therapy and Medicine: Theoretical and Clinical*

Applications (pp. 181-188). Silver Spring, MD: American Music Therapy Association.

Dobson, K. (Ed.). (1988). *Handbook of Cognitive-Behavioral Therapies*. New York: Guilford Press.

Dolan, Y. (1991). *Resolving Sexual Abuse: Solutions-Focused Therapy and Ericksonian Hypnosis for Adult Survivors*. New York: Norton.

Dvorkin, J. (1982). Piano improvisation: A therapeutic tool in acceptance and resolution of emotions in a schizo-affective personality. *Music Therapy, 2*, 52-62.

Dvorkin, J. (1998). Transference and countertransference in group improvisation therapy. In K. E. Bruscia (Ed.), *The Dynamics of Music Psychotherapy* (pp. 287-298). Gilsum, NH: Barcelona Publishers.

Edwards, J. (1998). Music therapy for children with severe burn injury. *Music Therapy Perspectives, 16*, 20-25.

Egan, G. (1975). *The Skilled Helper: A Model for Systematic Helping and Interpersonal Relating*. Monterey, CA: Brooks/Cole Publishing Co.

Egan, G. (1998). *The Skilled Helper: A Problem-Management Approach to Helping* (6th Ed.). Pacific Grove, CA: Brooks/Cole Publishing Co.

Erikson, E. (1963). *Childhood and Society* (2nd ed.). New York: W. W. Norton & Co.

Eschen, J. T. (Ed.). (2002). *Analytical Music Therapy*. Philadelphia, PA: Jessica Kingsley Publishers.

Farnan, L. A. (2001). Competency-based approach to intern supervision. In M. Forinash (Ed.), *Music Therapy Supervision* (pp. 117-134). Gilsum, NH: Barcelona Publishers.

Farnan, L., & Johnson, F. (1988a). *Everyone Can Move*. New Berlin, WI: Jenson Publications.

Farnan, L., & Johnson, F. (1988b). *Music Is For Everyone*. New Berlin, WI:

Jenson Publications.

Ficken, T. (1976). The use of songwriting in a psychiatric setting. *Journal of Music Therapy, 13*, 163-172.

Fischer, R. (1991). Original song drawings in the treatment of a developmentally disabled, autistic adult. In K. E. Bruscia (Ed.), *Case Studies in Music Therapy* (pp. 359-371). Gilsum, NH: Barcelona Publishers.

Forano, S. (1979). *Hawaii Early Learning Profile: Activity Guide.* Palo Alto, CA: VORT.

Fraenkel, J. R., & Wallen, N. E. (2003). *How to Design and Evaluate Research in Education* (5th ed.). New York: McGraw-Hill Higher Education.

Frank, J. D. (1974). *Persuasion and Healing* (Rev. ed.). New York: Schocken Books.

Freud, S. (1938). *The Basic Writings of Sigmund Freud* (A. A. Brill, trans.). New York: Random House.

Friedlander, L. H. (1994). Group music psychotherapy in an inpatient psychiatric setting for children: A developmental approach. *Music Therapy Perspectives, 12*, 92-97.

Gagné, R. M., & Briggs, L. J. (1974). *Principles of Instructional Design* (2nd ed.). New York: Holt, Rinehart, and Winston.

Gallagher, L. M., & Steele, A. L. (2002). Music therapy with offenders in a substance abuse/mental illness treatment program. *Music Therapy Perspectives, 20*, 117-122.

Gardstrom, S. C. (2001). Practical techniques for the development of complementary skills in musical improvisation. *Music Therapy Perspectives, 19*, 82-87.

Garland, J., Jones, H., & Kolodny, R. L. (1976). A model for stages of development in social work groups. In S. Bernstein (Ed.), *Explorations in Group Work: Essays in Theory and Practice* (pp. 17-71). Boston, MA:

Charles River Books.

Gfeller, K. (1987). Songwriting as a tool for reading and language remediation. *Music Therapy, 6*, 28-38.

Gfeller, K., & Hanson, N. (1995). *Music Therapy Programming for Individuals with Alzheimer's Disease and Related Disorders.* Iowa City, IA: University of Iowa.

Glassman, L. (1983). The talent show: Meeting the needs of the healthy elderly. *Music Therapy, 3*, 82-93.

Goldberg, F. S. (1989). Music psychotherapy in acute psychiatric inpatient and private practice settings. *Music Therapy Perspectives, 6*, 40-43.

Goldfried, M. R. (2001). *How Therapists Change: Personal and Professional Reflections.* Washington, DC: American Psychological Association.

Goodman, K. D. (1989). Music therapy assessment of emotionally disturbed children. *The Arts in Psychotherapy, 16*, 179-192.

Grant, R. (1973). *Sing Along Senior Citizens.* Springfield, IL: Charles C. Thomas.

Grant, R. (1995). Music therapy assessment for developmentally disabled clients. In T. Wigram, B. Saperston, & R. West (Eds.), *The Art and Science of Music Therapy: A Handbook* (pp. 273-287). Chur, Switzerland: Harwood Academic Publishers.

Greenspan, S. I. (1992). *Infancy and Early Childhood: The Practice of Clinical Assessment and Intervention with Emotional and Developmental Challenges.* Madison, CT: International Universities Press.

Greenspan, S. I., & Wieder, S. (1998). *The Child with Special Needs: Encouraging Intellectual and Emotional Growth.* Reading, MA: Addison-Wesley.

Gregory, D. (2000). Test instruments used by Journal of Music Therapy authors from 1984-1997. *Journal of Music Therapy, 37*, 79-94.

Gustorff, D. (2001). Beyond words: Music therapy with comatose patients and those with impaired consciousness in intensive care. In D. Aldridge, G.

DiFranco, E. Rund, & T. Wigram (Eds.), *Music Therapy in Europe* (pp. 61–72). Rome: ISMEZ.

Hadley, S. (1996). A rationale for the use of songs with children undergoing bone marrow transplantation. *Australian Journal of Music Therapy, 7*, 16–27.

Hadley, S. (Ed.). (2003). *Psychodynamic Music Therapy: Case Studies*. Gilsum, NH: Barcelona Publishers.

Hadsell, N. A. (1993). Levels of external structure in music therapy. *Music Therapy Perspectives, 11*, 61–65.

Hall, R. V., & Van Houten, R. (1983). *Managing Behavior 1: Behavior Modification: The Measurement of Behavior*. Austin, TX: Pro-Ed.

Hanser, S. B. (1985). Music therapy and stress reduction research. *Journal of Music Therapy, 22*, 193–206.

Hanser, S. B. (1987). Observation and feedback techniques for student practica. In C. D. Maranto & K. Bruscia (Eds.), *Perspectives on Music Therapy Education and Training* (pp. 149–157). Philadelphia, PA: Esther Boyer College of Music, Temple University.

Hanser, S. B. (1990). A music therapy strategy for depressed older adults in the community. *Journal of Applied Gerontology, 9*, 283–298.

Hanser, S. B. (1999). *The New Music Therapist's Handbook* (2nd ed.). Boston, MA: Berklee Press.

Hanser, S. B., & Thompson, L. W. (1994). Effects of a music therapy strategy on depressed older adults. *Journal of Gerontology: Psychological Sciences, 49*, P265–P269.

Heimlich, E. P. (1965). The specialized use of music as a mode of communication in the treatment of disturbed children. *Journal of the American Academy of Child Psychiatry, 4*, 86–122.

Heimlich, E. P. (1972). Paraverbal techniques in the therapy of childhood communication disorders. *International Journal of Child Psychotherapy,*

1(1), 65-83.

Herman, F. (1991). The boy that nobody wanted: Creative experiences for a boy with severe emotional problems. In K. E. Bruscia (Ed.), *Case Studies in Music Therapy* (pp. 99-108). Gilsum, NH: Barcelona Publishers.

Hesser, B. (2001). The transformative power of music in our lives: A personal perspective. *Music Therapy Perspectives, 19*, 53-58.

Hibben, J. (1991). Group music therapy with a classroom of 6-8 year-old hyperactive-learning disabled children. In K. E. Bruscia (Ed.), *Case Studies in Music Therapy* (pp. 175-189). Gilsum, NH: Barcelona Publishers.

Hibben, J. (Ed.). (1999). *Inside Music Therapy: Client Experiences.* Gilsum, NH: Barcelona Publishers.

Hintz, M. (2000). Geriatric music therapy clinical assessment: assessment of music skills and related behaviors. *Music Therapy Perspectives, 18*, 31-37.

Hoffren, J. (1964). A test of musical expression. *Council for Research in Music Education, 2*, 32-35.

Homme, L. (1970). *How to Use Contingency Contracting in the Classroom.* Champaign, IL: Research Press.

Horikoshi, T., Asari, Y., Watanabe, A., Nagaseki, Y., Nukui, H., Sasaki, H., & Komiya, K. (1997). Music alexia in a patient with mild pure alexia: Distorted visual perception of nonverbal meaningful figures. *Cortex, 33*, 187-194.

Hough, S. (1982). *The Nature of Musical Communication, Group Interaction and Social Independence Among Preschool Children.* Unpublished master's thesis, Southern Methodist University, Dallas, TX.

Hurt, C. P., Rice, R. R., McIntosh, G. C., & Thaut, M. H. (1998). Rhythmic Auditory Stimulation in gait training for patients with traumatic brain injury. *Journal of Music Therapy, 35*, 228-241.

Hurt-Thaut, C., & Johnson, S. (2003). Neurologic Music Therapy with children: Scientific foundations and clinical application. In S. L. Robb (Ed.), *Music*

Therapy in Pediatric Healthcare: Research and Evidence-Based Practice (pp. 81–100). Silver Spring, MD: American Music Therapy Association.

Husni-Palacios, M., & Palacios, J. R. (1964). Auditory perception and personality patterns in blind adults. *Journal of Projective Techniques and Personality Assessment, 28*, 284–292.

Isenberg-Grzeda, C. (1988). Music therapy assessment: A reflection of professional identity. *Journal of Music Therapy, 25*, 156–169.

Ivey, A. E., & Simek-Downing, L. (1980). *Counseling and Psychotherapy: Skills, Theories, and Practice.* Englewood Cliffs, NJ: Prentice-Hall.

James, M. R., & Freed, B. S. (1989). A sequential model for developing group cohesion in music therapy. *Music Therapy Perspectives, 7*, 28–34.

"Jazzy", Hunter, L. L., & Polen, D. W. (1999). Jazzy the Wonder Squirrel. In J. Hibben (Ed.), *Inside Music Therapy: Client Experiences* (pp. 87–95). Gilsum, NH: Barcelona Publishers.

Katsh, S., & Merle-Fishman, C. (1998). *The Music within You* (2nd ed.). Gilsum, NH: Barcelona Publishers.

Kenny, C. B. (1985). Music: A whole systems approach. *Music Therapy, 5*, 3–11.

Kenny, C. B. (1989). *The Field of Play: A Guide for the Theory and Practice of Music Therapy.* Atascadero, CA: Ridgeview Publishing.

Kenny, C. B. (1995). *Listening, Playing, Creating: Essays of the Power of Sound.* Albany, NY: State University of New York Press.

Koga, M., & Tims, F. (2001, October/November). The music making and wellness project. *American Music Teacher, 51*(2), 18–22.

Kramer, C. H. (2000). *Therapeutic Mastery: Becoming a More Creative and Effective Therapist.* Phoeniz, AZ: Zeig, Tucker.

Krout, R. (1986). *Music Therapy in Special Education.* St. Louis, MO: MMB Music.

Krout, R. (1987). Music therapy with multi-handicapped students: Individualizing treatment within a group setting. *Journal of Music Therapy, 24*, 2–13.

Lane, D. (1991). The effect of single music therapy session on hospitalized children as measured by salivary immunoglobulin a, speech pause time, and patient opinion Likert scale. *Pediatric Research, 29* (Pt. 2), 119-125.

Layman, D. L., Hussey, D. L., & Laing, S. J. (2002). Music therapy assessment for severely emotionally disturbed children: A pilot study. *Journal of Music Therapy, 34*, 164-187.

Lazarus, A. A. (1976). *Multimodal Behavior Therapy.* New York: Springer.

Lazarus, A. A. (1989). *The Practice of Multimodal Therapy.* Baltimore, MD: Johns Hopkins University Press.

Lee, C. (1996). *Music at the Edge.* London, UK: Routledge.

Levin, H., & Levin, G. (1977). *A Garden of Bell Flowers.* Bryn Mawr, PA: Theodore Presser.

Levin, H., & Levin, G. (1997). *Learning Through Songs.* Gilsum, NH: Barcelona Publishers.

Levin, H., & Levin, G. (1998). *Learning Through Music.* Gilsum, NH: Barcelona Publishers.

Levin, H., & Levin, G. (2004). *Distant Bells: 12 Delightful Melodies from Distant Lands Arranged for Resonator Bells & Piano.* Gilsum, NH: Barcelona Publishers.

Lewinsohn, P. M., & Talkington, J. (1979). Studies on the measurement of unpleasant events and relations with depression. *Applied Psychological Measurement, 3*, 83-101.

Liberatore, A. M., & Layman, D. L. (1999). *The Cleveland Music Therapy Assessment of Infants and Toddlers: A Practical Guide to Assessment and Developing Intervention.* Cleveland, OH: Cleveland Music School Settlement.

Lipe, A. (1995). The use of music performance tasks in the assessment of cognitive functioning among older adults with dementia. *Journal of Music*

Therapy, 32, 137-151.

Loewy, J. V. (1995). The musical stages of speech: A developmental model of pre-verbal sound making. *Music Therapy, 13,* 47-73.

Loewy, J. (1999). The use of music psychotherapy in the treatment of pediatric pain. In C. Dileo (Ed.), *Music Therapy and Medicine: Theoretical and Clinical Applications* (pp. 189-206). Silver Spring, MD: American Music Therapy Association.

Loewy, J. (2000). Music psychotherapy assessment. *Music Therapy Perspectives, 18,* 47-58.

Loewy, J., MacGregor, B., Richards, K., & Rodriguez, J. (1997). Music therapy in pediatric pain management: Attending to the sounds of hurt, fear and anxiety. In J. Loewy (Ed.), *Music Therapy and Pediatric Pain* (pp. 45-56). Cherry Hill, NJ: Jeffrey Books.

Logis, M., & Turry, Alan. (1999). Singing my way through it: Facing the cancer, the darkness, and the fear. In J. Hibben (Ed.), *Inside Music Therapy: Client Experiences* (pp. 97-117). Gilsum, NH: Barcelona Publishers.

Loveszy, R. (1991). The use of Latin music, puppetry, and visualization in reducing the physical and emotional pain of a child with severe burns. In K. E. Bruscia (Ed.), *Case Studies in Music Therapy* (pp. 153-161). Gilsum, NH: Barcelona Publishers.

Mack, G. (1999). *Adventures in Modes and Keys.* Miami, FL: Warner Bros. Publications.

Madsen, C. H. Jr., & Madsen, C. K. (1983). *Teaching/Discipline: A Positive Approach for Educational Development* (3rd ed.). Raleigh, NC: Contemporary Publishing Co.

Madsen, C. K. (1980). *Behavior Modification and Music Therapy: A Guide for Working with the Mentally Retarded.* Washington, DC: National Association for Music Therapy.

Magee, W. (1999). "Singing my life, playing my self": Song based and improvisatory methods of music therapy with individuals with neurological impairments. In T. Wigram & J. De Backer (Eds.), *Clinical Applications of Music Therapy in Developmental Disability, Paediatrics and Neurology* (pp. 201-223). London, UK: Jessica Kingsley Publishers.

Maranto, C. D. (1993a). Applications of music in medicine. In M. Heal & T. Wigram (Eds.), *Music Therapy in Health and Education* (pp. 153-174). London, UK: Jessica Kingsley Publishers.

Maranto, C. D. (Ed.). (1993b). *Music Therapy: International Perspectives.* Pipersville, PA: Jeffrey Books.

Maranto, C. D. (1996). Research in music and medicine: The state of the art. In M. A. Froehlich (Ed.), *Music Therapy with Hospitalized Children* (pp. 39-66). Cherry Hill, NJ: Jeffrey Books.

Marley, L. (1996). Music therapy with hospitalized infants and toddlers in a child life program. In M. A. R. Froelich (Ed.), *Music Therapy with Hospitalized Children* (pp. 77-86). Cherry Hill, NJ: Jeffrey Books.

Maslow, A. H. (1999). *Toward a Psychology of Being* (3rd ed.). New York: John Wiley & Sons.

Matthews, G., Jones, D. M., & Chamberlain, A. G. (1990). Refining the measurement of mood: The UWIST Mood Adjective Check List. *British Journal of Psychology, 81*, 1-26.

Mazzagatti, N. (1975). The Mazzagatti Auditory Perception Technique (MAAT). *The New Jersey Psychologist, 26*(1), 10-12.

McDonnell, L. (1983). Music therapy: Meeting the psychosocial needs of hospitalized children. *Journal of the Association for the Care of Children's Health, 12*(1), 29-33.

McGuigan, F. J. (1968). *Experimental Psychology* (2nd ed.). Englewood Cliffs, NJ: Prentice-Hall.

McGuire, M. G., & Smeltekop, R. A. (1994a). The termination process in music therapy: Part I—Theory and clinical implementations. *Music Therapy Perspectives, 12*, 20-27.

McGuire, M. G., & Smeltekop, R. A. (1994b). The termination process in music therapy: Part II—A model and clinical applications. *Music Therapy Perspectives, 12*, 28-34.

Meadows, A. (2000). The validity and reliability of the Guided Imagery and Music Responsiveness Scale. *Journal of the Association for Music and Imagery, 7*, 8-33.

Medley, D. M. (1982). Systematic observation. In H. E. Mitzel (Ed.), *Encyclopedia of Education Research* (5th ed., pp. 1841-1851). New York: Free Press.

Merle-Fishman, C., & Marcus, M. (1982). Musical behaviors and preferences of emotionally disturbed and normal children: An exploratory study. *Music Therapy, 2*, 1-12.

Merriam-Webster's Collegiate Dictionary (10th ed.). (2002). Springfield, MA: Merriam-Webster, Inc.

Montello, L. (2003). Protect this child: Psychodynamic music therapy with a gifted musician. In S. Hadley (Ed.), *Psychodynamic Music Therapy: Case Studies* (pp. 299-318). Gilsum, NH: Barcelona Publishers.

Morris, K. T., & Cinnamon, K. M. (1975). *A Handbook of Non-Verbal Group Exercises*. Springfield, IL: Charles C. Thomas.

Murphy, K. M., & Wheeler, B. L. (in press). Symposium on experiential learning in music therapy: Report of the symposium sponsored by the world federation of music therapy commission on education, training, and accreditation. *Music Therapy Perspectives*.

Murphy, M. E. (1992). Coping in the short term: The impact of acute care on music therapy practice. *Music Therapy, 11*, 99-119.

Nolan, P. (2003). Through music to therapeutic attachment: Psychodynamic music psychotherapy with a musician with dysthemic disorder. In S. Hadley (Ed.), *Psychodynamic Music Therapy: Case Studies* (pp. 319–338). Gilsum, NH: Barcelona Publishers.

Nordoff, P., & Robbins, C. (1962). *The First Book of Children's Play Songs*. Bryn Mawr, PA: Theodore Presser.

Nordoff, P., & Robbins, C. (1966). *The Three Bears*. Bryn Mawr, PA: Theodore Presser.

Nordoff, P., & Robbins, C. (1968a). *Fun for Four Drums*. Bryn Mawr, PA: Theodore Presser.

Nordoff, P., & Robbins, C. (1968b). *The Second Book of Children's Play Songs*. Bryn Mawr, PA: Theodore Presser.

Nordoff, P., & Robbins, C. (1969). *Pif-Paf-Poltrie*. Bryn Mawr, PA: Theodore Presser.

Nordoff, P., & Robbins, C. (1971). *Therapy in Music for Handicapped Children*. New York: St. Martin's Press.

Nordoff, P., & Robbins, C. (1972). *Spirituals*. Bryn Mawr, PA: Theodore Presser.

Nordoff, P., & Robbins, C. (1977). *Creative Music Therapy*. New York: John Day.

Nordoff, P., & Robbins, C. (1979). *Fanfares and Dances*. Bryn Mawr, PA: Theodore Presser.

Nordoff, P., & Robbins, C. (1980a). *The Fifth Book of Children's Play Songs*. Bryn Mawr, PA: Theodore Presser.

Nordoff, P., & Robbins, C. (1980b). *The Fourth Book of Children's Play Songs*. Bryn Mawr, PA: Theodore Presser.

Nordoff, P., & Robbins, C. (1980c). *The Third Book of Children's Play Songs*. Bryn Mawr, PA: Theodore Presser.

Nordoff, P., & Robbins, C. (1983). *Music Therapy in Special Education* (2nd ed.). St. Louis, MO: MMB Music.

Nordoff, P., & Robbins, C. (1995). *Greetings and Goodbyes*. Bryn Mawr, PA: Theodore Presser.

O'Callaghan, C. (1995). Songs written by palliative care patients in music therapy. In C. Lee (Ed.), *Lonely Waters* (pp. 31-39). Oxford, UK: Sobell Publications.

Oldfield, A. (1993). A study of the way music therapists analyse their work. *Journal of British Music Therapy, 7*(1), 14-22.

Oldfield, A., & Bunce, L. (2001). "Mummy can play too…" Short-term music therapy with mothers and young children. *British Journal of Music Therapy, 15*(1), 27-36.

Palmer, H. (1981). *Hap Palmer Favorites*. Sherman Oaks, CA: Alfred Publishing Co.

Pattison, P. (1991). *Songwriting: Essential Guide to Lyric Form and Structure*. Boston, MA: Berklee Press.

Pavlicevic, M. (1997). *Music Therapy in Context*. London, UK: Jessica Kingsley Publishers.

Pavlicevic, M. (1999). *Music Therapy Intimate Notes*. London, UK: Jessica Kingsley Publishers.

Pavlicevic, M. (2003). *Groups in Music: Strategies From Music Therapy*. London, UK: Jessica Kingsley Publishers.

Pavlicevic, M., & Ansdell, G. (Eds.). (2004). *Community Music Therapy*. London, UK: Jessica Kingsley Publishers.

Pavlicevic, M., & Trevarthen, C. (1989). A musical assessment of psychiatric states in adults. *Psychopathology, 22*, 325-334.

Pennebaker, J. W. (1997). *Opening Up: The Health Power of Expressing Emotions* (Rev. ed.). New York: Guilford Press.

Perilli, G. (1991). Integrated music therapy with a schizophrenic woman. In K. E. Bruscia (Ed.), *Case Studies in Music Therapy* (pp. 403-416). Gilsum, NH:

Barcelona Publishers.

Persoons, J., & De Backer, J. (1997). Vibroacoustic music therapy with handicapped and autistic adolescents. In T. Wigram & C. Dileo (Eds.), *Music Vibration* (pp. 143-148). Cherry Hill, NJ: Jeffrey Books.

Pierce, W. D., & Cheney, C. D. (2004). *Behavior Analysis and Learning* (3rd ed.). Mahwah, NJ: Lawrence Erlbaum.

Plach, T. (1980). *The Creative Use of Music in Group Therapy*. Springfield, IL: Charles C. Thomas.

Polen, D. W. (1985). *Music Therapy Assessment for Adults with Developmental Disabilities*. Unpublished manuscript.

Priestley, M. (1975). *Music Therapy in Action*. London, UK: Constable.

Priestley, M. (1994). *Essays on Analytical Music Therapy*. Gilsum, NH: Barcelona Publishers.

Prochaska, J. O., & Norcross, J. C. (1999). *Systems of Psychotherapy: A Transtheoretical Analysis* (4th ed.). Pacific Grove, CA: Brooks/Cole Publishing Co.

Pruvis, J., & Samet, S. (1976). *Music in Developmental Therapy*. Baltimore, MD: University Park Press.

Reed, K. J. (2002). Music therapy treatment groups for Mentally Disordered Offenders (MDO) in a state hospital setting. *Music Therapy Perspectives, 20*, 98-104.

Reuer, B. (2005). *Music Therapy Toolbox: Medical Settings: Strategies, Applications, and Sample Forms for Therapists*. San Diego, CA: MusicWorx of California.

Reuer, B. L., Crowe, B., & Bernstein, B. (1999). *Best Practice in Music Therapy: Utilizing Group Percussion Strategies for Promoting Volunteerism in Well Older Adults* (2nd ed.). Silver Spring, MD: American Music Therapy Association.

Rider, M. (1981). The assessment of cognitive functioning level through musical perception. *Journal of Music Therapy, 18*, 110-119.

Rider, M. (1997). *The Rhythmic Language of Health and Disease*. St. Louis, MO: MMB Music.

Rio, R. E., & Tenney, K. S. (2002). Music therapy for juvenile offenders in residential treatment. *Music Therapy Perspectives, 20*, 89-97.

Ristad, E. (1982). *A Soprano on Her Head: Right-Side-Up Reflections on Life and Other Performances*. Moab, UT: Real People's Press.

Ritholz, M. S., & Robbins, C. (1999). *Themes for Therapy*. New York: Carl Fischer.

Ritholz, M. S., & Robbins, C. (2002). *More Themes for Therapy*. New York: Carl Fischer.

Robazza, C., Macaluso, C., & D'Urso, V. (1994). Emotional reactions to music by gender, age, and expertise. *Perceptual and Motor Skills, 79*, 939-944.

Robb, S. (1996). Techniques in song writing: Restoring emotional and physical well being in adolescents who have been traumatically injured. *Music Therapy Perspectives, 14*, 30-37.

Robbins, Carol, & Robbins, Clive. (1980). *Music for the Hearing Impaired and Other Special Populations*. St. Louis, MO: MMB Music.

Robbins, Clive, & Robbins, Carol. (1998). *Healing Heritage: Paul Nordoff Exploring the Tonal Language of Music*. Gilsum, NH: Barcelona Publishers.

Rubin, B. (1976). Handbells in therapy. *Journal of Music Therapy, 13*, 49-53.

Ruud, E. (1980). *Music Therapy and Its Relationship to Current Treatment Theories*. St. Louis, MO: MMB Music.

Ruud, E. (1998). *Music Therapy: Improvisation, Communication, and Culture*. Gilsum, NH: Barcelona Publishers.

Ryback, R. S. (1974). *The Problem Oriented Record in Psychiatry and Mental Health Care*. New York: Grune & Stratton.

Rykov, M. (1999). Sometimes there are no reasons: Marco's Song. In J. Hibben (Ed.), *Inside Music Therapy: Client Experiences* (pp. 203-207). Gilsum, NH: Barcelona Publishers.

Salas, J., & Gonzalez, D. (1991). Like singing with a bird: Improvisational music therapy with a blind four-year-old. In K. Bruscia (Ed.), *Case Studies in Music Therapy* (pp. 17-27). Gilsum, NH: Barcelona Publishers.

Sandness, M. I. (1991). Developmental sequence in music therapy groups: A review of theoretical models. *Music Therapy Perspectives, 9*, 66-72.

Sandrock, D., & James, M. R. (1989). Assessment instruments for music-assisted relaxation training. *Music Therapy Perspectives, 7*, 44-50.

Saperston, B. M., Chan, R., Morphew, C., & Carsrud, K. B. (1980). Music listening versus juice as a reinforcement for learning in profoundly mentally retarded individuals. *Journal of Music Therapy, 17*, 174-183.

Scalenghe, R., & Murphy, K. M. (2000). Music therapy assessment in the managed care environment. *Music Therapy Perspectives, 18*, 23-30.

Scartelli, J. P. (1989). *Music and Self-Management Methods*. St Louis, MO: MMB Music.

Scheiby, B. B. (1999). Music as symbolic expression: Analytical music therapy. In D. J. Wiener (Ed.), *Beyond Talk Therapy: Using Movement and Expressive Techniques in Clinical Practice* (pp. 263-285). Washington, DC: American Psychological Association.

Schmidt, J. A. (1983). Songwriting as a therapeutic procedure. *Music Therapy Perspectives, 1* (2), 4-7.

Shakow, D., & Rosenzweig, S. (1940). The use of the tautophone ("Verbal Summator") as an auditory apperceptive test for the study of personality. *Character and Personality, 8*, 216-226.

Shaw, J. (1993). *The Joy of Music in Maturity*. St. Louis, MO: MMB Music.

Shippen, M. E., Simpson, R. G., & Crites, S. A. (2003). A practical guide to functional behavioral assessment. *Teaching Exceptional Children, 35*(5), 36–45.

Shultis, C. (1995). *Music Therapy Assessment and Initial Treatment Plan.* Unpublished manuscript.

Shultis, C. L. (1997). *A Manual for Music Therapy-Based Stress Management Training for Adults in Psychiatric Treatment.* Unpublished master's thesis, Pennsylvania State University, State College, PA.

Shultis, C. (1999). Music therapy inpatient psychiatric treatment in the 1990s. *Psychiatric Times, 16*(2). http://www.psychiatrictimes.com/p990246.html

Silber, F., & Hes, J. P. (1995). The use of songwriting with patients diagnosed with Alzheimer's disease. *Music Therapy Perspectives, 13,* 31–34.

Skille, O. (1997). Potential applications of vibroacoustic therapy. In T. Wigram & C. Dileo (Eds.), *Music Vibration* (pp. 49–53). Cherry Hill, NJ: Jeffrey Books.

Skille, O., & Wigram, T. (1995). The effect of music, vocalisation and vibration on brain and muscle tissue: Studies in vibroacoustic therapy. In T. Wigram, B. Saperston, & R. West (Eds.), *The Art & Science of Music Therapy: A Handbook* (pp. 23–57). Chur, Switzerland: Harwood Academic Publishers.

Small, C. (1998). *Musicking: The Meanings of Performing and Listening.* Hanover, NH: Wesleyan University Press.

Smith, G. H. (1991). The song-writing process: A woman's struggle against depression and suicide. In K. E. Bruscia (Ed.), *Case Studies in Music Therapy* (pp. 479–496). Gilsum, NH: Barcelona Publishers.

Speilberger, C. D. (1983). *Manual for the State-Trait Anxiety Inventory.* Palo Alto, CA: Consulting Psychologists Press.

Sperry, L., Carlson, J., & Kjor, D. (2003). *Becoming an Effective Therapist.* Boston, MA: Allyn & Bacon.

Spintge, R. K. W. (1989). The anxiolytic effects of music. In M. H. M. Lee (Ed.), *Rehabilitation, Music and Human Well-Being* (pp. 82–97). St. Louis, MO:

MMB Music.

Standley, J. (1991). *Music Techniques in Therapy, Counseling and Special Education*. St. Louis, MO: MMB Music.

Standley, J. M. (1992). Clinical applications of music and chemotherapy: The effects on nausea and emesis. *Music Therapy Perspectives, 10*, 27-35.

Standley, J. (2000). Music research in medical treatment. In *Effectiveness of Music Therapy Procedures: Documentation of Research and Clinical Practice* (3rd ed., pp. 1-64). Silver Spring, MD: American Music Therapy Association.

Standley, J. M., & Hughes, J. E. (1996). Documenting developmentally appropriate objectives and benefits of a music therapy program for early intervention: A behavioral analysis. *Music Therapy Perspectives, 14*, 87-94.

Steinberg, R., & Raith, L. (1985). Music therapy psychopathology: II. Assessment of musical expression. *Psychopathology, 18*, 265-273.

Stige, B. (2002). *Culture-Centered Music Therapy*. Gilsum, NH: Barcelona Publishers.

Stratton, V. N., & Zalonowski, A. H. (1984). The relationship between music, degree of linking, and self-reported relaxation. *Journal of Music Therapy, 21*, 184-192.

Sulzer-Azaroff, B., & Mayer, G. R. (1991). *Behavior Analysis for Lasting Changes*. Ft. Worth, TX: Holt, Rinehart & Winston.

Summer, L. (1990). *Guided Imagery and Music in the Institutional Setting* (2nd ed.). St. Louis, MO: MMB Music.

Summer, L. (2001). Group supervision in first-time music therapy practicum. In M. Forinash (Ed.), *Music Therapy Supervision* (pp. 69-86). Gilsum, NH: Barcelona Publishers.

Summer, L. (2002). Group music and imagery therapy: Emergent receptive techniques in music therapy practice. In K. E. Bruscia & D. E. Grocke (Eds.),

Guided Imagery and Music: The Bonny Method and Beyond (pp. 297–306). Gilsum, NH: Barcelona Publishers.

Thaut, M. (2000). *A Scientific Model of Music in Therapy and Medicine*. San Antonio, TX: IMR Press, University of Texas.

Theurer, K. (2003). *The Bells Are Ringing: The Magic of Using Handchimes in Music Therapy for People Living with Dementia*. Vancouver, BC, Canada: Author.

Thompson, A. B., Arnold, J. C., & Murray, S. E. (1990). Music therapy assessment of the cerebrovascular accident patient. *Music Therapy Perspectives, 8*, 23–29.

Trevarthen, C., Aitken, K., Papoudi, D., & Robarts, J. (1998). *Children with Autism* (2nd ed., pp. 172–202). London, UK: Jessica Kingsley Publishers.

Turry, A., & Marcus, D. (2003). Using the Nordoff–Robbins approach to music therapy with adults diagnosed with autism. In D. Wiener & L. Oxford (Eds.), *Action Therapy with Families and Groups* (pp. 197–228). Washington, DC: American Psychological Association.

Turry, Ann E. (1997). The use of clinical improvisation to alleviate procedural distress in young children. In J. V. Loewy (Ed.), *Music Therapy and Pediatric Pain* (pp. 89–96). Cherry Hill, NJ: Jeffrey Books.

Tyson, F. (2004). *Psychiatric Music Therapy in the Community: The Legacy of Florence Tyson* (M. G. McGuire, Ed.). Gilsum, NH: Barcelona Publishers.

Unkefer, R. F., & Thaut, M. H. (Eds.). (2002). *Music Therapy in the Treatment of Adults with Mental Disorders* (2nd ed.). St. Louis, MO: MMB Music.

Van Den Daele, L. (1967). A music projective technique. *Journal of Projective Techniques and Personality Association, 31*(5), 47–57.

Wadsworth, B. J. (1989). *Piaget's Theory of Cognitive and Affective Development* (4th ed.). White Plains, NY: Longman.

Waldon, E. G. (2001). The effects of group music therapy on mood states and cohesiveness in adult oncology patients. *Journal of Music Therapy, 38,* 212-238.

Walters, C. L. (1996). The psychological and physiological effects of vibrotactile stimulation, via a Somatron, on patients awaiting scheduled gynecological surgery. *Journal of Music Therapy, 33,* 261-287.

Watson, D. E,. & Wilson, S. E. (2003). *Task Analysis: An Individual and Population Approach* (2nd ed.). Bethesda, MD: American Occupational Therapy Association.

Watson, T. (2002). Music therapy with adults with learning disabilities. In L. Bunt & S. Hoskyns (Eds.), *The Handbook of Music Therapy* (pp. 86-114). London, UK: Jessica Kingsley Publishers.

Werner, K. (1996). *Effortless Mastery: Liberating the Master Musician within.* New Albany, IN: Jamey Aebersold Jazz.

Wheeler, A. H., & Fox, W. L. (1972). *A Teacher's Guide to Writing Instructional Objectives.* Lawrence, KS: H & H Enterprises.

Wheeler, B. (1981). The relationship between music therapy and theories of psychotherapy. *Music Therapy, 1,* 9-16.

Wheeler, B. L. (1983). A psychotherapeutic classification of music therapy practices: A continuum of procedures. *Music Therapy Perspectives, 1*(2), 8-12.

Wheeler, B. L. (1987a). Levels of therapy: The classification of music therapy goals. *Music Therapy, 6*(2), 39-49.

Wheeler, B. L. (1987b). The use of paraverbal therapy in treating an abused child. *The Arts in Psychotherapy, 14,* 69-76.

Wheeler, B. L. (1999). Experiencing pleasure in working with severely disabled children. *Journal of Music Therapy, 36,* 56-80.

Wheeler, B. L. (2000). Music therapy practicum practices: A survey of music therapy educators. *Journal of Music Therapy, 37,* 286-311.

Wheeler, B. L. (2002). Experiences and concerns of students during music therapy practica. *Journal of Music Therapy, 39*, 274-304.

Wheeler, B. L., Shifflet, S. C., & Nayak, S. (2003). Effects of number of sessions and group or individual music therapy on the mood and behavior of people who have had strokes or traumatic brain injuries. *Nordic Journal of Music Therapy, 12*, 139-151.

Wheeler, B. L., & Stultz, S. (2001, April). The development of communication: Developmental levels of children with and without disabilities. European Music Therapy Congress, Naples, Italy. Available on *Info-CD Rom IV*, University of Witten-Herdecke (2002) and at http://www.musictherapyworld.net/

Wheeler, B. L., & Stultz, S. (2002, July). Musical relatedness in infancy as a resource in understanding children with disabilities. 10th World Congress of Music Therapy. Oxford, UK. Available on *Info-CD ROM V*, University of Witten-Herdecke (2004) and at http://www.musictherapyworld.net/modules/wfmt/stuff/oxford2002.pdf

Wigram, T. (1995). A model of assessment and differential diagnosis of handicap in children through the medium of music therapy. In T. Wigram, B. Saperston, R. West (Eds.), *The Art & Science of Music Therapy: A Handbook* (pp. 181-193). Chur, Switzerland: Harwood Academic Publishers.

Wigram, T. (1997). The measurement of mood and physiological responses to vibroacoustic therapy in non-clinical subjects. In Wigram, T. & Dileo, C. (Eds.), *Music Vibration* (pp. 87-97). Cherry Hill, NJ: Jeffrey Books.

Wigram, T. (2000a). A method of music therapy assessment for the diagnosis of autism and communication disorders in children. *Music Therapy Perspectives, 18*, 13-22.

Wigram, T. (2000b). A model of diagnostic assessment and analysis of musical data in music therapy. In T. Wigram (Ed.), *Assessment and Evaluation in the Arts Therapies: Art Therapy, Music Therapy & Dramatherapy* (pp. 77–91). Hertfordshire, UK: Harper House Publications.

Wigram, T. (2004). *Improvisation: Methods and Techniques for Music Therapy Clinicians, Educators and Students*. London, UK: Jessica Kingsley Publishers.

Wigram, T., & Dileo, C. (Eds.). (1997). *Music Vibration*. Cherry Hill, NJ: Jeffrey Books.

Wilmer, H. A., & Husni, M. (1953). The use of sounds in a projective test. *Journal of Consulting Psychology, 17*, 377-383.

Wilson, B. L. (Ed.). (2002). *Models of Music Therapy Interventions in School Settings* (2nd ed.). Silver Spring, MD: American Music Therapy Association.

Wolberg, L. R. (1977). *The Technique of Psychotherapy* (3rd ed., Pt. 1). New York: Grune & Stratton.

Wolfe, D. E. (1980). The effect of automated interrupted music on head posturing of cerebral palsied individuals. *Journal of Music Therapy, 17*, 184-206.

Wolfe, D. E. (2000). Group music therapy in acute mental health care: Meeting the demands of effectiveness and efficiency. In *Effectiveness of Music Therapy Procedures: Documentation of Research and Clinical Practice* (3rd ed., pp. 265-296). Silver Spring, MD: American Music Therapy Association.

Wolfe, D. E., Burns, S., Stoll, M., & Wichmann, K. (1975). *Analysis of Music Therapy Group Procedures*. Minneapolis, MN: Golden Valley Health Center.

Wolfe, D. E., & O'Connell, A. (1999). Specifying and recording treatment objectives within a group music therapy setting. *Music Therapy Perspectives, 17*, 37-41.

Wolpe, J. (1990). *The Practice of Behavior Therapy* (4th ed.). Elmsford, NY: Pergammon.

Wood, M. M. (1975). *Developmental Therapy*. Baltimore, MD: University Park Press.

Wood, M. M., Quirk, C. A., & Swindle, F. H. (in press). *Teaching Responsible Behavior: Developmental Therapy-Developmental Teaching*. Austin, TX: Pro. Ed Publishers.

Wright, L. M. (1992). A levels system approach to structuring and sequencing pre-practica musical and clinical competencies in a university music therapy clinic. *Music Therapy Perspectives, 10*, 36–44.

Wyatt, J. G. (2002). From the field: Clinical resources for music therapy with juvenile offenders. *Music Therapy Perspectives, 20*, 89-97.

Yalom, I. D. (1985). *The Theory and Practice of Group Psychotherapy* (3rd ed.). New York: Basic Books.

York, E. (1994). The development of a quantitative music skill test for patients with Alzheimer's disease. *Journal of Music Therapy, 31*, 280-297.

Zabin, A. H. (2005). Lessons learned from the dying: Stories from a music therapist. *Music Therapy Perspective, 23*, 70-75.

Zaro, J. S., Barach, R., Nedelman, D. J., & Dreiblatt, I. S. (1977). *A Guide for Beginning Psychotherapists*. Cambridge, UK: Cambridge University Press.

찾/아/보/기

내용

저자 소개

Barbara, L. Wheeler (PhD, MT-BC, NMT)

Barbara는 켄터키 주 루이빌 대학교 음악치료학과의 교수이자 책임자이고 학자다. 그녀는 루이빌 대학교에 재직하기 전 뉴저지 주 몽클레어 주립대학교에서 교수로 근무하였으며, 그곳에서 명예교수 직함을 받았다. 그녀는 1969년부터 다양한 문제를 가진 성인과 아동을 대상으로 한 음악치료 분야의 음악치료사로 활동해 왔고, 세 곳의 주립병원에서 약물중독과 정서질환이 있는 성인을 대상으로 음악치료를 시행했으며, 두 곳의 초등학교에 재직하면서 장애아동을 대상으로 일하기도 하였다. 또한 Florence Tyson이 소장으로 있는 뉴욕 시 소재의 창작예술재활센터에서도 재직하였고, 뉴욕 대학교의 노도프-로빈스 음악치료센터에서 Clive 및 Carol Robbins와 함께 수학하였으며, Evelyn Heimlich 수하에서 공인 비언어 의사소통 치료사가 되었다. 이후 신경재활음악치료(NMT)를 공부하여 현재는 NMT Fellow로 있는데, 최근에는 루이빌 소재의 노턴 오듀본 병원과 바티스트 이스트 병원의 음악치료 프로그램 도입을 도왔다. 그녀는 음악치료사이면서 뉴욕 라이선스의 심리학자이며(현재는 라이선스가 유효하지 않음), 『음악치료 연구: 양적 그리고 질적 관점(*Music Therapy Research: Quantitative and Qualitative Perspectives*)』과 『음악치료 리서치-제2판(*Music Therapy Research*, 2nd ed.)』을 편집하는 등 음악치료를 다룬 다수의 논문과 챕터를 써 왔다. 이러한 그녀의 연구 관심과 출판물은 양적·질적 연구를 모두 포함하고 있다. 더불어 Barbara는 미국 음악치료협회(AMTA)의 부회장을 역임하였고, 다수의 저널 편집위원으로 있으며, 『목소리: 음악치료를 위한 세계적 포럼(*Voices: A World Forum for Music Therapy*)』의 편집위원이기도 하다. 그녀는 1999년 AMTA가 수여하는 출판 및 연구 상과 2005년 AMTA 동남부 지역에서 수여하는 서비스 상을 수상하였고, 세계음악치료연맹의 교육 및 훈련 위원회 의장을 역임하였으며, 전 세계적으로 음악치료에 대하여 활발하게 강연과 컨설팅을 하고 있다.

Carol L. Shultis (M.Ed., FAMI, LPC, MT-BC)

Carol은 펜실베이니아 주 피츠버그에 소재한 포브스 로드 요양재활센터의 음악치료 및 레크리에이션 책임자다. 이 센터는 구 포브스 헬스시스템 캠퍼스로, 그녀는 이곳에서 1981년부터 만성질환 경험자, 급성 재활치료를 받은 환자, 종말기 환자, 산소호흡기 의존 환자, 치매 환자, 요양시설의 노인 환자 등을 대상으로 임상에 집중해 오고 있다. 또한 Carol은 이곳에서 임상 트레이닝 책임자로서 87명의 음악치료 인턴의 트레이닝을 관장하였고, 뒤켄 대학교 음악치료 프로그램의 임상 책임자로서 100명이 넘는 학생과 임상 실습을 진행하였다. 이 외에도 슬리퍼리록 대학교의 음악치료 학생들 및 제네바 대학교, 오벌린 대학교, 피츠버그 대학교의 대인서비스학과 학생들과 함께 작업하였고,

1981년부터 2001년까지는 포브스 헬스시스템 캠퍼스에서 임상 서비스적 돌봄이 필요한 심리학적·의학적·외과적 환자, 입원 또는 자택 요양 프로그램에 있는 호스피스 가족, 연약한 노인, 만성질환자, 장기적 재활 환자 등을 다루었다. 1994년 트레이닝을 완료한 이후로는 소규모 심상음악치료(BMGIM: Bonny Method of Guided Imagery and Music) 개인 임상을 하고 있고, 미국 안팎의 회의 등에 참석하면서 콘퍼런스에서나 지역 현장에서 음악치료사를 위한 평생교육 프로그램을 제공하고 있다. 더불어 7년 동안 중부 애틀랜타 지역 콘퍼런스에서 임상 트레이닝 지도자 과정 교육에 참여하며 『정신의학 타임즈(Psychiatric Times)』에 기고하고 있고, 뒤켄 대학교와 피츠버그 대학교 그리고 블룸스버그 대학교에서 객원 교수로 강의하고 있다. Carol은 음악치료 분야에서도 전미음악치료협회(NAMT) 학생 그룹의 중부 애틀랜타 지부 고문(1983~1995), NAMT 학생 그룹 상임위원회 고문(1985~1996), NAMT 학생 문제 자문위원회 회장(1985~1996) 및 회원(1983~1985), NAMT 회원 및 AMTA Assembly of Delegates 회원(1995~2003)으로 활동했다.

Donna W. Polen (MT-BC)

Donna는 뉴욕 주 뉴어크 소재의 핑거 레이크스 발달장애 서비스 사무소에서 1980년 12월부터 음악치료 프로그램을 시작하여 현재까지 코디네이터로 일하고 있으며, 1983년 인턴 트레이닝 프로그램을 시작한 이래 60명 이상의 인턴을 트레이닝했다. 또한 그녀는 공립학교 컨설턴트로서 특수교육자, 음악교육자, 그 외 특수 서비스 제공자들의 협력자로도 일하고 있다. 그 이전에는 뉴욕 주 캐넌다이과 소재 핑거 레이크스 공립대학의 요양, 음악 기술, 마사지 치료학과의 외래교수로서 음악치료 선택과정 개론을 강의하였으며, 『음악치료 인사이드: 클라이언트 경험(Inside Music Therapy: Client Experience)』의 한 챕터를 공동 집필하기도 했다. 그녀는 주로 발달장애와 자폐범주성장애, 중증 의사소통장애 같은 관련 장애나 경계선 성격장애, 조울증, 조현병, 간헐성 폭발성 장애 또는 고독한 공격성 유형을 포함한 이중 진단을 받은 성인을 임상 대상으로 하면서 외상 후 뇌손상 생존자, 루게릭병 같은 근위축증 등 다양한 위축증을 포함한 종말기 성인 환자 및 아동과 임상 경험을 쌓았다. Donna는 중부 애틀랜타 지부(MAR)와 AMTA에서 다양한 역할을 맡아 일하면서 주, 지역, 미 전역에서 활발하게 활동해 왔다. 1987년부터 2001년까지는 MAR의 임상 트레이닝 위원회 대표로서 트레이닝 지도자 및 슈퍼바이저 강좌 교육과정을 공동 집필했고, 교육위원회의 전문 역량 분과위원회에서 일했다. 1987년 이후로는 MAR의 회의 대표를, 1992년과 1993년에는 회의 기획 부회장 및 뉴욕 지구 주립학교 음악협회 대표를 역임했고, 2000년부터 직업 규정에 대한 뉴욕 주 대책위원회의 의장을 역임하였다. 더불어 2003년부터는 뉴욕 주에서 8인 그룹을 형성하여 의장으로서 심리치료를 시행하는 창작예술 치료사들의 주 라이선스를 감찰하는 일을 해 오고 있으며, 2005년부터는 AMTA 교육 및 트레이닝 자문위원회 회장으로 재직하고 있다.

역자 소개

김영신(Kim Young-shin)
서울대학교 음악대학 기악과 학사
미국 Temple University 음악치료학 석사
미국 University of Kansas 음악치료학 박사
현 숙명여자대학교 음악치료대학원 주임교수
　(사)한국음악치료학회 부회장
　한국 노도프-로빈스 음악치료 협회 회장

김은주(Kim Eun-ju)
이화여자대학교 음악대학 성악과 학사
이화여자대학교 교육대학원 음악교육과 석사
총신대학교 교회음악대학원 교회음악과 석사
숙명여자대학교 음악치료대학원 음악치료전공 석사
미국 University of Iowa 음악치료학 박사
현 숙명여자대학교 음악치료대학원 초빙교수
　미국 공인 음악치료사(MT-BC)

음악치료 전공자를 위한
임상 훈련 가이드

Clinical Training Guide for
the Student Music Therapist

2015년 3월 30일 1판 1쇄 발행
2021년 3월 25일 1판 3쇄 발행

지은이 • Barbara L. Wheeler · Carol L. Shultis · Donna W. Polen
옮긴이 • 김영신 · 김은주
펴낸이 • 김 진 환
펴낸곳 • (주) **학지사**

　　　　　04031 서울특별시 마포구 양화로 15길 20 마인드월드빌딩 5층
대표전화 • 02) 330-5114　　　팩스 • 02) 324-2345
등록번호 • 제313-2006-000265호
홈페이지 • http://www.hakjisa.co.kr
페이스북 • https://www.facebook.com/hakjisabook

ISBN 978-89-997-0636-3 93180

정가 **18,000원**

이 도서의 국립중앙도서관 출판시도서목록(CIP)은 서지정보유통지원시스템
홈페이지(http://seoji.nl.go.kr)와 국가자료공동목록시스템(http://www.nl.go.kr/kolisnet)
에서 이용하실 수 있습니다.
(CIP제어번호: CIP2015005494)

출판 · 교육 · 미디어기업 **학지사**

간호보건의학출판 **학지사메디컬** www.hakjisamd.co.kr
심리검사연구소 **인싸이트** www.inpsyt.co.kr
학술논문서비스 **뉴논문** www.newnonmun.com
원격교육연수원 **카운피아** www.counpia.com